Dreger
Strategisches Pharma-Management

With best compliments,

Christian Dreger

April, 10th, 2001

Christian Dreger

Strategisches Pharma-Management

Konsequente Wertoptimierung
des Total-Life-Cycle

Mit einem Geleitwort
von Prof. Dr. Dr. h.c. Gerd Reber, MBA

Deutscher Universitäts-Verlag

Die Deutsche Bibliothek - CIP-Einheitsaufnahme

Dreger, Christian:
Strategisches Pharma-Management : konsequente Wertoptimierung des Total-Life-Cycle
/ Christian Dreger. Mit einem Geleitw. von Gerd Reber.
- Wiesbaden : Dt. Univ.-Verl. ; Wiesbaden : Gabler, 2000
(Gabler Edition Wissenschaft)
Zugl.: Linz, Univ., Diss., 1999
ISBN 3-8244-7135-3

© Betriebswirtschaftlicher Verlag Dr. Th. Gabler GmbH, Wiesbaden, und
Deutscher Universitäts-Verlag GmbH, Wiesbaden, 2000
Lektorat: Brigitte Siegel / Jutta Hinrichsen

Der Gabler Verlag und der Deutsche Universitäts-Verlag sind Unternehmen der
Fachverlagsgruppe BertelsmannSpringer.

http://www.gabler.de
http://www.duv.de

Höchste inhaltliche und technische Qualität unserer Produkte ist unser Ziel. Bei der Produktion und
Verbreitung unserer Werke wollen wir die Umwelt schonen. Dieses Buch ist deshalb auf säure-
freiem und chlorfrei gebleichtem Papier gedruckt. Die Einschweißfolie besteht aus Polyethylen
und damit aus organischen Grundstoffen, die weder bei der Herstellung noch bei der Verbren-
nung Schadstoffe freisetzen.

Die Wiedergabe von Gebrauchsnamen, Handelsnamen, Warenbezeichnungen usw. in diesem
Werk berechtigt auch ohne besondere Kennzeichnung nicht zu der Annahme, dass solche Namen im Sinne der Warenzeichen- und Markenschutz-Gesetzgebung als frei zu betrachten wären
und daher von jedermann benutzt werden dürften.

Druck und Buchbinder: Rosch-Buch, Scheßlitz
Printed in Germany

ISBN 3-8244-7135-3

GELEITWORT

Wenige Sektoren sind mit derart radikalen Veränderungen und neuen Herausforderungen konfrontiert wie die internationale Pharmaindustrie. Durch Kostendruck in den Gesundheitssystemen, den Einatz aufwendigerer Technologien in der Forschung und Entwicklung (Bio- und Gentechnologie) und einem verschärften Wettbewerb vergleichbarer Substanzen am Markt sind Unternehmen mehr denn je gezwungen, die Potentiale aus bestehenden Produkten und Entwicklungsprojekten gewinn- und wertoptimierend über den gesamten Lebenszyklus hinweg zu erschließen.

Der Verfasser erarbeitet hierzu ein umfassendes, praxisgerichtetes Modell mit strategischen Instrumenten und Managementprozessen. Die Elemente werden detailliert für den Lebenszyklus der Entwicklung, der patentgeschützten und der patentfreien Marktphase (inkl. OTC Lebenszyklus) entwickelt und beschrieben. Eine dynamische Umweltanalyse, die Informationen über Wettbewerbsverhalten, geänderte politische Rahmenfaktoren und neue interne Erkenntnisse über Wirksubstanzen verarbeitet, sichert dem Modell eine ständig aktualisierte, quantitative Grundlage – eine strategisches Führungsinstrumentarium entsteht.

Dem Verfasser kommt der Verdienst zu, mit diesem Modell die Komplexität an internen und externen Informationen eines Pharmaunternehmens systematisch zu einer abgestimmten, quantitativen Basis zu verdichten, diese in geeignete Instrumente des strategischen Managements überzuführen und schließlich darauf aufbauend qualitative strategische Entscheidungen zu treffen, die wiederum zu quantifizierten Zielen und Zeitplänen weiterführen.

Die Modellerarbeitung wird begleitet von einer Vielzahl praktischer Beispiele, was die Arbeit interessant und für Dozenten als auch Praktiker in Teilen und im Ganzen leicht nachvollziehbar macht.

Für marktorientierte Manager der pharmazeutischen Industrie bietet die Arbeit nicht nur einen umfassenden „Pool" zahlreicher konkret anwendbarer Module und Instrumente zur strategischen Führung von Projekten und Produkten. Der Leser erfährt auch, wie ein strategischer Führungsprozess mit quantitativen Berechnungen und qualitativen Entscheidungen dazu führen kann, ein Pharmaunternehmen bereits mittelfristig wertoptimierend auszurichten.

Prof. Dr. Dr. h.c. Gerd Reber, MBA

VORWORT

Seit vielen Jahren steigen in der pharmazeutischen Industrie die durchschnittlichen Kosten zur Entwicklung neuer Wirksubstanzen. Die Biotechnologie eröffnet neue Chancen. Dennoch erzielen neue Wirksubstanzen nur noch dort wirtschaftlich attraktive Umsatzhöhen, wo sie nachweisbar einen hohen Nutzen für Patienten und die Gesundheitssysteme stiften.

Die konsequent marktorientierte Ausrichtung eines Pharmaunternehmens ist daher notwendig. Sie sollte zum Ziel haben, Wirksubstanzen wertoptimal über den gesamten Lebenszyklus hinweg strategisch zu bewerten, auszurichten und zu führen - von der frühen Entwicklung bis zur letzten Phase am Markt, z.b. als freiverkäufliches Arzneimittel (OTC). Dazu sind moderne, industriespezifische Instrumente und Managementprozesse zu entwickeln.

Diese Arbeit erstellt zuerst jene strategischen Instrumente, die zur kurz-, mittel- und langfristigen Bewertung von Projekten und Produkten in der pharmazeutischen Industrie notwendig sind. Deren Ziel ist, frühzeitig die wertsteigernden Projekte und Produkte zu erkennen, sie mit ihren Unsicherheitsfaktoren wirtschaftlich korrekt zu bewerten und danach eine strategische Auswahl für das Unternehmen zu treffen. Als Ergebnis kann danach objektiv bewertet und mit angemessenen Mitteln in die potentiellen „Werttreiber" des Unternehmens investiert werden – mit klaren Zielen und Zeitplänen trotz der einbezogenen Unsicherheitsfaktoren.

Im Anschluß werden diese Instrumente durch strategische Managementprozesse ergänzt, um einem Unternehmen die kontinuierliche, strategische Ausrichtung seiner Projekte und Produkte zu ermöglichen. Ein Beispielfall dokumentiert am Ende die Praxisverwendung des Modelles.

Diese Arbeit wurde an den Universitäten Mannheim, St. Gallen und Linz geschrieben und im August 1999 dort als Dissertation angenommen. Ich danke meinem Doktorvater, Herrn Prof. Dr. Dr. h.c. Gerd Reber, für die intensive und hilfreiche Betreuung. Herrn Prof. Dr. Wolf Böhnisch danke ich für die Übernahme der Zweitkorrektur. Dem Land Baden-Württemberg danke ich für die Gewährung eines Promotionsstipendiums.

Meinen Eltern und Patrizia.

Christian Dreger

INHALTSVERZEICHNIS

ABBILDUNGSVERZEICHNIS

TABELLENVERZEICHNIS

ABKÜRZUNGSVERZEICHNIS

Abb. - Abbildung

AG - Aktiengesellschaft

AIDS- aquired immune deficiency syndrome

ASEAN - Association of South-East Asian Nations

Aufl. - Auflage

Bd. - Band

BGA - Bundesgesundheitsamt

BIP - Bruttoinlandsprodukt

BPI - Bundesverband der pharmazeutischen Industrie

BRD - Bundesrepublik Deutschland

bzgl. - bezüglich

bzw. - beziehungsweise

CAM- Computer Aided Manufacturing

CEO - Chief Executive Officer

Co. - Company

DBW- Die Betriebswirtschaft

Dim. - Dimension

dim. - dimensional

DM - Deutsche Mark

DS - Decision-Support (...)

DSS - Decision-Support-System

DV - Datenverarbeitung

e.V. - eingetragener Verein

EBIT- Earnings before interest and taxes

EDV - Elektronische Datenverarbeitung

EG - Europäische Gemeinschaft

erg. - ergänzte

erw. - erweiterte

ES - Expertensystem, Expertensysteme

etc. - et cetera

f - folgende Seite

F&E -	Forschung und Entwicklung
FDA -	Federal Food and Drug Association
ff -	folgende Seiten
GE -	Geldeinheiten
gest. -	gestaltete
Gew. v. St. -	Gewinn vor Steuern
ggü. -	gegenüber
GSP -	Gesellschaft für Strategische Planung
H. -	Heft
HMO-	Health Maintenance Organizations
Hrsg. -	Herausgeber
i.d.R. -	in der Regel
Inc. -	Incorporated
IND -	Investigational New Drug
insbes. -	insbesondere
IQ -	Informationsquellen
Jg. -	Jahrgang
k.A. -	keine Angaben
KLR -	Kosten- und Leistungsrechnung
L -	Leistung
LEK -	Lohneinzelkosten
LGK -	Lohngemeinkosten
MARIS -	Relative Marktchancen-/Relatives Risiko-Matrix
M&A -	Merger and Acquisition
M.-Ch. -	Marktchancen
MA -	Marktanteil / Massachussets
MEK -	Materialeinzelkosten
MGK-	Materialgemeinkosten
MIS -	Management-Informations-System
MSS -	Management-Support-System
MV -	Marktvolumen
NAFTA -	North American Free Trade Association
NDA -	New Drug Application

Nr.	-	Nummer
o. Jg.	-	ohne Jahrgang
o.V.	-	ohne Verfasser
OECD	-	Organization for Economic Cooperation and Development
OTC	-	Over the Counter
P	-	Preis
p.a.	-	per annum
PIMS	-	Profit Impact of Market Strategies
Prof.	-	Professor
R&D	-	Research and Development
Rel.	-	relative, relatives
ROE	-	Return on Equity - Eigenkapitalrentabilität
RVO	-	Reichsversicherungsordnung
Rx	-	Reimbursement
S.	-	Seite
s.o.	-	siehe oben
s.u.	-	siehe unten
SB	-	SmithKline Beecham
SC	-	South Carolina
SEK	-	Sondereinzelkosten
SGF	-	Strategisches Geschäftsfeld
sinh	-	Sinus Hyperbolicus
SK	-	Selbstkosten
Sp.	-	Spalte
t	-	Zeit
T.F.	-	Therapiefeld
Tab.	-	Tabelle
u.	-	und
überarb.	-	überarbeitete
UK	-	United Kingdom
US	-	United States (of America)
USA	-	United States of America

USD -	US-amerikanische Dollar
verb. -	verbesserte
Vgl. -	vergleiche
Vol. -	Volume
Wdh. -	Wiederholung
z.B. -	zum Beispiel
z.T. -	zum Teil
ZfB -	Zeitschrift für Betriebswirtschaftslehre
ZfbF -	Zeitschrift für betriebswirtschaftliche Forschung

KAPITEL I   RELEVANZ DER THEMENSTELLUNG

1 Problemstellung

Der internationale Wettbewerb in innovationsgetriebenen Branchen hat in den vergangenen Jahren erheblich an Intensität und Dynamik gewonnen. Zunehmende Bedeutung erfährt dabei die Entwicklung innovativer Neuprodukte zur Sicherung des langfristigen Unternehmenserfolges. Neben den strukturellen Veränderungen in einzelnen Branchen, wie der klassische Wandel von Verkäufer- zu Käufermärkten[1] nach dem zweiten Weltkrieg und die technologischen Quantensprünge in zahlreichen Industrien, die in den 80er Jahren z.T. zu verstärkten Anstrengungen der Unternehmen im Bereich der Marktbearbeitung führten, bedingen heute diskontinuierliche Veränderungen der externen Unternehmensumwelt eine Neudefinition grundlegender Erfolgsfaktoren.[2] In Hochtechnologiebranchen führt die schnelle Abfolge neuer Produktgenerationen zu einer kontinuierlichen Intensivierung der eigenen Forschungs- und Entwicklungsanstrengungen.[3] Die rapiden Preisverfälle in einst stabilen forschungs- und innovationsgetriebenen Produktmärkten beschleunigen zudem die Erosion von Wettbewerbsvorteilen und Technologievorsprüngen.[4] Beide Effekte führen dabei letztlich zur Generierung einer wettbewerbsintensiveren Marktsituation für die Unternehmen.[5] In der Literatur wird dabei zunehmend die Optimierung des Gesamtlebenszyklus einer Gesamtunternehmung mit ihren bestehenden Produkt- und F&E-Projektportfolios gefordert.[6]

Der Technologie- und Innovationswettlauf wird von weiteren Herausforderungen in den westlichen Industrienationen begleitet. Unterschiedliche Faktorpreise und die Möglichkeit der globalen Nutzung von Skaleneffekten in Produktion und Beschaffung (global sourcing)[7] führen zu einem intensivierten Preiswettbewerb und bedingen kontinuierliche Effizienzsteigerungen in den Hochlohnländern.[8] Aus der notwendigen Weitergabe der erzielten Kostenvorteile an die Konsumenten resultieren wiederum verkürzte Produktlebenszyklen[9] und sinkende Er-

---

1   Vgl. Nieschlag, R. / Dichtl, E. / Hörschgen, H. (1994), S. 9.

2   Vgl. Siegwart, H. / Senti, R. (1995), S. XI.

3   Vgl. Altwegg, M. (1993), S. 201ff.

4   Ein Beispiel stellt die Elektronikindustrie dar. Seit den späten 80er Jahren ist diese Industrie mit einem jährlichen Preisverfall von 10-15% konfrontiert. Nach Angaben der Beratungsfirma McKinsey & Co. verlieren die Unternehmen innerhalb von 2 bis 3 Jahren z.T. über 50% der Wertschöpfung eines Produktes. Vgl. Kluge, J. et al. (1994), S. 7. Die rapide Substitution ergibt sich auch für die pharmazeutische Industrie, die bei der Ersteinführung eines Generikaproduktes (Substitut, vgl. 1.1.5 in Kapitel III) einen Preisverfall von 30% des Originalpräparates erfährt. Vgl. Oliver, S. (1995).

5   Vgl. für die pharmazeutische Industrie Longman, R. (1991), S. 19 und 2.5.2 in Kapitel III.

6   Vgl. Siegwart, H. / Senti, R. (1995), S. XI.

7   Vgl. Bartlett, C. / Ghoshal, S. (1990), S. 72.

8   Vgl. Simon, H. (1992), S. 7ff.

9   Vgl. Siegwart, H. / Senti, R. (1995), S. XI.

tragspotentiale in technologie- und innovationsgetriebenen Produktfeldern. Das Ergebnis ist auch zwischen den Produktgenerationen ein intensivierter Wettbewerb.

Die pharmazeutische Industrie wird mit diesen Entwicklungstendenzen als moderne High-Tech/High-Chem-Branche konfrontiert. Auch in dieser Industrie wurde als Ausweg aus den erschwerten Wettbewerbsbedingungen[10] die Orientierung an verstärkten Marketingaktivitäten für die 90er Jahre aufgegriffen.[11] Doch die fundamentalen Veränderungen in den letzten Jahren (1990-1996) deuten auf eine notwendige Neudefinition der existierenden Wettbewerbspositionen hin.[12] So haben die zahlreichen Anforderungen aus der Unternehmensumwelt zu einem Ausbau einiger Pharmaanbieter zu "ganzheitlichen Gesundheitsanbietern"[13] geführt. Es ist zu vermuten, daß die Unternehmen mit der Übernahme dieser zusätzlichen Leistungen Komplexitäts- und Kostennachteile erleiden, jedoch gleichzeitig auch ihren Gesamtumsatz deutlich steigern, da sie in verwandte Produkt- und Dienstleistungsfelder eindringen. Auch eine zunehmende Akquisitionstätigkeit ist in der Pharmaindustrie festzustellen. In vielen Fällen ist sie vorwiegend kostenwirtschaftlich motiviert.[14] Die optimierte Nutzung von Innovationen (Neuprodukte) mit Hilfe einer Betrachtung des Gesamtlebenszyklus steht auch für die pharmazeutische Industrie im Zentrum der Wettbewerbssicherung.[15] Dies kann durch eine quantifizierte Beurteilung zukünftiger Produkt-/Markträume erreicht werden. Corstjens bemerkt, daß in der pharmazeutischen Industrie marktgetriebene ("market-driven") neue Produkte eine signifikant höhere Erfolgsquote aufweisen als technologiegetriebene ("technology-driven") Produktentwicklungen.[16] Die pharmazeutische Industrie muß dabei als strategisches Planungselement wie alle High-Tech-Industrien eine strategische Produkt- und Projektplanung zur langfristigen Sicherung ihrer Unternehmenswert- und Ertragslage entwickeln. Ein zentrales Problem zur Erreichung dieses Zieles besteht für die Pharmaindustrie darin, zukünftige Umsatz- und Erfolgsbeiträge abzuschätzen[17] und schrittweise für zukünftige Perioden quantitativ zu bestimmen. Produktstrategische Entscheidungen anhand dieser quantitativen Ergeb-

---

10   Vgl. Longman, R. (1991), S. 19ff.

11   So bezeichnet Wiedmann (1989) die Entwicklung einer am Marketing ausgerichteten strategischen Unternehmensführung als Ausweg aus der erschwerten Wettbewerbssituation. Vgl. Wiedmann, K.P. (1989), S. 42.

12   Vgl. die Konzentrationszunahme durch Unternehmenskäufe und -zusammenschlüsse in Anhang 6.

13   Der amerikanische Pharmahersteller Merck & Co. begann nach der vertikalen Integration einer Großhandelskette in den USA (Medco) 1995 mit der Erstellung von Gesundheitsleistungen. Das gleiche Vorgehen sieht Leschly, J., CEO bei SmithKline Beecham, für seine Unternehmung als Herausforderung der Zukunft an. Vgl. Leschly, J. (1995), S. 1.

14   Vgl. Perlitz, M. / Dreger, C. / Schrank, R. (1996), S. 275ff.

15   Vgl. Pfeiffer, W. / Bischof, P. (1981), S. 135.

16   Vgl. Corstjens, M. (1991).

17   Vgl. Altwegg, M. (1993), S. 201ff.

nisse führen schließlich zur konsequenten Optimierung bestehender Umsatzträger und zur quantitativ unterstützten Entwicklung und Investitionstätigkeit in zukünftige Produkte.[18]

2 Zielsetzung

Die vorliegende Arbeit setzt sich zum Ziel, für das strategische Produktmanagement in der pharmazeutischen Industrie ein dynamisches Informations- und Entscheidungsfindungsverfahren zu erarbeiten und ein Decision-Support-System zur EDV-Implemen-tierung zu entwickeln. Es werden dabei die wichtigsten Einflußfaktoren auf den zukünftigen Umsatz- und Ertragsverlauf einzelner Produkte identifiziert und in quantifizierter Form in ein Gesamtsystem integriert. Dazu wird ein Rahmen für die Modellkonzeption gewählt, der inhaltlich auf den in der betriebswirtschaftlichen Literatur existierenden, methodischen Ansätzen zum strategischen Produktmanagement unter zentraler Verwendung des "integrierten Produktlebenszykluskonzeptes" aufbaut.[19] In Bereichen, die in der Literatur nur ansatzweise diskutiert werden, sollen eigene Bewertungs- und Entscheidungsfindungsverfahren entwickelt werden. Sie bauen auf den bestehenden Ansätzen in der Literatur auf. Dies ist insbesondere im Bereich des marktorientierten Forschungs- und Entwicklungsmanagements[20] und bei der Erstellung strategischer Informationsverarbeitungsprozesse in Decision-Support-Systemen notwendig.

Es ergeben sich daraus folgende zentrale Leistungsziele für die vorliegende Arbeit:

1. Bestimmung der Teillebenszyklen für einzelne Lebenszyklusbereiche (F&E-Lebenszyklus und Marktlebenszyklusphasen) und Aggregation zum pharmazeutischen Gesamtlebenszyklus,

2. Einbeziehung der Informationen zu den Produktleistungsparametern und Erfassung der relevanten Umweltveränderungen zur Produktlebenszyklusbeschreibung für Einzelprodukte (Wirksubstanzen),

3. Erarbeitung einer dynamisierten Informationsbasis auf Grundlage des Produktlebenszyklusansatzes,

4. Entwicklung eines EDV-technischen Decision-Support-Systems zur Unterstützung der Entscheidungsprozesse durch das Management und

---

18 Vgl. Altwegg, M. (1993), S. 201ff.
19 Vgl. Pfeiffer, W. / Dörnie, U. / Gehard, A. / v. Goetze, S. (1992), S. 868, Back-Hock, A. (1992), S. 284, Berliner, C. / Brimson, J. (1988), S. 140ff, Hahn, D. / Lassmann, G. (1990), S. 114 und 141.
20 Vgl. die "Relative Marktchancen-/ Relatives Risiko"-Matrix in 5.5.3 in Kapitel IV.

5. Darstellung der Funktionsfähigkeit und der Auswirkungen der entwickelten Modellkonzeption anhand eines Beispielfalles zur dynamischen Produkt- und Projektführung.

3 Vorgehen

Zur Entwicklung der am Gesamtlebenszyklus ausgerichteten Modellkonzeption für die pharmazeutische Industrie wird in der vorliegenden Arbeit der folgende Aufbau gewählt:

In **Kapitel II** wird die Bedeutung der gestellten Problemstellung und der Stand der betriebswirtschaftlichen Forschung zur strategischen, lebenszyklusorientierten Produktpolitik dargestellt. Inhalte sind die Einordnung der strategischen Produktplanung in die strategische Unternehmensplanung, die Beschreibung unterschiedlicher Verfahren zur strategischen Produktpolitik und die Darstellung und kritische Analyse des "Integrierten Produktlebenszykluskonzeptes", das als zentrales Informationselement dem in dieser Arbeit entwickelten Modellansatz zugrundeliegt. Aufbauend auf den bestehenden Grundlagen wird ein inhaltlicher Rahmen zur strategischen Produktplanung und -steuerung erarbeitet. Er bildet die inhaltliche Basis zur weiteren Modellentwicklung und EDV-technischen Umsetzung in den späteren Kapiteln.

In **Kapitel III** werden die unterschiedlichen Produktlebenszyklusphasen einer pharmazeutischen Wirksubstanz untersucht und mit den wichtigsten Kenngrößen dargestellt. Neben der Skizzierung einzelner Phasen des Gesamtlebenszyklus werden die Schnittstellen zwischen den einzelnen Lebenszyklusphasen abgebildet, die für die später in der Gesamtmodellkonzeption (Kapitel IV) zu entwickelnden Koordinations- und Kooperationsmaßnahmen von Bedeutung sind. In einem zweiten Arbeitsschritt werden die relevanten Umweltbedingungen für pharmazeutische Unternehmen dargestellt. Dazu werden für die pharmazeutische Industrie die wesentlichen Veränderungen der letzten Jahre beschrieben und ihre Auswirkungen auf zukünftige Wettbewerbsfaktoren analysiert. Gleichzeitig werden Charakteristika anderer forschungsintensiver Branchen untersucht, um daraus Analogien für ein erfolgsoptimierendes Wettbewerbsverhalten zu ziehen.

Der Schwerpunkt der Arbeit ist die konzeptionelle Modellentwicklung in **Kapitel IV**. In diesem Teil der Arbeit werden die Module dieser Untersuchung zur Bestimmung des Marktraumes, der beiden Marktlebenszyklusphasen[21] und der F&E-Lebenszyklusphase (Module I bis IV) erarbeitet. Neben der methodischen Entwicklung der Umsatz-, Kosten- und Erfolgslebenszyklen werden in diesem Arbeitsschritt auch die notwendigen strategischen Podukt- und

---

21   Ethischer und OTC-Lebenszyklus, vgl. Abb. 3/1 in 1.1 in Kapitel III.

Projektführungsprozesse bestimmt. Dies ist z.B. bei der Prognose der Preis-Absatzfunktionen und in der pharmazeutischen Forschung und Entwicklung notwendig. Am Ende der Untersuchung erfolgt die Gesamtintegration der einzelnen Lebenszykluselemente und ein pharmazeutischer Gesamtlebenszyklus wird abgeleitet. Aufbauend auf der methodischen Modellkonzeption wird ein EDV-gestütztes Verfahren (Decision-Support-System) entwickelt, welches das Management bei der strategischen Produkt- und Projektführung unterstützt. Abschließend erfolgt die Beschreibung eines Beispielfalles.

In **Kapitel V** werden die in der vorliegenden Arbeit gefundenen Ergebnisse zusammengefaßt, eine Bewertung durchgeführt, Implikationen für die Unternehmenspraxis beschrieben und Anmerkungen zu sich anschließenden Forschungsarbeiten gegeben.

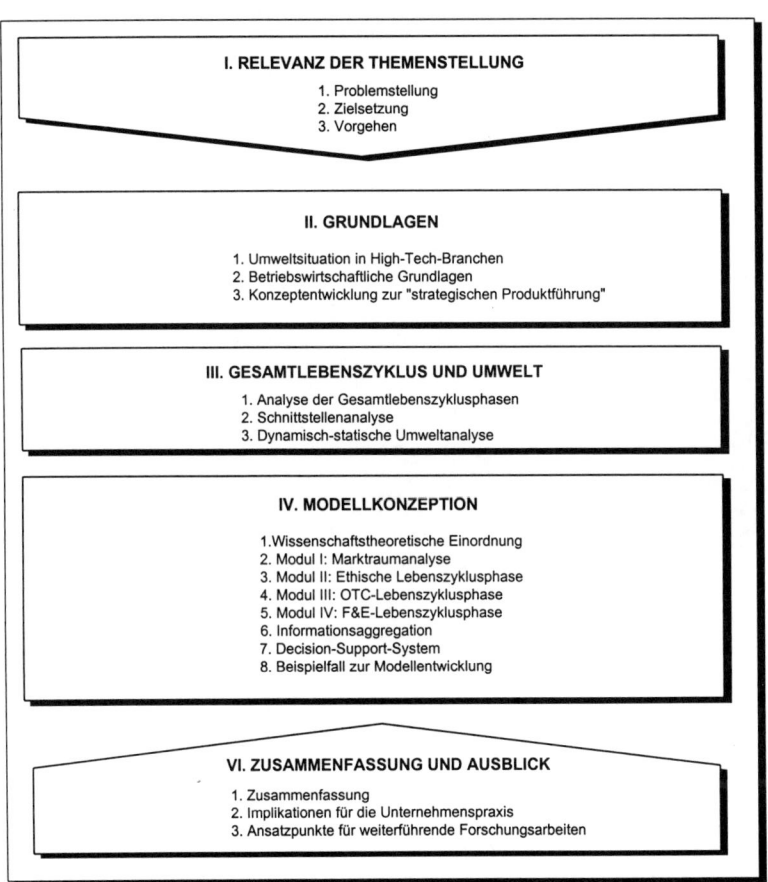

I. RELEVANZ DER THEMENSTELLUNG
1. Problemstellung
2. Zielsetzung
3. Vorgehen

II. GRUNDLAGEN
1. Umweltsituation in High-Tech-Branchen
2. Betriebswirtschaftliche Grundlagen
3. Konzeptentwicklung zur "strategischen Produktführung"

III. GESAMTLEBENSZYKLUS UND UMWELT
1. Analyse der Gesamtlebenszyklusphasen
2. Schnittstellenanalyse
3. Dynamisch-statische Umweltanalyse

IV. MODELLKONZEPTION
1. Wissenschaftstheoretische Einordnung
2. Modul I: Marktraumanalyse
3. Modul II: Ethische Lebenszyklusphase
4. Modul III: OTC-Lebenszyklusphase
5. Modul IV: F&E-Lebenszyklusphase
6. Informationsaggregation
7. Decision-Support-System
8. Beispielfall zur Modellentwicklung

VI. ZUSAMMENFASSUNG UND AUSBLICK
1. Zusammenfassung
2. Implikationen für die Unternehmenspraxis
3. Ansatzpunkte für weiterführende Forschungsarbeiten

Abb. 1/1   Aufbau und Durchführung der Untersuchung

5

KAPITEL II   PROBLEMSTELLUNG UND GRUNDLAGEN

1 Rahmenbedingungen in High-Tech/High-Chem Branchen

Die Komplexität der Tätigkeiten und die enge Einbindung in unterschiedliche Gesundheitssysteme macht die pharmazeutische Industrie zu einer der interessantesten High-Tech-Industrien der Welt.[22] Keine andere Industrie reinvestierte in den vergangenen Jahren einen derart hohen Prozentsatz des Umsatzes in die Forschung und Entwicklung neuer Produkte.[23] Gleichzeitig gelang es den Produzenten von Arzneimitteln, sich zur renditestärksten Industrie weltweit zu entwickeln.[24] Wie jedoch in anderen High-Tech-Branchen erlebt auch die pharmazeutische Industrie fundamentale Veränderungen der Wettbewerbssituation seit Beginn der 90er Jahre.[25] Die große Anzahl externer Anspruchsgruppen, die Entstehung eines kompetitiven Generikamarktes und neue Technologieentwicklungen im Bereich der Bio- und Gentechnik[26] treiben die Industrie in einen sich beschleunigenden Innovations- und Konkurrenzwettbewerb.[27] Die pharmazeutische Industrie sucht deshalb nach neuen Erfolgsfaktoren.

1.1 Umweltkonstellation und Wettbewerbsmuster der Vergangenheit

1.1.1 Wettbewerbsmuster in High-Tech/High-Chem-Branchen

Vor der Erarbeitung existierender Wettbewerbsmuster in Hochtechnologiebranchen ist eine Definition der verwendeten Begriffe notwendig. Mit dem Begriff "Technologie" wird in der Literatur "... die praktische Anwendung von naturwissenschaftlichen und technischen Möglichkeiten zur Realisierung von Leistungsmerkmalen von Produkten oder Prozessen (beschrieben), typischerweise erkennbar an F&E-Arbeitsgebieten der Wettbewerber in einer Industrie".[28] Entsprechend stellen "High-Tech"-Branchen Industrien dar, die über einen sehr hohen Erkenntnisstand verfügen, der mit großer Geschwindigkeit kontinuierlich weiterentwickelt wird.[29] Bestehende Technologien werden innerhalb kurzer Zeit substituiert, was zur

---

[22] Zur Definition von High-Tech-Industrien vgl. 1.1.1.

[23] Die durchschnittliche Reinvestitionsquote (F&E-Aufwendungen als Prozent vom Umsatz) in die F&E liegt in der forschenden pharmazeutischen Industrie bei ca. 10 bis 20%. Für 1994 wurden von den 10 Unternehmen mit den größten F&E-Budgets Reinvestitionsquoten von 13,7 bis 23,8% festgestellt. Vgl. Drews, J. (1995a), S. 780 und Boston Consulting Group (1995), S. 90. Für die F&E-Angaben im Jahr 1994 vgl. Widmer, A. (1996), S. 6.

[24] Die pharmazeutische Industrie erwirtschaftete seit 1980 einen doppelt so hohen ROE (Return on Equity / Eigenkapitalrentabilität) wie der Durchschnitt der "Fortune-500-Unternehmen". Diese Angabe entstammt den Ausführungen von D. Pryor, US Senator. Vgl. o.V. (1993), S. 2.

[25] Vgl. Drews, J. (1992), S. 17 und Altwegg, M. (1993), S. 201.

[26] Vgl. Drews, J. (1992), S. 4.

[27] Vgl. Spickschen, T. (1989), S. 23.

[28] Vgl. Meffert, H. / Lamnek, S. (1991), S. 9 und Bühner, R. (1988), S. 93f.

[29] Vgl. Schicht, R. (1993), S. 17.

Entwicklung neuer Produktgenerationen und verbesserter Produktionstechniken führt. Aus der Definition einer High-Tech-Industrie und einer Analyse der wichtigsten Wettbewerbsfaktoren lassen sich erste Wettbewerbsmuster für die zu analysierende Pharmaindustrie erarbeiten:

1. Innerhalb der Unternehmen existiert ein hoher Standard an "Know-How", was das Eindringen neuer Wettbewerber in einzelne Marktsegmente ohne vorherige Markterfahrung erschwert.

2. Es besteht eine hohe "Dynamik der Wissensentwicklung", die zur kontinuierlichen Weiterentwicklung bestehender Produktgenerationen führt. In diesem Zusammenhang ist festzustellen, daß sich die Investitionen in die Entwicklung neuer Produkte durch das zunehmende Niveau des Technologiestandes erhöhen (Komplexitätserweiterung des Wissens). Gleichzeitig führt die rasche Weiterentwicklung des Wissens zu reduzierten Rückgewinnungsphasen der einzelnen Produktgenerationen.[30] Als Ergebnis ergibt sich durch die verkürzten Produktlebenszyklen die Gefahr eines Engpasses bei den Zahlungsmitteln (Cash Flow).[31] Für die Industrie per se entsteht die Gefahr der Überinvestition in neue Produkte. Eine derartige Wettbewerbskonstellation wird in der betriebswirtschaftlichen Literatur auch für die forschende pharmazeutische Industrie festgestellt.[32]

3. "High-Tech" und "High-Chem"-Industrien sind geprägt von der schnellen Abfolge neuer Produkte, die aktive Penetrationsanstrengungen der Einzelunternehmen durch Marketingaktivitäten bedingen (Steigerung der Marktbearbeitungsaufwendungen).[33]

4. Als weiteres Wettbewerbsmuster muß für "High-Tech/High-Chem-" Industrien das große Risiko der Forschung und Entwicklung genannt werden. Fast kein Unternehmen in einer High-Tech-Industrie kann sich zur Sicherung des technologischen Vorsprungs eine deutlich unterproportionale Reinvestitionsquote in die Entwicklung neuer Produkte erlauben. Das Risiko der eigenen Forschungstätigkeit trägt in der Regel jedes Unternehmen selbst. Zumeist hängt davon direkt die langfristige Unternehmenssicherung ab. In der pharmazeutischen Industrie erreicht von 10.000 Grundsubstanzen aus der Forschung im Schnitt nur eine die spätere Marktzulassung.[34] Gleichzeitig stellt man eine Überinvestition für die pharmazeutische Forschung und Entwicklung fest.[35]

30 Vgl. Perlitz, M. (1995a), S. 264 und Siegwart, H. / Senti, R. (1995), S. XI.
31 Vgl. Perlitz, M. (1995a), S. 266.
32 Vgl. Drews, J. (1995), S. 1.
33 Vgl. Kluge, J. et al. (1994), S. 6.
34 Vgl. die Darstellung des "F&E-Trichters" in 1.1.3 in Kapitel III, Perlitz, M. / Dreger, C. / Schrank, R. (1995), S. 32 und Bundesverband der pharmazeutischen Industrie (1988), S. 12ff.
35 Vgl. Drews, J. (1992), S. 3ff und derselbe (1995), S. 1.

Die Abhängigkeit, aus der Forschung und Entwicklung sogenannte "Blockbuster"[36] zu erarbeiten, die in den Marktphasen weit überdurchschnittliche Umsätze erzielen, steigt damit für pharmazeutische Unternehmen weiter an.

Vor dem Hintergrund notwendiger Leistungssteigerungen fordert Pümpin bei der Entwicklung neuer Produkte eine "Multiplikation" von Prozessen und Systemen. Er meint damit die Mehrfachausprägung einzelner F&E-Tätigkeiten, die zeitgleich erfolgen sollen. Zudem können mit der Erweiterung des Marktraumes durch die Erschließung neuer Segmente und regionaler Absatzmöglichkeiten die Marktchancen erhöht und die Entwicklungsrisiken reduziert werden. Das Risiko der Produktentwicklung verteilt sich nach Pümpin somit auf einen größeren Zielmarkt. Gleichzeitig ergibt sich durch die parallel ausgeführten F&E-Tätigkeiten eine Steigerung der Ertragschancen in der Rückgewinnungsphase durch die realisierten Zeiteinsparungspotentiale während der Forschung und Entwicklung.[37]

Die sinkende Innovationsrate, die sich durch den Rückgang absoluter Zulassungszahlen neuer Arzneimittel und Wirksubstanzen ausdrückt,[38] scheint den beschleunigten Technologiewettbewerb in der pharmazeutischen Industrie zu widerlegen. Da die pharmazeutischen F&E-Aufwendungen kontinuierlich steigen, ergibt sich für jedes Einzelunternehmen eine sehr große Abhängigkeit von einer kontinuierlichen Neuproduktentwicklung und -einführung.[39] Die verkürzten Produktlebenszyklen von Originalpräparaten durch die Entwicklung des Generikamarktes machen eine Optimierung der Erfolgsbeiträge während der geschützten Lebensphase notwendig. Eine erfolgreiche Produktentwicklung[40] gewinnt für zahlreiche Pharmaunternehmen mit einer geringen Anzahl von F&E-Projekten in der Pipeline[41] existentiellen Charakter. Das erfolgreiche Management dieser komplexen Wettbewerbsverhältnisse entscheidet in der pharmazeutischen Industrie über die zukünftige Unternehmenssicherung.[42]

---

36 Mit dem Begriff "Blockbuster" werden Wirksubstanzen bezeichnet, die einen entscheidenden Therapiefortschritt in einem bestehenden Krankheitsfeld generieren. Die Ertragschancen dieser Substanzen sind enorm. So verdankt die englische Pharmaunternehmung Glaxo ihr schnelles Unternehmenswachstum zum großen Teil dem Produkt "Zantac", einem Schmerzmittel, das sich weltweit innerhalb kürzester Zeit durchsetzte. Vgl. die Ausführungen in 1.1.4 in Kapitel III.

37 Vgl. Pümpin, C. (1990), S. 102. ff.

38 Vgl. 2.5.2 in Kapitel III und Longman, R. (1991), S. 19.

39 Vgl. Drews (1995), S. 1. Zudem weisen zahlreiche Publikationen auf den Effekt der reduzierten Markteinführungszeiten auf den Gesamtertrag in patentgeschützten Produktmärkten hin. Für den Bereich der Pharmaindustrie findet sich ein grundlegender Artikel in: Simon, H. (1989), S. 70ff, insbesondere S. 82 bis 84.

40 Vgl. Drews, J. (1995a), S. 773.

41 Als "F&E-Pipeline" wird die Summe aller in der Forschung- und Entwicklung befindlichen Projekte einer Unternehmung bezeichnet. Vgl. subsidiär 1.1.2 / 1.1.3 in Kapitel III.

42 Für die pharmazeutische Industrie kann ein ausgeprägtes "Risk/Return-Paradoxon" festgestellt werden. Dieses beschreibt das inverse Verhältnis zwischen "Rentabilität" und "Risikobereitschaft". Vgl. Bowman, E. (1980), S. 17, derselbe (1982), S. 33 und vertiefend zur Erklärung der sinkenden Innovationstätigkeit in prosperierenden Branchen Perlitz, M. / Löbler, H. (1985), S. 424ff.

1.1.2 Marktorientierung als Ausweg der 90er Jahre

Am Anfang des sich intensivierenden Technologiewettbewerbes konnten zahlreiche Unternehmen in verschiedenen Industrien durch eine Stärkung der Marketingaktivitäten den zunehmend geringeren Erfolgsaussichten ihrer Produkte erfolgreich entgegentreten. Die großen Marketingausgaben zielten auf die Präferenzbildung der Konsumenten für einzelne Produkte und bezweckten die Erzeugung einer langfristigen Bindung an das Unternehmen. In der pharmazeutischen Industrie gingen zahlreiche Unternehmen zudem strategische Allianzen und Beteiligungsverhältnisse ein, oder vermarkteten durch "Co-Marketing"[43] und "Co-Vertrieb"[44] eigene Produkte auf Märkten ohne eigene Unternehmenspräsenz. Bei den Unternehmenszusammenschlüssen und -aufkäufen seit 1980 lag die Motivation sehr häufig in der regionalen Erschließung globaler Märkte und zielte auf eine Bündelung der gemeinsamen Vertriebsanstrengungen.[45]

Zahlreiche Unternehmen erzielten durch die verstärkte Marktorientierung eine weiterhin gute Ertragslage.[46] Was jedoch viele Unternehmen während dieser Zeit vernachlässigten, war das Gleichgewicht der drei Schlüsselkenngrößen "Zeit", "Geldfluß" und "Produkte", die essentiell für die Aufrechterhaltung einer langfristig erfolgreichen Unternehmenstätigkeit sind.[47] In der Dimension "Zeit" wurden in manchen Unternehmen auslaufende Patentzeiten nicht zum Anlaß genommen, intern die Innovationsleistung durch neue Konzepte und Verfahren zu steigern. In der Dimension "Produkte" vollzog sich in zahlreichen Unternehmen eine Überalterung der Produktpalette.[48] Eine reine Orientierung am gegenwärtigen "Geldfluß" führte lediglich zu einer operativen Optimierung in den Unternehmen, ohne wichtige zukünftige Wettbewerbsfelder zu identifizieren und langfristig zu besetzen. Als Ergebnis der Überalterung der Produkte eröffnete sich für zahlreiche Unternehmen bereits zu Anfang der 90er Jahre eine "strategische Lücke".[49] Als Indiz für diese Entwicklung sind zahlreiche mittelständische Arzneimittelhersteller zu nennen, die ohne fremde Finanzierung ihrer Forschung und Entwicklung eine eigenständige Unternehmenssicherung nicht mehr erreichen könnten. Während dieses

---

43 Unter "Co-Marketing" versteht man den Vertrieb eines Arzneimittels durch ein fremdes Unternehmen. Vgl. hierzu die Vermarktung der Substanzen "Ranitidin", "Nifedipin" und "Bezafibrat" durch unterschiedliche Nutzung des "Co-Marketings" in: Simon, H. (1989), S. 82.

44 "Co-Vertrieb" oder "Co-Promotion" bedeutet den Vertrieb eines Arzneimittels über den Außendienst eines Konkurrenzunternehmens. Vgl. Schülin, P. (1995), S. 322.

45 Der Merger zwischen "SmithKline Beckman" (USA) und "Beecham" (UK) im Jahre 1986 dient hier als gelungenes Beispiel der regionalen Erweiterung pharmazeutischer Märkte. Der Zusammenschluß aus Glaxo (UK) und Wellcome (USA) kann ebenfalls genannt werden. Vgl. zudem o.V. (1995a).

46 Vgl. Abb. 3/1 in 1.1 in Kapitel III.

47 Vgl. Perlitz, M. (1995a), S. 263ff.

48 Dies trifft insbesondere für die zahlreichen Unternehmensverkäufe mittelständischer pharmazeutischer Unternehmen zu Beginn der 90er Jahre zu wie etwa die Madaus AG.

49 Vgl. Ansoff, I.H. (1965) sowie zur Einordnung des Konzeptes der "strategischen Lücke" in den Bezugsrahmen des "internationalen Managements": Perlitz, M. (1995), S. 74f.

Prozesses wurden zahlreiche Unternehmen von größeren Marktteilnehmern akquiriert. Der Pharmamarkt erlebte sowohl international als auch auf nationalen Teilmärkten eine erste deutliche Konzentrationszunahme.[50]

Zusätzliche Marketingaktivitäten und eine intensivierte Bearbeitung der Märkte durch den Vertrieb reichen für die pharmazeutische Industrie in der Zukunft nicht alleine aus, um erfolgreich zu sein. Nur durch eine Neuausrichtung der Unternehmenstätigkeit kann die entstandene strategische Lücke geschlossen werden.

1.2 Wettbewerbssicherung für die Zukunft

1.2.1 Innovationsfähigkeit als Schlüsselerfolgsfaktor

Die "Innovationsfähigkeit" wird in High-Tech-Industrien in der Literatur als zentraler Erfolgsfaktor für eine Unternehmung ausgewiesen.[51] Unter "Innovation" definieren Albach/Pay/Rojas die "auf Erfindung und Entwicklung beruhende Markteinführung eines neuen Produktes oder Verfahrens".[52] Auch Perlitz/Löbler stellen die Verbindung von Innovation und konkretem Handeln in den Vordergrund, wenn sie "Innovation" mit der "Durchsetzung und Durchführung einer Idee bis zur Marktfähigkeit" definieren.[53] Gerade in Industrien mit einem schnellen Preisverfall und zahlreichen Wettbewerbern, die über Möglichkeiten der internationalen Vermarktung von Produktneuerungen verfügen, stellen Produktinnovationen entscheidende Ansatzpunkte für den langfristigen Unternehmenserfolg dar.[54] Ein international homogenes Nachfrageverhalten verstärkt die Marktchancen der generierten Produkt- und Prozeßinnovationen. Für die pharmazeutische Industrie bekam 1994 in einer empirischen Studie der Faktor "innovativere Forschung und innovative Produkte" die höchste Gewichtung für den Unternehmenserfolg.[55] Auch die große Bedeutung der "Forschung und Entwicklung" wurde im Rahmen dieser Studie bestätigt.[56]

---

50 Vgl. Berger, R. / Thiess, M. (1991), S. 877ff.

51 Vgl. Schicht, R. (1993), S. 32ff und bzgl. der Generierung des Innovationsdruckes in den Unternehmungen: Perlitz, M. (1985a), S. 95.

52 Vgl. Albach, H. / Pay de, D. / Rojas, R. (1991), S. 310.

53 Vgl. Perlitz, M. / Löbler, H. (1985), S. 425.

54 Vgl. Drews, J. (1995a), S. 781 und Wenzel, G. / Baier, M. (1995), S. 787.

55 116 leitende Pharmamanager aus 40 international tätigen Unternehmungen antworteten auf die Frage nach der Generierung "kompetitiver Wettbewerbsvorteile" mit höchstem Antwortniveau im Antwortfeld "innovativere Forschung und .. Produkte". Vgl. Dreger, C. (1994), S. A41 sowie die Veröffentlichungen der Studie bei: Perlitz, M. / Dreger, C. / Schrank. R. (1996), S. 275ff.

56 Im Rahmen der Untersuchung stand die Übertragbarkeitsanalyse des "transnationalen Unternehmensmodells" von Bartlett/Ghoshal im Vordergrund. Die Chancen wurden getrennt nach einzelnen Funktionsbereichen untersucht. Die Ergebnisse stellten die "Forschung und Entwicklung" sowohl in ihrer Gesamtbedeutung für den Unternehmenserfolg als auch in Bezug auf ihre enormen Chancenpotentiale durch transnationale Ablaufstrukturen in den Vordergrund. Vgl. Perlitz, M. / Dreger, C. / Schrank, R. (1995), S. 36f sowie Bartlett, C. / Ghoshal, S. (1990).

11

1.2.2 Strategische Produktpolitik und Unternehmenssicherung

Im folgenden Abschnitt soll die Bedeutung der strategischen Produktpolitik für Unternehmen in Hochtechnologiebranchen erarbeitet werden. Wie bereits erarbeitet wurde, erfährt die Produktpolitik in technologiegetriebenen Märkten eine zentrale Bedeutung zur Unternehmenssicherung. Meffert/Lamnek bezeichnen für "High-Tech Industrien" die "Produktpolitik" als das dominante Entscheidungsfeld im Marketing.[57] Perillieux bemerkt für Hochtechnologiebranchen, daß im wesentlichen das Produkt die Konkurrenzverhältnisse bestimmt, und somit die eingesetzte Technik und Technologie über den Markterfolg entscheidet. Andere Elemente des Marketing-Mixes treten nach Perillieux dabei deutlich in den Hintergrund.[58] Als Produktpolitik muß sowohl die "Planung und Entwicklung" neuer Produkte als auch die "strategische Ausrichtung" bestehender Produkte auf den Märkten begriffen werden.

Zur festgestellten Wettbewerbsdynamik existieren für die pharmazeutische Industrie zahlreiche Veröffentlichungen. In der pharmazeutischen Industrie ergibt sich neben der "zeitlichen Forcierung" der Produktneuentwicklung als Schlüsselerfolgsfaktor zur Optimierung des zukünftigen Produktprogrammes[59] auch die Notwendigkeit der gesteigerten "Effizienz"[60] und Effektivität der investierten F&E-Finanzressourcen.[61] Die durchschnittlichen Reinvestitionsquoten in "Forschung und Entwicklung" sind in den vergangenen Jahren ständig gestiegen und liegen inzwischen bei 10-20% des Umsatzes.[62] Die kumulierten Investitionen in die pharmazeutische Forschung und Entwicklung sind in den letzten Jahren derart angestiegen, daß das zukünftige Marktwachstum nicht zur Deckung der gegenwärtigen Investitionen ausreicht.[63] Drews spricht vor diesem Hintergrund auch von einer "Überinvestitionstätigkeit" der Branche.[64] Auch Vagelos bemerkt, daß eine weitere Ausweitung der F&E-Reinvestitionen keine erfolgreiche Strategie für die Zukunft sein kann.[65] Die investierten Finanzressourcen müssen effizienter und in die "richtigen", d.h. erfolgsversprechenden Projekte investiert werden. Eine Hauptschwierigkeit stellt dabei die Identifikation und konsequente Förderung dieser Projekte dar.

---

[57] Vgl. Meffert, H. / Lamnek, S. (1991), S. 174.

[58] Vgl. Perillieux, R. (1991), S. 23.

[59] Vgl. Boston Consulting Group (1995), S. 126.

[60] Zur Definition von "Effizienz" vgl. GABLER (1993), S. 864.

[61] Altwegg schreibt, daß die "Effektivität" und "Effizienz" der Innovationsprozesse in der pharmazeutischen Industrie einen direkten Einfluß auf die internationale Wettbewerbsfähigkeit haben. Vgl. Altwegg, M. (1993), S. 202. Die Bedeutung der allgemeinen "Kosteneffizienz" wurde pa-rallel dazu von Perlitz/Dreger/Schrank erarbeitet. Vgl. Perlitz, M. / Dreger, C. / Schrank, R. (1995), S. 36f und Altwegg, M. (1993), S. 201ff.

[62] Vgl. Cookson, C. (1992), S. 5 und Boston Consulting Group (1995), S. 90.

[63] Vgl. Drews, J. (1995), S. 1.

[64] Vgl. derselbe (1992), S. 3ff.

[65] "I think R&D spending will go down. Over the last 15 years R&D has grown at 14% per year. I´d love to continue, but it´s no longer an option." R. Vagelos, 1994, CEO Merck & Co., in McKinsey & Co. (1994).

Für die pharmazeutische Industrie bestehen vereinzelte Ansätze, die zahlreichen Einflüsse auf die zukünftige Ertragssituation eines Unternehmens zu strukturieren und das Unternehmen strategisch auszurichten.[66] In vielen Unternehmen wird versucht, die F&E-Projekte zu analysieren und zu bewerten, um Entscheidungskriterien zum Abbruch, der Weiterführung oder Forcierung zu schaffen.[67] Dennoch stellt Drews auch in 1995 noch das unbefriedigende betriebswirtschaftliche Niveau in der Unternehmenspraxis fest. Er bemerkt, daß eine projektspezifische Kostenerfassung in der pharmazeutischen Forschung und Entwicklung bereits Vorteile generieren kann.[68] Auch die systematische Sammlung von Erfahrungswissen kann zur optimalen Penetration einzelner Märkte mit neuen Produkten Wettbewerbsvorteile schaffen. Dies ist heute z.T. nur für Unternehmen mit einer starken Interaktion zwischen dem Marketing und der F&E-Abteilung festzustellen.[69] Auch der Produktübergang aus den verschreibungspflichtigen in die freiverkäuflichen Arzneimittelmärkte ("Rx-to-OTC"-Switch)[70] wird von internationalen Pharmaunternehmungen zunehmend ins Zentrum der Kompetenzentwicklung gestellt.[71] Dennoch werden viele Präparate in der Degenerationsphase nur sehr passiv zur Steigerung der letzten Erträge gemanagt bzw. auf ihre Überführung in den OTC- oder Konsumgütermarkt[72] vorbereitet. Der Verkauf an Drittunternehmen ist als weitere Entscheidungsoption zu nennen.

Es ist festzustellen, daß den Entwicklungen der steigenden F&E-Investitionen und notwendigen Produkterneuerungen und -differenzierungen mit einer strategisch ausgerichteten Produktpolitik begegnet werden muß. Die effiziente und effektive Ressourcenallokation sollte dabei von der Grundlagenforschung bis zur letzten Vermarktungsphase einer Wirksubstanz über den gesamten Lebenszyklus erfolgen.

---

66 Vgl. Boston Consulting Group (1995), S. 90f und 116f.

67 Vgl. Garnier, J.P. (1994), S. 3.

68 Vgl. Drews, J. (1995), S. 780.

69 Ein positives Beispiel ist Glaxo-Wellcome, das nach der Übernahme Wellcomes durch Glaxo einen großen Fokus auf die Verbindung von Marketing und Forschung und Entwicklung legte. Galbraith und Nathanson nennen zur Bestimmung des optimalen Grades der Integration zwischen "Marketing" und "Forschung und Entwicklung" die Faktoren "Unternehmensstrategie" (company strategy) und "Unsicherheitsgrad der Umwelt" (environmental uncertainty). Für die pharmazeutische Industrie kann festgehalten werden, daß der Unsicherheitsgrad sehr hoch ist, und die Strategie einer innovationsorientierten Unternehmensführung ein großes Maß an marktgerichteter Integration bedingt. Vgl. die gleichgerichtete Argumentation in Corstjens, M. (1991), S. 157 und Galbraith, J. / Nathanson, P. (1978).

70 Arzneimittel mit geringen Nebenwirkungen können nach Patentablauf aus dem ethischen in den freiverkäuflichen Produktbereich überführt werden. Diese Überführung nennt man "Rx-to-OTC- Switch". Vgl. 1.1.6 in Kapitel III.

71 Ein stützendes Argument ist die Intensivierung der Aktivitäten im OTC-Bereich zahlreicher Pharmaunternehmungen. So erwarben in den vergangenen Jahren zahlreiche Unternehmen Wettbewerber in der OTC-Branche, wie etwa die Roche Holding die Nicholson-Gruppe oder SmithKline Beecham die OTC-Company Fink Naturarznei auf dem deutschen Markt.

72 Vgl. Oliver, S. (1995).

2 Betriebswirtschaftliche Grundlagen

2.1 Einordnung der strategischen Produktplanung

2.1.1 Strategische Unternehmensführung

Die Begriffe "strategische Unternehmensführung" und "strategische Unternehmensplanung" werden in der betriebswirtschaftlichen Literatur weitgehend synonym verwendet. Unter "strategischer Unternehmensführung" wird die langfristige Planung der Unternehmensentwicklung verstanden.[73] Als Kern der "strategischen Führung" wird in der Literatur fast ausschließlich die "strategische Planung" genannt.[74] Der Begriff "Strategie" stammt aus der griechischen Sprache und stellt eine Verbindung der beiden Worte "Stratós" (Heer) und "agein" (führen) dar. Nach Perlitz wird auch in der neuen betriebswirtschaftlichen Literatur "... im Zusammenhang mit der Unternehmensstrategie ..." zum Teil "... noch in solchen Kriegsbildern gedacht".[75] Bea und Haas definieren "Strategien" dabei als " ... Maßnahmen zur Sicherung des langfristigen Erfolges eines Unternehmens".[76] Hinterhuber schreibt, daß die "Strategie" den Entscheidungsrahmen bestimmt, in dem die Unternehmung die "Art und Richtung" der zukünftigen Entwicklung bestimmt.[77]

Nach den bestehenden Definitionen erarbeitet Homburg eine Begriffsbestimmung, die er in Anlehnung an Hansmann als "integrierte Definition der strategischen Planung" bezeichnet. Er definiert, daß die "strategische Unternehmensplanung" derjenige Teil der Unternehmensplanung ist, der "... zum Zweck der Schaffung (und) Sicherung von Wettbewerbsvorteilen" (teleologische Komponente) "langfristig und auf hochaggregierter Ebene erfolgt" (formale Komponente) und "alle Bereiche der Unternehmenspolitik umfaßt" (instrumentelle Komponente).[78]

Nach Meinung Hinterhubers erfolgt die Ausarbeitung der "strategischen Planung" durch "funktionale Politiken".[79] Sein Ansatz kann als Weiterentwicklung der ersten Ausführungen zur strategischen Planung verstanden werden, die auf Ansoff zurückgehen. Er setzte "Strate-

---

73 Vgl. Hahn, D. / Arbeitskreis ... (1980), S. 17, Homburg, C. (1991), S. 18. Zu den Grundlagen der "strategischen Planung" vgl. Achoff, R. (1970), Katz, R. (1970) und Steiner, G. (1971). Weiterentwicklungen der ersten Ansätze finden sich bei: Bircher, B. (1976), Albach, H. (1978), Wittek, B. (1980), Lorange, P. (1980), Trux, W. / Müller, G. / Kirsch, W. (1984), Hammer, R. (1985) und Raffée, H. / Wiedmann, K. (1989).

74 Vgl. Kreikebaum, H. (1995), Sp. 2006.

75 Vgl. Perlitz, M. (1995a), S. 254.

76 Vgl. Bea, F.X. / Haas, J. (1995), S. 46.

77 Vgl. Hinterhuber, H.-H. (1984), S. 23.

78 Vgl. Homburg, C. (1991), S. 26. Die Unterteilung in "teleologische Komponente", "formale Komponente" und "instrumentelle Komponente" ist der Systematik der Analyse der bestehenden Definitionen von Hansmann entnommen. Vgl. Hansmann, F. (1985), S. 151ff.

79 Vgl. Hinterhuber, H.-H. (1984), S. 23f. und derselbe (1982), S. 15ff.

gie" noch mit der Produkt-Markt-Politik eines Unternehmens gleich.[80] Auch Ansoff bemerkte bereits den vielschichtigen Charakter bei der Ausgestaltung in der Wirklichkeit. Er stellt fest, daß durch die "Strategie" eines Unternehmens gleichzeitig das Verhältnis zur Unternehmensumwelt, die Entwicklung von Technologien, die Schaffung von Wettbewerbsvorteilen und die Planung von Ressourcen bestimmt wird.[81] Auch Hinterhuber bemerkt, daß die "strategische Planung" weit über die Dimensionen "Produkte" und "Zielmärkte" hinausgeht.[82] Perlitz ergänzt, daß die "strategische Planung" eine konkrete "Maßnahmenplanung" bedingen muß, wie sie in vielen Unternehmen in Form eines hierarchischen Aufbaus des Planungssystems gegeben ist.[83] Mit dieser Aussage wird die Verbindung zwischen "strategischer Planung" und "operativer Realisierung" festgestellt. Hahn bemerkt, daß die "Analyse der Erfolgsquellen" und die "Entwicklung langfristig angelegter Konzepte zur Zukunftssicherung" den Kern der "strategischen Planung" bilden.[84] Dabei wird die starke Orientierung an einer exakten Umweltanalyse in Verbindung mit strategischen Entscheidungsfindungsprozessen deutlich. Der Gesamtprozeß der "strategischen Planung" wird von Bea/Haas als "... ein informationsverarbeitender Prozeß zur Abstimmung von Anforderungen der Umwelt mit den Potentialen des Unternehmens ..." bezeichnet.[85] In einer Veröffentlichung des Arbeitskreises "Langfristige Unternehmensplanung" der Schmalenbach-Gesellschaft geht Hahn von einem vierteiligen Planungssystem zur strategischen Unternehmensführung aus:[86]

1. Die "generelle Zielplanung" formuliert allgemeine Leitlinien.
2. Die "strategische Planung" umfaßt die "marktorientierte Tätigkeitsfeldplanung" und damit die "... langfristige Produktprogrammplanung".
3. Die "operative Planung" erarbeitet Kapazitäts- und Ressourcenverteilungspläne und steuert die kurz- und mittelfristige Produktprogrammplanung.
4. Die "gesamtunternehmensbezogene Ergebnis- und Finanzplanung" generiert als Querschnittsfunktion die wertmäßige und an monetären Größen ausgerichtete Analyse der zukünftigen Unternehmenslage.

Das Interaktionsverhalten der vier Teilplanungsbereiche ist der folgenden Abbildung (2/1) zu entnehmen. Sie finden Eingang in die Methodik der Modellentwicklung und –implementierung dieser Arbeit (vgl. Kapitel IV).

---

[80] Vgl. Ansoff, I.H. (1965), derselbe (1966), S. 179ff sowie S. 213ff.
[81] Vgl. ebenda, S. 24.
[82] Vgl. Hinterhuber, H.-H. (1984), S. 24.
[83] Vgl. Perlitz, M. (1995), S. 34.
[84] Vgl. Hahn, D. / Arbeitskreis ... (1980), S. 17.
[85] Vgl. Bea, F.X. / Haas, J. (1995), S. 46.
[86] Vgl. zu den vier Teilelementen der strategischen Planung: Hahn, D. / Arbeitskreis ... (1980), S. 18.

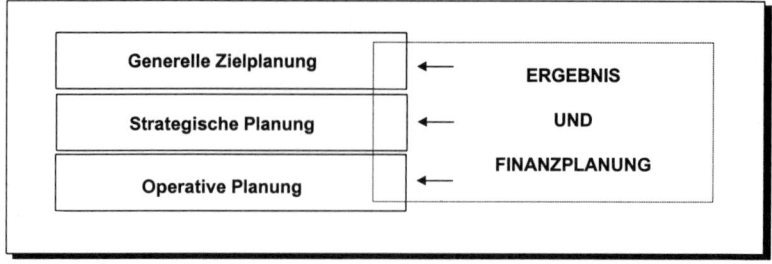

Generelle Zielplanung	←	ERGEBNIS
Strategische Planung	←	UND
Operative Planung	←	FINANZPLANUNG

Abb. 2/1   Hierarchisches Planungssystem der strategischen Planung
Quelle: Hahn, D. / Arbeitskreis ... (1980), S. 17.

2.1.2 Strategisches Management

Die Ausführungen zur "strategischen Planung" und "strategischen Führung" weichen in der betriebswirtschaftlichen Literatur in den späten 80er Jahren zunehmend den Ausführungen zum "strategischen Management". Der Begriff des "strategischen Managements" wurde nach einer Literaturstudie von Kreikebaum von Ansoff 1976 in die Literatur eingeführt. Er definiert hierunter die "Steuerung und Koordination der langfristigen Evolution eines Unternehmens unter Berücksichtigung der Interessen aller von den Unternehmensaktivitäten direkt oder indirekt Betroffenen".[87] Auch wird in der Literatur die "Bewältigung von Diskontinuitäten durch eine strategische Frühaufklärung"[88] als wesentlicher Bestandteil des "strategischen Managements" genannt.

Bei der "strategischen Planung" wird erhebliche Kritik an der bestehenden Begrifflichkeit bei komplexen Umfeldsituationen geübt. Zahn bemerkt, daß die "strategische Planung" alleine zur Sicherung von Erfolgspotentialen nicht ausreicht.[89] Die "strategische Produktpolitik" wird dabei als zentrales Element des "strategischen Managements" verstanden. Zahn fordert vor dem Hintergrund der festgestellten Zuordnungsproblematik einzelner Teilplanungen die Entwicklung eines Gesamtkonzeptes, wie es durch das "strategische Management" gegeben wird.

Der verwendeten Zuordnung von Zahn soll in dieser Arbeit entsprochen werden, da nur durch die Entwicklung eines integrierten Ansatzes ein Unternehmen in komplexen Umweltsituationen strategisch ausgerichtet werden kann. Die "strategische Produktplanung" wird somit als Teilelement des "strategischen Managements" verstanden. Zahn gibt gleichzeitig an, daß die Anpassung an komplexe Umweltdimensionen durch die Bildung einzelner Teilfelder erreicht werden sollte, die wiederum in einem Gesamtsystem verbunden werden. Für die vor-

---

[87]   Vgl. die Ausführungen zum "strategischen Management" bei Kreikebaum, H. (1995), Sp. 2006.
[88]   Vgl. Hammer, R. (1988).
[89]   Vgl. Zahn, E. (1989), Sp. 1905.

liegende Arbeit leitet sich hieraus eine detaillierte Umweltanalyse (vgl. Kapitel III) und die Bestimmung des dynamischen Marktraumes ab (vgl. Kapitel IV). Das "strategische Management" wird daher für die vorliegende Untersuchung als umweltintegrierende Steuerung der langfristigen Unternehmensentwicklung unter besonderer Berücksichtigung der Auswahl und Gestaltung künftiger Wettbewerbsfelder definiert.

2.1.3 Strategische Produktpolitik als Teil des Strategischen Managements

2.1.3.1 Einordnung im Strategischen Marketing

Die getroffene Definition und der inhaltliche Rahmen des "strategischen Managements" weisen eine große Analogie zu den Aufgabengebieten des "strategischen Marketings" auf. Becker bemerkt, daß die "grundlegenden Unternehmensstrategien" ("Leitstrategien") in erster Linie "Marketingstrategien" sind.[90] Geht man zudem von einem Marketingverständnis nach Raffée aus,[91] der Marketing als die "Führung der Unternehmen von den Märkten her, auf die Märkte hin in Einklang mit gesellschaftlichen Erfordernissen" definiert, so wird deutlich, daß zwischen dem strategischen Management und dem strategischen Marketing sehr enge Verbindungen bestehen.[92] Dabei entwickelte sich das "strategische Marketing" erst in den letzten Jahren zum wesentlichen Steuerungsbereich, der die Entwicklung des Gesamtunternehmens maßgeblich beeinflußt. Meffert bemerkt, daß das Marketing einen Wandel von der "funktionsorientierten Sichtweise zu einer unternehmensbezogenen Denkhaltung" vollzogen hat.[93] Auch Kirsch/Trux bezeichnen das Marketing als bestimmende "Führungsphilosophie" einer Unternehmung.[94] Eine definitorische Abgrenzung zum "strategischen Management" ist für die vorliegende Untersuchung daher notwendig.

Anhaltspunkte dieser Abgrenzung finden sich bei Becker. Er schreibt über den Zusammenhang zwischen "strategischem Marketing" und ".. Management", daß das "strategische Marketing" die planerische Komponente des "strategischen Managements" erfüllt. Die Implementierung seiner Inhalte sprechen jedoch zentrale Managementaufgaben an.[95] Aus dieser Aussage ergibt sich bereits eine Unterordnung des "strategischen Marketings" unter das "strategische Management". Für die begriffliche Abgrenzung ist diese hierarchische Einordnung unter den Begriff des "strategischen Managements" unproblematisch. Für die Unternehmenspraxis

---

90 Vgl. Becker, J. (1993), S. 116.

91 Vgl. Raffée, H. / Thiess, M. (1989), S. 3.

92 Es muß jedoch auf die Unterschiedlichkeit im Falle der kurzfristigen Betrachtung hingewiesen werden. Hier dominiert nach den grundlegenden Arbeiten Gutenbergs der Unternehmensbereich, der den jeweiligen Engpaß darstellt. Vgl. Gutenberg, E. (1975), S. 163f.

93 Vgl. Meffert, H. (1994), S. 4.

94 Vgl. Kirsch, W. / Trux, W. (1983), S. 59.

95 Vgl. Becker, J. (1995), Sp. 2419. Er verweist zum "strategischen Management" auf die Literatur bei Köhler, R. (1993).

in technologiegetriebenen Branchen sollte jedoch darauf hingewiesen werden, daß das "strategische Marketing" mit dem "strategischen Management" eng verbunden ist.

2.1.3.2 Stellung der Strategischen Produktpolitik

Die "strategische Produktpolitik" stellt im Rahmen des "strategischen Marketing" die zentrale Komponente zur Sicherung des langfristigen Unternehmenserfolges dar. Sie ist eindeutig zu trennen von der "operativen Produktpolitik" als Teil des Marketing-Mixes. Die "strategische Produktpolitik" bestimmt die Zusammensetzung und Ausgestaltung der angebotenen Produkte einer Unternehmung über die Zeit. Sie determiniert auch die zukünftigen Produkt-/Markträume und die absatzmarktorientierte Ausrichtung der Forschungs- und Entwicklungsanstrengungen. Bei Becker findet sich eine Darstellung, die zentrale Einsatzfelder der "strategischen Produktpolitik" beschreibt. Zu erkennen ist in der folgenden Abbildung 2/2, daß die "strategische Produktpolitik" direkt im Bereich des "strategischen Marketing" angesiedelt ist, und zur konkreten Operationalisierung wenige Verbindungen besitzt. Hieraus läßt sich unter Einbeziehung der Ausführungen unter 2.1.2 auch die inhaltliche Verbindung zum "strategischen Management" entnehmen.

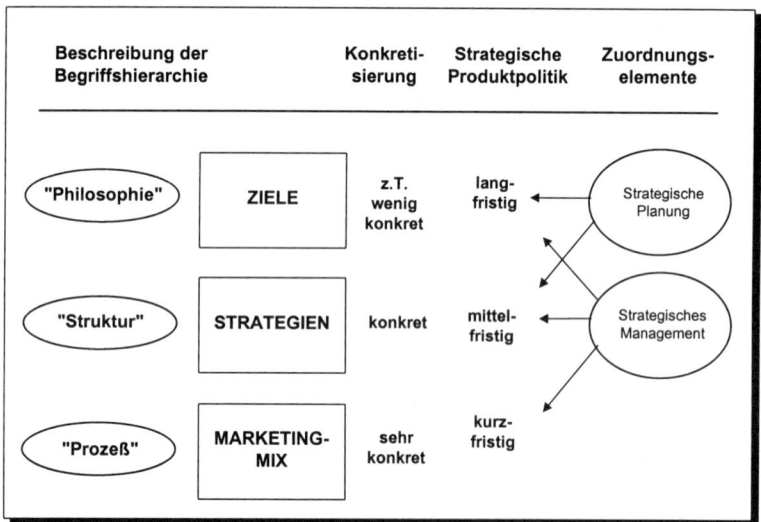

Abb. 2/2   Einordnung der Produktpolitik in die Marketing-Konzeption
Quelle: Becker, J. (1993), S. 120, Zuordnungselemente eigene Darstellung

Der Konzeption Beckers folgend, kann von einer Zweiteilung der produktrelevanten Aktivitäten einer Unternehmung ausgegangen werden. Die "strategische Produktpolitik" besitzt einen konkreten Charakter und ist im Bereich der "Strategieformulierung" angesiedelt. Die "strategische Produktpolitik" strukturiert die angebotenen Leistungen einer Unternehmung. Anders ist der Charakter der "kurz- und mittelfristigen Produktpolitik". Sie besitzt eine eindeutig operative Ausrichtung. Im Rahmen des Marketing-Mixes (vgl. Abb. 2/2) führt sie zu einer Ausgestaltung der Vorgaben durch die "strategische Produktpolitik". Der hohe Konkretisierungsgrad ergibt sich aus den operativen Maßnahmen, die mit ihrer Umsetzung verbunden sind. Während die vorgelagerten Stufen der Marketingplanung (Ziele, Strategien, vgl. Abb. 2/2) den gestalterischen Rahmen der Produktpolitik beschreiben, besitzen die Maßnahmen dieser hierarchischen Begriffsebene eindeutig operativen Charakter. Eine ausführliche Darstellung der Sachverhalte findet sich bei Becker.[96]

Für die vorliegende Untersuchung wird unter der "strategischen Produktpolitik" die langfristige Gestaltung des in unterschiedlichen Perioden am Markt angebotenen Produktportfolios verstanden, die unter Berücksichtigung der relevanten Informationen bezüglich der gegenwärtigen und zukünftigen Umweltzustände eingebunden in die gesamtstrategische Ausrichtung des Unternehmens erfolgt.

2.2 Portfolioanalysen in der Strategischen Produktplanung

Bea/Haas unterteilen die Ansätze zur "strategischen Produktplanung" in "empirische Studien" (z.B. Produktlebenszykluskonzept)[97] und "Portfolio-Analysen", die sie wiederum in "absatzmarktorientierte" und "ressourcenorientierte Konzepte" gliedern.[98] Die "empirischen Studien" bauen auf einer umfassend quantifizierten Datenbasis auf und fordern eine analytische Vorarbeit.

Die sich auf die Vorarbeit der empirischen Studien stützenden "Portfolioansätze" haben in der Literatur eine deutlich größere Bedeutung erlangt. Dies gilt insbesondere im Bereich "absatzmarktorientierter Konzepte", die inhaltlich "Produkt-Marktmodelle" beschreiben.[99] Die Portfolioansätze bauen auf den Erkenntnissen des "PIMS-Programmes"[100], dem "Konzept des Produktlebenszyklus" und der "Erfahrungskurve"[101] auf.

In der Literatur finden sich zahlreiche Ausführungen zum Verhältnis zwischen "Portfolioan-

---

96 Vgl. Becker, J. (1993), S. 120ff.

97 Vgl. Bea, F.X. / Haas, J. (1995), S. XVII sowie Homburg, C. (1991), S. 71.

98 Vgl. Bea, F.X. / Haas, J. (1995), S. XVII.

99 Vgl. Gälweiler, A. (1981), S. 133.

100 PIMS = "Profit Impact of Market Strategies". Dem PIMS Konzept liegt ein empirisches Verfahren zugrunde, das die Auswirkung unterschiedlicher Produktstrategien auf den späteren Markterfolg bestimmt. Vgl. Nieschlag, R. / Dichtl, E. / Hörschgen, H. (1994), S. 907f.

101 Das Konzept der Erfahrungskurve beschreibt den Rückgang der Stückkosten pro Ausbringungsmenge bei einer Erweiterung der Produktion. Vgl. Perlitz, M. (1995), S. 51, Kotler, P. / Bliemel, F. (1995), S. 758ff.

sätzen" und dem "Produktlebenszykluskonzept". So fordert Dunst zum Aufbau einer späteren "Portfolio-Management-Konzeption", daß eine "Produkt-/Marktanalyse" durchgeführt wird, der sich eine Erarbeitung des Produktlebenszykluskonzeptes anschließt.[102] Perlitz stellt fest, daß die Portfolio-Analyse eine strategische Synthese der quantifizierten Ergebnisse des Produktlebenszyklus- und Erfahrungskurvenkonzeptes ist.[103] Auch Kotler versteht die Portfolioanalyse als Teil der strategischen Marketingplanung, die auf dem Produktlebenszykluskonzept aufbaut. Er verweist mit Nachdruck auf die unterschiedliche Behandlung von Einzelprodukten in Abhängigkeit vom Reifegrad des Produktlebenszyklus.[104] Die Ausführungen von Kotler und Perlitz liefern die argumentative Basis zur Definition der Beziehung zwischen der qualitativen Generierung von Normstrategien aus den Vorarbeiten und den quantitativen Verfahren des Lebenszykluskonzeptes.

2.2.1 Marktwachstums-Marktanteils-Portfolio

Die Beratungsunternehmung "The Boston Consulting Group" (BCG) entwickelte als erstes Unternehmen im Jahre 1977 eine Portfolioanalyse zur "strategischen Produktpolitik".[105] Ihr liegt die Unterteilung der Produkte in einer 4-Felder-Matrix mit den Dimensionen "relativer Marktanteil" und "Marktwachstum" zugrunde. Aus der Zuordnung einzelner Produkte und Produktgruppen lassen sich dabei unterschiedliche "grundlegende strategische Charakteristika"[106] identifizieren, die Anhaltspunkte zur späteren Formulierung von Produkt-Markt-Strategien darstellen.[107] Um die Produktgruppen einzelnen Segmenten der Matrix zuordnen zu können, ist für die "Marktanteils-Marktwachstums-Matrix" die Erarbeitung dreier Parameter notwendig:

1. Umsatz,
2. relativer Marktanteil und
3. Marktwachstum.[108]

Die Portfolioanalyse der "Marktanteils-Marktwachstums-Matrix" führt zu einer strategischen Ressourcen- und Aktivitätensteuerung[109] für unterschiedliche Produktgruppen.[110] Becker

---

[102] Vgl. Dunst, K.H. (1979), S. 97ff.

[103] Vgl. Perlitz, M. (1995a), S. 261.

[104] Vgl. Kotler, P. / Bliemel, F. (1995), S. 98.

[105] Die Portfoliotheorie fand zuvor i.d.R. zur Bestimmung und Steuerung von Kapitalanlagen im Rahmen des Investmentbankings statt. Vgl. Hüttel, K. (1988), S. 55.

[106] Vgl. Becker, J. (1993), S. 359.

[107] Vgl. Gälweiler, A. (1981), S. 133.

[108] Vgl. Dunst, K.H. (1979), S. 97 und Abell, D.F. / Hammond, J.S. (1979), S. 175ff.

[109] Vgl. die Ausführungen zur "strategischen Unternehmensführung" in 2.1.1.

spricht vor diesem Hintergrund auch von einer "Rollenverteilungskompetenz" des Ansatzes für einzelne Produktgruppen.[111] Dabei steht als zentrale Determinante die Sicherung des aggregierten Cash-Flows der Unternehmung im Vordergrund. Dieses wird durch die strategische Steuerung von Investitionen in junge, wachsende Produkte und die Desinvestition im Bereich alter, in der Degenerationsphase befindlicher Produkte erreicht.[112] Eine für die vorliegende Arbeit relevante Verknüpfung des Portfolio-Ansatzes mit dem Verfahren des Produktlebenszyklus findet sich ebenfalls bei Becker. Er formuliert in der schematischen Darstellung der 4-Feldermatrix der Boston-Consulting-Group zwei unterschiedliche Produktlebenszyklusverläufe.[113] Die Einordnung der unterschiedlichen Lebensabschnittsphasen in die einzelnen Segmente der 2x2-Matrix findet sich auch an anderer Stelle in der Literatur. Becker stellt jedoch bei seinen Ausführungen auch graphisch die Integration des Lebenszykluskonzeptes dar.[114] Eine vergleichbare Abbildung findet sich bei Bea/Haas.[115] Die Vorarbeiten des Produktlebenszykluskonzeptes für die Portfolioanalyse wird in Abbildung 2/3 dargestellt:

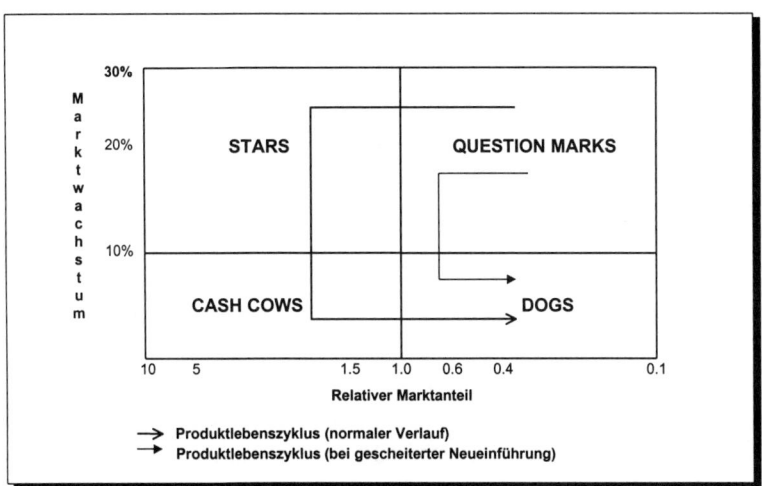

Abb. 2/3   Marktanteil- / Marktwachstumsportfolio und Lebenszykluskonzept
Quelle: Becker, J. (1993), S. 360.

---

[110] Die Originalliteratur findet sich bei Hedley, B. (1977), S. 12. Hedley veröffentlichte danach zahlreiche Ergänzungswerke, die sich mit der Anwendung dieser Modellkonzeption beschäftigen. Vgl. Hedley, B. (1983a), S. 117ff sowie derselbe (1983b), S. 132ff.

[111] Vgl. Becker, J. (1993), S. 360ff.

[112] Vgl. Wittek, B.F. (1980), S. 137.

[113] Er unterscheidet für den Lebenszyklus den "normalen Verlauf" von der "gescheiterten Neueinführung". Vgl. Becker, J. (1993), S. 360.

[114] Vgl. Becker, J. (1993), S. 360.

[115] Vgl. Bea, F.X. / Haas, J. (1995), S. 135.

In der folgenden Tabelle wird eine grundlegende Beschreibung der einzelnen Segmente des Portfolioansatzes und eine Auflistung der entsprechenden Normstrategien abgebildet:

QUESTION MARKS (Fragezeichen)	STARS (Sterne)
Beschreibung: Produkte in Einführungsphase, frühe Wachstumsphase, hohe Investitionen, geringe Erträge, deutlich negativer Netto-Cash-Flow	*Beschreibung:* Produkte in Wachstumsphase, Investitionen und Erträge in etwa gleich hoch, ausgeglichener Netto-Cash-Flow
Normstrategie: Forcierung (Offensivstrategie) oder Rückzug (Defensivstrategie)	*Normstrategie:* Marktstellung behaupten / ausbauen (Wachstumsstrategie)
CASH COWS (Milchkühe)	**DOGS (Arme Hunde)**
Beschreibung: Produkte in später Wachstumsphase, Reifephase, stark positiver Netto-Cash-Flow	*Beschreibung:* Produkte in später Reifephase, Degenerationsphase, ausgeglichener oder bereits negativer Netto-Cash-Flow
Normstrategie: Marktanteil behaupten (Gewinnstrategie)	*Normstrategie:* Marktanteilverlust hinnehmen, Verkauf (Desinvestitionsstrategie)

Tab. 2/1   Portfoliosegmente und Normstrategien - Marktanteils- / Marktwachstums-Matrix

Eine detaillierte Beschreibung und Ausgestaltung einzelner Normstrategien für die unterschiedlichen Segmente des Portfolios soll in dieser Arbeit nicht erfolgen. Sie finden sich in der Literatur an zahlreichen Stellen.[116] So findet sich bei Picot eine detaillierte Übersicht.[117] Weitere Quellen sind durch die Arbeiten von Abell/Hammond, Dunst, Wittek, Strüven, Hax/Majluf, Bea/Haas und Kotler gegeben.[118] Die inhaltliche Analyse der Marktanteils-/Marktwachstums-Portfoliomatrix sowie eine kritische Würdigung erfolgt in 2.3. Dort wird eine konkurrierende Gesamtanalyse der bestehenden Ansätze durchgeführt.

---

[116] Zur Verwendung der Portfoliotheorie in Verbindung mit dem "Shareholdervalue"-Ansatz vergleiche die Ausführungen in Henderson, B.D. / Clarkeson, J.S. / Miles, A.W. / Lewis, T.G. / Lehmann, S. (1993), S. 281ff.

[117] Vgl. Picot, A. (1981), S. 565.

[118] Vgl. Abell, D.F. / Hammond, J.S. (1979), S. 176-180, Dunst, K.H. (1979), S. 112ff, Wittek, B.F. (1980), S. 139-141, Strüven, P. (1982), S. 4832ff, Hax, A.C. / Majluf, N.S. (1988), S. 156ff, Bea, F.X. / Haas, J. (1995), S. 134ff sowie Kotler, P. / Bliemel, F. (1995), S. 99ff.

2.2.2 Marktattraktivität-Wettbewerbsvorteil-Portfolio

Ein weiterer Ansatz der Portfoliotheorie wird durch die "Marktattraktivität-Wettbewerbsvorteil-Matrix" gegeben. Sie wurde von der Beratungsfirma McKinsey & Co. entwickelt und stellt im Gegensatz zur "Marktanteil-/ Marktwachstum-Matrix" (1.2.1) ein Multifaktoren-Modell dar.[119] Ein weiterer methodischer Unterschied ist durch die Neun-Felder- statt Vier-Felder-Matrix gegeben. Das Verfahren erweitert die bisherige Produktorientierung auf strategische Geschäftsfelder (SGF).[120] Ziel ist die Identifikation und Bestimmung des Aktionsverhaltens in den strategischen Wettbewerbsfeldern, die für eine Unternehmung langfristig erfolgversprechend sind. Zeitlich wurde der Ansatz nach dem Verfahren der Marktanteils-Marktwachstums-Matrix zur Unterstützung des Topmanagements von General Electric entwickelt.[121] Der folgenden Graphik sind die gewählten Dimensionen mit Angabe der zugrundeliegenden Einzelattribute zu entnehmen:

DIMENSION	BESTIMMUNGSFAKTOREN[122]	
"Marktattraktivität"	Marktpotential	
	Marktstruktur	
	Beschaffenheit des Gutes	
"Relativer Wettbewerbsvorteil"	Beschaffung	Technologie
	Produktion	Information
	Absatz	Organisation
	Kapital	Unterneh-
	Personal	menskultur

Abb. 2/4   Dimensionen und Attribute der Marktattraktivität- / Wettbewerbsvorteil-Matrix

Die Marktattraktivität-/Wettbewerbsvorteil-Matrix sieht vor, daß die Einzelattribute (Faktoren) bzgl. ihrer Ausprägungsintensität bewertet und anschließend durch ein Verfahren der Gewichtsbildung aggregiert werden, sodaß ein Gesamtmaß der "Marktattraktivität" und des "re-

---

[119] Vgl. Hahn, D. (1982), S. 8.

[120] Ein strategisches Geschäftsfeld ist ein definiertes Geschäftsfeld, in dem ein Unternehmen tätig ist. Dazu muß ein Unternehmen die Dimensionen "Kundengruppen", "Kundenbedürfnisse" und "Tech-nologie" untersuchen. Vgl. Kotler, P (1995), S. 96f, Becker, J. (1993), S. 361ff, Hinterhuber, H.-H. (1977), S. 80 und derselbe (1989), S. 120.

[121] Diese Aussage entstammt Bea/Haas (1995). Vgl. Bea, F.X. / Haas, J. (1995), S. 136. An anderer Stelle der Literatur findet sich der Verweis, daß dieses Verfahren durch die Beratungsfirma für General Electric entwickelt und anschließend intern weiterentwickelt wurde. Vgl. Hahn, D. (1982), S. 8.

[122] Nach der Definition von McKinsey & Co..

lativen Wettbewerbsvorteiles" errechnet werden kann. Nach einer Klassifikation in drei Aus-
prägungsintensitäten (hoch/mittel/gering) wird eine Zuordnung zu einem der neun Matrixfel-
der durchgeführt. Es werden daraus Normstrategien für die einzelnen Segmente abgeleitet.
Diese sind der folgenden Abbildung (2/5) zu entnehmen.

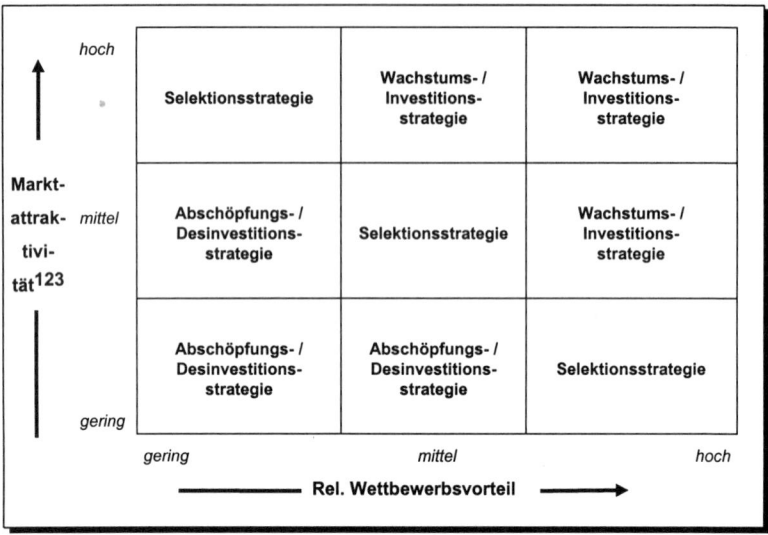

Abb. 2/5 Marktattraktivität- / Relativer Wettbewerbsvorteil-Matrix
Quelle: Bea, F.X. / Haas, J. (1995), S. 136ff.

Der Ansatz unterscheidet sich von der Marktanteil-/ Marktwachstumsanalyse (vgl. 2.2.1) auch
hinsichtlich seiner inhaltlichen Ausrichtung. Als Zielgröße steht nicht der Cash-Flow sondern
der ROI im Betrachtungszentrum.[124] Auch wird das Unternehmen mit seinen Leistungsattri-
buten (relativer Wettbewerbsvorteil) für einzelne strategische Geschäftsfelder ins Verhältnis
zur Unternehmensumwelt (Marktattraktivität) gesetzt (vgl. Abb. 2/5). Es erfolgt somit keine
strenge Orientierung an Einzelprodukten oder Produktfeldern.

---

[123] Sowohl für die "Marktattraktivität" als auch für die "relative Wettbewerbsvorteils"-Position wird anhand
der Verwendung einer 10-er Skala eine numerischer Wert zwischen 0 und 10 je Dimension und strategischem Geschäftsfeld errechnet. So findet eine Zuordnung zur Klassifikation "gering" bei Werten zwischen
0 und 3,33 statt, "mittel" zwischen 3,33 und 6,67 und "hoch" zwischen 6,67 und 10. Vgl. Bea, F.X. / Haas,
J. (1995), S. 137.

[124] ROI= Return on Investment. Er beschreibt das Verhältnis aus investiertem Kapital und erzielten Finanz-
mittelrückflüssen, die aufgrund der getätigten Investition erzielt wurden.

2.2.3 Wettbewerbspositions-Marktlebenszyklus-Portfolio

Die differenzierteste Form der Ableitung von Normstrategien wird durch die "Wettbe-werbspositions-Marktlebenszyklus-Matrix" der Beratungsfirma Arthur D. Little gegeben. Dem "Wettbewerbspositions-Marktlebenszyklus"-Ansatz liegt die Analyse unterschiedlicher Lebenszyklusphasen zugrunde, die auf bestimmte Markttypen übertragen werden. Der Ansatz orientiert sich eng an der Produktfokussierung des Marktanteils-/ Marktwachstumsansatzes.

Mit der ersten Dimension ("Lebenszyklusphase", vgl. Abb. 2/6) wird der Reifegrad eines Produktes erfaßt. Es wird hierzu ein idealtypischer Verlauf des Produktes durch unterschiedliche Lebensabschnittsphasen angenommen.[125] Die Dimension "Lebenszyklusphase" wird mit den Ausprägungen "Entstehung", "Wachstum", "Reife" und "Alter" klassifiziert, zur Bestimmung der Dimensionen der "Wettbewerbsposition" werden "dominant", "stark", "günstig", "haltbar" und "schwach" angegeben.[126] Es resultieren aus beiden Dimensionskombinationen insgesamt zwanzig Einzelsegmente, die in der folgenden Abbildung mit ihren korrespondierenden Normstrategien abgebildet sind.[127]

WETTBE-WERBS-POSITION	Entstehung	Wachstum	Reife	Alter
Dominant	Marktanteile hinzuge-winnen oder mindestens halten	Position halten, Marktanteil halten	Position halten, Wachs-tum mit der Branche	Position halten
Stark	Investieren, um Position zu verbessern, Marktan-teilsgewinnung (intensiv)	Investieren, um Position zu verbessern, Marktanteilsgewinnung	Position halten, Wachs-tum mit der Branche	Position halten und "ernten"
Günstig	Selektive oder volle Marktanteilsgewinnung, selektive Verbesserung der Wettbewerbsposition	Versuchsweise Position verbessern, selektive Marktanteilsgewinnung	Minimale Investition zur Instandhaltung, Aufsu-chen einer Nische	"Ernten" oder stufen-weise Reduzierung des Engagements
Haltbar	Selektive Verbesserung der Wettbewerbsposition	Aufsuchen und Erhaltung einer Nische	Aufsuchen einer Nische / stufenweise Reduzierung des Engagements	Stufenweise Reduzierung oder liquidieren
Schwach	Starke Verbesserung oder aufhören	Starke Verbesserung oder Liquidierung	Stufenweise Reduzierung des Engagements	Liquidieren

MARKTLEBENSZYKLUSPHASE ➤

Abb. 2/6   Wettbewerbspositions-/Marktlebenszyklus-Matrix
Quelle: Bea, F.X. / Haas, J. (1995), S. 141.

---

[125] Zur Kritik dieser Annahme vgl. die Herleitung und Erörterung des Produktlebenszykluskonzeptes unter 2.4 sowie die sich anschließende Diskussion in 2.4.3.

[126] Vgl. Bea, F.X. / Haas, J. (1995), S. 141.

[127] Vgl. Thanheiser, H. / Patel, D. (1977), S. 65 und Dunst, K.W. (1979), S. 59.

Das "Wettbewerbspositions-Marktlebenszyklus-Portfolio" besitzt eine sehr differenzierte Ableitung von Normstrategien. Dennoch erscheinen wie bei den beiden anderen Portfolioverfahren einige Grundsätze und Annahmen nicht ohne eine kritische Diskussion auf die pharmazeutische Industrie anwendbar.

2.3 Kritische Beurteilung der Produkt-/Marktanalyseverfahren

Die Portfolio-Konzepte aus 2.2.1 bis 2.2.3 werden in der betriebswirtschaftlichen Literatur im Bereich der "strategischen Planung" bzw. "strategischen Geschäftsfeldplanung" eingeordnet.[128] Methodisch stellen alle drei Verfahren sachlogische und konsistente Ansätze dar. Alle drei dargestellten Portfolioansätze stellen Produkte, Produktgruppen oder strategische Geschäftsfelder ("Produktkomponente") ihren Umfeldkonstellationen ("Marktkomponente") gegenüber.[129]

In der betriebswirtschaftlichen Literatur wird der Einsatz von Portfolioansätzen positiv zur langfristigen Sicherung des Unternehmenserfolges beurteilt. Die Fokussierung auf die Entwicklung zukunftsträchtiger Produktgruppen wird als wesentlicher Beitrag der Portfoliotheorie betrachtet.[130] Dunst schreibt, daß eine für die "strategische Planung bedeutende "Produkt-Markt"-Kombination (gerade) dort (existiert), wo sich signifikante Unterschiede in den Kosten-, Preis- und Gewinnrelationen zu anderen Produkt-/ Markt-Kombinationen abzeichnen."[131] Solche Konstellationen werden von allen drei beschriebenen Ansätzen identifiziert. Hieraus erklärt sich auch die große Verbreitung der Portfolioansätze in der Unternehmenspraxis.[132] Auch weitere Schritte der strategischen Unternehmensführung können auf den Portfolioansätzen aufbauen. Wittek bemerkt, daß sich eine notwendige externe Orientierung zur Wachstumssicherung für den Fall einer unzureichenden zukünftigen Entwicklung der bestehenden Umsatzträger ergibt und leitet Folgerungen für ein strategisch ausgerichtetes F&E-Management ab.[133] Köhler und Hahn stellen fest, daß die Portfolioanalyse der erste Schritt zur Bestimmung von Neuproduktentscheidungen oder der Formulierung von Aktivitätenprogrammen sein kann.[134] Dieser Gesichtspunkt spielt im Rahmen dieser Arbeit eine besondere Rolle.

---

[128] Vgl. Hahn, D. (1982), S. 15.

[129] Becker (1993) schreibt diesem Umstand den entscheidenden Zusatznutzen zu. Vgl. Becker, J. (1993), S. 361. Vgl. Dunst, K. H. (1979), S. 59ff.

[130] Becker spricht auch von der "Wachstumssicherung innerhalb des bestehenden Portfolios". Vgl. Becker, J. (1995), S. 361.

[131] Vgl. ebenda.

[132] So geht 1994 die Boston-Consulting-Group davon aus, daß etwa 75% aller Unternehmen die Portfoliotheorie zur strategischen Planung einsetzen. Vgl. Henderson, B.D. / Clarkeson, J.S. / Miles, A.W. / Lewis, T.G. / Lehmann, S. (1993), S. 281ff.

[133] Vgl. Wittek, B.F. (1980), S. 142 und ergänzend Perlitz, M. (1995), S. 34.

[134] Vgl. Köhler, R. (1981), S. 272 und Hahn, D. (1980), S. 128f.

Für die vorliegende Untersuchung muß angemerkt werden, daß die Verfahren der Portfolioanalyse in der Unternehmenspraxis nur zum Teil mit Strategiefindungs- und -implemen-
tierungsprozessen verbunden werden, die in festen Intervallen in einem Unternehmen durchlaufen werden. Trotz der Einbeziehung zukünftiger Perioden (z.b. Marktwachstum) bleibt die
Portfoliotechnik somit in vielen Fällen eine auf die gegenwärtige Produktsituation bezogene
Analysetechnik (vgl. Abb. 2/3, 2/5 und 2/6 in 2.2.1 bis 2.2.3). Diese Kritik ist auf alle drei
Ansätze zu beziehen. Lediglich dem "Wettbewerbsvorteils-Marktlebenszyklus-Portfolio"
kann man einen geringen Vorteil zusprechen, da durch die vierfache Unterteilung der Lebens-
zyklusreifephasen das Augenmerk der Beurteiler vermehrt auf die zeitliche Veränderung der
Produkte gelegt wird.

Allen drei Einzelverfahren muß bei weitsichtiger Verwendung in der Unternehmenspraxis zu-
gute gehalten werden, daß durch die Erarbeitung von Zielportfolios[135] eine zukunftsgerichtete
Orientierung und eine implizite Aktivitätenplanung erreicht werden kann. Auch kann durch
die Antizipation des Konkurrenzverhaltens durch die Ist- und Zielportfolioerstellung eine detaillierte Grundlage zur Bewertung strategischer Optionen geschaffen werden. Dieser Schritt
wird in der Literatur als Erweiterungsfunktion zu den Portfolioansätzen bei Wittek und Höf-
ner/Winterling explizit gefordert.[136]

Eine Analyse nach dem Grad der Differenzierung läßt den Ansatz des "Marktanteils-/ Markt-
wachstums-Modelles" mit der geringen Segmentzahl (2x2 Matrix gegenüber 3x3 - bzw. 5x4-
Feldmatrix) bezüglich der Ableitung von Normstrategien undifferenzierter erscheinen.
Bea/Haas schreiben dem "Wettbewerbsposition-Marktlebenszyklus-Portfolio" auf Basis dieser Überlegung die größte Problemlösungskompetenz zur Generierung spezifischer Normstrategien zu.[137] Andere Quellen der Literatur heben hingegen den hohen Grad der Verdichtung der Informationsbasis durch die "Marktanteils-/Marktwachstumsmatrix" hervor.[138] Informationsstrukturen in komplexen Wettbewerbsfeldern erfordern letztlich auch differenzierte
Analysetechniken, sodaß der Grad der differenzierteren Informationserfassung sichergestellt
sein muß. Für die untersuchte pharmazeutische Industrie ist ein derartiger Informationsgrad
festzustellen, da die Industrie über Produkteigenschaften, Preisniveaus und ein recht gut
quantitativ bestimmbares Marktvolumen für Einzelprodukte verfügt. Der hohe Detaillierungsgrad der "Wettbewerbsvorteils-Marktlebenszyklus-Matrix" ist somit für die vorliegende Untersuchung als positiv zu bewerten. Dieser Ansatz wird daher als Portfolioverfahren zur stra-

---

[135] Vgl. Abell, D.F. / Hammond, J.S. (1979), S. 191f, Höfner, K. / Winterling, K. (1982), S. 46ff und Hinterhuber, H.-H. (1989), S. 138ff.

[136] Vgl. Wittek, B.F. (1980), S. 140f und Höfner, K./ Winterling, K. (1982), S. 48.

[137] Vgl. Bea, F.X. / Haas, J. (1995), S. 140.

[138] Vgl. Becker, J. (1993), S. 362.

tegischen Ausrichtung bereits bestehender Produkte am Markt in der weiteren Untersuchung verwendet.

Bezüglich der "Leistungsfähigkeit und Grenzen" der Portfoliotheorie gelangt Strüven zum Ergebnis, daß die Verfahren geeignete Hilfsmittel darstellen, um strategische Entscheidungen zu strukturieren, quantifizieren und damit zu objektivieren.[139] Er bemerkt zudem, daß "... das Portfolio .. der Unternehmensführung die Entscheidungen nicht ab(nimmt), sondern .. entscheidend (hilft), die richtigen zu ergreifen."[140] Für die vorliegende Untersuchung ergibt sich daraus, daß auch strategische Managementprozesse definiert und erarbeitet werden müssen, die auf die strategischen Analyseverfahren zurückgreifen und sie in einen sinnvollen Planungs-, Führungs- und Kontrollprozeß integrieren.

2.4 Produktlebenszykluskonzept

2.4.1 Einordnung und Herkunft

Wie im Rahmen der Portfolio-Konzepte ausgeführt wurde, liegt den untersuchten Portfolio-Ansätzen das Konzept des "Produktlebenszyklus" zugrunde. Er bildet den informatorischen Unterbau der Portfoliotheorie. Die Güte seiner Bestimmung beeinflußt somit direkt die Qualität der anschließenden Portfoliobewertungen und -entscheidungen. In der Literatur wird das Produktlebenszykluskonzept als "phasenorientiertes Marktreaktionsmodell"[141] beschrieben, das in Form eines allgemeinen Ansatzes die Umsatz- und Absatzentwicklung von Produkten durch eine Phaseneinteilung im Zeitverlauf darstellt. In der betriebswirtschaftlichen Literatur sind zwei wesentliche Zeitphasen der intensiven Auseinandersetzung mit dem "Produktlebenszykluskonzept" festzustellen. Die ersten Quellen und anschließenden Diskussionen finden sich in der amerikanischen Literatur in den späten 60er Jahren.[142] Die erstmalige Erstellung einer kostenintegrierenden Lebenszykluskonzeption und einer umfassenden Analyse der Leistungsfähigkeit des entstandenen Gesamtansatzes erfolgte Mitte der 70er Jahre.[143] Eine zweite Welle der Verwendungsdiskussion vollzog sich mit der Entwicklung des "integrierten Produktlebenszykluskonzeptes" von Back-Hock Ende der 80er Jahre vor dem Hintergrund der in der Einleitung dieser Untersuchung skizzierten Innovationsproblematik.

---

[139] Vgl. Strüven, P. (1982), S. 17.

[140] Vgl. ebenda.

[141] Vgl. Becker, J. (1993), S. 534. Meinig (1995) definiert den Ansatz als ein "deterministisches und zeitraumbezogenes Marktreaktionsmodell". Vgl. Meinig, W. (1995), Sp. 1392.

[142] Vgl. Mickwitz, G. (1959), Levitt, T. (1965), Cox, W.E. (1967) und Polli, E. / Cook, V. (1969).

[143] Vgl. Meffert, H. (1974), S. 85ff.

2.4.2 Modellbeschreibung

Das "Produktlebenszykluskonzept" beschreibt die Höhe des absoluten oder mengenmäßigen Umsatzverlaufes und des resultierenden Cash-Flows eines Einzelproduktes oder einer Produktgruppe, beginnend mit der "Markteinführungsphase" und endend mit der Degeneration bzw. Marktelimination.[144] Das Verfahren beschreibt dabei "... die erwartete oder in der Vergangenheit empirisch festgestellte Umsatzentwicklung von Produkten während der Zeitspanne, in der sie sich am Markt befinden."[145] Als zentrale Annahme liegt der idealtypischen Verlaufsform zugrunde, daß der Lebenszyklus eines Produktes festen Gesetzmäßigkeiten folgt.[146] Dies ist nicht für alle Märkte oder Produkte festzustellen, wenngleich sich Anhaltspunkte ergeben, die in der Mehrzahl der Fälle derartige Verlaufsformen erwarten lassen.[147] Auch Perlitz bemerkt kritisch, daß diese Form keineswegs als erwarteter Standardverlauf angenommen werden kann.[148] Auch Kotler stellt nach empirischen Untersuchungen fest, daß zahlreiche unterschiedliche Formen von Produktlebenszyklusverläufen existieren.[149]Als Grundlage der Betrachtung fungiert dabei die absolute Ausprägung und relative Veränderung des Periodenumsatzes. Der Verlauf des Produktlebenszyklus ist in Abbildung 2/7 dargestellt:

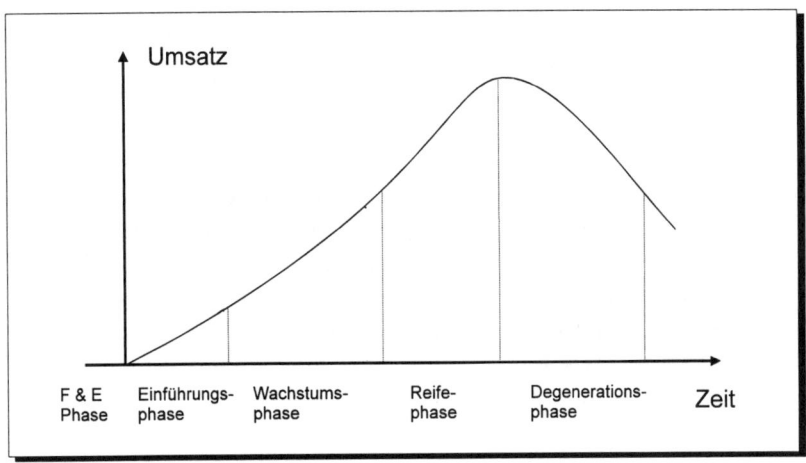

Abb. 2/7   Produktlebenszyklus mit idealtypischem Verlauf
Quelle: Perlitz, M. (1995a), S. 262 und Kotler, P. / Bliemel, F. (1995), S. 560.

---

144 Vgl. Hill, W. / Rieser, I. (1993), S. 37.
145 Vgl. Meinig, W. (1995), Sp. 1393.
146 Vgl. Scharf, A. / Schubert, B. (1994), S. 76.
147 Dieser Punkt wird vertiefend diskutiert. Für die vorliegende Untersuchung steht insbesondere die Ex-ante Prognose der Lebenszyklusverlaufsformen im Mittelpunkt.
148 Er formuliert: Es ist "... in der Literatur heute nahezu unbestritten, daß die Prognose des Produktlebenszyklus nur in Ausnahmefällen möglich ist." Vgl. Perlitz, M. (1995a), S. 263.
149 Vgl. Kotler, P. / Bliemel, F. (1995), S. 561.

Back-Hock bemerkt, daß zur Unterstützung des Managements im Rahmen des Produktlebenszykluskonzeptes "graphische Darstellungstechniken" zur Ergebnissimulation und Entscheidungsunterstützung "unerläßlich" sind.[150] Abbildung 2/7 kann entnommen werden, daß sich im idealtypischen Fall ein S-förmiger Verlauf der Phasenabfolge des Produktlebenszyklus ergibt. Dieser Idealzyklus konnte durch empirische Studien ex-post für eine Vielzahl von Produkten und Produktgruppen nachvollzogen werden. Wie und mit welchen Methoden für die pharmazeutische Industrie eine ex-ante Prognose[151] möglich ist, wird Aufgabe des Kapitels IV sein. Es werden im folgenden die Teilphasen des Lebenszyklus mit ihren zugrundeliegenden Wirkungszusammenhängen dargestellt.

2.4.2.1 Beschreibung der Teilphasen

1. Die "Einführungsphase" eines Produktes ist gekennzeichnet durch einen zumeist starken Marktwiderstand auf der Nachfrageseite, der durch die Diffusionstheorie erklärt werden kann.[152] Das Produkt ist unbekannt und muß aktiv in den Markt eingeführt werden. Der Grad des Widerstandes durch die Nachfrager korreliert i.d.R. positiv mit dem Innovationsgrad, was erneut mit der Diffusionstheorie[153] erklärt werden kann.[154] Der Umsatz des Produktes ist noch gering, während hohe Kosten aufgrund geringer Stückzahlen und hohe Werbeaufwendungen zu einem negativen Cash-Flow führen. Die Marketingaktivitäten konzentrieren sich i.d.R. auf die Informationsversorgung der Märkte und die Steigerung des Bekanntheitsgrades.

2. In der "Marktdurchdringungs-" bzw. "Wachstumsphase"[155] besitzt das eingeführte Produkt ein eigenständiges Image und einen quantitativ meßbaren Bekanntheitsgrad.[156] Das Reaktionsverhalten der frühen und späten Mehrheit der Konsumenten ("early" und "late majority") und Wiederholungskäufe der Innovatoren ("innovators") bestimmen nun den weiteren Absatzverlauf des Produktes.[157] Auch treten in dieser Phase für den Fall fehlender rechtlicher Schutzinstrumente (Patente) erste Konkurrenzprodukte auf den Markt. Auf der Produktionsseite sind Kostendegressionseffekte realisierbar.

---

[150] Vgl. Back-Hock, A. (1992), S. 284.

[151] Vgl. Hüttel, K. (1988), S. 52 und Scharf, A. / Schubert, B. (1994), S. 76f.

[152] Demnach sind nach der Diffusionstheorie die ersten Nachfrager eines Produktes ("innovators") zahlenmäßig sehr gering und müssen mit einem z.T. sehr hohen Marktbearbeitungsaufwand gewonnen werden. Es schließen sich an die Konsumentengruppen der "early majority", "late majority" und "laggards". Vgl. Rogers, E.M. (1983), S. 247.

[153] Die Diffusionstheorie beschreibt die Akzeptanz einer Neuerung in Form der Gaußschen Normalverteilungsfunktion. Vgl. das Diffusionsmodell in Rogers, E.M. (1983), S. 247.

[154] Vgl. Scharf, A. / Schubert, B. (1994), S. 77.

[155] Vgl. Meffert, H. (1986), S. 370.

[156] Vgl. Hüttel, K. (1988), S. 53.

[157] Vgl. Rogers, E.M. (1983), S. 247.

3. Als "Reifephase" wird der Abschnitt eines Produktes definiert, in dem nur noch geringe Wachstumsraten erzielt werden.[158] Im idealtypischen Fall erreicht der Periodenumsatz in dieser Zeit seinen höchsten Absolutwert. Es existieren auf den Märkten zahlreiche Ausprägungsarten der Konkurrenz, sofern keine rechtlichen Eintrittsbarrieren bestehen (Verbrauchsmuster, Patente).[159] Durch Produktdifferenzierungen kann der Ausbau der Marktführerposition angestrebt werden.[160] Auch können Preissenkungen als Defensivstrategien gegenüber Konkurrenten durchgeführt werden, da der Innovator i.d.R. über eine überlegene Kostenposition verfügt (Erfahrungskurveneffekte).[161] Dennoch wird es für den Originalanbieter zunehmend schwerer, zusätzliche Absatzvolumina zu generieren, da das Ausmaß der Marktreaktionen auf zusätzliche Marketinganstrengungen abnimmt.[162] Die Diffusionstheorie erklärt dies damit, daß die frühe und späte Mehrheit der Konsumenten bereits gewonnen sind und die wenigen Nachzügler ("laggards") mit einem großen Aufwand bearbeitet werden.[163]

4. In der "Degenerationsphase" ("Rückgangsphase"[164]) vollzieht sich der sukzessive Rückgang des absoluten Umsatzvolumens.[165] Kotler schreibt, daß während dieser Phase die Gewinnbasis eines Produktes "dahinschwindet".[166] Der starke Preisverfall und geringere Absatzmengen führen zu sinkenden Deckungsbeiträgen. Scharf/Schubert bemerken, daß ein "Revival" in dieser Phase nur sehr selten gelingt.

In der Literatur wird der Produktlebenszyklus in Form des oben dargestellten Phasenmodelles abgebildet. Unberücksichtigt bleibt die z.T. lange und kostenintensive Phase der "Forschung und Entwicklung", was gerade für den Bereich der High-Tech-Industrien eine Nichtberücksichtigung erfolgsentscheidender Lebensabschnittsphasen bedeutet (vgl. 2.4.4 und Kapitel III). Aus diesem Grund finden sich in der Auseinandersetzung mit dem Lebenszykluskonzept zunehmend kritische Veröffentlichungen, die auf die notwendige Einbeziehung der vorgelagerten Lebensphasen hinweisen.[167] Auch die fehlende Berücksichtigung von Folgekosten (nach der Produktelimination) wird von zahlreichen Autoren kritisiert.[168] Eine Erweiterung des Produktlebenszykluskonzeptes liefert Back-Hock, die im Ansatz des "integrierten Pro-

---

158 Vgl. Kotler, P. / Bliemel, F. (1995), S. 559.
159 Vgl. für die pharmazeutische Industrie Abb 3/3 in Kapitel III.
160 Vgl. Scharf, A. / Schubert, B. (1994), S. 78.
161 Vgl. Bea, F.X. / Dichtl, E. / Schweitzer, M. (1994), S. 157f.
162 Vgl. Perlitz, M. (1995a), S. 262.
163 Vgl. Rogers, E.M. (1983), S. 247.
164 Vgl. Bea, F.X. / Dichtl, E. / Schweitzer, M. (1994), S. 79.
165 Vgl. Perlitz, M. (1995a), S. 262.
166 Vgl. Kotler, P. / Bliemel, F. (1995), S. 559.
167 Vgl. Pfeiffer, W. / Bischoff, P. (1981), S. 133f und Back-Hock, A. (1992), S. 271ff.
168 Vgl. Back-Hock, A. (1992), S. 271f.

duktlebenszykluskonzeptes" die Forschungs- und Entwicklungsphase und die Produktelimination dem Lebenszykluskonzept hinzufügt.[169]

2.4.2.2 Integriertes Lebenszykluskonzept

Der Ansatz des "integrierten Produktlebenszykluskonzeptes"[170] beschreibt aus der Perspektive des Produktcontrollings die Verbindung des Produktlebenszyklus mit den vor- und nachgelagerten Entscheidungs- und Produktlebenszylkusphasen. Dies sind die Phasen des "Entwicklungszyklus" und des "Nachsorgezyklus". Der Ansatz geht auf die Arbeiten von Pfeiffer und Bischoff zurück.[171] und wird u.a. bei Siegwart/Senti beschrieben.[172]

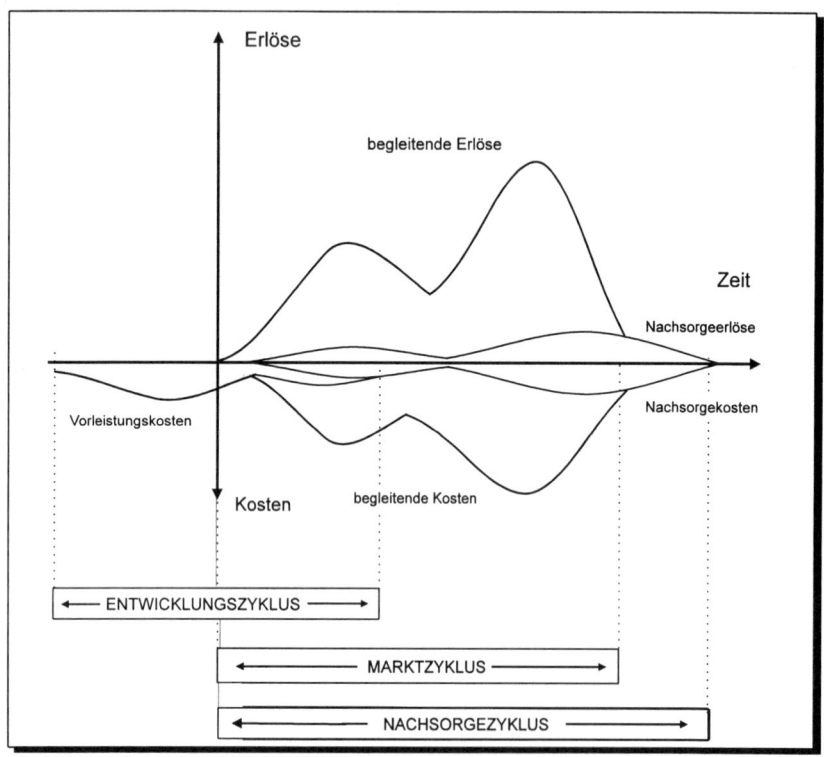

Abb. 2/8   Das "Integrierte Produktlebenszykluskonzept"
Quelle: Back-Hock, A. (1992), S. 271ff.

---

[169] Vgl. Back-Hock, A. (1992), S. 271f.
[170] Vgl. ebenda.
[171] Vgl. Pfeiffer, W. / Bischoff, P. (1981), S. 133f.
[172] Vgl. Siegwart, H. / Senti, R. (1995), S. 19ff.

Den Ausführungen von Back-Hock ist die dargestellte Dreiteilung der Hauptphasen zu entnehmen. Im Bereich des "Entstehungszyklus" unterteilt Back-Hock dabei die auftretenden Kosten in die Felder "Umfeldanalyse", "Ideensuche", "Alternativenauswahl" sowie "Forschung" und "Entwicklung".[173] Auch die "Vorbereitung der Produktion" und des "... Absatzes" werden im integrierten Produktlebenszykluskonzept erfaßt. Dabei können sich deutliche Überlagerungen der Phasen ergeben. Nach der erfolgten Marktzulassung werden z.b. noch Entwicklungskosten verursacht, wenn die ersten Produkterfahrungen eine Verbesserung der Produkte notwendig machen. Auch der Nachsorgezyklus kann den Marktlebenszyklus deutlich überlagern. Dies ergibt sich insbesondere dann, wenn die Verwendungsdauer eines Produktes gering und der Marktlebenszyklus lang ist. Die kumulierten Gesamtkosten werden in Abbildung 2/8 durch die Fläche unter der Zeitachse abgebildet. Die einzelnen Phasen des "Entstehungszyklus" und die Zuordnung zu den Forschungs- und Entwicklungsphasen der pharmazeutischen Industrie werden in der folgenden Abbildung (2/9) dargestellt.

Allgemeine Bezeichnung in der Literatur[174]		Arbeitsinhalte für eine forschende Pharmaunternehmung
-	Ideensuche	⟶ Grundlagenforschung
-	Produktionsstudie	⟶ Substanzentwicklung
-	Produktentwicklung	⟶ Präklinik, Klinische Testphasen I/II/III
-	Vorserie	⟶ Zulassung und Markteinführung

Abb. 2/9 "Entstehungszyklus" einer pharmazeutischen Wirksubstanz
Quelle: Allgemeine Bezeichnung aus Rupp, M. (1988), S. 118.

Als "Nachsorgezyklus" definiert Back-Hock die Phasen "Garantie", "Wartung/Reparatur" und "Entsorgung".[175] Somit erfaßt sie alle durch ein Produkt induzierten Leistungs- und Kostenpositionen nach der getätigten Produktveräußerung. Die "Nachsorgephase" erfährt in Industrien mit einer langen Produktlebensdauer nach der Kaufphase eine große Bedeutung. So wird insbesondere die Entsorgungsproblematik durch diesen Lebensabschnitt in die Gesamtbetrachtung integriert. Als Objekte des "integrierten Produktlebenszyklus"[176] können schließlich "Einzelprodukte", "Produktgruppen", "Produktgattungen" oder auch "Industrien" verwendet werden. Die Problemstellung dieser Untersuchung erlaubt eine weitgehende Konzentration auf die produktbezogene Dimension.[177]

---

[173] Vgl. Back-Hock, A. (1992), S. 271f.
[174] Vgl. Rupp, M. (1988), S. 118.
[175] Vgl. Back-Hock, A. (1992), S. 271-286 und für die vorliegende Arbeit Abb. 3/1 in Kapitel III.
[176] Vgl. ebenda, S. 284.
[177] Vgl. Bea, F.X. / Haas, J. (1995), S. 114.

Da die Kosten- und Erlösgrößen mit den Entscheidungen der strategischen Produktpolitik verbunden werden, wird eine Gesamtergebnisrechnung auf Grundlage einzelner Umsatzträger im integrierten Produktlebenszykluskonzept möglich.[178] Die zu optimierende Zielgröße eines Unternehmens beschreiben Siegwart/Senti dabei als "... Differenz zwischen Erlösen und Kosten über den gesamten, integrierten Lebenszyklus aller Produkte".[179] Diese Zielsetzung wird in den folgenden Kapiteln auch für die vorliegende Untersuchung verwendet.

2.4.3 Diskussion des Leistungsprofiles

Das Produktlebenszykluskonzept muß zum einen als eigenständiges Prognose- und Bewertungsmodell, zum anderen als Grundelement zur Verwendung der beschriebenen Portfolioansätze[180] diskutiert werden.

Der Produktlebenszyklusverlauf eines Produktes wird auf internationalen Märkten als Summe des Nachfrageverhaltens der nationalen Teilmärkte bestimmt (internationale Produktlebenszyklustheorie).[181] Für verschiedene Märkte mit unterschiedlichen Markteinführungszeitpunkten besteht dabei die Möglichkeit, daß ein Produkt unterschiedliche Phasen des Produktlebenszyklus zur selben Zeit durchläuft. Dies gilt insbesondere bei einer stufenweisen Einführung eines Produktes oder einer Produktgruppe in nationale Teilmärkte.[182] Auch kann nicht ohne eine umfassende Marktanalyse von einer idealtypischen Verlaufsform ausgegangen werden.[183] Kotler bemerkt, daß empirische Untersuchungen zwischen sechs und siebzehn unterschiedliche Formen des Lebenszyklusverlaufes identifizieren konnten.[184]

Die Verwendung des Produktlebenszykluskonzeptes im Rahmen der strategischen Unternehmensführung erfolgt anhand zentraler Stellungnahmen aus der Literatur. Zum einen bemerkt Kotler, daß das Produktlebenszykluskonzept "... von vielen Führungskräften zur Analyse der Produkt- und Marktdynamik verwendet" wird.[185] Dies weist auf seine große Bedeutung für die strategische Produktpolitik hin (vgl. 2.1.3.1 und 2.1.3.2). Meinig bemerkt für die gegenwärtige Unternehmenslage, daß die Anpassung der "strategischen Produktpolitik" an die Veränderungen der Umweltdimensionen in jüngster Zeit an Bedeutung gewonnen hat und die Be-

---

[178] Vgl. Siegwart, H. / Senti, R. (1995), S. 20.

[179] Vgl. ebenda, S. 43.

[180] Vgl. die Verwendungsdiskussion in 2.3, in der explizit auf die Prognosegenauigkeit des zugrundeliegenden Lebenszykluskonzeptes hingewiesen wurde.

[181] Vgl. Perlitz, M. (1978), S. 52ff.

[182] Vgl. derselbe (1995), S. 89f.

[183] Vgl. Kotler, P. / Bliemel, F. (1995), S. 561.

[184] Vgl. ebenda sowie zu den Untersuchungen: Cox. W. (1967), S. 375-384 und Swan, J.E. / Rink, D.R. (1982), S. 72ff und Tellis, G.J. / Crawford, C.M. (1981), S. 125ff.

[185] Vgl. Kotler, P. / Bliemel, F. (1995), S. 585.

stimmung und Erklärung der Einflüsse auf den Produktlebenszyklus zunehmend zum "Gegenstand unternehmensstrategischer Bemühungen" werden.[186] Beide Aussagen müssen für die vorliegende Untersuchung kritisch hinsichtlich ihrer Instrumentalisierung für die pharmazeutische Industrie hinterfragt werden:

Die gewichtigsten Ansatzpunkte der Kritik basieren auf der Prognose einzelner Lebenszyklen, der Einhaltung des idealisierten Produktlebenszyklusverlaufes und der Möglichkeit, einzelne Lebenszyklusphasen zu unterteilen. Für die vorliegende Untersuchung tritt die schwere Prognostizierbarkeit einzelner Produktlebenszyklen in den Mittelpunkt der Verwendbarkeitsdiskussion.

1. Die Qualität der Lebenszyklusprognose erfährt schließlich für die vorliegende Untersuchung eine ganz zentrale Bedeutung. Inwieweit Lebenszyklusverläufe ex-ante abgeschätzt oder analytisch unterstützt angenähert werden können, beeinflußt maßgeblich die Qualität der sich anschließenden strategischen Produktentscheidungen. In der Literatur wird festgestellt, daß Erfahrungswerte der Vergangenheit Anhaltspunkte liefern können. Dennoch bleibt für die meisten dynamischen Produktmärkte eine derartige Prognose sehr schwer.[187] Die pharmazeutische Industrie befindet sich hierbei in einer sehr günstigen Ausnahmesituation. Hier bestehen umfangreiche Informationsangebote zur Größe des Marktpotentiales, einzelnen Produktumsätzen mit Mengen und Preisstrukturen, der bestehenden Konkurrenzsituation und den erwarteten Diffusionsgeschwindigkeiten, die sich bei definierten Marketing- und Vertriebsinvestitionen für unterschiedliche Indikationsgebiete i.d.R. ergeben. Der regionale Pharmamarkt, der inzwischen durch Marktforschungsinstitute in praktisch allen industrialisierten Ländern auf Kreisebene vorliegt, wird inzwischen sogar in den USA und England von tagesgenauen Verkaufszahlen aus den Apotheken unterstützt, was sehr genaue Elastizitätenbestimmungen selbst für einzelne Außendienstgebiete in den nächsten Jahren ermöglichen wird. Somit bestehen für die vorliegende Untersuchung und die gewählte Beispielindustrie zahlreiche Ansatzpunkte, um eine analytische Herleitung der erwarteten Umsatzverläufe in verschreibungspflichtigen pharmazeutischen Produktmärkten zu erreichen. Es muß hier ein Schwerpunkt für die spätere Modellentwicklung gelegt werden, der maßgeblich die Qualität der vorliegenden Untersuchung bestimmt.

2. Die strenge Definition des idealisierten Produktlebenszyklus setzt eine statische Umwelt voraus, in der das Nachfrageverhalten einem standardisierten Verlauf über die Zeit ent-

---

186 Vgl. Meinig, W. (1995), Sp. 1403 sowie die Literatur bei Meffert, H. (1989), derselbe (1988), Wiersema, F.D. (1982) und Porter, M.E. (1988).

187 Vgl. Bea, F.X. / Haas, J. (1995), S. 115 und Perlitz, M. (1995a), S. 262.

spricht. Auch das Wettbewerberverhalten wird idealtypisch angenommen.[188] Wettbewerbsdynamische Ansätze gehen dagegen von einem Actio-/Reactioverhalten auf den Märkten aus. Dies wird in der klassischen Terminologie des Produktlebenszykluskonzeptes zwar berücksichtigt, dennoch wird von diesen Einflüssen ein nur untergeordneter Effekt auf die Verlaufsformen des Lebenszyklus erwartet. Interessant ist, daß trotz aller Kritik für eine große Mehrzahl der Produktlebenszyklen ein klassischer Lebenszyklusverlaufstyp feststellbar ist. Dies deutet darauf hin, daß die Gesetze der Diffusionstheorie i.d.R. die individuellen Einzeleinflüsse dominieren und zu einer Einhaltung des idealisierten Produktlebenszyklusverlaufes führen. So bemerkt auch Kotler, der in Summe 17 unterschiedliche Lebenszyklusverläufe ex-post identifizieren konnte,[189] daß die Verwendung des Lebenszykluskonzeptes mit seinem idealisierten Verlaufstyp eine große Bedeutung für die strategische Produktpolitik hat.[190] Auch andere Autoren wie Nieschlag/Dichtl/ Hörschgen oder Perlitz stellen die individuellen Störeinflüsse auf den Verlauf des idealisierten Lebenszyklus fest, verweisen aber auch auf den Nutzen des Modelles für die Produktpolitik eines Unternehmens.[191]

3. Die einzelnen Lebensabschnittsphasen sind zeitlich z.t. nicht exakt zu bestimmen (Beginn, Dauer, Ende).[192] Lediglich beim Übergang von der "Wachstums-" zur "Sättigungsphase" kann mathematisch anhand der erstmalig abnehmenden Steigung der Umsatzverlaufkurve ein exakter Zeitpunkt bestimmt werden.[193] Auch hier sind Störungen wie z.B. konjunkturelle Einflüsse möglich. Für diesen Kurvenpunkt wie für alle anderen beschreibenden Punkte des Lebenszyklus muß zudem festgestellt werden, daß er nur ex-post, also nach Auftreten des Ereignisses, zu bestimmen ist.[194] Der Qualität der korrekten Interpretation und Abgrenzung einzelner Lebenszyklusabschnitte kommt daher eine große Bedeutung zu.

2.5 Entwicklung eines produktstrategischen Steuerungsinstrumentes

Vor dem Hintergrund, daß eine Lebenszyklusprognose für pharmazeutische Produkte erfolgen kann, ist auch die Verwendung eines Portfolioverfahren (vgl. 2.3), das methodisch auf dem Lebenszykluskonzept aufbaut, möglich. Diese beiden Elemente werden nun in einem ersten

---

[188] Vgl. Meinig, W. (1995), Sp. 1403 sowie die Literatur bei Meffert, H. (1989), derselbe (1988), Wiersema, F.D. (1982) und Porter, M.E. (1988).

[189] Vgl. Kotler, Ph. (1995), S. 561.

[190] Vgl. ebenda.

[191] Vgl. Nieschlag, R. / Dichtl, E. / Hörschgen, H. (1994), S. 905ff und Perlitz, M. (1995a), S. 262ff.

[192] Vgl. Meinig, W. (1995), Sp. 1401.

[193] Die zweite Ableitung der Umsatzfunktion erfährt einen Nulldurchgang (positiv zu negativ). Dies bedeutet, daß die Steigung der Umsatzkurve erstmals flacher verläuft als in einem marginalen Zeit-intervall zuvor. Vgl. Abb. 3/1 in 1.1, Kapitel III.

[194] Vgl. Rupp, M. (1988), S. 119.

Modellrahmen zusammengeführt, der die inhaltliche Struktur der weiteren Untersuchung bildet.

Dazu müssen in einer Vorstufe des Gesamtmodelles jene Eigenschaften definiert werden, die später im ausgearbeiteten Ansatz erfüllt werden sollen. Wie in der bisherigen Erarbeitung wird hierfür eine Zweiteilung in die "strategische Produktpoltik" (Schwerpunkt: Portfolioanalyse) und die "Informationsgenerierung" (Lebenszyklusbestimmung) durchgeführt:

a)   Eigenschaften der "strategischen Produktpolitik"

1. Die strategische Produktpolitik muß durch standardisierte Bewertungsverfahren vereinheitlich und zwischen einzelnen Produkten vergleichbar sein.
2. Das Produktmanagement sollte eine kurz- und mittelfristige Führung von Produkten, Produktgruppen und Projekten durchführen können, sich jedoch mit der strategischen Produktpolitik abstimmen müssen.
3. Umweltinformationen und strategische Produktpolitik beeinflussen gemeinsam die Lebenszyklusverläufe.

b)   Eigenschaften der "Informationsgenerierung"

1. Die Lebenszyklusphasen "Forschung und Entwicklung", "ethischer Lebenszyklus" und "OTC - Lebenszyklus" sollten aggregiert und getrennt abgebildet werden können.
2. "Umsatz", "Kosten" und "Erfolg" sollten für Einzelprodukte über den Gesamtlebenszyklus hinweg auf Grundlage der bestehenden Informationsbasis abgebildet werden.
3. Parameter und Einflüsse bzgl. "Konkurrenten" und "Märkte" sollen erfaßt werden.
4. Produkt- und Projektentscheidungen müssen in den Lebenszyklusverläufen enthalten sein.
5. Umweltinformationen sollen flexibel eingebunden werden können.

Die Gliederung der Anforderungen in "strategische Produktpolitik" und "Informationsgenerierung" bedingt einen integrierten Ansatz, der ein Gleichgewicht zwischen der Quantifizierung der Informationen (a) und der qualitativen Normstrategieformulierung im Rahmen der strategischen Produktpolitik (b) ermöglicht. In Abbildung 2/10 wird der methodische Aufbau der zu entwickelnden Gesamtkonzeption zur strategischen Produkt- und Projektführung dargestellt.

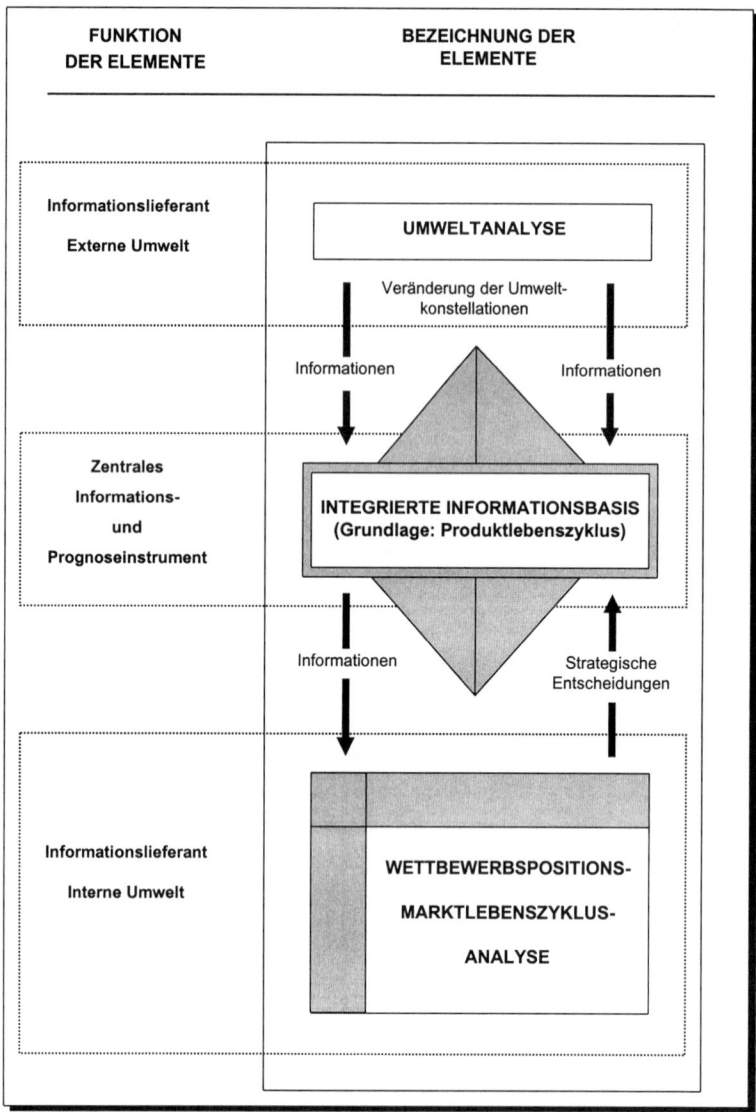

Abb. 2/10 Modellansatz der produktstrategischen Unternehmensführung

Die integrierende Informationsbasis ermöglicht bei erfolgreicher Umsetzung eine strategische Produkt- und Projektführung, die sich auf die Analyse und Bewertung der Umweltinformationen stützt, die strategische Produktpolitik allerdings mit ihren Entscheidungen der Informationsbasis ebenfalls zurückspielt. Die alternativen Informationsabläufe, wie sie durch die In-

38

formationskreisläufe der externen Unternehmensumwelt und der internen Produktpolitik generiert werden, stellen dabei kontinuierliche Aktualisierungsverfahren zur zentralen Gesamtlebenszyklusberechnung dar (vgl. Abb. 2/11).

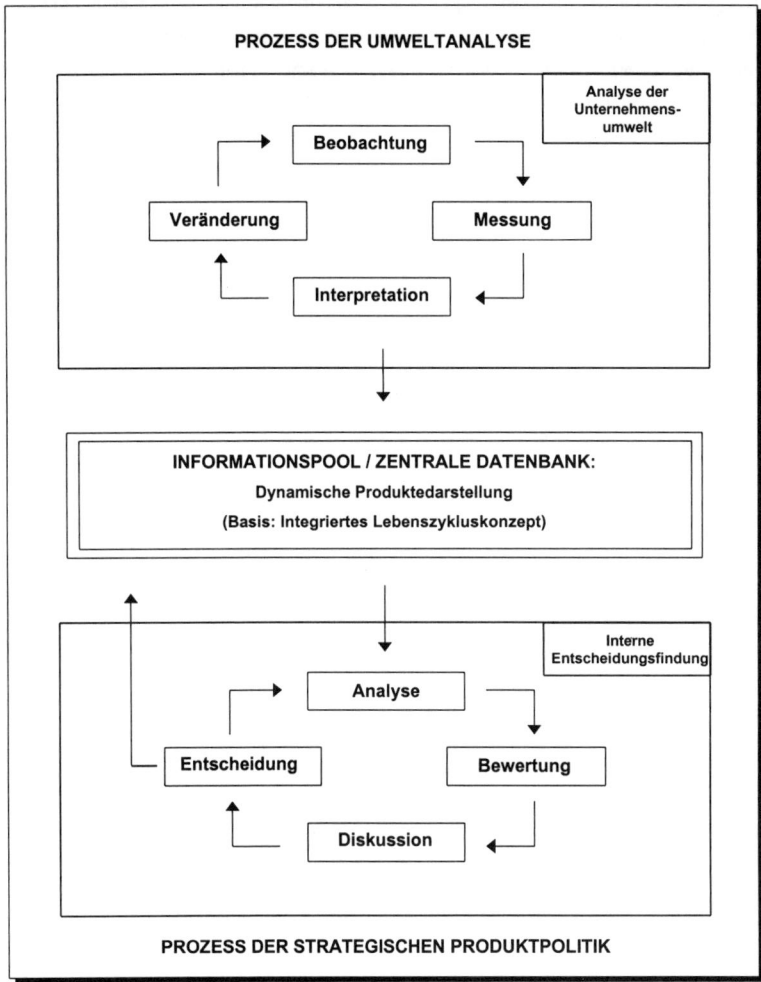

Abb. 2/11   Ablaufstruktur des Modellansatzes

Während die Umweltanalyse im oberen Teil der Abbildung einen kontinuierlichen, sukzessiven Prozeß der "Beobachtung", "Messung" und "Interpretation" der externen Dimensionsveränderungen darstellt, ist der strategische Produktentscheidungsprozeß als unternehmensinterner Bewertungskreislauf zur Neuausrichtung der einzelnen Produkte zu verstehen. Durch die graphische Darstellung der Informationskreisläufe wird bereits an dieser Stelle deutlich, welche zentrale Bedeutung die Verbindung der externen Umweltinformationen mit den produktstrategischen Entscheidungen für die Art und das Ausmaß des Produktlebenszyklus besitzt. Bei Lösung dieses Punktes wäre eine strategische Produktpolitik unter Einbeziehung aktualisierter, externer Informationen und eigener Konsequenzen aus den strategischen Entscheidungen möglich, die bei erfolgreicher Modellentwicklung in einem Pharmaunternehmen zu einer kontinuierlichen strategischen Ausrichtung der Produkte führt.

KAPITEL III   LEBENSZYKLUS UND UMWELTANALYSE

1 Pharmazeutischer Lebenszyklus

1.1 Verlaufsformen

Der Produktlebenszyklus eines Arzneimittels kann in fünf Phasen unterteilt werden. Im Bereich der "Forschung und Entwicklung" (Phasen I und II) werden die z.T. erheblichen Investitionen zur Generierung und späteren Zulassung neuer Wirksubstanzen getätigt (vgl. Abb. 3/1). Die Wirksubstanz durchläuft dabei die Grundlagen- und angewandte Forschung, Präklinik, Klinische Testphase I bis III und Zulassung. Daran schließen sich die Lebenszyklusphasen des ethischen Produktbereiches[195] an (vgl. Abb. 3/1). Während dieser Phase werden von langfristig planenden Unternehmen bereits OTC-Produktideen[196] generiert, die später im Markt für freiverkäufliche Arzneimittel eingeführt werden können. Die Phase V des Lebenszyklus entfällt, wenn z.B. starke Nebenwirkungen oder die Therapieverantwortung (Psychopharmaka) die Freiverkäuflichkeit behindern.

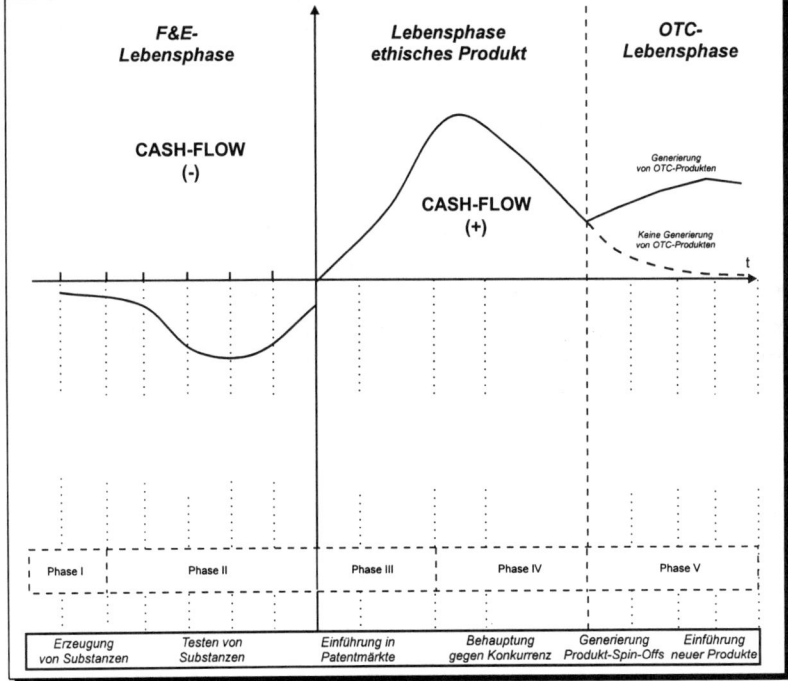

Abb. 3/1   Gesamtlebenszyklus einer pharmazeutischen Wirksubstanz

---

[195] Ethische Arzneimittel sind verschreibungspflichtige pharmazeutische Produkte. Vgl. 2.3.1.1
[196] OTC-Produkte sind freiverkäufliche Arzneimittel. Vgl. die Definition in 1.2.4.

Es ist bereits an dieser Stelle anzumerken, daß der entscheidende Zeitabschnitt für die Rückgewinnung des in der Forschung und Entwicklung investierten Kapitales die Phase III darstellt. Der Patentschutz generiert in dieser Zeit eine Art Monopolstellung des Arzneimittels. Die positiven Erfolgsbeiträge erreichen i.d.R. in dieser Phase ihr Maximum (vgl. Abb. 3/1). Bei OTC-Produkten trifft der Endverbraucher die Entscheidung über Verwendung und Dosierung des Präparates. Innovative Arzneimittel mit sehr starken Wirkungsweisen erreichen diese Phase in aller Regel nicht. Aus den pharmazeutischen Grundsubstanzen können jedoch alternative Produkte für den OTC-Bereich generiert werden.[197] Die einzelnen Produktlebenszyklusphasen werden nach einer kritischen Analyse des dargestellten Lebenszyklusverlaufes (vgl. Abb. 3/1) unter 1.1.2 bis 1.1.6 ausführlich erläutert und diskutiert.

1.1.1 Diskussion und Bewertung des Lebenszyklusverlaufes

Eine Analyse der in der pharmazeutischen Industrie auftretenden Lebenszyklusverläufe wurde von Schwartau und Siegwart/Senti durchgeführt.[198] Es wurde festgestellt, daß die am häufigsten auftretenden Lebenszyklusverläufe in der pharmazeutischen Industrie denen in Abbildung 3/1 entsprechen (39,1% mit OTC-Lebenszyklus, 28,3% ohne OTC-Lebenszyklus, in Summe: 67,4%). Dies ist den Prozentangaben in Abbildung 3/2 zu entnehmen. Der in Abbildung 3/1 abgebildete Lebenszyklusverlauf ohne OTC-Lebenszyklusphase entspricht dabei der von Schwartau klassifizierten, horizontal gespiegelten U-förmigen Umsatzkurve (vgl. Lebenszyklustyp I, Abbildung 3/2).[199] Die in Abbildung 3/1 dargestellte Umsatzverlaufskurve mit OTC-Lebenszyklusphase wurde durch die Arbeiten von Schwartau und die Darstellung von Siegwart/Senti mit der doppel-S-förmigen Verlaufskurve abgebildet. Sie wurde durch die empirische Studie in der pharmazeutischen Industrie in 39% aller Fälle festgestellt (vgl. Lebenszyklusverlaufstyp V, Abb. 3/2). Die übrigen Lebenszyklusverlaufsformen treten mit geringeren Häufigkeiten in den pharmazeutischen Produktmärkten auf und erreichen in Summe fast 33% (5 bis 13%, vgl. Abb. 3/2). Sie verdeutlichen, daß die zu erarbeitende Modellentwicklung in Kapitel IV sehr flexibel die Umwelt- und Marktinformationen verbinden muß, um auch solche Verlaufsformen ex-ante bestimmbar zu machen. Gleichzeitig müssen unterschiedliche Frequenzen, Phasenlängen und maximale Amplituden nach Einzelprodukten bestimmt werden, um zu bewertbaren quantitativen Rechengrößen zu gelangen.

---

[197] Z.B. geringere Dosierung, vgl. das Arzneimittel "Tagamet" in: o.V. (1995b).
[198] Vgl. Schwartau, C. (1977), S. 37 und Siegwart, H. / Senti, R. (1995), S. 8.
[199] Vgl. ebenda.

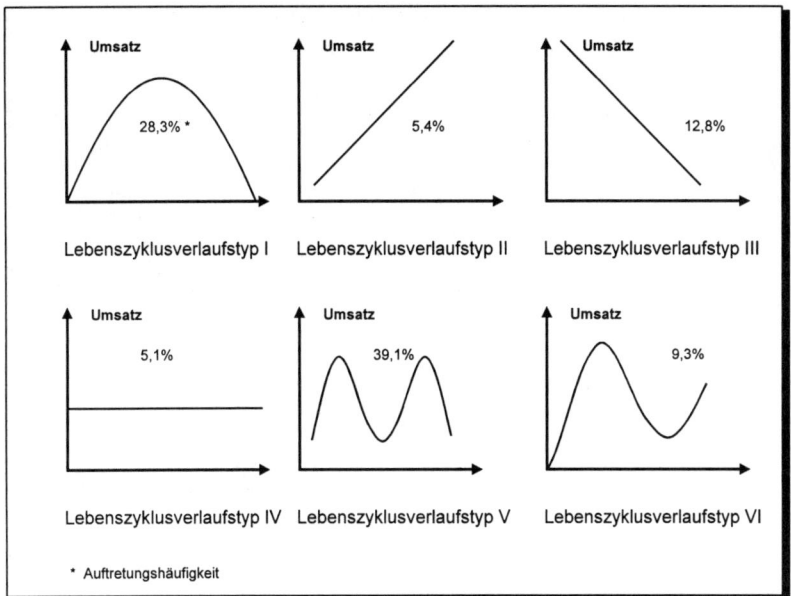

Umsatz 28,3% *	Umsatz 5,4%	Umsatz 12,8%
Lebenszyklusverlaufstyp I	Lebenszyklusverlaufstyp II	Lebenszyklusverlaufstyp III
Umsatz 5,1%	Umsatz 39,1%	Umsatz 9,3%
Lebenszyklusverlaufstyp IV	Lebenszyklusverlaufstyp V	Lebenszyklusverlaufstyp VI

* Auftretungshäufigkeit

Abb. 3/2 Produktlebenszyklusformen in der pharmazeutischen Industrie
Quelle: Schwartau, C. (1977), S. 37 und Siegwart, H. / Senti, R. (1995), S. 8.

Zu den Konkurrenzverhältnissen haben Ballance/Pogany/Forstner eine Analyse des branchentypischen pharmazeutischen Produktlebenszyklus durchgeführt.[200] Sie untersuchen dabei nicht die der Markteinführung vorgelagerten Stufen der Forschung und Entwicklung, wie sie im "Integrierten Produktlebenszykluskonzept" zu berücksichtigen sind. Dennoch erarbeiten sie einen idealtypischen Lebenszyklusverlauf, der von einem exponentiellen Verbreitungsprozeß (Penetration) über die Substitutionseffekte konkurrierender Arzneimittel nach dem Verlust des eigenen Patentschutzes (Generikaeintritt)[201] schließlich in die Phase der Gesamtsubstitution einer Wirksubstanz mündet. Die Autoren unterscheiden dabei eine Phase der "Konkurrenzfreiheit" (A), der "Wirkungskonkurrenz" (B) und des "vollständigen Wettbewerbes" (C). Die einzelnen Konkurrenzphasen sind der untenstehenden Abbildung (3/3) zu entnehmen.

---

[200] Vgl. Ballance, R. / Pogany, J. / Forstner, H. (1992).
[201] Vgl. zum Begriff "Generika" die Ausführungen unter 1.2.3.

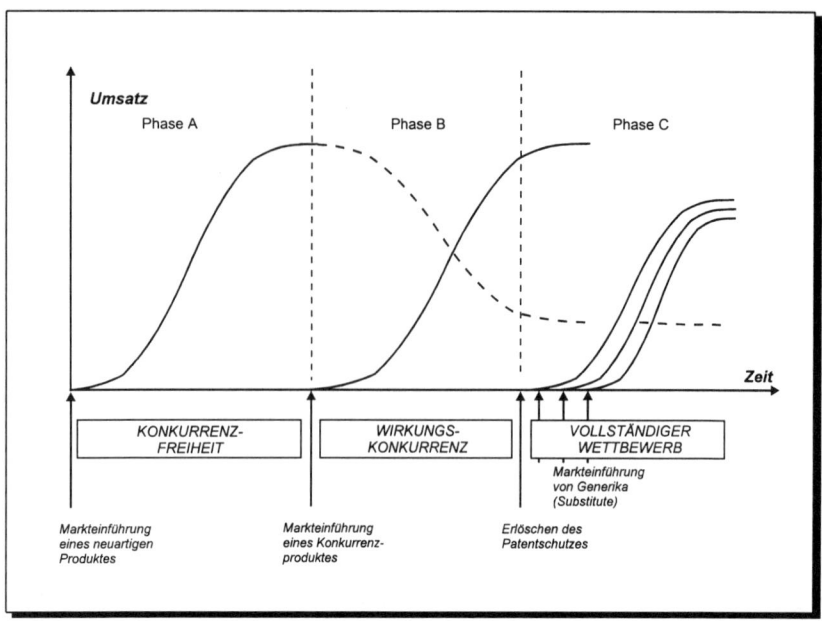

Abb. 3/3 Produktlebenszyklus pharmazeutischer Produkte mit Konkurrenzverhältnissen
Quelle: Ballance, R. / Pogany, J. / Forstner, H. (1992), S. 207.

Neben der positiv zu beurteilenden Darstellung der unterschiedlichen Konkurrenzformen während des Produktlebenszyklus ist am Ansatz von Ballance/Pogany/Forstner zu kritisieren, daß sie eine fast vollständige Substitution des Arzneimittels nach dem Eintritt von Generikaprodukten annehmen (vgl. Abb. 3/3). Gleichzeitig werden keine alternativen Lebenszyklusverläufe erarbeitet, wie sie durch die Entwicklung neuer Produkte und unterschiedlicher Produktführungsstrategien im OTC-Produktlebenszyklus möglich werden. Dennoch ermöglicht die Abbildung unterschiedlicher Konkurrenzformen einen ersten Einblick in den zeitlichen Verlauf des Wirkstoffwettbewerbes in pharmazeutischen Märkten.

1.1.2 Forschungsphase

Das erste Segment des "Integrierten Produktlebenszykluskonzeptes" wird durch die "Entstehungsphase" beschrieben.[202] Die "Forschung und Entwicklung" der pharmazeutischen Industrie ist dabei inhaltlich in die Bereiche der "Forschung" und "Entwicklung" zu unterteilen. Es werden im folgenden beide Gebiete getrennt erarbeitet. Drews schreibt, daß die pharmazeuti-

---

[202] Vgl. Back-Hock, A. (1992), S. 284.

44

sche "Forschung" der Vergangenheit eine Art Doppelmotivation besaß:[203] Zum einen war ihr Ziel, die Welt besser zu verstehen und somit Wirkungszusammenhänge zu erklären ("kognitiver Ansatz"). Zum anderen lag ihre Intention in der Schaffung eines praktischen Nutzens aus den gezogenen Schlüssen und Erkenntnissen ("angewandte Forschung"), indem z.B. Erklärungsmodelle für einzelne Krankheiten direkt in eine fokussierte Wirkstoffsuche überführt werden. Durch die biotechnologisch unterstützte Grundlagenforschung der letzten Jahre ist damit erstmals ein integriertes Forschungsfeld mit einer monokausalen Motivation entstanden. Mit ihr lassen sich Krankheitsbilder in Form von Modellen realitätsnah simulieren. Damit löst sich die klassische Zweiteilung des traditionellen Forschungsverständnisses auf, wonach in einem ersten Schritt Substanzen entwickelt werden, die erst im Anschluß auf ihre Wirkungsweise getestet werden.

Für die pharmazeutische Forschung und Entwicklung besteht die Einhaltung der unterschiedlichen Phasenschritte jedoch weiterhin. Dies hat auch rechtliche Gründe, da einzelne F&E-Phasen bestimmte Leistungsnachweise erbringen müssen und z.T. konkrete Erlaubnisdokumente (z.B. vor der Erprobung am Menschen) eingeholt werden müssen.[204]

1.1.2.1 Grundlagenforschung

Die "Grundlagenforschung" beschreibt die Erarbeitung all jener Erkenntnisse, die nicht unmittelbar auf die Entwicklung eines neuen Arzneimittels zielen.[205] Dies kann in Teilsegmeten wie der "genetischen Forschung" erfolgen (Entschlüsselung der Erbinformationen), in der "immunologischen Forschung" (Reaktanzverhalten von Zellen bei Erregerbefall) oder der "Entschlüsselung pathologischer Abläufe" (biochemische Zusammenhänge bei der Krankheitsentstehung). Durch die "Grundlagenforschung" schafft sich eine forschende Pharmaunternehmung die Wissensbasis zur späteren "angewandten Forschung" und legt die Grundlage zur Entwicklung neuer Arzneimittel.

1.1.2.2 Angewandte Forschung

Ziel der "angewandten Forschung" ist die Erstellung von Substanzen, die zur Lösung bestimmter Krankheitsmuster geeignet sind.[206] Zentral für die angewandte Forschung ist die Aufrechterhaltung einer hohen Innovationsrate. Ein wesentlicher Arbeitsinhalt der angewandten Forschung ist die Analyse des pharmakologischen Verhaltens. Hierzu zählen die Er-

---

203 Vgl. Drews, J. (1995a), S. 768ff.
204 Vgl. Bundesverband der pharmazeutischen Industrie e.V. (1988), S. 12ff.
205 Vgl. derselbe, (1985), S. 4.
206 In der Literatur wird diese Phase auch als "Chemie" bezeichnet. Vgl. Schülin, P. (1995), S. 168.

forschung der pharmakokinetischen und der pharmakodynamischen Eigenschaften.[207] Die Grundsubstanzen werden auf ihre späteren Entwicklungspotentiale für die Synthese von Arzneimitteln analysiert. Dieser Prozess der Analyse von Substanzen heißt in der pharmazeutischen Forschung "Screening".[208] In vielen Fällen werden heute Tierversuche für dieses Verfahren eingesetzt. Alternativ zu dieser Vorgehensweise ermöglichte die Biotechnologie in den letzten Jahren eine zielgerichtete, ursächliche Wirkstoffentwicklung, sodaß die Qualität der Substanzen für das "Screenings" erhöht wurde. Verlaufen die durchgeführten Testverfahren der angewandten Forschung im Ergebnis positiv, wird die Substanz zur Patentierung angemeldet.[209] Dieser Prozeß (IND-Application)[210] wird durch die Freigabe zur Erprobung der Wirksubstanz am menschlichen Organismus abgeschlossen. Die Patentlaufzeit für ein späteres Arzneimittel, das aus einer Vielzahl neuer Wirksubstanzen bestehen kann, beginnt mit der Patentierung der ersten Wirksubstanz.

1.1.3 Entwicklungsphase

In der Entwicklungsphase stehen der Zeitfaktor[211] und die Konzentration[212] auf wenige, erfolgsversprechende Projekte im Vordergrund. Die Bedeutung der Produktentwicklungszeit ergibt sich aus folgendem Zahlenvergleich: Wird die Produktentwicklungszeit um nur sechs Monate überschritten, reduzieren sich die zukünftigen Erträge eines innovativen Arzneimittels um 25 bis 30%. Steigen jedoch die F&E-Ausgaben eines Projektes um 50%, so wird der spätere Gewinn um nur 5 bis 10% reduziert.[213]

---

[207] "Pharmakologie" ist die Lehre der Interaktion von Organismus und Arzneimittel. Die "Pharmakodynamik" beschreibt die Wirkung eines Arzneimittels insbesondere über Rezeptoren. Hier werden die dynamischen Ablaufprozesse der chemischen Interaktion beschrieben. Die "Pharmakokinetik" ist die Lehre der Rückwirkung des Organismus auf das Arzneimittel und seine Wirkungseigenschaften. Vgl. GRUYTER (1994), S. 1182.

[208] Der Prozeß des "Screenings" kann mit Hilfe moderner Analyseroboter bereits vollautomatisch erfolgen (1995). Vgl. Drews, J. (1995), S. 1.

[209] Vgl. Wenzel, A.F. (1993), S. 4ff.

[210] IND-Application bedeutet "Investigational New Drug"-Application. Sie beschreibt den Prozeß der Untersuchung einer Wirksubstanz durch öffentliche Stellen und Behörden nach Vorlage der gewonnenen Erkenntnisse aus den Testverfahren. Der Prozeß dauert i.d.R. zwischen sechs Monaten und zwei Jahren. Vgl. Schülin, P. (1995), S. 170.

[211] Die Orientierung am Zeitwettbewerb unter Inkaufnahme höherer Forschungs- und Entwicklungskosten führte Glaxo (heute: Glaxo-Wellcome) bereits Ende der 80´er Jahre erfolgreich durch. In einem Artikel der Financial Times hieß es 1987 dazu: "whereever regulations permit, Glaxo runs tests in parallel, both within each phase and between them". Vgl. Financial Times, 17.1.1987 in: Simon, H. (1989), S. 83.

[212] Vgl. Drews, J. (1995), S. 780ff.

[213] Vgl. Jaeger, H. (1991), S. 43.

Die große Bedeutung der wirtschaftlich sinnvollen Selektion der F&E-Projekte ergibt sich in den F&E-Phasen aus einer Kostenanalyse.[214] Die Entwicklungskosten wachsen in den späten klinischen Testphasen exponentiell an:

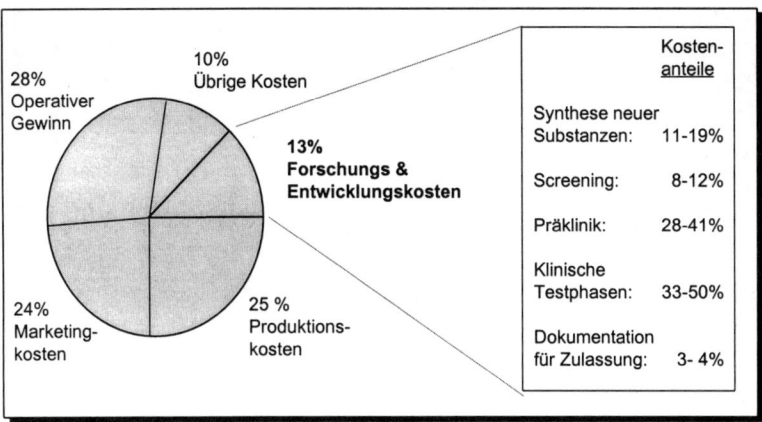

Abb. 3/4   Kosten- und Gewinnstrukturen einer forschenden Pharmaunternehmung
Quelle: Ballance, R. / Pogany, J. / Forstner, H. (1992), S. 97, 123 - Eigene Darstellung

Die Entwicklungsphase der pharmazeutischen F&E unterteilt sich in die "frühe" und "späte Entwicklung". Die "frühe Entwicklung" umfaßt die "Präklinik" und die "Phase I" der "klinischen Prüfung". Die "späte Entwicklung" beinhaltet die "Phasen II und III" der "klinischen Prüfung", die "Registrierung" und die "Marktzeit" bzw. "Phase V" (vgl. Abb. 3/1 in 1.1). Abbildung 3/5 stellt die einzelnen Stufen mit ihrer inhaltlichen Ablaufstruktur dar.

---

[214] Vgl. Ballance, R. / Pogany, J. / Forstner, H. (1992), S. 97 und 123.

F&E-Prozeß

INHALTE

Struktur-überprüfung Patent-bearbeitung Forschungs-planung Medizinische Zielsetzung Vertriebliche Zielsetzung Chemische Beurteilung Literatur-studium Patent-überprüfung Struktur-auswahl Synthese-möglichkeiten — Struktur-überprüfung Patent-bearbeitung Literatur-studium Prüfung der Zielsetzung	Pharma-kologie	Analytik Wirkstoff	Toxizität bei einmaliger Verabreichung (Akute Toxizität) (1-2 Tierarten) Pharmako-dynamik Vertiefte Pharma-kologie Stabilität des Wirkstoffes	Pharmako-kinetik Resorption und Ausscheidung Tier (Mutagenität) Teratologie Subchronische Toxizität (1-2 Tierarten) Pharmako-dynamik Vertiefte Pharma-kologie Analytik der Darreichungs-form Entwicklung der Darreichungs-form, Verpackung Haltbarkeit (Galenik)	Klinische Prüfung am Menschen Pharma-kokinetik am Tier (Mutagenität) Teratologie Subchro-nische Toxizität (weitere Tierarten) Pharmako-dynamik (weitere pharmako-logische Arbeiten) Analytische Über-prüfungen Tests zur Haltbarkeit Herstellung der Klinikmuster	Pharmako-kinetik (weitere Tierarten) (Kanzero-genität) (Schädigung der Frucht-barkeit und Nach-kommen-schaft) Planung und Beginn Chronische Toxizität Pharmako-dynamik (weitere pharmako-logische Arbeiten) Analytische Überprüfungen Haltbarkeit Herstellung der Klinikmuster	Pharmako-kinetik (Abschluß und Doku-mentation) (Kanzerogenität) (Schädigung der Frucht-barkeit und Nach-kommen-schaft) Abschluß Chronische Toxizität Pharmako-dynamik (weitere pharmako-logische Arbeiten) Abschluß und Doku-mentation Abschluß der Analytik Dokumentation Abschluß galenische Entwicklung, Fertigungs-methoden	Erfassung, Auswertung und Über-prüfung von Neben-wirkungen Pharmako-kinetische Prüfungen nach dem jeweiligen Stand Spezielle Prüfungen nach dem jeweiligen Stand Spezielle Prüfungen Toxikolo-gische Prüfungen Pharmako-logische Prüfungen Qualitäts-kontrolle der Fertigung Fertigung der Dar-reichungs-form und Verpackung

PHASE

Angewandte Forschung				Klinische Testphasen			Einführung
Vorphase	Screening	Chem.-Prüfung	Präklinik	Phase I	Phase II	Phase III	& Vertrieb

DAUER

1-2 Jahre	3-4 Jahre	5-6 Jahre	1-2 Jahre

ANZAHL

bis 10.000 Substanzen	ca. 20	ca. 18	ca. 12	ca. 4-5	ca. 2-3	ca. 1-2	ca. 1

Abb. 3/5 Entwicklungsphasen in der pharmazeutischen Forschung und Entwicklung
Quelle: Eigene Darstellung in Anlehnung an BPI (1988), S. 12ff.

1.1.3.1 Präklinik

Die "Präklinik" beschreibt die Phase vor Aufnahme der pharmakologischen Testverfahren am Menschen (vgl. Abb. 3/5 in 1.1.3). Hier werden die Ergebnisse der "angewandten Forschung" weiterentwickelt. Pharmakokinetische und pharmakodynamische Analysen führen zu einer Erkenntnisverdichtung über die wechselseitigen Wirkungen zwischen Arzneimittel und Organismus. Dabei stehen insbesondere die toxikologischen Analyseverfahren neben der pharmakologischen Erprobung der Wirksubstanz im Vordergrund. Es werden am lebenden Organismus Ergebnisse über Toxizität, Hauptwirkungen, Nebenwirkungen und Dauer der Wirksamkeit der Aktivsubstanz erarbeitet. Die Verfahren werden in Form von Tierversuchen durchgeführt.[215] Das Ziel der Präklinik ist zweigeteilt: Zum einen werden Aussagen über Darreichungsformen und Therapieverfahren des neuen Wirkstoffes gewonnen. Zum anderen werden chemische Produktionsprozesse zur Vervielfältigung der Wirksubstanz geprüft und verglichen. Nach Abschluß der Analysetätigkeiten der Präklinik wird der Wirkstoff nach Einreichung der Ergebnisse und Erhalt einer Erlaubnis[216] für die weiteren klinischen Testphasen am Menschen freigegeben (vgl. Abb. 3/1 in 1.1 und Abb. 3/5 in 1.1.3).

1.1.3.2 Klinische Testphase I

In der "Phase I" der klinischen Testphase erfolgt die Erprobung der Wirksubstanz am Menschen. Ziel der klinischen Testphasen ist, den therapeutischen Nutzen einer Wirksubstanz in einem definierten Krankheitsspektrum zu bestimmen. Als Meßgröße des pharma-zeutischen Nutzens dient die Untersuchung des Krankheitsverlaufes mit und ohne Einsatz der zu testenden Wirksubstanz. In "Phase I" wird das Arzneimittel dabei an 90 bis 120 Probanden auf Verträglichkeit, Dosierung und Wirkungsweise getestet. Die Verträglichkeitsprüfung der neuen Substanz steht dabei im Zentrum des Forschungsinteresses. Ist sie nicht erfüllt, wird die Substanz nicht für die nächste Forschungsphase freigegeben.

1.1.3.3 Klinische Testphase II

Mit der "klinischen Testphase II" beginnt die kontrollierte Therapieverfolgung am Menschen unter Einsatz der Wirksubstanz. Sie ist die erste Testphase der "späten Entwicklung". 20 bis 350 Personen werden dabei auf ihr Reaktionsverhalten bei Verabreichung der neuen Wirksubstanz beobachtet. Gleichzeitig werden Untersuchungen und Studien über das Verhältnis zwischen Dosierung, Wirkung und Toleranzgrenzen erstellt. Diese Testphase erfolgt i.d.R. in Form einer überwachten stationären Behandlungsform. Ziel der "Phase II" ist, den genauen Wirkungsverlauf beim Einsatz der neuen Substanz zu ermitteln und weitere Erkenntnisse zur optimalen Dosierung zu gewinnen.

1.1.3.4 Klinische Testphase III

In der "klinischen Testphase III" werden nach einem festen Therapieplan die in der "klinischen Testphase II" gewonnenen optimalen Behandlungsverfahren an einer deutlich größeren Probandenzahl getestet. Der Patientenkreis umfaßt bis zu mehreren tausend erkrankten Perso-

---

215 Vgl. Schülin, P. (1995), S. 169.
216 In Deutschland durch die Ethikkommission des deutschen Gesundheitswesens.

nen. Das Hauptinteresse besteht dabei in der Generierung einer statistisch abgesicherten Informationsbasis über die Wirksubstanz. Im Zentrum der Studien steht die Beurteilung der "....
Wirkung, Sicherheit und Wirtschaftlichkeit langfristiger Therapien mit der neuen Aktivsubstanz ...".[217] Die große Bedeutung des Zeitfaktors bedingt, daß diese Testphase zumeist simultan in mehreren Kliniken durchgeführt wird.[218] Die Wirksubstanz wird in diesem Stadium des Testverfahrens mit bestehenden Präparaten am Markt verglichen (vgl. Abb. 3/1 in 1.1).
Ziel der "klinischen Testphase III" ist die Erstellung eines eindeutigen Nutzen- und Leistungsprofiles der neuen Wirksubstanz und die Ableitung einer statistisch abgesicherten Aussage zur Verträglichkeit.[219]

1.1.3.5 Zulassung

Die Zulassung des neuen Arzneimittels erfolgt im Rahmen der "Registrierung". Hier werden die gesammelten Testergebnisse einer nationalen (FDA, BGA)[220] oder supranationalen Zulassungsstelle (EG) vorgelegt, die über Neuzulassung oder Ablehnung des Arzneimittels entscheidet. Dieser Prozeß wird als NDA (New Drug Application) bezeichnet. Gleichzeitig verbinden zahlreiche nationale Zulassungsstellen den Markteintritt mit den Ergebnissen der Preisverhandlungen (vgl. Anhang 1). Der Innovationsgrad des Arzneimittels steht dabei im Vordergrund: Innovative Präparate mit einem hohen Therapienutzen ("Blockbuster") haben in der Vergangenheit hohe Preise bei den Registrierungsämtern erzielen können.[221] Durch den Handel und die Möglichkeiten des "Parallelimportes" besteht für eine forschende Pharmaunternehmung zudem die Notwendigkeit einer international harmonisierten Preispolitik. Der Zulassungsprozeß kann dabei zwischen einem und drei Jahren dauern.

1.1.3.6 Testphase IV

Nach der "Registrierung" kann das Arzneimittel in den Arzneimittelmärkten eingeführt werden. Die ersten beiden Jahre nach der Markteinführung werden auch als "Testphase IV" bezeichnet. Hier werden weitere Erkenntnisse und Erfahrungswerte zum Gebrauch und der Therapie mit dem Arzneimittel gesammelt und in einem Erfahrungsbericht zusammengefaßt. Auch werden Erkenntnisse über die Galenik und alternative Produktionsverfahren gewonnen,

---

[217] Vgl. Schülin, P. (1995), S. 170.

[218] Die englische Firma Glaxo (jetzt Glaxo-Wellcome) gilt als Pionier bei der Beschleunigung der Testphasenprozesse. Ihr gelang es, durch eine Erweiterung der statistischen Grundgesamtheit eine signifikante Beschleunigung des Zulassungsprozesses für das Arzneimittel "Zantac" zu erzielen. Vgl. Simon, H. (1989), S. 70ff.

[219] Vgl. Fülgraff, G. (1992), S. 16f.

[220] FDA: Federal Food and Drug Association, Washington, USA. BGA: Bundesgesundheitsamt, Berlin, Deutschland.

[221] Vgl. Drews, J. (1995), S. 781f.

was zu einer Weiterentwicklung der Arzneimittelherstellung führt. Neben der Weiterentwicklung des Präparates können auch neue Einsatzgebiete für die Wirksubstanz durch die Erfahrungsberichte gefunden werden.

1.1.4 Patentgeschützte Phase als ethisches Arzneimittel

Nach einer erfolgreichen Zulassung durch die Gesundheitsbehörden kann das Arzneimittel im Pharmamarkt eingeführt werden (Phase IV). Pharmaunternehmen beginnen in dieser Phase, den Diffusionsprozeß des neuen Arzneimittels zu unterstützen. Verfahren und Ansätze wie das Co-Marketing[222] und die Co-Promotion[223] stellen absatzpolitische Maßnahmen dar, die eine schnelle Produktverbreitung auch bei begrenzten eigenen Vertriebsressourcen ermöglichen. Innerhalb der Ärzteschaft stellen sogenannte "Opinion-Leader" die zentrale Zielgruppe der ersten Penetrationsphase dar. Ihr Urteil dient als Wertmaßstab einer Gemeinschaft von Individuen, und ihr Verhalten wird von zahlreichen Mitgliedern der Gemeinschaft imitiert.[224] Meinungsführer in der Ärzteschaft (Entscheider) aber auch auf Seiten der Patienten (Konsumenten) haben für die pharmazeutische Industrie eine große Bedeutung.

Zu Beginn der Diffusionsphase muß eine Strategie zur Penetration der Pharmamärkte durch ein Arzneimittel festgelegt werden. Dazu sind zahlreiche Entscheidungen zu treffen, von denen die wichtigsten exemplarisch aufgeführt werden:

1. Anzahl der zu penetrierenden Märkte,

2. Zeitpunkte der Markteinführung,

3. Festlegung eigener Aktivitäten und

4. Festlegung unternehmensexterner Aktivitäten (Co-Marketing, Co-Promotion).

Als Beispiel für die große Erfolgsabhängigkeit einer zeit- und aktivitätenorientierten Penetrationsstrategie wird in der Literatur die Einführung des Präparates "Ranitidin" durch die Firma Glaxo angesehen.[225] "Ranitidin" wurde als Konkurrenzprodukt zum weltweit meistverkauften Arzneimittel "Tagamet" von SmithKline eingeführt und wirkt gegen Erkrankungen des Magen-Darmtraktes. Nach nur vier Jahren erreichte "Ranitidin" bereits höhere Umsätze als das bereits seit Jahren am Markt befindliche Produkt Tagamet. Glaxo konnte jedoch aus

---

222 Unter "Co-Marketing" versteht man den Vertrieb eines Arzneimittels zusammen mit Kooperationspartnern unter unterschiedlichen Produktnamen. Vgl. Schülin, P. (1995), S. 320.

223 Unter "Co-Promotion" versteht man den Vertrieb eines Arzneimittels mit Kooperationspartnern unter dem gleichen Namen und der identischen Erscheinungsform des Produktes. Vgl. Schülin, P. (1995), S. 322.

224 Vgl. Kotler, P. / Bliemel, F. (1995), S. 265 und 930ff und Nieschlag, R. / Dichtl, E. / Hörschgen, H. (1994), S. 571.

225 Vgl. Simon, H. (1989), S. 82.

eigener Vertriesstärke nur einige ausgewählte Märkte in Europa erfolgsoptimal bearbeiten. Neben der eigenen Vermarktung des Produktes durch den Außendienst wurde daher in allen großen Märkten eine weitere Lizenz an ein Konkurrenzunternehmen vergeben. Diese führten die gleiche Substanz unter anderen Produktnamen ein. Die Märkte wurden somit durch zwei Vertriebsschienen zeitgleich mit der neuen Wirksubstanz bearbeitet (Co-Marketing). Um eine vollständige Marktpräsenz zu erreichen, benötigte die Grundsubstanz von Glaxo lediglich vier Jahre. Durchschnittszeiten für eine globale Einführung eines vergleichbaren Produktes lagen damals bei ca. acht Jahren.[226] Da bei innovativen Produkten wie in diesem Fall von einer exponentiellen Verbreitung in den Märkten auszugehen ist, und der Patentschutz zumeist das Ende eines sehr profitablen Preisniveaus bedeutet, konnte die Firma Glaxo erhebliche Vorteile aus dieser Einführungsstrategie erzielen. Geschwindigkeit und Intensität der Markteinführung bestimmen bei innovativen Medikamenten maßgeblich die Höhe des zukünftigen Produkterfolges.

Die Diffusionsforschung kann zur Erklärung des Verbreitungsprozesses verwendet werden. Da ethische Arzneimittel nicht von den Konsumenten direkt nachgefragt, sondern von der Ärzteschaft verschrieben werden, ergibt sich eine Gaußsche Normalverteilung für die Gruppe der Entscheider (Innovatoren, Frühanwender, Frühe Mehrheit, Späte Mehrheit und Nachzügler), die für die Verschreibung eines Produktes gewonnen werden können:

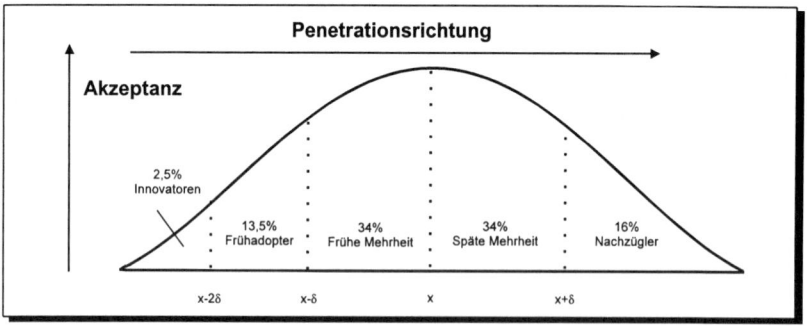

Abb. 3/6   Penetrationsprozeß im Rahmen der Diffusionsforschung
Quelle: Eigene Darstellung, in Anlehnung an Rogers, E. M. (1962), S. 162.

Erste Erfahrungsberichte der "Phase IV" können durch Publikationen in den medizinischen Fachzeitschriften zu einer Beschleunigung der Akzeptanz und zu sequentiell wachsenden Absatzmengen auf den pharmazeutischen Märkten führen. Ziel der Informationsgenerierung aus Erfahrungsberichten in "Phase IV" ist insbesondere, die Anwendungssicherheit und überlegene Wirkung des Arzneimittels zu verifizieren. Das Verfahren, mit dem in Deutschland parallel dazu die Rückmeldung von Produkteigenschaften durch die Ärzte erreicht wird, ist ein

---

[226] Vgl. Simon, H. (1989), S. 82.

"Spontanerfassungssystem". Die praktizierenden Ärzte berichten direkt an die Arzneimittel-kommission der deutschen Ärzteschaft. Die Berichte werden in der Folge durch das Erfas-sungszentrum der Arzneimittelkommission bewertet und an die Bundesärztekammer weiter-geleitet.[227] Sie entscheidet über den weiteren Vertrieb des Produktes, eine mögliche Nachzu-lassung einer verbesserten Wirksubstanz, den Einsatz in einem neuen Indikationsgebiet oder bestimmt den Lizenzentzug eines Arzneimittels für den Fall starker Nebenwirkungen oder un-zureichender Wirkungsstärke. Für das pharmazeutische Unternehmen entstehen dadurch stän-dig veränderte Einflußfaktoren auf den prognostizierten Umsatzerfolg eines Präparates (Ne-benwirkungen, Wirkzusammenhänge in fremden Krankheitsbildern, veränderte Zulassungen für konkurrierende Produkte, etc.). Die Bedeutung eines Frühwarnsystemes wird im Rahmen der Gesundheitsversorgung als sehr hoch eingestuft.[228]

1.1.5 Ungeschützte Phase als ethisches Arzneimittel

Mit Erlöschen des Patentschutzes eines ethischen Arzneimittels können Konkurrenzanbieter mit substanzgleichen Substitutionsprodukten in den Markt dringen. Ballance/Poga-ny/Forstner sprechen in diesem Zusammenhang vom "vollständigen Wettbewerb".[229] Ist zu-dem das Charakteristikum der "Bioäquivalenz"[230] für alternative Produktformen erfüllt, spricht man von einer Konkurrenz durch "Generika".[231] Generikaprodukte durchlaufen er-leichterte Produktzulassungsverfahren.[232] Die Substitutionswirkungen auf das Originalpräpa-rat hängen bei der Einführung von Generika von unterschiedlichen Parametern ab. Umwelt- und Konkurrenzanalysen sollten helfen, eine optimale Anpassungsstrategie zu entwickeln. Wichtige Informationen zur Entwicklung der Abwehrstrategie sind:

1. Anzahl der zu erwartenden Generika,
2. Zeitpunkt des Markteintritts einzelner Generika,
3. Erwartetes Preisniveau der Generika,
4. Vertriebsstärke der einzelnen Generikaanbieter und
5. Akzeptanzverhalten der Ärzteschaft bzgl. verschiedener Anbieter.

---

[227] Vgl. Bundesärztekammer (1995), S. 188f.

[228] Vgl. DiMasi, J.A. (1991), S. 107-142.

[229] Vgl. Abb. 3/3 in 1.1.1 und Ballance, R. / Pogany, J. / Forstner, H. (1992), S. 207.

[230] "Bioäquivalenz" fordert die identischen Penetrationseigenschaften im Körper nach der Einnahme eines Arzneimittels.

[231] "Generika" stammt von der lateinischen Bezeichnung "genere", was "schaffen" bedeutet. Es deutet auf den gleichen inhaltlichen Ursprung einer Substanz hin (Baugleichheit).

[232] In den USA wurde die Zulassung von Generikapräparaten durch den Waxman/Hatch Act (1984) erleich-tert. Er fordert den alleinigen Nachweis der "chemischen Baugleichheit" und "Bioäquivalenz" (identische Wirkstoffpenetration im Körper). Vgl. o.V. (1987), S. 6f und O'Reilly, B. (1991), S. 116.

Im Rahmen einer Analyse des Generikamarktes der Bundesrepublik Deutschland bemerkte Roth 1995, daß die Substitutionswirkungen durch Generika erheblich zunimmt. Nach einer Untersuchung zwischen 1990 und 1994 sinkt in den USA nach der Einführung von "Generika" das Preisniveau des Originalproduktes im ersten Jahr bereits auf etwa 50 bis 40% seines Ausgangsniveaus. Mitte der 80er Jahre konnten die Originalanbieter in der gleichen Bezugsperiode den Preisverfall noch auf einem Niveau von 60 bis 70% des alten Preisniveaus stabilisieren.[233] In den USA wurde zudem festgestellt, daß das ersteingeführte Generikaprodukt alleine bereits einen Preisverfall von 30% des Originalpräparates verursacht.[234] Für "Generika" ist daher der Grundsatz "Being first-to-market" die entscheidende Wettbewerbsstrategie.[235] In Summe seien dabei die US-amerikanischen Pharmamärkte in einem repräsentativen Therapiefeld für etwa zwölf Generikapräparate aufnahmefähig.[236] Später eingeführte Generika führen zu Preisreduktionen von durchschnittlich 10% des dann existierenden Preisniveaus. Als Reaktionsoptionen für Originalanbieter von Wirksubstanzen stehen dabei im wesentlichen sechs Möglichkeiten zur Auswahl:[237]

1. Preisanpassungen,
2. Produktmodifikationen,
3. Rechtliche Aktivitäten zur Protektion,
4. Produktpalettenerweiterungen (line extensions),
5. Marketing- und Vertriebsprogramme oder
6. Partizipation am Generikamarkt.

Einige internationale Pharmaanbieter haben die Partizipation am Generikamarkt bereits durch Unternehmenskäufe umgesetzt.[238] Problematisch sind in diesem Zusammenhang Imageeffekte zwischen Generika- und Originalpräparaten sowie mögliche Konkurrenzverhältnisse im Unternehmen selbst. Sie wirken sich i.d.R. negativ auf die Muttergesellschaft aus.

1.1.6 Phase als freiverkäufliches Arzneimittel (OTC)

Besitzt ein ethisches Arzneimittel das Potential und die Eigenschaften, um in den Markt für freiverkäufliche Arzneimittel überführt zu werden, spricht man in der pharmazeutischen Industrie vom Management des "Rx-to-OTC Switches". Der OTC-Produktbereich besitzt wie der ethische Produktbereich rechtliche Besonderheiten, die jedoch weniger restriktiv in das Wer-

---

[233] Vgl. Roth, E.B. (1995), S. 393.
[234] Vgl. Oliver, S. (1995).
[235] Vgl. ebenda.
[236] Vgl. ebenda.
[237] Vgl. Roth, E.B. (1995), S. 393.
[238] Vgl. Oliver, S. (1995).

beverhalten eingreifen und einen ausgeprägten Konsumgütercharakter zulassen. Anzahl und Qualität der "Rx-to-OTC-Switches" stehen branchenweit auch 1996 noch immer in keiner Relation zu den enormen Umsatzpotentialen, die sich hieraus ergeben könnten. Dieser muß zeitlich und inhaltlich mit allen betroffenen Unternehmenseinheiten koordiniert werden. Als Beispiel kann die Unternehmung Pharmacia (Schweden) genannt werden, die zur Einführung des Rauchentwöhnungsmittels "Nicorette" (1994) in fast allen europäischen Teilmärkten über Lizenzvereinbarungen eine schnelle Marktdurchdringung erzielen will. Die zeitliche Koordination setzt voraus, daß man den erwarteten zukünftigen Ertrags- und Umsatzverlauf eines Arzneimittels durch Prognosen quantifizieren kann. Dann müssen zeitlich abgestimmte Produktregistrierungen für den freiverkäuflichen Arzneimittelbereich entwickelt und konkrete OTC-Einführungsstrategien geplant werden. Alternativ können OTC-Produkteinführungen auch parallel zum Fortbestand der ethischen Wirksubstanz erfolgen.

Ein Arzneimittel, das aus dem ethischen Produkt- in den OTC-Lebenszyklusbereich überführt wird, bedingt ein geändertes Marketing-Mix. Standen bei ethischen Arzneimitteln noch die Beeinflussung der Entscheidungsträger und Absatzmittler (Ärzte, Apotheker) im Vordergrund, muß nun ein am Endverbraucher (Patient) ausgerichtetes Produktmanagement betrieben werden. In der nachstehenden Abbildung (Tab. 3/1) sind verschiedene Marketinganforderungen für ethische Arzneimittel und den OTC-Produktlebenszyklus abgebildet.

KRITERIUM	ETHISCHE ARZNEIMITTEL	OTC-PRODUKTE
Anzahl Entscheider	einige (Ärzte)	viele (Patienten)
Nachfrageverhalten	indirekt (Verschreibung)	selbständig
Kaufmotivation	rational	emotional / z.T. rational
Preisgestaltung	variabel / fest	variabel
Werbeausgaben	hoch	sehr hoch
Werbeinhalte	informativ	informativ oder emotional
Werbeansprache	direkter Kontakt	über Medien
Absatzwege	Großhandel / Apotheken	Apotheken / Drogerien / Verbrauchermärkte / etc.
Produktcharakter	technisch, komplex	einfacher, z.T. stil- und verpackungsbetont[239]
Produktkenntnis	hoch	gering

Tab. 3/1   Vergleich des Marketings: Ethischer- / OTC-Lebenszyklusbereich

Bei erfolgreicher Gestaltung der Aktivitäten im OTC-Bereich kann ein Arzneimittel in verschiedenen Dosierungs- und Darreichungsformen eine fast beliebig lange Phase des Produkt-

---

[239] Vgl. für den deutschen OTC-Markt "Wick" Hustentabletten oder "Eunova" Multivitaminpräparat.

lebenszyklus durchlaufen.[240] Die Marketing-Aktivitäten müssen sich wie im Konsumgüterbereich auf eine eindeutige Positionierung[241] und Profilierung[242] der Produkte konzentrieren. Die deutlich unterschiedlichen Anforderungen an das Management stehen in vielen Firmen der Ausschöpfung der OTC-Lebenszyklusphase im Wege.

2 Umweltanalyse der pharmazeutischen Industrie

Die Bedeutung einer strukturierten Umweltanalyse ergibt sich aus den zahlreichen und komplexen Einflußebenen, die auf den Erfolg einer Pharmaunternehmung einwirken. In den Jahrzehnten nach dem zweiten Weltkrieg generierte die pharmazeutische Industrie ein stetiges Umsatzwachstum bei gleichzeitig hoher Profitabilität in fast allen Marktsegmenten. Selbst in den späten achtziger Jahren erwirtschaftete sie einen doppelt so hohen ROE (Return on Equity = Eigenkapitalrentabilität) wie der Durchschnitt der in den USA unter der Klassifikation "Fortune 500" zusammengefaßten umsatzstärksten Unternehmen.[243] Die Pharmaindustrie war auch zu Beginn der neunziger Jahre noch die weltweit renditestärkste Industrie, gefolgt von der Konsumgüterindustrie.

Seit 1991 haben sich jedoch grundlegende Wettbewerbsmuster verändert. Drews schrieb 1992, daß die internationale pharmazeutische Industrie "...vor tiefgreifenden Veränderungen ihrer Umwelt (steht) und (sich) vor der vielleicht größten Herausforderung ihrer etwa 100-jährigen Geschichte (befindet)".[244] Die Veränderungen vollziehen sich dabei in allen Umweltbereichen - politisch-rechtlich, wirtschaftlich und technologisch.[245] Politische Gruppen und Interessenvereinigungen beeinflussen die Marktzulassung neuer Wirksubstanzen, der Kostendruck in den nationalen Gesundheitssystemen zwingt zu verstärkten Preisregulierungen, und der in den letzten Jahren stark zunehmende internationale Handel mit Arzneimitteln führt zu Arbitrageverlusten durch "Parallelimporte" aufgrund unterschiedlicher nationaler Preisniveaus. Die zunehmende Bedeutung der Bio- und Gentechnologie für die Forschung stellt zudem ein zu integrierendes Innovationspotential dar, dessen Nutzung zu signifikanten Wettbewerbsverschiebungen führen kann.[246]

---

[240] Als Beispiel kann die Bayer AG aufgeführt werden, die mit ihrer weiten line-extension ein Quasikonsumgut aus einem ehemaligen Schmerzlinderungsmittel ("Aspirin") entwickelte. Der Lebenszyklusverlauf kann de facto als unendlich angenommen werden und hängt von der Marketingleistung des Unternehmens ab. Vgl. Gespräch mit Herrn L. Mergel (1995).

[241] = Fest abgegrenztes und definiertes Marktsegment, vgl. Nieschlag, N. / Dichtl, E. / Hörschgen, H. (1994), S. 88f.

[242] = Positives, eigenständiges, homogenes Marken- und Erscheinungsbild, vgl. Nieschlag, N. / Dichtl, E. / Hörschgen, H. (1994), S. 90.

[243] Vgl. o.V. (1993b), S. 2.

[244] Vgl. Drews, J. (1992), S. 17.

[245] Vgl. Perlitz, M. / Dreger, C. / Schrank, R. (1995), S. 36f.

[246] Vgl. Drews, J. (1992), S. 4.

2.1 Entwicklung eines konzeptionellen Analyserahmens

2.1.1 Unternehmen im Zentrum der Analyse

Kotler analysierte in den 80er Jahren die internationale Unternehmensumwelt exemplarisch anhand vierer Subsysteme.[247] Er bewegte sich dabei analytisch vom Kern der Unternehmung in die weiter entfernten Umweltdimensionen der "aufgabenbezogenen", "konkurrierenden", "externen" und "Makroumwelt". Die Methodik wurde von einigen Autoren aufgegriffen und diente bis zum Beginn der 90er Jahre als Bezugsrahmen insbesondere marketingstrategischer Diskussionen:

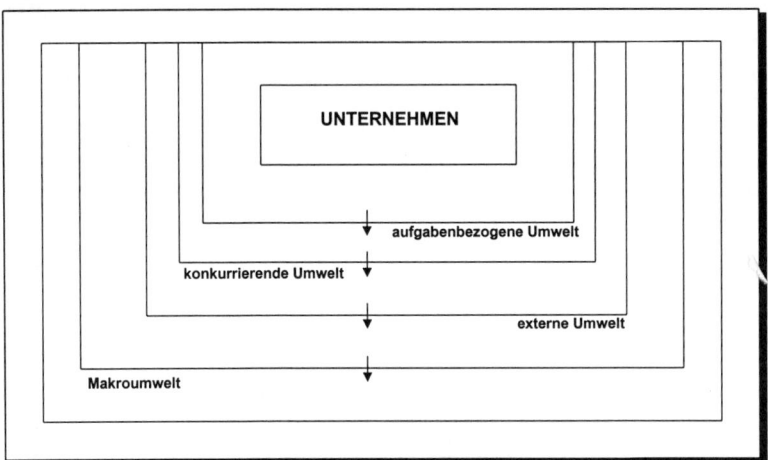

Abb. 3/7   Umweltanalyse mit Unternehmen im Zentrum der Analyse
Quelle: Struktur der Dimensionen nach Kotler (1982), S. 59ff - Eigene Darstellung

In der zur Leistungserstellung nächsten Unternehmensumgebung betrachtet Kotler die "aufgabenbezogene Umwelt".[248] Hierzu zählen jene Umweltdimensionen, die in direktem Verhältnis zur Leistungserstellung einer Unternehmung stehen. Die zweite Umweltdimension nach Kotler ist die "konkurrierende Umwelt".[249] Hierunter versteht er das direkte Marktgeschehen auf den Beschaffungs- und Absatzmärkten. Die von Kotler als dritte aufgeführte Umweltdimension umfaßt die "externe Umwelt" der Interessengruppen. Hierzu zählen die "Finanzumwelt", "Medien", "Behörden und Gesetzgeber", "lokale Gruppen", "Aktionsgruppen" sowie die "allgemeine Öffentlichkeit". Mit der vierten Umweltebene ("Makroumwelt")[250] beschreibt Kotler schließlich die langfristigen Einflußfaktoren auf die zukünftige Unternehmenslage.

---

[247] Vgl. Kotler, P. (1982), S. 58ff.
[248] Vgl. ebenda, S. 48.
[249] Vgl. ebenda, S. 52.
[250] Vgl. ebenda, S. 59.

Hierzu rechnet er die "demographische Umwelt", die "gesamtwirtschaftliche Umwelt", die "technologische Umwelt", die "politische .." und die "kulturelle Umwelt".[251]

2.1.2 Unternehmen als Teil komplexer Kräftefelder

In den letzten Jahren haben sich in der betriebswirtschaftlichen Literatur insbesondere solche Ansätze durchgesetzt, die auf einem dynamischen Wettbewerbsmodell mit unterschiedlichen "Marktkräften" aufbauen. Sie bestimmen das direkte Wettbewerbsgeschehen einer Unternehmung.[252] Das Element des klassischen Ansatzes, daß Umweltdimensionen die Unternehmen förmlich umschließen, wird in der Literatur für die Makroumweltdimensionen[253] weiterhin hoch eingeschätzt.[254] In enger Analogie zu dieser Vorgehensweise kann der Ansatz Hinterhubers betrachtet werden.[255] Sein Ansatz ist der folgenden Abbildung (3/8) zu entnehmen.

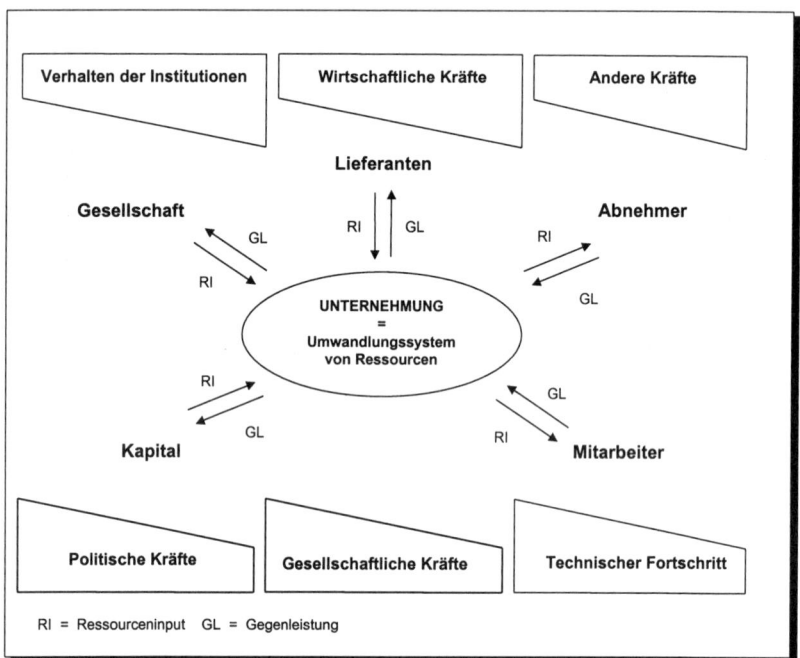

Abb. 3/8   Struktur der Unternehmensumweltanalyse nach Hinterhuber
Quelle: Hinterhuber, H.-H. (1982), S. 58.

---

[251] Vgl. Kotler, P. (1982), S. 107-132.

[252] Vgl. Porter, M.E. (1990), S. 26.

[253] Vgl. Raffée, H. (1979), S. 5ff.

[254] Vgl. Hinterhuber, H.-H. (1982), S. 56ff.

[255] Vgl. ebenda, S. 58.

Ausführungen zu den Gesamtmarktmodellen der 90er Jahre finden sich bei Porter[256] und Hax/Majluf.[257] Die wesentliche Grundlage zur Beschreibung des Branchenwettbewerbes wird dabei durch die Veröffentlichungen von Porter gegeben.[258] Seinem wettbewerbsdynamischen Konzept (five-forces-concept) liegt letztlich der Ansatz von Hinterhuber zugrunde, wobei er sich zur Beschreibung der Interaktion zwischen Unternehmen und ihrer Umwelt sehr stark an Kräften in den jeweiligen Teilmärkten ausrichtet.[259] Sein Ansatz wird im folgenden verwendet, erweitert um zwei Makroumweltdimensionen, die Porter in sein Modell nicht einbindet. Sie haben für die pharmazeutische Industrie jedoch einen erheblichen Einfluß, sodaß sie in der vorliegenden Untersuchung einbezogen werden müssen ("Makroumweltdimensionen" I und II, vgl. Abb. 3/9).

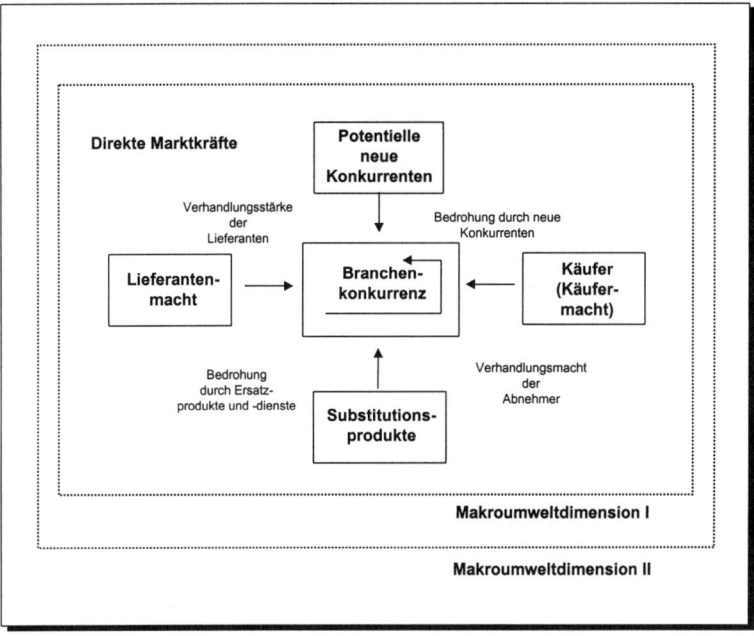

Abb. 3/9   Dynamisch-Statische Umweltanalyse - Konzeption der weiteren Erarbeitung
Quelle: Eigene Darstellung, Inhalte aus Porter, M. E. (1990), S. 26.

[256] Vgl. Porter, M.E. (1985), S. 235.
[257] Vgl. Hax, A.C. / Majluf, N.S. (1991), S. 280ff.
[258] Vgl. Porter, M.E. (1985), S. 235.
[259] Vgl. derselbe (1990), S. 26.

2.2 Bestimmungskräfte des direkten Wettbewerbsumfeldes

2.2.1 Branchenkonkurrenz

Mit der "Branchenkonkurrenz" wird das Unternehmen in seinem direkten Konkurrenzumfeld beschrieben (vgl. Abb. 3/9).[260] Für die Pharmaindustrie muß dazu eine Klassifikation der nationalen Pharmamärkte und einzelner Marktsegmente und Produktklassen erfolgen. Für eine pharmazeutische Unternehmung läßt sich hieraus die strategische Anpassung der zukünftigen Produktpalette im direkten Wettbewerbsumfeld und die Analyse der strategischen Wettbewerbsfelder für die Zukunft ableiten.

2.2.1.1 Elemente der Branchenkonkurrenz

Zur Bestimmung der Elemente der Branchenkonkurrenz müssen zuerst die fundamentalen Grundzusammenhänge pharmazeutischer Produktmärkte erarbeitet werden. Pharmazeutische Produktgruppen werden nach den Dimensionen "Erstattungsfähigkeit" und "Rezept-/Verschreibungspflichtigkeit" bestimmt. Es ergeben sich hieraus unterschiedliche Ergebnissegmente. Die Segmentierung der Märkte erfolgt i.d.R. nach der "Verschrei-bungspflichtigkeit".

1. Die Gliederung nach der "Verschreibungspflichtigkeit" ergibt eine Unterscheidung in "ethische Arzneimittel" ("ethical drugs") und freiverkäufliche Arzneimittel ("nonprescription drugs").[261] Diese Unterscheidung liegt auch der vorliegenden Arbeit zugrunde (vgl. Abb. 3/1 in 1.1).

2. Eine Segmentierung nach der "Erstattungsfähigkeit" führt zu einer Zweiteilung des Marktes in erstattungsfähige (Rx = "reimbursement products") und nicht erstattungsfähige Arzneimittel ("self medication products").

Auch auf die Größe und Struktur der einzelnen pharmazeutischen Marktsegmente muß eingegangen werden. Der Bereich der ethischen Arzneimittel nimmt weltweit ca. 65% des Gesamtmarktvolumens ein.[262] Dieses findet sein Marktvolumen wesentlich durch das national unterschiedliche Nachfrageverhalten bestimmt. Neben den national unterschiedlichen Formen des Erwerbes freiverkäuflicher Arzneimittel spielt auch die Einstellung der Bevölkerung zur Versorgung mit Arzneimitteln eine große Rolle. Es existieren zudem im Bereich der OTC-

---

[260] Vgl. Porter, M.E. (1990), S. 26.

[261] "non-prescription drugs" = OTC-Produkte, vgl. 1.1.6.

[262] Vgl. IMS (1994), S. 10ff.

Produkte länderspezifische Submärkte, die durch die Klassifikationen von staatlichen Zulassungsbehörden oder durch länderspezifische Handelsstrukturen bestimmt werden.[263]

Neben den ethischen Originalpräparaten und dem Markt für freiverkäufliche Arzneimittel ist eine weitere Produktklasse zu erwähnen, die sich in Form einer Querschnittsmenge sowohl über ethische als auch OTC-Präparate erstreckt ("Generika"). Diese Produktgruppe wird in der Umweltanalyse durch die "Substitutionsmacht" (vgl. 2.3.4) beschrieben.

Neben der Struktur der Gesundheitsmärkte soll auch eine Quantifizierung des Weltpharmamarktes erfolgen. Seine Größe wurde für 1992 noch mit 174 Mrd. USD angegeben.[264] In 1994 wurde der Weltpharmamarkt mit 212 Mrd. USD quantifiziert, was einer jährlichen Steigerungsrate von 10% entspricht.[265] Diese hohen Zuwachsraten werden für die Zukunft sehr kritisch beurteilt.

Als durchschnittliches Wachstum bis zum Jahr 2000 werden von der pharmazeutischen Industrie Steigerungsraten von 3 bis 5% p.a. für den ethischen Bereich angenommen. Drews errechnete bis zum Jahr 2000 ein durchschnittliches Marktwachstum von 5% p.a., bezogen auf die Umsatzbasis von 1989. Nach dieser Schätzung erreicht der Gesamtpharmamarkt zur Jahrtausendwende ein Volumen von 250 Mrd. USD. Auch das in den 80er Jahren schnellwachsende Segment der OTC-Produkte wird mit einem Wachstum von 3,6% bis zum Jahr 2002 nach Industrieangaben die anfänglichen Steigerungsraten von über 8% p.a. nicht erreichen. Hier wird ein Weltmarktvolumen von 43,4 Mrd. USD angenommen (2002). Für pharmazeutische Märkte wird festgestellt, daß das schnelle Wachstum aus den 80er Jahren von über 11% "... aufgrund notwendiger Einsparungsmaßnahmen im Gesundheitswesen zukünftig sicherlich unrealistisch"[266] ist.

Der größte regionale Absatzmarkt ist der europäische Pharmamarkt (32.7% des Weltmarktes), gefolgt von den USA (30%) und Japan (18%). Die Märkte in der Triade erzielten 1990 somit immerhin 80.7% der weltweiten Pharmaumsätze, was ihre große Bedeutung für international operierende Pharmaunternehmen kennzeichnet.[267] Betrachtet man isoliert den Markt für freiverkäufliche Arzneimittel für das Jahr 1992, entfallen in diesem Produktsegment auf die

---

263 So wird in der BRD in den "semi-ethischen" und den "reinen" OTC-Markt unterschieden. Semi-ethische Produkte sind Präparate, die keiner Rezeptpflicht unterliegen, jedoch von den Krankenkassen erstattet werden können.

264 Vgl. o.V. (1993c), S. 13.

265 Vgl. o.V. (1995c) und o.V. (1993c).

266 Vgl. Hesse, G. (1991), S. 1089f und Drews, J. (1995), S. 1.

267 Datenangaben für 1990, vgl. PMS (1991), Datenbank-Recherche, S. "M-1-W-91/19/49".

Märkte USA, Europa und Japan sogar 86.9% des Weltmarktvolumens.[268] Die Verteilung der Gewinne weist im Vergleich zur Umsatzstruktur signifikante Unterschiede unter den nationalen Teilmärkten auf. Der US-amerikanische Markt ist dabei für pharmazeutische Produkte der mit Abstand gewinnträchtigste regionale Teilmarkt. Dies ist Abbildung 3/10 zu entnehmen.

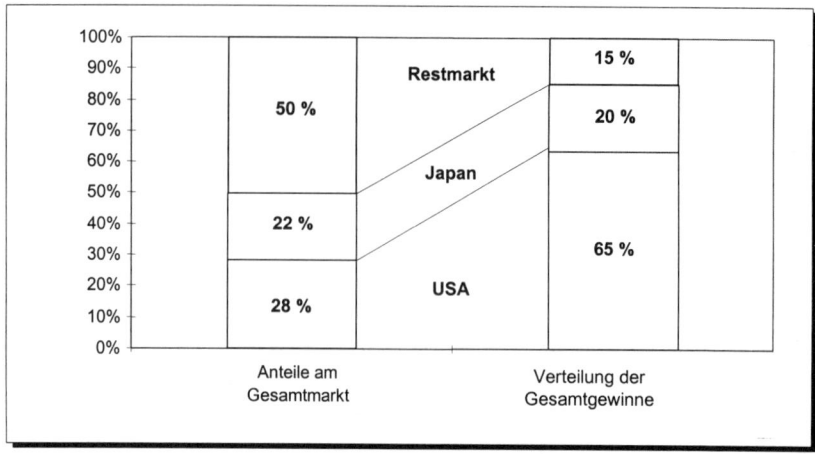

Abb. 3/10 Marktvolumina und -rentabilitäten pharmazeutischer Produktmärkte
Quelle: Eigene Darstellung, Daten aus Abshagen/Eckel/Stöcker (1991), S. 433.

Ein großer Einfluß auf die Größenentwicklung des Weltpharmamarktes geht von den Kostendämpfungsbestrebungen nationaler Gesundheitssysteme aus. Als weitere zentrale Determinante ist die Entwicklung der Innovationsrate zur Marktausweitung in neuen therapierbaren Krankheitsfeldern[269] und die Veränderung demographischer Rahmenbedingungen zu nennen (vgl. 2.5.1).[270] Gerade die Innovationsrate trägt entscheidend zur künftigen Marktentwicklung bei,[271] wenn man das Marktpotential durch untherapierbare Krankheiten der pharmazeutischen Industrie betrachtet. Durchbrüche bei den großen Krankheiten (Krebs, Alzheimer, AIDS) bieten Chancen für erhebliche Marktausweitungen innerhalb kurzer Zeit.[272] Eine stra-

---

268 Der Gesamt-OTC-Umsatz für 1992 entfiel auf die USA mit 38.5%, auf Europa mit 30,6% und Japan mit 17,8%. Die Angaben entsprechen den Werten der auf den OTC-Markt spezialisierten Beratungsfirma Nicholas Hall & Co.. Vgl. Nicholas Hall & Co. (1993), S. 4.

269 Von weltweit 30.000 bekannten Krankheiten waren 1995 lediglich 10.000 therapierbar. Vgl. Verband forschender Arzneimittelhersteller e.V. (1995), S. 1.

270 Der Zusammenhang zwischen Innovationspotentialen und Marktveränderungen aufgrund demographischer Entwicklungen wurde 1988 von Perlitz/Bösenberg untersucht. Sie leiten aus den demographischen Entwicklungen Marktpotentialverschiebungen und unterschiedliche Länderstrategien ab. Vgl. Perlitz, M. / Bösenberg, D. (1988), S. 1 ff, insbes. S. 5 ff.

271 Vgl. den Rückgang der absoluten Innovationsrate in Abb. 3/22 und Longman, R. (1991), S. 19.

272 Vgl. Verband forschender Arzneimittelhersteller e.V. (1995), S. 15ff. Daß dieses nicht die Kosten nationaler Gesundheitssysteme erhöht sondern senkt, wird ersichtlich, wenn man bedenkt, daß Arzneimittel 1985 in der BRD 14,5% der Gesamtausgaben im Gesundheitssystem verursachten (konstantes Niveau), stationä-

tegische Produktplanung muß sich an den makroökonomischen Wachstumstrends der pharmazeutischen Produktmärkte ausrichten. Dennoch hängt das Wachstum einer Unternehmung direkt von der eigenen Innovationsleistung ab.

2.2.1.2 Beschreibung der Wettbewerbsfelder

Kotler bezeichnet die "Unternehmenskonkurrenz" in der statischen Umweltanalyse als die konkreteste Konkurrenzform des Branchenwettbewerbes (vgl. Abb. 3/9 in 2.2.2).[273] Dieses Konkurrenzfeld entspricht den unterschiedlichen, rivalisierenden Gütern und Leistungen mit ihrer jeweils individuell ausgestalteten Marketing-Mix-Struktur. Hierunter fallen Eigenschaften des Produktes, Preise, angebotene Zusatzleistungen und das Ausmaß und die Qualität der Vertriebsleistungen. Für die pharmazeutische Industrie ergibt sich hieraus der direkte Produktwettbewerb. Therapiefelder mit Produkten unterschiedlicher Anbieter sind der entsprechende "Produkt-/Marktraum" dieser Konkurrenzform. Kotler erwähnt, daß diese Wettbewerbsumgebung von konkurrierenden Unternehmen i.d.R. genau untersucht wird.[274] Hierzu zählen sowohl eine genaue Wettbewerberanalyse als auch das Controlling der eigenen Marktaktivitäten. Im Bereich "ethischer Arzneimittel" sollten die Konkurrenzfelder durch leistungsabhängige Produkteigenschaften bestimmt werden. Auch die Veröffentlichungen der Unternehmen können ausgewertet werden, wodurch Rückschlüsse auf zu erwartende Generikaprodukte oder Substitutionsprodukte möglich werden.

Die "Unternehmenskonkurrenz" erfährt auch im Bereich der freiverkäuflichen Präparate (OTC-Produkte) eine herausragende Bedeutung. Das Bedürfnis des Patienten nach der Linderung gesundheitlicher Beschwerden oder der Vorsorge vor Krankheiten besitzt in diesem Produktfeld bis direkt vor der Produktwahl i.d.R. keine produktbezogene Fokussierung, was den Erwerb nur eines speziellen Präparates bedingt.[275] Die konkurrierenden Produkte und Unternehmen bieten in diesem Bereich häufig fast perfekte Substitute an. Dies erklärt auch die große Bedeutung der Marketingaktivitäten im OTC-Markt. Etwa 25% der Umsätze werden zur Präferenzbildung und Vertriebsoptimierung von führenden OTC-Unternehmen in Deutschland reinvestiert.[276] Der zunehmende Wettbewerb im OTC-Marktsegment macht damit zuneh-

---

re Behandlungskosten hingegen 30,7% (Wachstum +7,3% p.a. seit 1970). Vgl. Rüßmann, K.H. (1986), S. 176.

[273] Vgl. Kotler, P. (1982), S. 52.

[274] Vgl. ebenda.

[275] Ausnahmen stellen Produkte dar, die direkt mit einem Therapiefeld assoziiert werden. Vgl. Gespräch mit Herrn L. Mergel (1995).

[276] Eine derartige Schätzung wurde von SmithKline Beecham, OTC, Deutschland, erstellt. Das Unternehmen ist Marktführer in Deutschland bei Vitamin C Präparaten (Eunova, Cetebe) und hat sich bereits früh auf den Aufbau des Konsumgütercharakters bei OTC-Produkten konzentriert. Vgl. Gespräch mit Mergel, L. (1995).

mend die Beherrschung eines konsumgüterorientierten Marketingansatzes notwendig. Ein forschendes Pharmaunternehmen erfährt dabei aus dem OTC-Bereich positive Effekte:

1. Es werden völlig neue, wettbewerbsintensive Marktkonstellationen an das Unternehmen herangetragen, deren Lerneffekte in den z.t. deutlich weniger kompetitiven ethischen Produktbereich übertragbar sind (Patentmärkte).

2. Es können die strategischen Planungsverfahren konsequent an den internen Möglichkeiten zur Vermarktung von OTC-Produkten ausgerichtet werden. Eine prospektive OTC-Planung sollte somit bereits in der Phase des ethischen Produktbereiches erfolgen.

2.2.2 Lieferantenmacht

Als erste Subdimension nach dem "Branchenwettbewerb" werden für die pharmazeutische Industrie die vorgelagerten Wertschöpfungsstufen analysiert, deren Produkte und Dienste zur eigenen Leistungserstellung zugekauft werden. Diese sind für die pharmazeutische Industrie insbesondere Grundstoffanbieter, deren Produkte zur Verarbeitung in medizinische Substanzen verwendet werden. Die enge Verbindung zur chemischen Industrie und die weitgehende Austauschbarkeit von Grundsubstanzen unterschiedlicher Anbieter lassen in diesem Bereich nur wenige negative Einflußfaktoren (Lieferengpässe) erwarten. Im Bereich der Bereitstellung von Umverpackungen (sogenannte "Blisterpackungen"[277]) haben sich funktionsfähige Märkte etabliert.[278] Derartige Vorprodukte können für die pharmazeutische Industrie als Commodity-Goods[279] bezeichnet werden. Lediglich die Zulieferung organischer Gewebskulturen zur Gewinnung komplexer Grundstoffe kann als Engpaß bei der Herstellung komplexer Wirksubstanzen betrachtet werden. Hier liefert jedoch die Biotechnologie in zunehmendem Maße unterstützende Leistungen.[280]

---

[277] Unter "Blisterpackungen" versteht man die gängigste Form der hygienischen Einzelverpackung von Kapseln, die durch den Druck auf die umschließende Aluminiumfolie freigesetzt werden.

[278] Vgl. Gespräch mit Mergel, L. (1995).

[279] Vgl. zum "Zulieferer-Marketing" den Commodity-Approach in GABLER (1993), S. 672 und derselbe (1993b), S. 3917.

[280] 1977 wurde das erste biotechnologisch hergestellte Protein (Somatostatin) unter Verwendung des Bakteriums "Escherichia coli" entwickelt, das die aufwendige Gewinnung der Substanz aus den Zwischenhirnen verstorbener Personen ersetzte. Vgl. o.V. (1992), S. 47.

2.2.3 Käufermacht

2.2.3.1 Einfluß der Absatzmittler

Als Haupteinflußgröße der "Käufermacht" muß für die pharmazeutische Industrie die besondere Stellung der einzelnen Handelsstufen betrachtet werden. Vergleichbar mit den Makroveränderungen im Handel in der Konsumgüterindustrie[281] ist die Bedeutung des pharmazeutischen Großhandels in den frühen 90er Jahren ebenfalls signifikant angestiegen. Gerade internationale Handelsunternehmen sind in der Lage, Arbitragegewinne durch unterschiedliche Preisniveaus zu realisieren, was für die Hersteller zu deutlichen Ertragsschmälerungen führt.[282]

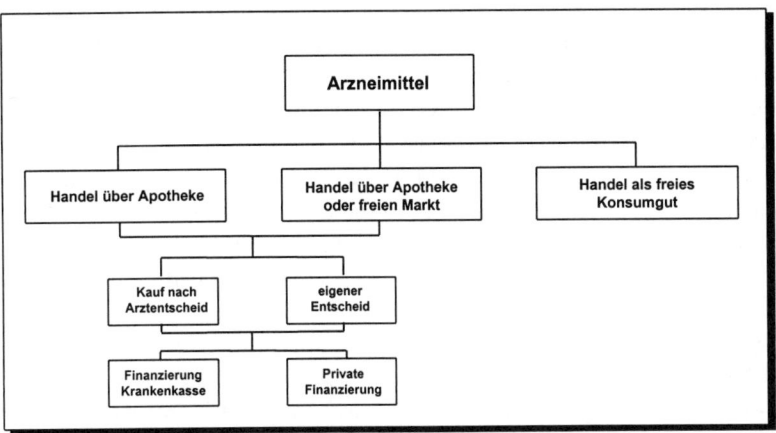

Abb. 3/11   Abgrenzung pharmazeutischer Produktgruppen und Absatzkanäle

Die Distributionsleistung eines Pharmaunternehmens hat einen signifikanten Einfluß auf seine Absatzaussichten[283]. Die Handelsmacht, die sich auch in der pharmazeutischen Industrie weiter konzentriert, bestimmt letztlich auch über Preisverhandlungen die Höhe der Umsatzerlöse für ein pharmazeutisches Unternehmen. Zur aktiven Steuerung der Versorgung der Märkte mit eigenen Produkten hatte die amerikanische Firma Merck & Co. 1993 das Handelsunternehmen Medco Containment Services in den USA übernommen.[284]

---

[281] Vgl. Tietz, B. (1995), S. 89ff.

[282] "Parallelimporte", vgl. 2.1 in Kapitel III.

[283] Vgl. Kotler, P. (1982), S. 49.

[284] Vgl. Vagelos, Roy (1993) in Rudolph, B. (1993), S. 38. Der Strategie folgten Eli Lilly und SmithKline Becham. Vgl. Tanouge, E. (1995).

2.2.3.2 Einfluß der Konsumenten

2.2.3.2.1 Grundlagen des Konsumentenverhaltens

Zur Beschreibung des Nachfrageverhaltens muß für die pharmazeutische Industrie auf zwei Spezifika eingegangen werden, ohne die ein umfassendes Verständnis der Zusammenhänge nicht möglich ist: Die Produktwahl ist zum einen ein Zusammenspiel aus Ärzteschaft, Patient und Erstattungsunternehmen. Gleichzeitig bestimmen die Strukturen der nationalen Gesundheitssysteme den Handlungsspielraum der Marktteilnehmer.

In Abbildung 3/12 findet sich eine exemplarische Darstellung für den deutschen pharmazeutischen Produktmarkt. Danach erhält der Patient selektierte Informationen vom Arzt, der wiederum durch Pharmareferenten von der herstellenden Industrie über Produkteigenschaften und -neuerungen informiert wird. Warenwirtschaftlich stehen die Apotheken im direkten Kontakt mit den Herstellern. Sie übernehmen die physische Distribution der Produkte an die Patienten. Die Erbringer des finanziellen Gegenwertes für die pharmazeutischen Produkte sind letztlich die Krankenkassen, die ebenfalls die Leistungen des Arztes entlohnen. Die Sozialgemeinschaft finanziert wiederum die Krankenkassen, wovon der Patient betroffen ist, von dem Beitragssätze erhoben werden. Die Entscheidung über die Verschreibung eines Arzneimittels trifft der praktizierende Arzt. Dieser unterliegt nach § 368e RVO dem Gebot, "zweckmäßig, ausreichend, notwendig und wirtschaftlich nach den Regeln der ärztlichen Kunst" zu verschreiben.[285] Vier von durchschnittlich fünf Arzneimitteln sind in Deutschland verschreibungspflichtig, was die außerordentliche Bedeutung des ärztlichen Verschreibungsverhaltens dokumentiert. Für die Apotheker bestand bis 1989 über das "Aut-Simile-Verbot" die zwingende Befolgung der ärztlichen Verschreibungsanweisung. Inzwischen ist die substitutive Verabreichung inhaltsgleicher Arzneimittel (Generika) zugelassen.[286] Das beschriebene Interaktionsmodell ist Abbildung 3/12 zu entnehmen:

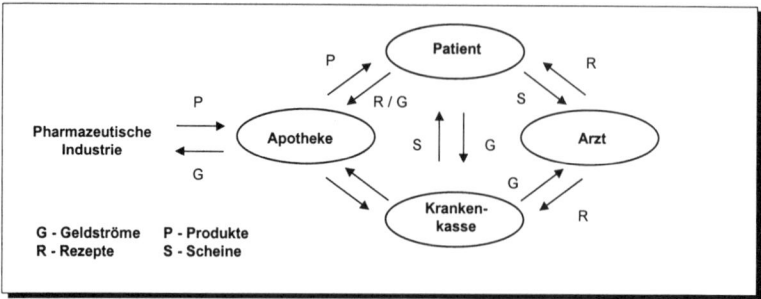

Abb. 3/12   Interaktionsmodell der pharmazeutischen Produktentscheidung
Quelle: Eigene Darstellung, Inhalte aus Nord (1982), S. 28.

---

[285] Vgl. Mintrop, R. (1987), S. 58.
[286] Vgl. Diedenhofen, H.J. (1991), S. 17.

Die Grundstrukturen nationaler Gesundheitssysteme sollen an dieser Stelle nur in soweit erläutert werden, als sie zum wirtschaftlichen Verständnis der Produktentscheidungen notwendig sind.[287] Danach sind die Gesundheitssysteme mit den Eigenschaften "Beitrittsfreiheit" und "soziale Gleichbehandlung" in unterschiedliche Strukturklassen zu segmentieren. Ein ganzheitlich privatwirtschaftlich organisiertes Versicherungssystem besteht in den USA. Es existiert dort weder ein staatliches Versicherungssystem noch eine gesetzliche Versicherungspflicht. Besteht eine gesetzliche Krankenversicherung, wie dies in der Bundesrepublik Deutschland der Fall ist, kann von einer Grundversorgung der Bevölkerung mit ärztlichen Leistungen und pharmazeutischen Produkten ausgegangen werden. In der Bundesrepublik Deutschland besteht diese Versicherungspflicht, jedoch existiert auch eine freie Wahl des Versicherungssystemes ab einer gewissen Einkommenshöhe bzw. für alle Selbständige. Die soziale Gleichbehandlung wird in Form privatwirtschaftlich erweiterter Grundversorgungssysteme (private Zusatzversicherungen) in den meisten europäischen Gesundheitssystemen nur z.T. eingeschränkt. Für stark privatwirtschaftliche Systeme bedeutet dies, daß hochpreisige Arzneimittel nur einer bestimmten Versicherertengruppe vorbehalten bleiben, während die Grundversorgung der Bevölkerung durch preiswerte, meist ältere Substitutsprodukte gesichert wird. Ein solches Therapieverhalten kann für die USA festgestellt werden. Auch für südeuropäische Länder ist eine derartige Versorgungstendenz festzustellen.[288] Eine konkurrierende Darstellung unterschiedlicher Gesundheitssysteme ist den Darstellungen in Anhang 2 zu entnehmen.

2.2.3.2.2 Bewertung der Konsumentenmacht

Neben dem "Produktwettbewerb" ist auch die "Produktform-Konkurrenz"[289] zu analysieren. Hier treten einzelne Produktformen in Konkurrenzbeziehungen. Im Bereich ethischer Arzneimittel sind dies in einem Therapiefeld die Auswahl alternativer Arzneimittel. Eine bestimmte Krankheit kann durch den Einsatz zum Teil deutlich unterschiedlicher Produktgruppen behandelt werden. Derartige Alternativformen der Therapie machen sich homöopathische Arzneimittel zunutze, die fast ausschließlich über die Produktform-Konkurrenz konkurrieren. Für den ethischen Produktbereich ist festzustellen, daß mit dem Innovationsgrad eines Therapeutikums die Produktform-Konkurrenz durch andere Arzneimittel abnimmt. Dies ist gerade für sogenannte "Blockbuster" in bisher nur schwer therapierbaren Krankheitsfeldern festzustel-

---

[287] Zusätzliche Informationen sind dem Gliederungspunkt 2.5.3 zu entnehmen, in dem Gesundheitssysteme ganzheitlich als politische Umweltsysteme dargestellt werden. Vgl. 2.5.3 und Anhang 2.

[288] In Spanien werden ca. 40% der Arzneimittelkosten von chronisch kranken Menschen durch private Zuzahlungen getragen. In Italien existiert eine Liste mit erstattungsfähiger Präparate (pronuntario), bei deren Verschreibung dem Patienten private Zuzahlungsbeträge auferlegt werden. Vgl. Bundesverband der pharmazeutischen Industrie (1993), S. 91.

[289] Vgl. Kotler, P. (1982), S. 52.

len.[290] Für hochinnovative Arzneimittel verhindert der Patentschutz die Produktform-Konkurrenz vollständig. Eine Produktform-Konkurrenz ist somit erst nach Eintritt der ersten Generika-Präparate gegeben (vgl. Abb. 3/4 in 1.1.1). In Mehrprodukt-Therapiefeldern ergibt sich ein anderer Zusammenhang. Durch die starke Produktstellung des neueingeführten Produktes ergibt sich für die existierenden Therapeutika ein sehr intensiver Wettbewerb.

2.2.4 Substitutionswettbewerb

Für den "Substitutionswettbewerb" (vgl. Abb. 3/9 in 2.2.2) muß in der pharmazeutischen Industrie eine Zweiteilung in "Substitution der Leistungserbringung" (2.3.4.1) und "Substitution der Produkte" (2.3.4.2) durchgeführt werden.

2.2.4.1 Substitution der Leistungserbringung

Die Konkurrenzform der "Substitution der Leistungserbringung" wird auch als "generische Konkurrenz" bezeichnet.[291] Hierunter fallen alle Konkurrenzformen, die zur Erfüllung eines latenten Bedürfnisses geeignet sind.[292] An einem praktischen Beispiel wird dies aufgezeigt.[293] Als "generische Konkurrenz" zu Schlafmitteln sind Alternativen wie "mehr Bewegung", "abendliche Entspannungsübungen" oder der "Konsum beruhigender Musik" zu nennen. Das Verschreibungsverhalten der Ärzte bestimmt i.d.R. den Konsum bzw. den Einsatz eines Arzneimittels. Dies bedeutet, daß die Wahrnehmung der generischen Kokurrenz durch den Patienten in vielen Fällen von der Aufklärung und der Kommunikation des Arztes abhängt. Die generische Konkurrenz ist damit im Produktsegment des OTC-Bereiches (Selbstmedikation) von großer Bedeutung (vgl. Abb. 3/1 in 1.1.1). Im Bereich ethischer Arzneimittel kann die generische Konkurrenz als unbedeutend bezeichnet werden. Eine Ausnahme dieser Bedeutung ergibt sich lediglich für den Fall grundlegend alternativer Therapieformen und Stoffklassen.

2.2.4.2 Substitution der Produkte

Die "Substitutionsmacht" der Produkte ergibt sich im ethischen Bereich durch das Produktsegment der "Generikapräparate". Es handelt sich dabei um bauidentische, inhaltsgleiche Arzneimittel, die von Drittbietern nach Ablauf der Patentschutzzeit am Markt angeboten wer-

---

[290] Zur Definition und Beschreibung von "Blockbustern" vgl. die Ausführungen in 1.1.1 in Kapitel II.

[291] Vgl. Kotler, P. (1982), S. 52.

[292] Vgl. Kroeber-Riel, W. (1992), S. 614 und 687ff.

[293] Zur Konkretisierung von Bedürfnissen und verhaltenswissenschaftlichen Analysen vgl. Nieschlag, R. / Dichtl, E. / Hörschgen, H. (1994), S. 210.

den. Sie führen meist zu einem schnellen Preis- und Mengenverfall des Originalpräparates. Das durch die Substitutionseffekte erreichte Preisniveau verläuft nach Abschluß des Substitutionsprozesses i.d.R. nur knapp über den eigentlichen Entwicklungs-, Produktions- und Logistikkosten.[294] Nationale Gesundheitssysteme haben aus Kostensenkungsbestrebungen ein großes Interesse am Entstehen eines dynamischen, kompetitiven Generikamarktes.[295] Dieser ist in den USA deutlich stärker ausgebildet als in Europa oder Japan.[296]

2.2.5 Neue Konkurrenten

Als weitere Determinate des dynamischen Wettbewerbes in Industrien nennt Porter den Markteintritt "neuer Konkurrenten".[297] Diese können für die forschende pharmazeutische Industrie auf zwei Arten entstehen:

1. Neue Wettbewerber durch neue Technologien und / oder
2. neue Wettbewerber durch Renditeanreize.

"Neue Wettbewerber durch neue Technologien" entstehen insbesondere durch die zahlreichen technologischen Quantensprünge in der Bio- und Gentechnologie.[298] In den USA und Japan existieren günstige Rahmenbedingungen zur Unternehmensgründung in neuen Technologiefeldern.[299] Dennoch sind zahlreiche junge technologische Unternehmen in größeren Unternehmensverbünden aufgegangen. Unternehmen wie "Genentech" oder "Amgen" sind erfolgreiche Beispiele mit hohen eigenen Produktumsätzen.[300] "Neue Konkurrenten" können neben dem Bereich der chemischen Industrie aber auch aus unverwandten Industrien entstehen.[301] Hierzu zählt z.B. die Konsumgüterindustrie, die zur Sicherung ihrer Wachstumspotentiale zunehmend eine Ausweitung der Leistungserstellung auch in pharmazeutische Produktmärkte anstrebt.

---

[294] Vgl. die "Price-Research-Spirale" in 2.5.2.

[295] Vgl. Redwood, H. (1991), S. 16ff.

[296] Vgl. Gespräch mit Dreger, M. (1995).

[297] Vgl. Porter, M.E. (1990), S. 26.

[298] Vgl. Altwegg, M. (1993), S. 201ff.

[299] In den USA ermöglicht der ausgeprägte Venture Capital-Markt die Finanzierung der Unternehmensgründungsphase. In Japan erklärte das MITI die Bio- und Gentechnologie zu "Schlüsseltechnologien" und fördert seitdem kontinuierlich die Unternehmens- und Know-How-Entwicklung in diesem Bereich.

[300] Amgen erzielte 1993 ein Umsatzvolumen von US$ 2.2 Mrd., Genentech erreichte US$ 1.77 Mrd. Vgl. IMS (1994), S. 75 sowie Ernst & Young (1995), S. 41.

[301] Vgl. Yoshikawa, A. (1986), S. 8ff.

2.3 Indirekte Wettbewerbsumwelt: Makroumweltdimension I

Mit dem Begriff der "Makroumwelt" definiert Kotler eine den Markt und seine Teilnehmer umfassende Unternehmensumwelt, deren "... Verhältnisse die Chancen der Organisation bestimmen und u.U. ihren Erfolg bedrohen".[302] Neben der direkten Konkurrenzumwelt besitzt das Umfeld einer pharmazeutischen Unternehmung eine Reihe weiterer externer Interessengruppen, die von den eigenen Marktaktivitäten betroffen sind. Kotler definiert in diesem Zusammenhang eine externe Interessengruppe als "... Gruppe, die sich tatsächlich oder potentiell für eine Organisation interessiert, bzw. tatsächlich oder potentiell auf das Erreichen der Organisationsziele einwirken könnte".[303] Auch Scott bemerkt, "... daß zwischen Organisationen und den sie einschließenden Gesellschaftssystemen ... viele und für die einzelne Organisation lebenswichtige Verbindungen und Verknüpfungen ..." bestehen.[304] Die pharmazeutische Industrie besitzt nach eigener Einschätzung dabei eine der vielschichtigsten Außenbeziehungen und eine der höchsten Interessenkomplexität aller globalen Produktmärkte (z.B. Luftfahrtindustrie).[305]

2.3.1 Allgemeine Öffentlichkeit

Eine der bedeutendsten Einflußfaktoren der externen Umwelt stellt für die pharmazeutische Industrie die allgemeine Öffentlichkeit dar. Kotler bemerkt, daß mit der allgemeinen Öffentlichkeit zwar keine direkten Kontakte der Unternehmung bestehen, jedoch ein starker Einfluß durch das " ... Image der Produkte und der Aktivitäten eines Unternehmens ... auf den Absatzmarkt ..." existiert.[306] Eine forschende Pharmaunternehmung steht mit ihren Aktivitäten gegenüber der allgemeinen Öffentlichkeit in einem Spannungsfeld: Zum einen übt die Gesellschaft über ihre generelle Einstellung zur Pharmaindustrie einen Einfluß auf Einzelunternehmen aus, zum anderen existieren konkrete Meinungsbilder über Einzelunternehmen, die das Konsumentenverhalten bestimmen.[307]

Für das Branchenimage der pharmazeutischen Industrie ist in den letzten Jahren ein sinkender Wert festzustellen. 1980 besaßen 67% der bundesdeutschen Bevölkerung ein positives Meinungsbild über die pharmazeutische Industrie, 1986 erreichte der Wert ein Niveau unter 45%.[308] Auch wird die pharmazeutische Industrie für den wesentlichen Kostentreiber in den nationalen Gesundheitssystemen gehalten. Dies widerspricht jedoch einem einfachen Zahlen-

---

[302] vgl. Yoshikawa, A. (1986), S. 59.

[303] Vgl. Kotler, P. (1982), S. 54.

[304] Vgl. Scott, R.W. (1986), S. 387.

[305] Vgl. Altwegg, M. (1993), S. 201ff.

[306] Vgl. Kotler, P. (1982), S. 59.

[307] Vgl. Altwegg, M. (1993), S. 201ff und Diedenhofen, H.J. (1991).

[308] Vgl. Röglin, H. / v. Grebner, K. (1988), S. 27.

vergleich. So ist am Beispiel der Bundesrepublik Deutschland von 1970 bis 1985 eine jährliche Wachstumsrate der Gesundheitskosten von 10.5% festzustellen. Waren die Arzneimittel 1970 noch mit 16.5% an den Gesamtausgaben beteiligt, so reduzierten sie sich bis 1985 auf ein Niveau von 14.5%.[309] Bis 1995 fielen die Ausgaben für pharmazeutische Produkte weiter auf unter 13,5%.[310] Die internationale Kostenentwicklung ist vergleichbar mit dem Einzelmarkt der Bundesrepublik Deutschland.[311] Eine detaillierte Darstellung der Ausgabenstruktur findet sich in Anhang 3. Das allgemeine Meinungsbild zur pharmazeutischen Industrie in der allgemeinen Öffentlichkeit ist wie folgt zu beschreiben:

1. Es besteht die Auffassung, daß zu viele Arzneimittel für zum Teil fragwürdige Therapien verschrieben werden.[312]

2. Die hohen Unternehmensgewinne stehen in Diskrepanz zu ständig steigenden Kosten im Gesundheitswesen und der prognostizierten Finanzierungslücke bei der Bereitstellung von Gesundheitsleistungen.[313]

Das Einzelunternehmensimage in der "allgemeinen Öffentlichkeit" wird über zwei Personengruppen beeinflußt: Der Arzt wird als Entscheidungsträger durch das allgemeine Öffentlichkeitsbild einer Unternehmung in seinem Verschreibungsverhalten beeinflußt. Gleichzeitig wird der Konsument die Imageprofile bei der Selbstmedikation in sein Entscheidungsverhalten mit einbeziehen. Wie bedeutend die Einflußnahme durch die Ärzteschaft ist, machen zahlreiche Imageuntersuchungen und Unternehmensanalysen deutlich.[314] So wird als wesentlicher Nachteil der Co-Marketing-Aktivitäten zur schnellen Durchdringung von Märkten angemerkt, daß die Maßnahmen gerade das Firmen- und Produktgruppenimage reduzieren, was langfristig zu einer verminderten Unternehmensakzeptanz bei der Ärzteschaft führt.[315] Das Unternehmensimage kann jedoch auch durch Einzelereignisse stark negativ beeinflußt werden: In den USA, wo eine deutlich ausgeprägtere Produkthaftung als in Europa besteht, haben

---

309 Die wesentlichen Kostentreiber wurden im Bereich der stationären Behandlungskosten und beim Zahnersatz identifiziert. Vgl. Rüßmann, K.H. (1986), S 176.

310 Vgl. o.V. (1996), S. 12.

311 So stiegen in einem vergleichbaren Zeitraum von 1970 bis 1983 die Ausgaben für das Gesundheitswesen in den USA um durchschnittlich 12.7% p.a., in Japan um 14.1% und in Frankreich um 17.1%. Vgl. OECD (1984), S. 29.

312 vgl. Drews, J. (1986), S. 3.

313 Dies gilt trotz des für die pharmazeutische Industrie prognostizierten Finanzierungsengpaß im Bereich der Forschung und Entwicklung. Vgl. Drews, J. (1992), S. 3ff.

314 Vgl. Diedenhofen, H.J. (1991).

315 Zur Definition, Bedeutung und Methodik von Imageanalysen vgl. Pierdzioch, B. (1983), S. 26.

Generikaunternehmen nach Auftreten von Qualitätsproblemen bei einzelnen Produkten beträchtliche Wettbewerbsnachteile erlitten.[316]

2.3.2 Finanzumwelt

Die "Finanzumwelt"[317] umfaßt für die forschende pharmazeutische Industrie sämtliche Anspruchsgruppen, welche die kurz-, mittel- oder langfristige Finanzlage der Unternehmung beeinflussen. Hierzu zählen insbesondere Aktionäre und investitionelle Anleger, deren Bewertung der zukünftigen Ertrags- und Unternehmenslage die zukünftige Börsenkapitalisierung des Unternehmens und die Höhe der Fremdfinanzierungskosten bestimmt. Neben den jährlichen Geschäftsverlaufs- sowie Forschungs- und Entwicklungsberichten betrachten institutionelle Anleger mit großem Interesse die zukünftige Innovationsfähigkeit des Unternehmens.[318] Die Bewertung der Entwicklungsprojekte kann dabei zu signifikanten Veränderungen der Börsenkapitalisierung führen.[319] So werden von Investmentbanken Branchenanalysen durchgeführt, die sich zumeist an den zukünftig auf dem Markt befindlichen Produkten orientieren. Nach einer Schätzung der Lehman Brothers Inc. wird das US-amerikanische Unternehmen Pfizer bis zum Jahr 2000 als das größte und schnellstwachsende Pharmaunternehmen weltweit angenommen.[320] Die derzeitige Umsatzgröße würde bei einem durchschnittlichen Wachstum bis zum Jahr 2000 lediglich einen Platz zwischen 10 und 15 der weltweit umsatzstärksten Unternehmen erwarten lassen.[321] Die große Bedeutung der Art und Struktur der F&E-Projekte führt zumeist zu einer offenen Informationspolitik der Unternehmen, um einen möglichst großen "Good-Will" auf den Finanzmärkten zu generieren. In den USA, wo die Unternehmen vierteljährlich über die gegenwärtigen Geschäftsverläufe berichten, werden turnusmäßig Informationen zur Forschung und Entwicklung neuer Präparate an die Finanzmärkte abgegeben.[322]

Kotler bemerkt, daß die Bereitstellung von Informationen für die Finanzmärkte "... häufig eine größere Herausforderung als die Anwerbung und Bedienung der Abnehmer der Organisationsleistung"[323] darstellt. Die sehr hohen Forschungs- und Entwicklungskosten und die großen

---

316 Vgl. den Fall der Firma "Copley Pharmaceutical", die in Gerichtsverfahren in über 100 Todesfällen einbezogen wurde. Die Anklage bezeichnet die Sterbefälle als Ergebnis des Konsums des Asthma-Präparates "Albuterol". Vgl. Oliver, S. (1995).

317 Vgl. Kotler, P. (1982), S. 56.

318 Vgl. Krikler, P. (1995), S. 9.

319 Ende 1995 (9. November) führte eine kritische Bewertung der Forschungs- und Entwicklungspipeline bei Glaxo-Wellcome zu einer sofortigen Korrektur der Börsennotierung. Vgl. o.V. (1995).

320 Vgl. IMS (1995).

321 Vgl. hierzu PMS - Datenbank (1994), M+M 10/94, M-1-E-94/38/31 und ergänzend Krauer, A., CEO der CIBA AG, Basel, in: Moore, S. (1995b), S. 3.

322 Vgl. o.V. (1995).

323 Vgl. Kotler, P. (1982), S. 50.

Risiken, die mit der pharmazeutischen Forschung verbunden sind, beeinflussen die Fremdfi-
nanzierungsmöglichkeiten deutlich. Auch in Deutschland ist diese Entwicklung zunehmend
festzustellen. Verkürzte patentgeschützte Marktzyklen durch zunehmende Zulassungsrichtli-
nien erhöhen die Bedeutung der externen Fremdfinanzierung und steigern die Notwendigkeit
der Vermarktung hochinnovativer Arzneimittel. Sind die relevanten Einflußfaktoren zur Vermarktung neuer Wirksubstanzen bekannt, können Forschungsprojekte über Risikoab-
schätzungen auf ihren langfristigen Ergebnisbeitrag (Marktchancen) analysiert werden.

2.3.3 Aktionsgruppen

Die Bedeutung der "Aktionsgruppen", auch "pressure groups" genannt, ist vor dem Hintergrund der spezifischen Strukturen für die pharmazeutische Industrie zu evaluieren. Das Verständnis und Management der Anliegen der Aktionsgruppen bezeichnet Kotler als notwendige
Voraussetzungen zur Erhaltung eines positiven Unternehmensimages. Auf keinen Fall darf
gegen die Interessen der Aktionsgruppen angekämpft oder diese ignoriert werden.[324]

"Aktionsgruppen" beeinflussen die pharmazeutische Industrie. Das Verhalten der Unternehmen hat sich dabei von einer zurückhaltenden Diskussionsbereitschaft stetig in Richtung einer
offenen Kommunikationspolitik gewandelt. Die große Öffentlichkeitswirkung hat dazu geführt, daß spezialisierte PR-Abteilungen in fast allen Unternehmen existieren. Die Aufgabe
dieser Stellen ist dabei die schnelle und offene Informationsbereitstellung. In den 70er Jahren
wurden etwa Sitzblockaden von Umweltschützern vor den Werkstoren großer Pharma- und
Chemieunternehmen noch polizeilich aufgelöst. Heute werden die Aktionen der Interessen-
gemeinschaften[325] durch die Unternehmen angesichts der umfassenden Öffentlichkeitswirkung sensibler gehandhabt. Die drei Basler Pharmaunternehmen Roche, Ciba und Sandoz
(nun Novartis) haben mit der Gründung einer gemeinsamen Presseinformationsstelle reagiert.[326]

2.3.4 Lokale Gruppen

Lokale Gruppen stellen einen gewichtigen Standortfaktor für eine Einzelunternehmung dar.
Aufgrund der Größe vieler Pharmaunternehmen, der Ansiedlung in z.T. großen Ballungsge-
bieten (Leverkusen, Basel, Frankfurt, Ludwigshafen)[327] und des hohen Bedarfes an Ar-

---

[324] Vgl. ebenda, S. 58ff.

[325] Z.B. Greenpeace-Besetzung nach der Rhein-Verschmutzung durch die Firma Sandoz (1986) in einem Ba-
seler Werk.

[326] "Interpharma", Petersgraben 35, Basel. Vgl. Gespräch mit Herrn Salinas (1995).

[327] Am Standort Basel sind die Unternehmen CIBA, Sandoz und Roche angesiedelt, am Standort Frankfurt die
Hoechst AG, in Ludwigshafen die Knoll AG / BASF. Es existieren an diesen Standorten auch umfangreiche Produktionsanlagen.

beitskräften erfahren "lokale Gruppen" ihre besondere Bedeutung. Auch sind die große Verantwortung bezüglich der Qualität der pharmazeutischen Produkte und die notwendige Sicherheit der Produktion Argumente, eine intakte Außenbeziehung mit der Unternehmensumwelt aufzubauen. Wie die Ansiedlung ausländischer Unternehmen[328] in einem neuen Land sensibel gemanagt werden muß, so ist auch für die pharmazeutische Industrie die Ansiedelung in einer Region umsichtig zu handhaben. Die Bedeutung dieser Umweltkomponente wird von Perlitz für die internationale Unternehmenstätigkeit beschrieben. Nach seiner Auffasung ist ein Beziehungsmanagement[329] aktiv von den Unternehmen zu steuern. Kotler bemerkt, daß "... kluge Organisationen (nicht abwarten), bis lokale Probleme entstehen. ... Sie bauen einen "Vorrat" an Goodwill für den Bedarfsfall auf".[330] Ihre Einflüsse beziehen sich auf die langfristige Versorgung der Unternehmen mit knappen Ressourcen (qualifizierte Mitarbeiter) und eine intakte Außenbeziehung an den Standorten. Die lokalen Gruppen sollen zusammen mit der allgemeinen Öffentlichkeit beurteilt werden.

2.3.5 Medien

Kotler faßt unter "Medien" sowohl die "Massenmedien" als auch die "Fachmedien" zusammen, wobei sich beide visueller Informationsträger, Printmedien und des Rundfunks bedienen.[331] Die Medienumwelt dient auf zwei Wegen der Informationsübermittlung zwischen Unternehmen und ihren Kunden:

1. Das Unternehmen besitzt ein großes Interesse an einer positiven Außenwirkung, was durch zahlreiche Veröffentlichungen und positive Mitteilungen erreicht wird.

2. Die Öffentlichkeit besitzt ein Interesse an thematischen und praktischen Informationen zu Prozessen und Ereignissen in den Pharmaunternehmen (umweltpolitische, technologische und personalpolitische Themen).

Daß das Unternehmen aktiv auf die Medienumwelt Einfluß nehmen sollte, ergibt sich aus den obigen Ausführungen. Kritisch zu fragen ist allerdings, ob diese einen direkten Einfluß auf die Verläufe der einzelnen Produktlebenszyklen haben. Versteht man die Medien als Umweltdimension eines Unternehmens und betrachtet man ihre Bedeutung insbesondere als Werbeträger, so kann festgestellt werden, daß die nach Kotler definierte Umwelt der "Medien" eine nur geringe Bedeutung für die ethischen Produktmärkte hat. Eine Bedeutungsbewertung soll daher im folgenden unterbleiben.

---

[328] Vgl. die Ausführungen zu "Local-Content-Vereinbarungen" in Perlitz, M. (1995), S. 318.
[329] Vgl. Perlitz, M. (1995), S. 70.
[330] vgl. Kotler, P. (1982), S. 58.
[331] Vgl. ebenda, S. 56.

2.4 Indirekte Unternehmensumwelt: Makroumweltdimension II

Kotler bemerkt für diese Umweltdimensionsklasse, daß "diese Kräfte ... die "unkontrollierbaren" Faktoren (sind), denen sich das Unternehmen durch kluges Nutzen der "kontrollierbaren" Faktoren, wie z.b. der Auswahl der Marktsegmente und der Marketing-Programme anpassen muß".[332] Für die pharmazeutische Industrie läßt sich aus der "Makroumweltdimension II" beispielsweise das Marktpotential nach Ländern in einzelnen Marktsegmenten berechnen. Gleichzeitig lassen sich Chancen- und Risikoprofile für zukünftige Forschungsprojekte bestimmen.

2.4.1 Demographische Umwelt

Mit der Entwicklung der "demographischen Umwelt" wird für die pharmazeutische Industrie die Größe und Struktur der zukünftigen Marktsegmente angegeben (vgl. Abb. 4.2 in Kapitel IV). Als Makroentwicklung ist dabei für die westlichen Industrienationen und für Japan eine zunehmende Überalterung der Gesellschaft festzustellen.[333] Für die pharmazeutische Industrie ergeben sich aus der demographischen Veränderung dabei zwei wesentliche Konsequenzen:

1. Die nationalen Arzneimittelmärkte expandieren im Volumen, da ältere Menschen deutlich mehr Arzneimittel konsumieren als junge Alterssegmente.[334]

2. Die Gesundheitssysteme der modernen Industrienationen geraten zunehmend in Finanzierungsengpässe. Der Druck auf die Höhe der Arzneimittelpreise erhöht sich.[335]

Der Mengenausweitungseffekt durch eine Verschiebung der Alterspyramide wird in der Konsumptionsstruktur von Arzneimitteln in Abhängigkeit von den Alterssegmenten in Abb. 3/13 verdeutlicht:

---

[332] vgl. Kotler, P. (1982), S. 59.
[333] Vgl. Perlitz, M. / Bösenberg, D. (1988) und Boston Consulting Group (1995), S. 55.
[334] Vgl. Sachverständigenrat für die konzertierte Aktion im Gesundheitswesen (1991a), S. 160ff.
[335] Vgl. OECD (1984), S. 29 und OECD (1992).

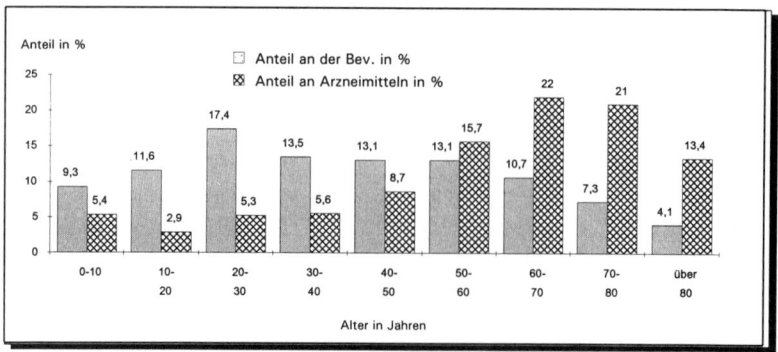

Abb. 3/13 Arzneimittelverbrauch nach Alterssegmenten in 1988, BRD
Quelle: Eigene Darstellung, Daten aus Sachverständigenrat ... (1991a), S. 160-174.

Der zukünftige Gesamtmarkt berechnet sich für die Zukunft nach den beiden Einflußfaktoren "Mengenausweitung durch Altersverschiebung" (vgl. Abb. 3/13) und "Preisniveaureduktion durch Kostendruck in den Gesundheitssystemen" nach der folgenden Formel:

$$U^{(Z)} = (1+\frac{\Delta p}{p}) \cdot (1+\frac{\Delta x}{x}) \cdot U^{(G)}$$

U $^{(Z)}$ - zukünftiger Umsatz
U $^{(G)}$ - gegenwärtiger Umsatz
p   - Preis
x   - Menge
Δp   - Preisveränderung
Δx   - Mengenveränderung

Der Gesamtumsatz eines nationalen Pharmamarktes liegt gemäß der obigen Formel zwischen zwei rechentechnischen Schranken, die wie folgt zu beschreiben sind:

– Schranke 1: Maximale Mengenausweitung bei konstantem Preisniveau
– Schranke 2: minimale Mengenausweitung bei maximaler Preisniveaureduzierung

Die Schranke 1 weist den "Best-Case" für die pharmazeutische Industrie aus, Schranke 2 beschreibt den "Best-Case" für die nationalen Gesundheitssysteme. Festzustellen ist, daß sich verschiedene Marktsegmente in unterschiedlichem Abstand zu den Schranken 1 und 2 befinden können. Innovative Arzneimittel werden sich in Nähe der ersten Schranke bewegen (Best-Case für die Hersteller),[336] Me-Too-Präparate werden von den Preisrestriktionen umfassend betroffen sein und sich nahe der zweiten Schranke (minimales Preisniveau) befinden. Es ergeben sich hieraus Auswirkungen auf das Innovationsverhalten der Unternehmen. Im statischen Fall kann es den nationalen Gesundheitsbehörden gelingen, die Preise für Arzneimittel derart

---

[336] Sie besitzen einen hohen "Medical Need", vgl. 3.3.3.1 in Kapitel IV.

zu reglementieren, daß sich eine perfekte Substitution des "Mengenausweitungseffektes" ergibt.[337] Davon ist bei innovativen Arzneimitteln, wie sie eine forschende Pharmaunternehmung als Ziel ihrer Forschungsaktivitäten definiert, nicht auszugehen.

2.4.2 Technologische Umwelt

Eine weitere bedeutende Umweltdimension der pharmazeutischen Industrie ist die "technologische Umwelt". Während die "demographische" und "politische Umwelt" die externen Determinanten des Marktvolumens darstellen und den Handlungsraum einer pharmazeutischen Unternehmung bestimmen, wird durch die "technologische Umwelt" das Ausmaß für zukünftige Neuproduktentwicklungen beeinflußt. Wie bereits erarbeitet wurde, weist die pharmazeutische Industrie mit 10-20% die höchsten prozentualen Reinvestitionsquoten vom Umsatz in die Forschung und Entwicklung auf (vgl. 1 in Kapitel II). Der technologische Rahmen erweist sich daher als ein entscheidendes Chancen- und Risikoprofil für die langfristige Ausrichtung einer pharmazeutischen Unternehmung. Um die Komplexität der "technologischen Umwelt" zu verstehen, ist eine Unterteilung in die folgenden Unterdimensionen für die weitere Erarbeitung sinnvoll: "neue Technologien und Technologielebenszyklen", "Output-/Inputrelationen bei der Forschung und Entwicklung" und "Interessenstrukturen der technologischen Umwelt".

"Neue Technologien und Technologiezyklen" wurden in den letzten Jahren im wesentlichen durch die Bio- und Gentechnologie generiert.[338] Durch sie sind in den USA und Japan zahlreiche neue Wettbewerber auf den Markt gekommen.[339] Mit Hilfe der in den USA vorhandenen Risikokapitalmärkte konnten viele Firmen eine Finanzierung der langen Zeitdauer bis zur Zulassung eines Arzneimittels erreichen. Die Bio- und Gentechnologie kann dabei über zwei grundsätzliche Ansätze genutzt werden:[340]

1. Technologieeinsatz bei der Erforschung neuer Substanzen und Wirkstoffe.

2. Technologieeinsatz für alternative Herstellungsmöglichkeiten bei der Produktion und Vervielfältigung von Wirksubstanzen.

Von Mitte 1993 bis Mitte 1994 betrugen die pharmazeutischen Umsätze auf Basis der Biotechnologie 11,2 Mrd. USD, was einer Steigerungsrate von 12% bezogen auf das Vorjahr entspricht. Alleine in Japan soll bis zum Jahr 2000 etwa 40% des Pharmamarktes von Produkten

---

337 Vgl. die Annahmen zum Marktwachstum in 2.3.1.1.

338 Zur Bedeutung dieser Technologien für die pharmazeutische Industrie vgl. Drews, J. (1992), S. 4.

339 Vgl. Boston Consulting Group (1995), S. 127.

340 Eine simultane Einteilung von "Innovationen" findet sich bei Gälweiler, A. (1974), S. 349f.

auf Grundlage der Bio- und Gentechnologie ausgefüllt werden.[341] Gleichzeitig führen die neuen Forschungsverfahren zu einem Innovationsschub in der pharmazeutischen Arzneimittelforschung: Connolly bemerkt, daß durch die Biotechnologie erstmals ein fundamentales Verständnis von Krankheiten möglich wird, was eine rationale, zielfokussierte Forschungstätigkeit ermöglicht.[342] Daß sich die positiven Auswirkungen eher auf zukünftige als auf gegenwärtige Forschungsleistungen beziehen, wird deutlich, wenn man die sinkende Forschungs- und Entwicklungsleistung der letzten Jahre betrachtet (vgl. Abb. 3/14). Die USA haben aufgrund erleichterter Forschungsumfelder (Gesetzgebung, allgemeine Öffentlichkeit) und ausgeprägter Venture-Capital-Märkte einen signifikanten Vorsprung in den neuen Technologien. Europa und Japan folgen mit deutlichem Abstand.[343]

Mitte 1995 existierten in den USA ca. 1.200 biotechnologische Unternehmen, während in Europa lediglich 400 vorhanden waren.[344] Für Europa kann festgestellt werden, daß in der Grundlagenforschung kontinuierlich Know-How durch die Abwerbung junger Forscher nach Amerika verloren geht.[345] Die Europäer sind zum einen durch die erschwerten Rahmenbedingungen für Neuunternehmensgründungen benachteiligt, zum anderen existiert kein umfassendes Verständnis der Forschungszusammenhänge durch die Finanzmärkte.[346] Diese erwarten i.d.R. kontinuierliche Finanzmittelrückflüsse, was durch die zeitlich ausgedehnte Entwicklung einer Wirksubstanz zum Arzneimittel nicht möglich ist.[347] Die Beratungsfirma Ernst & Young erwähnt hierzu in einer Biotechnologiestudie, daß "knappe finanzielle Ressourcen den größten negativen Einfluß auf einen erfolgreichen Abschluß der klinischen Testphase haben".[348] Dieses Charakteristikum gilt für praktisch alle europäischen Technologiegründungen im Pharmabereich.

Auch die "Input-/Outputrelation", aus der sich die Effizienz der pharmazeutischen Forschung und Entwicklung errechnet, hat in der Vergangenheit deutlich abgenommen. Von der Industrie selbst werden für die gesunkene Forschungsleistung "externe Veränderungen" angeführt. Zu diesen zählen die erschwerten Zulassungsverfahren, erhöhte Sicherheitsmaßstäbe in der

---

[341] Vgl. Yoshikawa, A. (1986), und Yoshikawa, A. (1989), S. 81.

[342] Im Gegensatz hierzu spricht er von einem auf dem Zufallsprozeß aufgebauten Forschungsverständnis der vergangenen Jahrzehnte, in denen man z.T. erst viele Jahre nach Zulassung eines Präparates alle positiven Wirkungen eines Arzneimittels abschätzen konnte. Vgl. Green, D. (1995).

[343] Vgl. Goodwin, C. (1995), S. 40f.

[344] Vgl. Ernst&Young, in: Goodwin, C. (1995), S. 40-41. Nach der Studie erreichen europäische Biotechnologieunternehmen nur 20 bis 25% des Forschungsniveaus amerikanischer Firmen.

[345] Vgl. Dreger, C. (1996), S. 95ff.

[346] Vgl. ebenda.

[347] Bis Mitte 1995 existierte nach dem britischen Aktienrecht z.B. ein Börsenzulassungsverbot für Unternehmen, wenn diese nicht in der Lage waren, signifikante Umsätze aus den vergangenen drei Jahren zu berichten.

[348] Aus dem Englischen übersetzt aus: Goodwin, C. (1995), S. 40.

Grundlagenforschung und ein allgemein forschungsfeindliches, gesellschaftliches Umfeld.[349] Es ist daher für die Forschung und Entwicklung in der pharmazeutischen Industrie ein erschwertes F&E-Umfeld festzustellen:[350]

1. Für neuentwickelte Wirksubstanzen sind erhöhte Forschungs- und Entwicklungsaufwendungen notwendig.

2. Die patentgeschützten Rückgewinnungsphasen haben sich kontinuierlich reduziert, was nach der Markteinführung einer Wirksubstanz zu abnehmenden Erträgen und einer erschwerten Rückgewinnung der zuvor investierten Forschungsausgaben führt.

Vergleicht man die Aufwendungen für Forschung und Entwicklung der pharmazeutischen Industrie mit der Zulassung neuer chemischer Substanzen (Wirkstoffe), erkennt man die sich öffnende Schere zwischen sinkenden Neuzulassungen und steigenden Forschungsausgaben in der pharmazeutischen Industrie:[351]

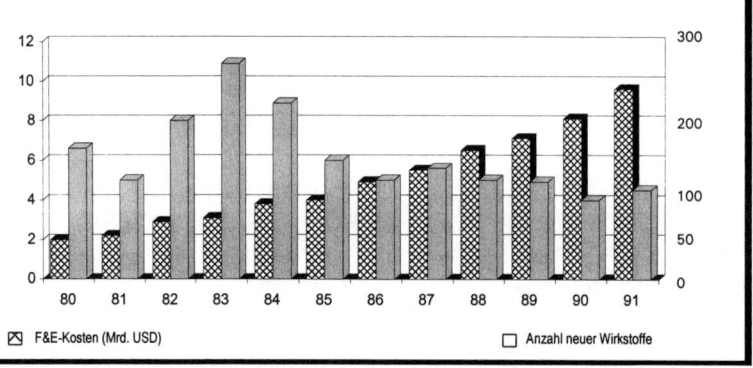

Abb. 3/14   Forschungsaufwendungen und Neuzulassungen / 1980 bis 1991
Quelle: Longman, R. (1991), S. 19.

Die "Interessenverhältnisse in der technologischen Umwelt" sind geprägt vom Macht- und Durchsetzungsverhalten der Anspruchsgruppen im Gesundheitssystem. Diese werden im folgenden aufgeführt und im Anschluß mit ihren Auswirkungen auf die pharmazeutische Forschung und Entwicklung abgebildet.

---

[349] Vgl. Röglin, H. / Von Grebner, K. (1988), S. 27.

[350] Vgl. o.V. (1987), S. 9.

[351] Von 1980 bis 1991 sind die Forschungskosten um 13,9% p.a. gestiegen, die Neuzulassungen um 3,4% p.a. gesunken. Vgl. eigene Berechnungen mit Daten aus: Longman, R. (1993), S. 19.

1. Einzelne Länder besitzen ein großes Interesse an der Ansiedlung neuer Technologien und am Erhalt zukünftiger Wachstumsindustrien.

2. Nationale Gesundheitssysteme sind an einem geringen Preisniveau für Arzneimitel interessiert, was über reduzierte Gewinnerzielungserwartungen die Forschungs- und Entwicklungstätigkeit reduziert (vgl. die "Price-Research-Spirale" in Abb. 3/16).

3. Die Öffentlichkeit drängt auf eine effiziente und erfolgreiche Behandlung von Krankheiten und fordert eine hohe Innovationsrate der pharmazeutischen Industrie. Gleichzeitig existiert eine große Abneigung gegenüber unternehmerischen Erfolgen und dem Gewinnerzielungsmotiv.[352]

4. Die Politik ist an einer hohen Produktsicherheit und einer umfassenden Dokumentation bei der Zulassung neuer Wirksubstanzen interessiert. Gleichzeitig fordert sie die effiziente und umfassende Versorgung der Gesellschaft mit Gesundheitsleistungen.

5. Internationale Finanzmärkte erwarten eine hohe Verzinsung der investierten Finanzressourcen und fordern daher gesteigerte Innovationsleistungen der Unternehmen.

Die Zusammenhänge für die technologische Umwelt wird in Abbildung 3/15 für die forschende pharmazeutische Unternehmung getrennt mit ihren positiven und negativen Einflußgrößen dargestellt. Die Finanzumwelt ist dabei auf beiden Seiten der Effekte angeordnet, da zum einen der Anspruch an innovative Neuprodukte die Innovationsleistung stimuliert, andererseits aber die direkten Renditeerwartungen (Ausschüttung finanzieller Ressourcen) die Finanzierung langer F&E-Phasen in Märkten ohne Risikokapitalstrukturen erschwert.

---

[352] Vgl. die Imageanalysen in: Diedenhofen, H.J. (1991), S. 51.

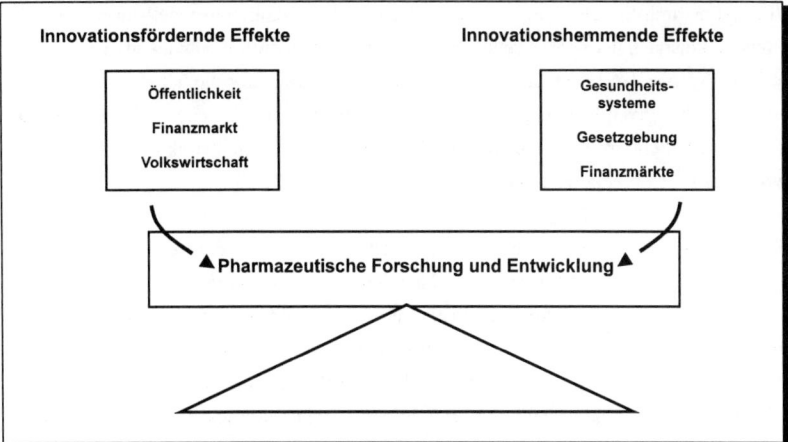

Abb. 3/15   Einflußfaktoren auf die Innovationsleistung der pharmazeutischen F&E

Es ist für die Makroumweltdimensionen der pharmazeutischen Industrie anzumerken, daß nationale Gesundheitssysteme den größten Einfluß auf die technologische Leistungsfähigkeit ausüben. Seit 1991 besteht hierzu ein generelles Erklärungsmodell zur Forschungs- und Entwicklungstätigkeit in der pharmazeutischen Industrie (Price-Research-Spirale):

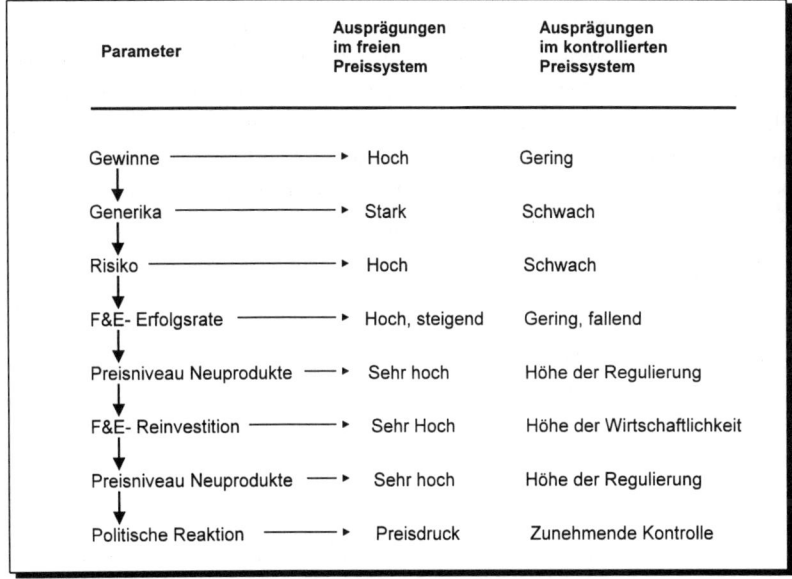

Abb. 3/16   "Price-Research-Spirale" der pharmazeutischen Forschung
Quelle: Eigene Darstellung, Struktur nach: Redwood, H. (1991), S. 16ff.

Die "Price-Research-Spirale" wurde 1991 als dynamisches Erklärungsmodell für unterschiedliche Innovationsraten der pharmazeutischen Industrie von Redwood entwickelt. Mit der "Price-Research-Spirale"[353] lassen sich zwei grundlegende Stimulationskreisläufe identifizieren, die einen stark positiven bzw. negativen Einfluß auf die pharmazeutische F&E-Leistung ausüben. Das Modell erklärt dabei die Abhängigkeit der Technologiedynamik (abhängige Variable) von der Art des Wettbewerbes (vgl. Abb. 3/16).

Im "innovationsgetriebenen Wettbewerb" ergibt sich aus den Marktanreizen eine große Technologiedynamik. Der Markt honoriert die innovierenden Unternehmen und vermindert die wirtschaftliche Grundlage der Anbieter wenig innovativer Produkte.[354] Es existiert kein oder nur ein geringer Einfluß auf die Höhe des Preisniveaus bei neuen Wirksubstanzen (vgl. Abb. 3/16). Dies führt zu einem hohen Preisniveau für innovative Arzneimittel, was den forschenden Unternehmen der pharmazeutischen Industrie eine schnelle Rückgewinnung investierter Finanzressourcen ermöglicht. Die Industrie begreift somit den Innovations- und Technologievorsprung als primären Wettbewerbsvorteil. Das Wissen über die Marktchancen führt zu einer erhöhten Reinvestitionstätigkeit der Unternehmen in die F&E, da die Neuproduktentwicklung stärker im Vordergrund steht als die weitere Vermarktung älterer Produkte. Das Modell entwickelt somit eine Eigendynamik mit großer Innovationsrate und hohen Preisstrukturen für pharmazeutische Produkte (vgl. Abb. 3/16). Für die nationalen Gesundheitssysteme ergibt sich die Möglichkeit, daß die kostensteigernden Effekte durch erhöhte Arzneimittelpreise z.T. durch die innovativere, erfolgreiche Behandlung von Krankheiten überkompensiert wird.[355] Es bildet sich i.d.R. ein wettbewerbsintensiver Generikamarkt, da innovative Präparate mit erhöhtem Preisniveau nach Patentablauf das Auftreten von Me-too-Produkten stimuliert.[356] Gleichzeitig profitieren die nationalen Gesundheitssysteme von der Innovationsdynamik der pharmazeutischen Industrie, durch die Krankheiten langfristig z.T. effektiver behandelt werden.[357] Für die USA ist eine derartige Anreizstruktur im Gesundheitssystem festzustellen. Der Wettbewerb ist innovationsgetrieben. Das finanzielle Anreizsystem beeinflußt dabei die Forschungs- und Entwicklungsleistung der einzelnen Unternehmen positiv.

Im eher kostenorientierten Wettbewerbsfall (kontrolliertes Preissystem) besteht in den Gesundheitssystemen eine umfassende Preisbindung für Arzneimittel (vgl. Abb. 3/16).[358] Dies führt zu einer erschwerten Rückgewinnung der investierten Forschungsressourcen. Die Unternehmen in diesen Systemen reagieren i.d.R. mit einer verminderten Reinvestitionsquote in die

---

[353] Vgl. Redwood, H. (1991), S. 16ff.

[354] Vgl. ebenda.

[355] Dies gilt etwa dann, wenn durch ein sehr teures Arzneimittel eine Krankheit erfolgreich behandelt werden kann, für die bis dahin nur eine aufwendigere Therapieform (z.B. stationäre Behandlung) bestanden hat.

[356] hohe Differenz zwischen Herstellungskosten und Abgabepreisen. Vgl. Redwood, H. (1991), S. 16ff.

[357] Vgl. Rüßmann, K.H. (1986), S. 176.

[358] Vgl. Redwood, H. (1991), S. 16ff.

F&E.[359] Langfristig reduziert sich damit auch die Geschwindigkeit der Technologie-entwicklung. Eine verstärkte Orientierung an der internen Kostenstruktur kann dazu führen, daß die Gewinne der pharmazeutischen Industrie primär durch Aufwandsanpassungen und Kostensenkungsmaßnahmen erzielt werden.[360] Die reduzierten F&E-Investitionen führen im zweiten Phasendurchlauf zu einer weiteren Abnahme der Technologiedynamik, wodurch sich die Innovationsgeschwindigkeit weiter reduziert. Nationale Gesundheitssysteme erzielen aus dem Reaktionskreislauf den Vorteil geringerer Ausgaben für pharmazeutische Produkte. Dafür nehmen sie die geringeren Anreize zur Entwicklung innovativer Produkte in Kauf. Im Idealfall können die Produktinnovationen jedoch aus anderen, technologiegetriebenen Märkten zur Grundversorgung der Bevölkerung importiert werden. Auch ein Generikamarkt entwickelt sich i.d.R. im kostenorientierten Wettbewerbsfall nur langsam.[361] In Spanien, Portugal, Frankreich aber auch in der BRD sind nach den Kostensenkungsbemühungen der letzten Jahre derartige Systemstrukturen zu identifizieren.[362]

2.4.3 Gesetzgebung und Politik

Kotler bemerkt für Unternehmen verschiedener Branchen, daß auch die "Entwicklungen im Bereich der öffentlichen Verwaltung und der Gesetzgebung " ... zunehmend wichtiger" werden.[363] Für die pharmazeutische Industrie bemerkt er exemplarisch, daß "Hersteller von Arzneimittel ... bei der Produktgestaltung gezwungen (sind), konkreten Sicherheits- und Umweltschutzvorschriften zu entsprechen".[364] Er erwähnt in diesem Zusammenhang auch die Bedeutung gesetzlicher Preiskontrollen.[365]

Um das Anspruchsverhalten der Gesetzgebung und Politik zu verstehen und das Ausmaß der Einflußnahme auf die pharmazeutische Industrie aufzuzeigen, soll auf zwei zentrale Determinanten eingegangen werden. Zum einen bestimmt die Struktur der Gesundheitssysteme das Maß der Einflußnahme auf die pharmazeutische Industrie. So sind für verschiedene Länder deutlich unterschiedliche Systemstrukturen festzustellen.[366] Zum anderen ist aber auch die Art und Struktur der Finanzierung der Gesundheitsleistungen für die pharmazeutische Indu-

---

359 Vgl. Redwood, H. (1991), S. 16ff.

360 Vgl. Krikler, P. (1995), S. 9.

361 Aufgrund geringer Differenzen zwischen Herstellungskosten und Marktpreisen.

362 Der EG-Ministerrat hat mit der Vergabe eines Sonderpatentschutzes für besonders innovative Arzneimittel begonnen, erste innovationsfördernde Regelungen einzuführen. Danach kann die gesetzliche Patentschutzzeit um weitere vier Jahre verlängert werden.

363 Vgl. Kotler, P. (1982), S. 57.

364 Vgl. ebenda.

365 Vgl. ebenda.

366 Die OECD unterscheidet dabei das Beveridge-Modell Großbritanniens, das Bismarck´sche Versicherungsmodell der Bundesrepublik Deutschlands und das Gesundheitssystem Hollands nach der Decker Reform in 1991. Vgl. OECD (1987), S. 24 und die Darstellungen in Anhang 2.

strie wichtig. Das klassiche Rollenverhalten beim Kaufprozeß zwischen Entscheider (Arzt), Verbraucher (Patient) und Entgelterstatter (Krankenkassen) wurde bereits beschrieben. Bei der Entlohnung haben sich inzwischen in fast allen Ländern umfassende Kostendämpfungs-bemühungen durchgesetzt, von denen einige Einflüsse und Konsequenzen exemplarisch in Anhang 1 aufgeführt sind. Die zentrale Motivation der politischen und gesetzgebenden Organe liegt dabei in der Bereitstellung eines effizienten Gesundheitssystems. Dies sollte sich selbständig durch ökonomische Anreizsysteme steuern. Welche Auswirkungen ergeben sich daraus für die pharmazeutische Industrie? Eine sehr umfassende Analyse der Aufgaben der Gesetzgebung zur Erstellung eines funktionsfähigen Gesundheitssystems findet sich bei Barr.[367] Er definiert sechs Basisziele für nationale Gesundheitssysteme, von denen drei in di-rektem Wirkungsverhältnis mit der pharmazeutischen Industrie stehen: Dies sind die ange-messene Autonomie der Leistungserbringer (z.B. Verschreibungsfreiheit), die mikroökonomi-sche Effizienz (z.B. erhöhte Preissensibilität der Apotheker) und die angemessene und gleiche Behandlung beim Zugang zur medizinischen Versorgung. Der zunehmende Kostendruck in den Gesundheitssystemen war in den letzten Jahren zumeist der entscheidende Faktor zur Beteiligung der Politik an der Gestaltung der Gesundheitssysteme.[368]

Die OECD veröffentlichte 1992 einen internationalen Vergleich der Problemkreise nationaler Gesundheitssysteme. In ihrem Kompendium "Reform of Health Care Systems" führen sie die Problemkreise bei den Reformbemühungen auf, die einen direkten Einfluß auf die pharma-zeutische Industrie haben.[369] Dies sind der allgemeine Kostenanstieg in den Gesundheitssy-stemen, die Lösung sozialer Probleme durch Medikamenteneinsatz (z.B. Psychopharmaka), der sorglose Umgang mit Patienten (Fehldiagnosen, und -therapien), die hohen Preisvariatio-nen für gleiche Leistungen zwischen den Ländern, die unzureichende Kooperation zwischen den Akteuren im Leistungserstellungsprozeß und die unterschiedliche Kostenverteilung der erbrachten Gesundheitsleistungen.

Faßt man die dargestellten Problemfelder nationaler und internationaler Gesundheitssysteme zusammen, so dokumentiert sich die enge Verbindung der pharmazeutischen Industrie mit den Gesundheitsmärkten. Die pharmazeutischen Produktmärkte weisen starke wettbewerbliche Restriktionen auf, obwohl die "Gesetzgebung und Politik" in den westlichen Industrienationen der Aufrechterhaltung kompetitiver Wettbewerbsverhältnisse verpflichtet ist.[370] Die Einfluß-nahme durch das politische System erfolgt jedoch für die Industrie z.T. inhaltlich und zeitlich

---

367 Vgl. Barr, N. (1990), S. 3 ff.
368 War in den 60-70er Jahren noch die "Bereitstellung" der Gesundheitsleistungen der Engpaßfaktor, sind da-nach "Leistungsqualitätsgesichtspunkte" ins Zentrum des Aktionsinteresses gerückt. Erst Mitte der 80er Jahre ist der Hauptmotivation der Beeinflussung auf den "Wirtschaft-lichkeitsaspekt" übergegangen.
369 Vgl. OECD (1992), S. 16.
370 Vgl. Barr, N. (1990), S. 3.ff.

unvorhersehbar, was insbesondere bei Gesetzen zur Preisregulierung festzustellen ist.[371] Die zahlreichen Reformmaßnahmen und Änderungen der politischen Makroumwelt haben einen zentralen Einfluß auf die zukünftige Ertragslage einer Unternehmung.

2.4.4 Gesamtwirtschaftliche Faktoren

Als bedeutender Einflußfaktor auf die langfristige Ertragsstärke einer forschenden Pharmaunternehmung sind auch die "gesamtwirtschaftlichen Faktoren" zu nennen. Die Ausgaben einer Volkswirtschaft für die Aufrechterhaltung der Gesundheitssysteme hängen fast proportional von der gesamtwirtschaftlichen Leistungsstärke ab. Als Kenngröße der volkswirtschaftlichen Gesamtleistung fungiert i.d.R. das Bruttoinlandsprodukt pro Kopf und Jahr. Die Bedeutung der wirtschaftlichen Leistungsfähigkeit für die Größe der nationalen Gesundheitssysteme wird in der folgenden Graphik abgebildet. Eine Übersicht nach einzelnen Ländern ergibt dabei, daß das Ausmaß der Gesundheitsleistungen in einem Land i.d.R. einen bestimmten Prozentsatz der Höhe des Bruttoinlandsproduktes ausmacht. Dies hat Auswirkungen auf die pharmazeutische Industrie, deren Handlungsraum von den gesamtwirtschaftlichen Faktoren beeinflußt wird.

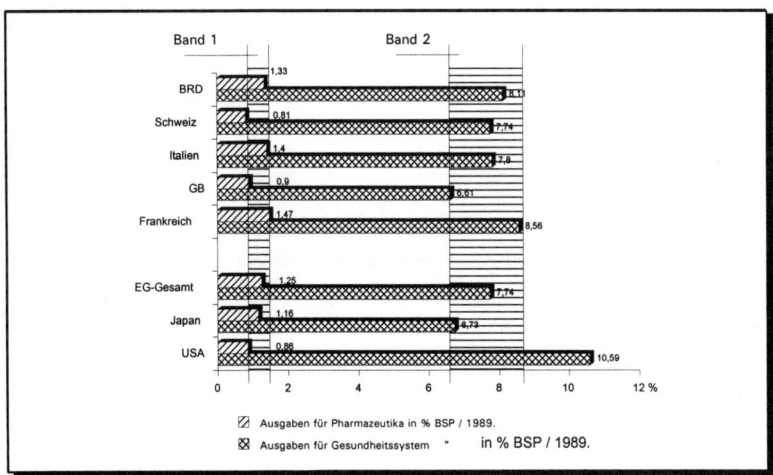

Abb. 3/17 Ausgaben für Gesundheit und pharmazeutische Produkte in 1989
Quelle: Eigene Darstellung, Daten von Schneider, M. (1991), S. 31.

Die Abbildung dokumentiert, daß die Ausgaben für das Gesundheitssystem in den westlichen Industrienationen etwa 6,5% bis 8,5% des Bruttoinlandsproduktes ausmachen (Band 2). Lediglich in den USA ist ein erhöhter Prozentsatz mit über 10,5% des BIP festzustellen. Auch

---

[371] Vgl. die Entscheidung über die Einführung von Negativlisten im Rahmen der Seehofer-Reform, die nach langer öffentlicher Diskussion revidiert wurde.

die Märkte für Arzneimittel bewegen sich zwischen den Ländern in vergleichbaren Größenordnungen: So kann ein Bereich von 0,8% bis 1,5% des BIP's festgestellt werden, in dem für die untersuchten Länder die nationalen Ausgaben für Arzneimittel liegen. Es muß darauf hingewiesen werden, die Zahlen lediglich einen prozentualen Vergleich zwischen den Ländern darstellen. Dennoch lassen sich aus den Ergebnissen für die einzelnen Länder die Einflüsse auf die Größe pharmazeutischer Produktmärkte (Menge) und die Höhe der national erreichbaren Preisniveaus (Preisstruktur) erkennen.[372]

2.4.5 Kulturelle Faktoren

Der Einfluß der "kulturellen Faktoren" auf die langfristigen Lebenszyklusverläufe einzelner Produkte muß differenziert untersucht werden. Vorausgesetzt wird ein differenziertes Marketing durch selbständige Unternehmenseinheiten, um die nationalen Märkte länderspezifisch ansprechen und bedienen zu können.[373] Werden zudem nationale Märkte einzeln auf ihre Markt- und Produktchancen analysiert, fließen die kulturell unterschiedlichen Verschreibungsmuster direkt in unterschiedliche Marktvolumina ein. Sie können in der weiteren Konzeption am besten durch unterschiedliche Therapiequoten und Verschreibungsverhältnisse erfaßt werden.

2.4.6 Natürliche Umwelt

Kotler definiert mit der Umweltdimension der biologischen und geographischen Umgebung den direkten Einfluß auf die eigenen Unternehmensaktivitäten.[374] Die "natürliche Umwelt" hat für die pharmazeutische Industrie dabei keine große Bedeutung. Ihr Einfluß ist weitgehend zu vernachlässigen. Es werden nicht die Auswirkungen der natürlichen Umwelt auf das Konsumentenverhalten beschrieben, sondern das reale natürliche Umfeld einer Unternehmung und die Auswirkungen auf die Unternehmenstätigkeit. Diese sind jedoch gering, da die Standorte der modernen pharmazeutischen Industrie i.d.R. in westlichen Industrieländern in klimatisch und geologisch stabilen Gegenden liegen. Von einem Gesamteinfluß auf die pharmazeutische Industrie kann daher nicht gesprochen werden.

---

[372] Eine Darstellung unterschiedlicher nationaler Preisniveaus findet sich in Anhang 4.

[373] In einer empirischen Studie analysierten Perlitz/Dreger/Schrank 1994 die Bedeutung des differenzierten Marketings in der pharmazeutischen Industrie. Es konnte belegt werden, daß dieses Kriterium einen Schlüsselfaktor zur langfristigen Unternehmenssicherung darstellt. Vgl. Perlitz, M. / Dreger, C. / Schrank, R. (1995), S. 36f.

[374] Vgl. Kotler, P. (1982), S. 59.

2.5 Aggregation der Analyseergebnisse

Es wurden bisher die unterschiedlichen Umweltdimensionen der pharmazeutischen Industrie aufgeführt und diskutiert. Die verschiedenen Umweltdimensionen und Wettbewerbskräfte (vgl. 2.3.1 bis 2.4.6) bilden die externen Anspruchsfelder an eine pharmazeutische Unternehmung. Es werden im folgenden die einzelnen Dimensionen in einem Semantischen Differential dargestellt, wobei ausdrücklich auf die verbale Bewertung der einzelnen Dimensionen hingewiesen wird. Es lassen sich dabei Profile für die Gegenwart pharmazeutischer Märkte erstellen. Die Dimension der natürlichen Umwelt wird nicht berücksichtigt, die Medienumwelt, Aktionsgruppen und die lokalen Anspruchsgruppen werden zusammen mit der allgemeinen Öffentlichkeit bewertet. Neben der gegenwärtigen Bedeutungseinschätzung soll auch eine zukünftige Relevanzbeurteilung erfolgen.

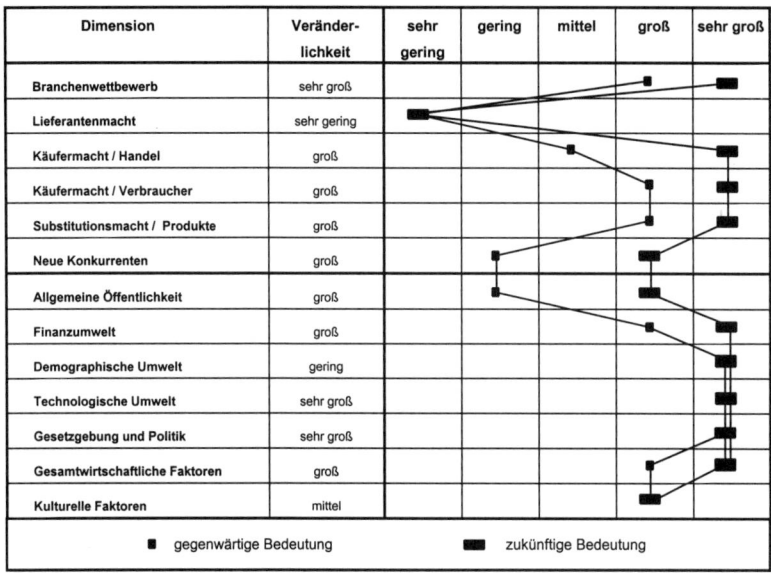

Dimension	Veränder-lichkeit	sehr gering	gering	mittel	groß	sehr groß
Branchenwettbewerb	sehr groß					
Lieferantenmacht	sehr gering					
Käufermacht / Handel	groß					
Käufermacht / Verbraucher	groß					
Substitutionsmacht / Produkte	groß					
Neue Konkurrenten	groß					
Allgemeine Öffentlichkeit	groß					
Finanzumwelt	groß					
Demographische Umwelt	gering					
Technologische Umwelt	sehr groß					
Gesetzgebung und Politik	sehr groß					
Gesamtwirtschaftliche Faktoren	groß					
Kulturelle Faktoren	mittel					

■ gegenwärtige Bedeutung   ▬ zukünftige Bedeutung

Abb. 3/18 Einflußfaktoren aus der Umweltanalyse und Bewertung ihrer Bedeutung

Der zusammenfassenden Abbildung ist auf Grundlage der verbalen Diskussion und vorsichtigen Bewertung der Bedeutung einzelner Umweltdimensionen zu entnehmen, daß die Anforderungen aus der pharmazeutischen Unternehmensumwelt in Zukunft zunehmen werden. Dies deckt sich mit den empirischen Ergebnissen einer Pharmauntersuchung von Perlitz/Dreger/Schrank aus dem Jahr 1995. Sie erarbeitete, daß die Wettbewerbsintensität in der pharmazeutischen Industrie in den nächsten 10 Jahren deutlich zunehmen wird.[375]

---

[375] Vgl. Perlitz, M. / Dreger, C. / Schrank, R. (1996), S. 275ff.

KAPITEL IV   MODELLENTWICKLUNG

In Kapitel III erfolgte die Beschreibung des pharmazeutischen Lebenszyklus mit seinen inhaltlichen Teilphasen und der verschiedenen Umweltdimensionen eines pharmazeutischen Unternehmens. Sie stellen die notwendigen Informationen dar, um die jeweiligen Elemente im Gesamtmodell zur Steuerung der einzelnen Produkte und Projekte zu erarbeiten. Dazu muß zuvor ein Bezugsrahmen bestimmt werden, in den sich die weitere Modellentwicklung einordnet.

1 Beschreibung des modelltheoretischen Bezugsrahmens

1.1 Auswahl eines Modellrahmens

Unter den verschiedenen Modellansätzen in der betriebswirtschaftlichen Literatur sind zwei wesentliche Gruppen zu unterscheiden: normative und deskriptive Modelle.[376] Beide Modellklassen besitzen unterschiedliche Anforderungseigenschaften und Leistungsprofile.

In der normativen Forschungslehre wird die Erklärung von Wirkzusammenhängen angestrebt. Inhaltlich geht es dabei um Erkenntnisse bezüglich der Wahrheitsfrage von Zuständen.[377] Der Grundgedanke der normativen Modelltheorie besteht dabei in der formalen Bestimmung optimaler Handlungsalternativen.[378] Dies erfolgt in der Regel durch Optimierungsregeln. Voraussetzung ist dabei ein konsistentes, eindeutig bestimmtes Modell. Die Problematik dieser Modelle liegt jedoch darin, daß "... bei algorithmischen Optimierungskalkülen die Rechenbarkeit der Modelle eine Grundvoraussetzung ist."[379] Neben der inhaltlichen Diskussion beschreibt die Literatur auch andere Probleme. So bemerkt Albert kritisch, daß durch die geschickte Formulierung normativer Sätze auch Entscheidungen ex-post als gerechtfertigt ausgewiesen werden.[380] Die Absicherung getroffener Entscheidungen durch ein Modell kann durch eine zeitliche Kontrolle der durchgeführten Optimierung verhindert werden. In der folgenden Abbildung wird ein beispielhafter Aufbau eines normativen Modells gegeben.

---

376 Modelle sind nach der Definition der wissenschaftstheoretischen Literatur "Abbilder der Realität. Vgl. Gutenberg, E. (1973), S. 181ff. Eine weitere Definition findet sich bei Kosiol (1961), der Modelle als Abbildungen der Realität versteht und ihre Güte daran mißt, wie genau sie die Realität beschreiben. Vgl. Kosiol, E. (1961), S. 321-322.

377 Vgl. Kappler, E. (1983), S. 379-394.

378 Stegmüller definiert einen normativen Satz als eine Behauptung, daß etwas einer Norm entspricht. Vgl. Stegmüller, W. (1983), S. 437.

379 Vgl. Gussek, F. (1991), S. 33.

380 Vgl. Albert, H. (1967), S. 184.

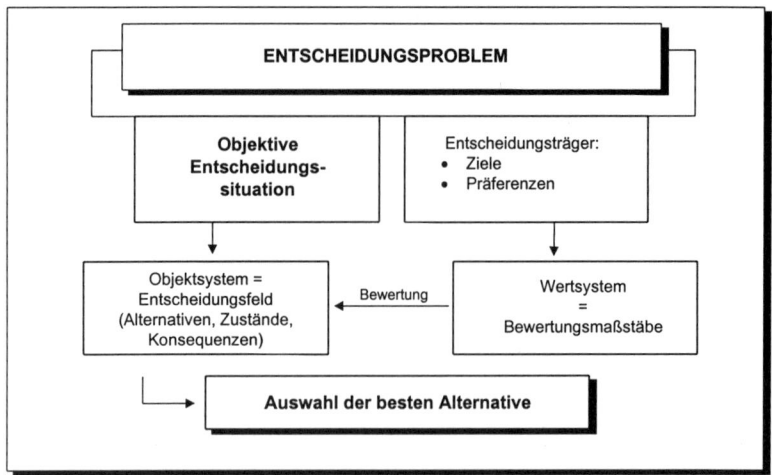

Abb. 4/1   Grundstrukturen eines normativen Entscheidungsmodells
Quelle: Rehkugler, H. / Schindel, V. (1990), S. 21.

Im Gegensatz zur normativen Theorie besteht bei deskriptiven Modellen das Ziel in der Erforschung und Beschreibung des tatsächlichen Entscheidungsverhaltens.[381] Es wird dabei nicht direkt die Ableitung von Handlungsanweisungen angestrebt. Ziel ist vielmehr die Beschreibung des strukturierten Entscheidungsprozesses und die Erklärung des tatsächlichen Entscheidungsverhaltens. Wird durch die Modelle eine Unterstützungsleistung für das Entscheidungsverhalten gegeben, wird in der Literatur auch von präskriptiven Modellen oder präskriptiven Sätzen gesprochen.[382] Sie sollen für die vorliegende Problemstellung im Anschluß näher untersucht werden.

Eine mathematische und somit streng normative Verknüpfung einzelner Teilelemente ist für die deskriptiv-präskriptive Modelltheorie nicht zwingend notwendig. Für sie werden keine eindeutigen, quantifizierbaren Beziehungen wie in der normativen Modelltheorie gefordert. Das Einsatzgebiet der präskriptiven Modelle in der betriebswirtschaftlichen Forschung sind daher insbesondere komplexe Entscheidungssituationen, in denen Prozeßschritte zur Generierung von Entscheidungen formuliert und Handlungsalternativen abgeleitet werden. Hieraus werden dann optimale Entscheidungen in schwer zu strukturierenden Umfeldsituationen erzeugt.[383]

---

381   Vgl. Albert, H. (1967), S. 96.
382   Als Alternativbezeichnung verwendet Küttner den Begriff der "imperativen Sätze". Vgl. Küttner, M. (1987), S. 258.
383   Eine derartige Modellentwicklung fordert Gussek bei komplexen Untersuchungsgegenständen. Vgl. Gussek, F. (1991).

1.1.1 Auswahl eines modelltheoretischen Bezugsrahmens

Die Bestimmung eines geeigneten Modellrahmens erfolgt über zwei unterschiedliche Ansätze. Zum einen sollen die wichtigen Leistungseigenschaften der einzelnen Modellansätze bestimmt und mit den Anforderungen der vorliegenden Arbeit verglichen werden. Im zweiten Ansatz erfolgt eine wissenschaftstheoretische Argumentation zur Bestimmung eines geeigneten Modelltypes. Sie orientiert sich auch an den Anforderungen der vorliegenden Untersuchung, baut aber auf der allgemeinen Modelltheorie auf.

Die Problemstellung der vorliegenden Untersuchung basiert inhaltlich auf der Entwicklung eines Bewertungs- und Steuerungsverfahrens für Produkte (Marktlebenszyklen) und Projekte (F&E-Lebenszyklus) einer pharmazeutischen Unternehmung. Neben den inhaltlich umfangreichen Themenbereichen muß dabei auch die enorme Komplexität der externen Einflußgrößen festgestellt werden. Auch ist von einer großen Unsicherheit der Faktoren auszugehen, sodaß das Modell Veränderungen bestehender Informationen erfassen muß. Es muß festgestellt werden, daß die exakte ex-ante-Bestimmmung von Lebenszyklen auf Grundlage strenger, mathematischer Verknüpfungen praktisch unmöglich ist.[384] Das Modell muß vielmehr veränderte Informationszustände erfassen und in neue Berechnungen einbeziehen. Betrachtet man zudem das Anforderungsprofil der normativen und deskriptiv-präskriptiven Modelltheorie, so sind die beschriebenen Anforderungen zur Entwicklung eines normativen Modells für die vorliegende Untersuchung nicht gegeben.[385] Die geschätzte Bestimmung von Lebenszyklen mit differenzierten Hilfsberechnungen auf Grundlage der vorhandenen Informationen ist hingegen durch die Wahl eines präskriptiven Modellansatzes abbildbar und erfüllt die Solleigenschaften dieses Modellrahmens. Auch sind die spezifischen Ziele definierbar, so z.B. die Maximierung des Erfolgsbeitrages eines Produktes über den gesamten Lebenszyklus. Auch eine Beschreibung der Einflußfaktoren auf den Lebenszyklus ist möglich. Die Prämissen eines präskriptiven Entscheidungsmodells sind damit erfüllt.

Welche Präferenz ergibt sich unter den konkurrierenden Modellen durch eine wissenschaftstheoretische Betrachtung? Als Ausgangspunkt der Argumentation soll hier die Definition normativer Sätze dienen, die sich aus der normativen Modelltheorie ableitet. Stegmüller definiert dabei einen normativen Satz als eine Aussage, die behauptet, daß ein bestimmter Wirkzusammenhang der allgemeinen Norm entspricht.[386] Besteht diese Norm jedoch umfassend, so wird letztlich keine Modellbeschreibung mehr durchgeführt, sondern sich mit der allgemeinen Gültigkeit eines Zustandes oder Wirkzusammenhanges auseinandergesetzt. Der zu

---

384 Zur Behandlung von Unsicherheit im Rahmen einer modellgestützten Planung vgl. DGOR (1982), S. 4ff.

385 Insbesondere die Forderungen des Vollständigkeitsaxioms für den Handlungsraum und das Exklusionsaxiom des Zustandsraumes können nicht erfüllt werden. Vgl. Bartscher, S. / Martin, A. (1995), S. 62.

386 Vgl. Stegmüller, W. (1983), S. 437.

untersuchende Satz ist dann bereits aus dem Feld der Modelltheorie ausgetreten.[387] Zu einem vergleichbaren Ergebnis gelangt man, wenn man dem Verständnis der normativen Modelltheorie als einer auf strenger mathematischer Analytik beruhenden Beschreibung der Realität folgt. Es leitet sich hieraus die Aussage ab, daß man für den Fall einer möglichen Erstellung eines Totalmodells, das vollkommen realistisch ist und wirklichkeitsgetreue Zusammenhänge generiert, letztlich die Handhabung des Modells mit der Realität gleichsetzen kann. Damit ist jedoch an diesem Punkt der Argumentationskette das Ziel der Modellentwicklung bereits aufgegeben worden. Diese setzte sich die Beschreibung der Realität durch sinnvolle Reduktion der Einflußfaktoren zum Ziel. Gelänge es also, ein normatives Totalmodell für die vorliegende Untersuchung zu errichten, das vollkommen realistisch ist, hätte man kein Modell mehr, sondern die Realität selbst.[388] Auch die wissenschaftstheoretische Erörterung präferiert damit die präskriptive Modelltheorie für die sich anschließende Modellentwicklung.

Gussek formuliert zur Modellbildung im Rahmen des strategischen Marketings, daß ein Entscheidungsmodell "... unter pragmatisch-anwendungsorientierten Gesichtspunkten gerade dann brauchbar (ist), wenn es die komplexe Vielfalt unterschiedlicher Realsachverhalte transparent, überschaubar und damit vereinfachend darstellt".[389] Bäuerle ergänzt, daß ein Modell gerade durch die bewußte Abstraktion an Wert zur Erklärung und Beschreibung von Sachverhalten gewinnt.[390] Somit sind die Einschränkungen, wie sie durch die weniger restriktiv formulierten Voraussetzungen der präskriptiven Modelltheorie bestehen, nicht als Hindernisse zu betrachten. Die Leistungsfähigkeit präskriptiver Modelle ist gerade bei komplexen Entscheidungsstrukturen sehr hoch.

1.1.2 Phasentheoreme zur Analyse komplexer Entscheidungsstrukturen

Neben der Wahl des Modellrahmens werden in den weiteren Schritten der vorliegenden Untersuchung zahlreiche komplexe Problemfelder auftreten, die eine wissenschaftlich abgesicherte Problemlösungmethodik erfordern. In der betriebswirtschaftlichen Literatur werden dazu die Phasentheoreme als eine geeignete Form der Problemlösung beschrieben.[391] Durch sie werden unterschiedliche Handlungsabfolgen zur Problemstrukturierung und -lösung definiert, die in einer vorgegebenen methodischen Reihenfolge den Problemlösungsprozeß strukturieren. Gussek spricht in diesem Zusammenhang auch von "klassischen Phasentheoremen".[392] Seine Bemerkungen zum strategischen Marketing führen weiter aus, daß auch die Phasenmo-

---

387 Vgl. Stegmüller, W. (1983), S. 437.
388 Vgl. Gussek, F. (1992), S. 36.
389 Vgl. ebenda.
390 Vgl. Bäuerle, P. (1989), S. 180.
391 Vgl. Gussek, F. (1991), S. 27.
392 Vgl. ebenda.

delle in komplexen und schlecht definierten Entscheidungsproblemen zur Sicherung der Qualität der Entscheidung eingesetzt werden. Kann von dieser positiven Beurteilung aber auch für die vorliegende Modellentwicklung ausgegangen werden?

Eine Untersuchung von Witte führt zum Ergebnis, daß die prozessuale Definition einzelner Ablaufschritte keineswegs die Identifikation eines optimalen Problemlösungsprozesses garantiert.[393] Auch Staehle und Grabatin schließen sich dieser Kritik an.[394] Dennoch werden auch von anderen Autoren die positiven Effekte einer strukturierten Problemlösung durch Phasentheoreme hoch eingestuft. Zentrale Argumente sind die Verarbeitung komplexer Informationszustände und die praktikable Operationalisierung in der Unternehmenspraxis. Hauschildt und Petersen gelangen auf Grundlage dieser Argumente zu ihrem positiven Urteil bezüglich der Phasentheoreme. Sie nehmen dabei gleichzeitig Stellung zur Untersuchung von Witte und argumentieren auf Grundlage eigener empirischer Untersuchungen, daß seine Kritik in der Unternehmenspraxis insofern fehlleitend ist, als durch die wiederholte Durchführung eines definierten Analyseprozesses eine effektive Entscheidungsfindung möglich wird.[395] In ihren Veröffentlichungen weisen Hauschildt/Petersen zudem darauf hin, daß dies gerade dann der Fall ist, wenn von einer "Verrichtungsorientierung" zu einer "prozessualen Objektorientierung der Analysetätigkeit" übergegangen wird.[396] Auch Klein stellt fest, daß bei einer adäquaten "inneren Struktur"[397] durchaus ein Algorithmus definiert werden kann, der "... eine exakte Verfahrensvorschrift zur Lösung von Entscheidungsaufgaben darstellt".[398] Phasenmodelle sollen daher für die weitere Modellentwicklung in schwer zu strukturierenden Analysebereichen verwendet werden.

1.2 Vorstellung des Gesamtmodells

1.2.1 Struktur

Das Gesamtmodell zur quantitativ unterstützten, am Produktlebenszykluskonzept ausgerichteten Unternehmensführung wird im folgenden mit seinen wesentlichen inhaltlichen Bausteinen (Modulen) dargestellt. Seine Hauptkomponenten sind mit ihren jeweiligen Inhalten der Abbildung 4/2 zu entnehmen. Die einzelnen Module werden im folgenden ausführlich beschrieben und daran anschließend zusammengefügt.

---

393 Vgl. Witte, E. (1968), S. 625.
394 Vgl. Staehle, W. H. / Grabatin, G. (1979), S. 89ff.
395 Vgl. Hauschildt, J. / Petersen, K. (1987), S. 1043ff.
396 Vgl. ebenda und Hauschild, J. (1989), S. 377ff.
397 Vgl. Gussek, F. (1991), S. 28.
398 Vgl. ebenda und Klein, H. (1971), S. 33.

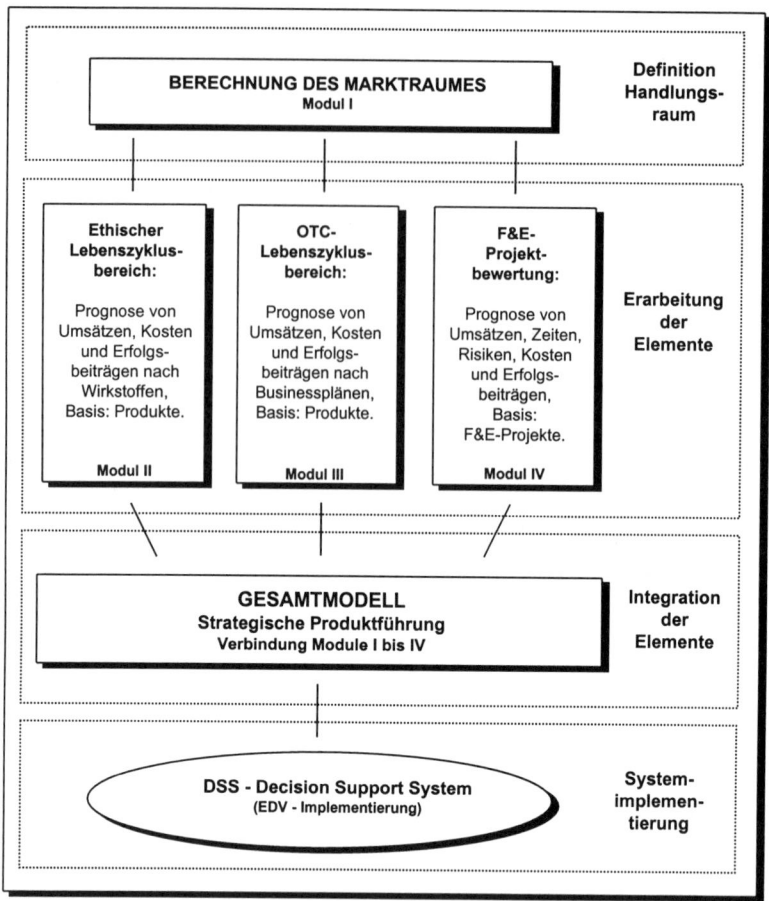

Abb. 4/2 Gesamtmodellkonzeption zur lebenszyklischen Produktführung

Die Berechnungen des Marktraumes bilden die methodische Grundlage zur Bestimmung des pharmazeutischen Gesamtlebenszyklus. Werden für eine Wirksubstanz alle drei Lebensphasen durch Teillebenszyklen erarbeitet (ethische Produktphase, OTC-Produktphase, F&E-Lebenszyklusphase), erhält man den Gesamtlebenszyklus nach Umsatz, Kosten und Erfolg. Produkte, die sich bereits in einer der beiden Marktzyklusphasen befinden oder Teile des Gesamtlebenszyklus nicht durchlaufen,[399] fließen in die Gesamtanalyse mit verkürzten Lebenszyklen ein. Eine Orientierung an den drei definierten Teilphasen (vgl. Abb. 4/2) ist als Gesamtrahmen für die weitere Erarbeitung sinnvoll.

---

[399] Z.B. ethische Präparate, deren Wirkung einen Lebenszyklusverlauf in der OTC-Phase ausschließt. Vgl. Rx-to-OTC-Switch, 1.2.4 in Kapitel III.

Ein Ablaufkonzept soll der Entwicklung der unterschiedlichen Lebensabschnittsphasen vorangestellt werden. Es wird in der folgenden Abbildung (4/3) eine Übersicht der einzelnen Teilelemente gegeben. Ihr ist zu entnehmen, wie die dynamische Gesamtunternehmensbetrachtung nach einzelnen Objekten (Produkte, Projekte) entwickelt werden soll.

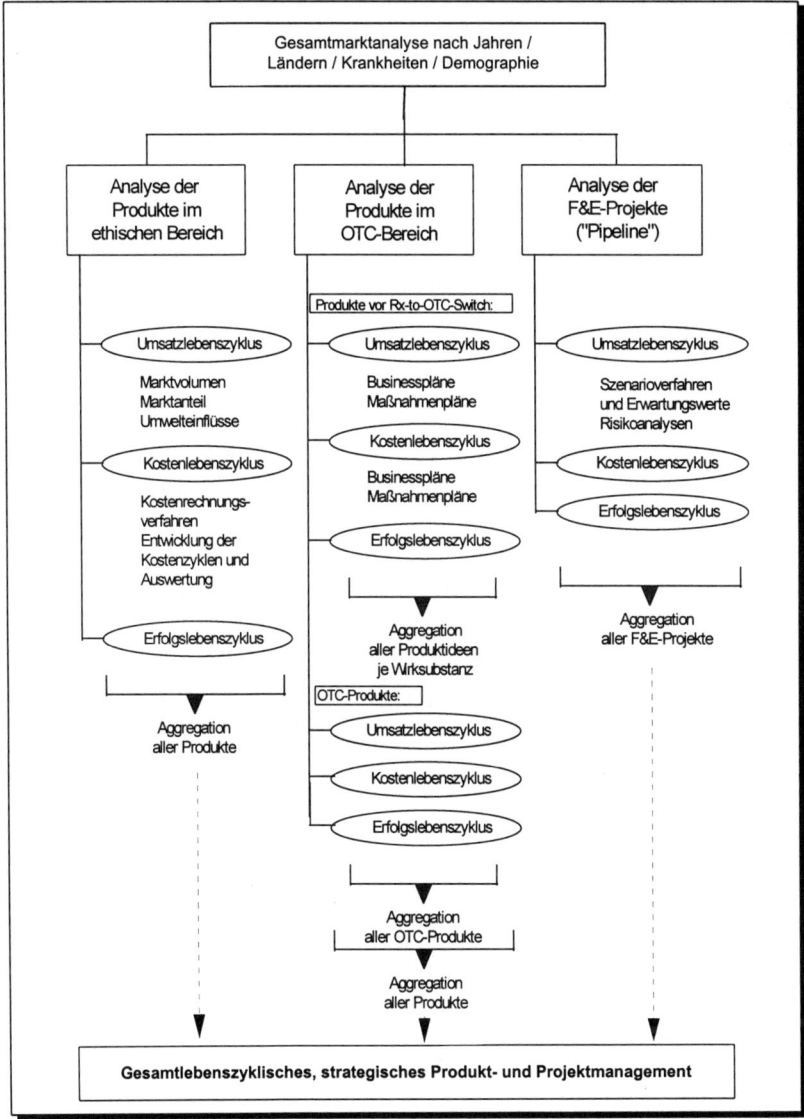

Abb. 4/3   Ablaufkonzept zur Entwicklung des lebenszyklischen Produktmanagements

1.2.2 Vorgehensweise

Entsprechend der Gesamtübersicht zur Entwicklung des lebenszyklusorientierten Produktma-
nagementkonzeptes werden im folgenden die einzelnen Module (Marktraumanalyse und drei
Lebenszyklusphasen, vgl. Abb. 4/3) nach dem hierarchischen Aufbau des Gesamtmodells
dargestellt:

1. Modul I: Gesamtmarkt für pharmazeutische Produkte
2. Modul II: Lebenszyklusbereich für ethische Arzneimittel
3. Modul III: Lebenszyklusbereich für OTC-Produkte
4. Modul IV: Lebenszyklusbereich für F&E-Projekte (" , Abschnitt 5)

2 Modul I: Globale Marktraumanalyse

2.1 Konzeptioneller Rahmen

2.1.1 Definition der Problemstellung

Die pharmazeutische Industrie zeichnet sich durch eine hohe Komplexität der Produktfelder
und -segmente aus.[400] Die zahlreichen Einflußfaktoren auf die Umsatz- und Erfolgsentwicklungen einer pharmazeutischen Wirksubstanz und die komplexen Risikoprofile durch externe
Einflußgruppen wurden bereits durch die Umweltanalyse (Kapitel III) beschrieben. Die wesentlichen marktspezifischen Charakteristika werden im folgenden auf Grundlage der geführten Umweltanalyse dargestellt, bevor eine Methodik zur Marktraumanalyse entwickelt wird.

1. Der Markt ist auf Anbieterseite z.T. stark fragmentiert, woraus oft eine große Anzahl sub-
   stitutiver Produkte verschiedener Hersteller in identischen Therapiefeldern resultiert.[401]

2. Es bestehen weltweit ca. 10.000 therapierbare Krankheiten, die als einzelne Produkt-/
   Marktkombinationen aufgefaßt werden können. Heute sind insgesamt ca. 30.000 Krankheiten bekannt. Es bestehen daraus letztlich für die pharmazeutische Industrie Neuprodukt-
   felder in einer Zahl von weiteren 20.000. Jedes dieser neuen Therapiefelder besitzt letzlich
   unterschiedlich attraktive Absatzmöglichkeiten (Erkrankungshäufigkeit, medizinische
   Notwendigkeit einer medikamentösen Therapie, etc.), die vor einer Produktentwicklung
   bestimmt werden sollten.[402]

---

[400] Vgl. Altwegg, M. (1993), S. 201.

[401] Vgl. die Anbieterstruktur in Anhang 6.

[402] Anzumerken ist, daß eine Wirksubstanz in mehreren Krankheitssegmenten eingesetzt werden kann.
Vgl. Bundesverband der pharmazeutischen Industrie (1988), S. 10ff.

3. Die große Abhängigkeit vom Entscheidungsverhalten der Zulassungsstellen und den Strukturen nationaler Gesundheitssysteme (vgl. Anhang 1) teilt auch Ende der 90er Jahre den Weltpharmamarkt in nationale Teilmärkte auf, die unterschiedliche Marktgrößen für einzelne Therapiefelder und Krankheitsbilder aufweisen.[403]

4. Verschiedene Krankheitsbilder treten bevorzugt in bestimmten Bevölkerungssegmenten auf, wobei sich eine unterschiedliche Verteilung nach Alterssegmenten und Geschlechtern ergeben kann. Eine Verschiebung der Alterspyramide über die Zeit beeinflußt zudem kontinuierlich die Marktpotentiale und -volumina in einzelnen Produkt-/Markträumen.[404]

2.1.2 Aufbau der Marktanalyse

Um eine Marktanalyse ethischer Arzneimittel mit einer konsistenten, überschneidungsfreien Abdeckung der Marktsegmente und Einflußfaktoren durchzuführen, soll der Gesamtmarkt im folgenden mittels vierer Teilschritte berechnet werden, von denen drei direkt beschreibbare Umweltklassen darstellen (Länder, Therapiefelder, Bevölkerungen). In vergleichbarer Weise gehen auch VOGEL/CRISAND vor, die zum internationalen Vergleich von Umsatzchancen einzelner Produkte diese Grundelemente zur Berechnung wählen. Die Zeitachse ermöglicht die Einbeziehung der Veränderungen der Demographie und die Erfassung neuer Krankheiten über verschiedene Perioden (vgl. Abb. 4/4).

Die Bestimmung des Marktpotentiales und -volumens des pharmazeutischen Gesamtmarktraumes erfolgt auf der Basis von:

1. Ländern,
2. Therapiefeldern,
3. Bevölkerungen und
4. Zeit.

---

[403] Dies gilt unabhängig von den zunehmenden Bemühungen zur Harmonisierung von Pharmamärkten in Freihandelszonen (EG, NAFTA, ASEAN). Vgl. Zentes, J. (1995), S. 4.

[404] Vgl. Perlitz, M. / Bösenberg, D. (1988), S. 5ff.

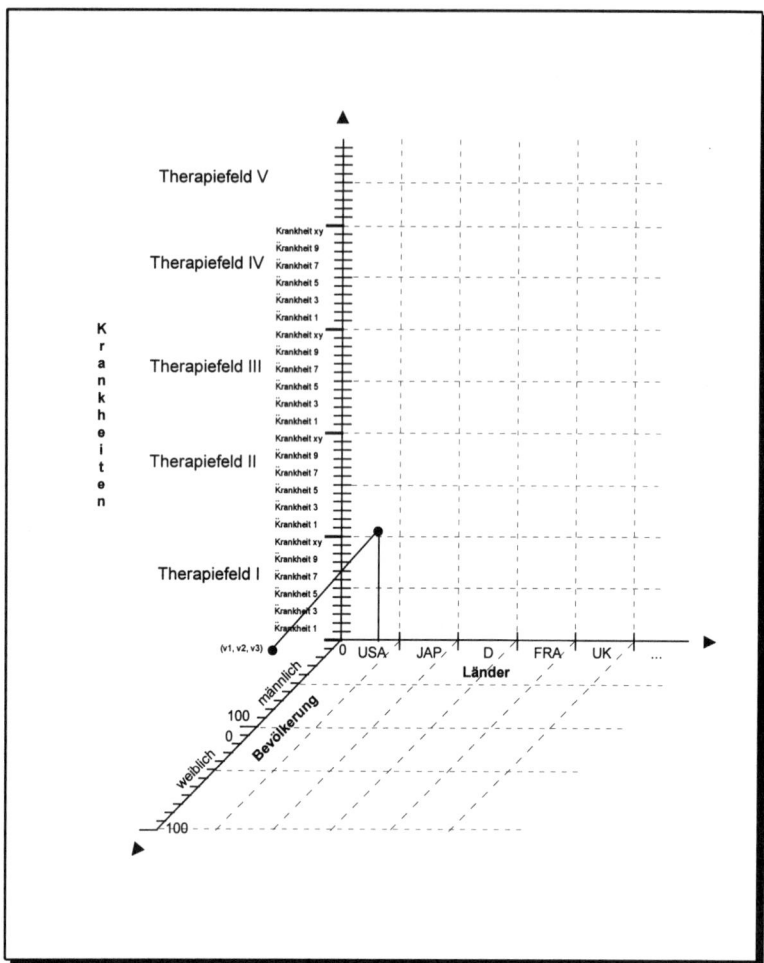

Abb. 4/4   Struktur der Marktraumanalyse, einperiodige Darstellung

Es werden im folgenden die vier Grundelemente der Marktraumbestimmung einzeln beschrieben und mit ihren jeweiligen Einflußmöglichkeiten auf die Struktur und Größe des Gesamtmarktes für pharmazeutische Produkte analysiert.

2.2 Bereiche der Marktraumanalyse

2.2.1 Länderanalyse

Um eine Marktraumanalyse für den globalen Pharmamarkt durchzuführen, kommt der Auswahl und Strukturierung der "Länder" eine zentrale Bedeutung zu. Selbst wenn zahlreiche Unternehmen in vielen nationalen Gesundheitsmärkten nicht oder nur zum Teil über Lizenzvereinbarungen oder durch Co-Marketing vertreten sind,[405] müssen die Marktchancen aller nationalen Teilmärkte bei der Marktraumanalyse bestimmt werden. Nur so lassen sich z.b. die Umsatzpotentiale von Forschungs- und Entwicklungsprojekten auch vor dem Hintergrund zukünftiger Veränderungen systematisch abschätzen.

Die Länderauflistung sollte alle nationalen Gesundheitsmärkte mit eigener Unternehmenspräsenz erfassen und eine Auflistung relevanter, durch das Unternehmen noch nicht erschlossener Pharmamärkte enthalten.

2.2.2 Dimension der Therapiefelder

Angesichts der großen Anzahl unterschiedlicher Krankheitsformen erscheint eine Strukturierung der sich ergebenden Therapiefelder zur späteren Segmentierung der Produkt-/Markträume notwendig. Zu den sieben wichtigsten Indikationsgebieten gehören nach dem vorherrschenden pharmakologischen Verständnis:[406]

1. Herz-Kreislauf-Erkrankungen,
2. zentrales Nervensystem,
3. Infektionskrankheiten,
4. Gastroentereologika,
5. Hautkrankheiten,
6. Atemwegserkrankungen und
7. Muskel- und Skeletterkrankungen.

Innerhalb dieser Segmentierung sind alle bekannten Krankheitsfelder aufzuführen, sodaß eine spätere eindeutige Zuordnung der Produkte zu den Krankheiten möglich wird. Das Problem der Überschneidungsfreiheit tritt überall dort auf, wo sich verschiedene Krankheiten mehreren

---

[405] Vgl. den länderselektiven Ansatz von Novo Nordisk z.B. bei Insulin. Das Unternehmen konzentriert sich dabei auf wenige Zielmärkte mit einer hohen Marktdurchdringung und läßt gleichzeitig andere Märkte weitgehend unbearbeitet. Vgl. Interview mit dem Marketing- und Vertriebsleiter von Novo Nordisk, J. Holland (1997).

[406] Vgl. Salinas, L.A. (1993), S. 8.

Therapiefeldern zuordnen lassen. Hier kann im Rahmen einer vollständigen Analyse auf zwei unterschiedliche Verfahren zurückgegriffen werden:

1. Schwerpunktmethode: alle Krankheiten werden dem Therapiefeld zugeordnet, das die größte absolute Auftrittshäufigkeit besitzt.

2. Proportionale Zuordnung: Die Summe der Krankheiten wird anteilig zu ihrem Auftreten den einzelnen Therapiefeldern zugeordnet.

Die Marktanalyse führt zu einer Abbildung nach "Ländern und Therapiefeldern" und zeigt damit die Summe der existierenden Krankheiten auf. Aufgrund der großen Komplexität bei der Auflistung der Krankheiten sollte eine Unternehmung dabei eine sukzessive Vorgehensmethodik wählen. Auch in der Literatur erfolgt für ein Unternehmen die Marktbetrachtung i.d.R. ausgehend von eigenen Produkten und Forschungs- und Entwicklungsfeldern. Für ein Unternehmen ist zum Beispiel die folgende methodische Reihenfolge zur Marktraumanalyse sinnvoll:

Phase I: Analyse der Therapiefelder, in denen das Unternehmen eigene Produkte besitzt.

Phase II: Analyse der Therapiefelder, die im direkten Verhältnis zur gegenwärtigen Produktpalette stehen (z.b. verwandte Krankheiten mit substitutiven Produkten).[407]

Phase III: Analyse der Therapiefelder, die zukünftige Marktchancen für die Unternehmung bieten können (Therapiefelder, in denen das Unternehmen eigene F&E-Projekte durchführt).

Phase IV: Rest-/Kompletterfassung unberücksichtigter Therapiefelder.

Die Methode führt zu einem Marktraum, der im folgenden weiter analysiert werden muß. Er stellt die Grundlage der späteren Berechnungen in den Modulen II bis IV dar (ethischer und OTC-Produktlebenszyklus, F&E-Projekte).

---

[407] Z.B. bei der Krankheit Diabetes: Insulinmarkt und Markt für Lipidsenker. Lipidsenker bewirken eine geringere Häufigkeit und Intensität der Insulinbehandlung. Die Produktmärkte haben inhaltlich damit keine Produktüberschneidungen, beeinflussen sich jedoch indirekt.

2.2.3 Analyse der Bevölkerungsstruktur

In der Literatur wird festgestellt, daß der Struktur und Veränderung der demographischen Alterspyramiden einzelner Länder eine zentrale Bedeutung zukommt.[408] Die große wirtschaftliche Bedeutung der Veränderung dieser Marktdimension wurde bereits bei der Umweltanalyse in Kapitel III festgestellt (vgl. 2.5.1). Die Erfassung der Krankheiten nach einzelnen Ländern und verschiedenen Alterssegmenten ist aus folgenden Gründen notwendig:

1. Einzelne Krankheitsbilder treten vorwiegend in bestimmten Alterssegmenten auf.

2. Die Verschreibungsintensität von Arzneimitteln innerhalb einzelner Therapiefelder kann für verschiedene Alterssegmente deutliche Unterschiede aufweisen.

3. Unterschiedliche Altersklassen besitzen einen zum Teil stark divergierenden Ärztekontakt und weisen daher unterschiedliche Durchschnittsverbräuche auf.[409]

4. Verschiedene Länder besitzen unterschiedliche Alterspyramiden und somit unterschiedliche Marktsegmentsgrößen für einzelne Produkte.[410]

Die genaue Erarbeitung der Altersstruktur muß getrennt nach den Geschlechtern "männlich" und "weiblich" erfolgen.[411] Unterschiedlich hohe Sterblichkeitsraten, aber auch differierende Pyramidenstrukturen, verursacht durch Kriege, Umweltkatastrophen oder Seuchen, ergeben zwischen den Geschlechtern Unterschiede in den Alterssegmenten. Für den Marktraum leiten sich hieraus deutlich verschiedene Bevölkerungsstrukturen ab.[412] Aus diesen Gründen kann auf die Bestimmung und prognostizierte Veränderung absoluter Gesamtbevölkerungzahlen innerhalb einzelner Alterssegmente nicht verzichtet werden. Um die Bevölkerungsveränderungen systematisch zu erfassen, sollte das Ziel darin bestehen, die Komplexität der Informationen auf einen zweidimensionalen Zielvektorraum zu beschränken. Zudem sind zwei weitere inhaltliche Anforderungen bei der Ermittlung des Alters zu nennen:

1. Es sollten die absoluten Bevölkerungzahlen in einzelnen Alterssegmenten quantitativ bestimmt werden. Sie geben Aufschluß über die Größe und die Zusammensetzung der nationalen Bevölkerungen (Struktur).

---

[408] Vgl. Perlitz, M. (1985), S. 11ff.

[409] Vgl. 2.5.1 in Kapitel III.

[410] Vgl. Perlitz, M. / Bösenberg, D. (1988), S. 6ff.

[411] Vgl. Abb. 4/4 in 2.1.2.

[412] Vgl. ebenda.

2. Es sind die Prozentverteilungen zu bestimmen, welche die in einem Alterssegment von einer Krankheit betroffenen Personengruppen angeben. Hieraus lassen sich die Absolutzahlen potentiell zu behandelnder Personen in einem Krankheitsbild errechnen.

Für die Marktraumanalyse dieser Arbeit soll im folgenden eine Unterteilung der Gesamtbevölkerung differenziert nach den Geschlechtern in 5-Jahressegmenten erfolgen. Dieses Vorgehen ermöglicht eine Erfassung der unterschiedlichen Altersstrukturen und reduziert gleichzeitig die enorme Komplexität, die sich bei einer jahresgenauen Erfassung für beide Ge-
schlechter ergeben würde.

2.2.4 Faktor Zeit

Der Faktor "Zeit" wurde als Veränderungsvariable für die Faktoren "Krankheiten", "Länder"
und "Bevölkerungen" abgebildet (vgl. Abb. 4/4):

1. Der Faktor "Krankheiten" wird von der "Zeit" beeinflußt, da sich neue Krankheitsbilder
   und Therapiefelder über die Perioden hinweg ergeben können. Dies gilt beim Auftreten
   neuer Krankheiten (z.B. AIDS) oder der Verbreitung nicht registrierter Seuchen oder Erkrankungen (Virusinfektionen).

2. Die Struktur der Demographie als dargestellter Faktor "Bevölkerung" wird über zwei Einflüsse durch die "Zeit" verändert:

   a) In einzelnen Perioden vollziehen sich strukturelle Verschiebungen der Alterspyrami-
   den. Für die westlichen Industriegesellschaften und für Japan ist z.B. eine zunehmene
   Überalterung der Bevölkerung in den Folgejahren festzustellen.[413] Die strukturellen
   Veränderungen der Alterspyramiden lassen sich für sehr viele Länder genau quantifi-
   zieren. Berechnungsgrundlagen der statistischen Ämter sind i.d.R. altersspezifische
   Sterblichkeitsquoten, die Veränderung der Geburtenrate und die Untersuchung der
   Veränderung der Lebenserwartung.

   b) Über die "Zeit" hinweg ergeben sich auch Veränderungen der Verteilung einzelner
   Krankheitsquoten in verschiedenen Alterssegmenten. Hieraus können sich Veränderungen in der Größe des potentiellen Absatzmarktes für einzelne Therapiefelder ergeben. Dies gilt in besonderem Maße für die Verbreitung von Viren (z.B. von AIDS)
   oder die Ausbreitung von Epidemien. Auch eine kontinuierlich ansteigende Verbrei-

---

[413] Vgl. Perlitz, M. (1985), S. 11ff.

tung sogenannter "Wohlstandskrankheiten" kann in diesem Segment zu Veränderungen der Größe einzelner Marktsegmente führen.

3. Der Faktor "Länder" schließlich wird durch die "Zeit" von politischen Veränderungen beeinflußt. Diese Veränderungen bedeuten letztlich eine formale Strukturänderung des weltweiten Pharmamarktes, ohne jedoch die absoluten Zahlen der zu therapierenden Personen zu beeinflussen.

2.3 Analyse und Informationsabbildung der Marktsegmente

Anhand der Faktoren "Krankheiten", "Länder" und "Bevölkerungen" wurde der pharmazeutische Gesamtmarktraum dargestellt. Es sind dabei im folgenden zwei grundsätzlich alternative Vorgehensweisen zur Strukturierung der komplexen Informationen möglich. Sie sind vor dem Hintergrund der weiteren Bearbeitung der Daten zu diskutieren und im Anschluß konkurrierend zu bewerten.

Alternative 1:

Es wird ein Vektorraum (4-dimensional) aufgestellt, in dem die Faktoren "Krankheiten" (ordinal), "Länder" (ordinal), "Bevölkerungen" (metrisch) und "Zeit" (ordinal) für jeden Punkt im Raum angegeben werden.

Der Zielvektorraum besitzt nach der Methodik der ersten Alternative folgende Struktur:

$$\vec{V} = (\overrightarrow{Krankheit}, \overrightarrow{Land}, \overrightarrow{Bevölkerung}, \overrightarrow{Zeit})$$

[" $\vec{V}$ " ist die Deklaration des Zielvektorraumes (Alternative 1)]

Die Vektordimension der "Bevölkerung" läßt sich dabei in der geforderten Datenstruktur durch einen Untervektor darstellen:

$$\overrightarrow{Bevölkerung} = (\overrightarrow{Alterssegment}, \overrightarrow{Personenzahl}, \overrightarrow{Krankheitsquote})$$

Alternative 2:

Es wird ein Vektorraum der dritten Dimension aufgestellt, in dem die Faktoren "Krankheiten", "Länder" und "Bevölkerungen" enthalten sind. Die "Zeit" wird zur Deklaration des jeweiligen Vektorraumes isoliert angegeben. Eine Durchführung der Berechnung des dreidimensionalen Vektorraumes ergibt sich somit für jede Periodenausprägung der "Zeit".

Periode x ("Zeit"):....

$$\vec{V}' = (\overrightarrow{Krankheit}, \overrightarrow{Land}, \overrightarrow{Bevölkerung})$$

[" $\vec{V}'$ " ist die Deklaration des Zielvektorraumes (Alternative 2)]

Die Dimension "Bevölkerung" wird auch hier in einen Untervektor unterteilt:

$$\overrightarrow{Bevölkerung} = (\overrightarrow{Alterssegment}, \overrightarrow{Personenzahl}, \overrightarrow{Krankheitsquote})$$

Mit dem Aufbau einer Datenstruktur nach der ersten Vorgehensweise (Alternative 1) läßt sich ein Gesamtmarktraum durch einen einheitlichen Vektorenraum erstellen. Seine Komplexität ist angesichts der vier Dimensionen und der Untergliederung der Dimension "Bevölkerung" sehr groß. Der Aufbau eines Gesamtmarktraumes nach der zweiten Vorgehensweise fordert hingegen eine strikte Ausgliederung der "Zeit". Sie wird als Deklarationsvariable zur Einordnung der Zieldatenstruktur verwendet. Die resultierende Datenstruktur kann vor dem Hintergrund der weiteren Bearbeitung als einfacher zu handhaben bezeichnet werden, da eine Unterteilung nach einzelnen Perioden erfolgen kann. Jedoch muß auch auf die Bedeutung der "Zeit" als Prognosedimension hingewiesen werden. Veränderungen in zeitlicher Hinsicht sind i.d.R. mit hohen Unsicherheiten belastet. Werden für diese Unsicherheiten weitere, detailliertere Analyseverfahren durchgeführt (z.B. F&E-Risikoanalysen), können diese in einer isolierten Struktur leichter erarbeitet werden als in einem geschlossenen Gesamtvektorraum. Dies spricht ebenfalls für eine Datenstruktur nach der zweiten Alternative. Die folgende Abbildung (4/5) stellt die Zieldatenstruktur nach der Vorgehensmethodik aus Alternative 2 dar.

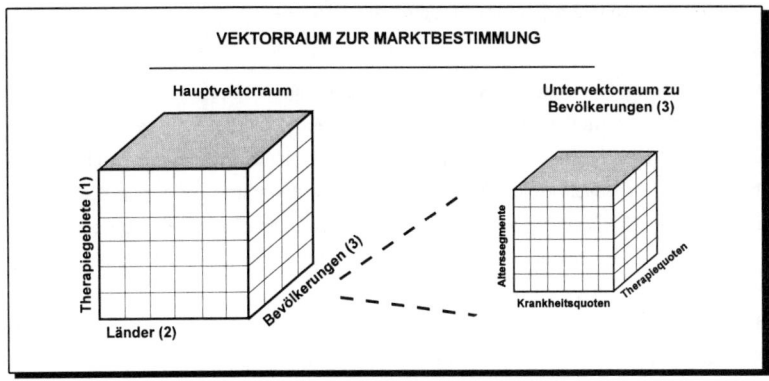

Abb. 4/5   Vektorraum des Marktraumes - der pharmazeutische Handlungsraum

Ein Beispiel soll die Bestimmung des Marktrauems zeigen. Dazu wird der Vektorraum für ein Land mit mindestens vier Therapiegebieten und den jeweiligen Bevölkerungssegmenten hierarchisch angegeben. Zu entnehmen ist der Darstellung zum einen der Untervektorraum der Bevölkerung (Dimension 3) und die Unterteilung der Perioden durch einzelne Vektorräume. Dies entspricht der Vorgehensweise aus Alternative 2.

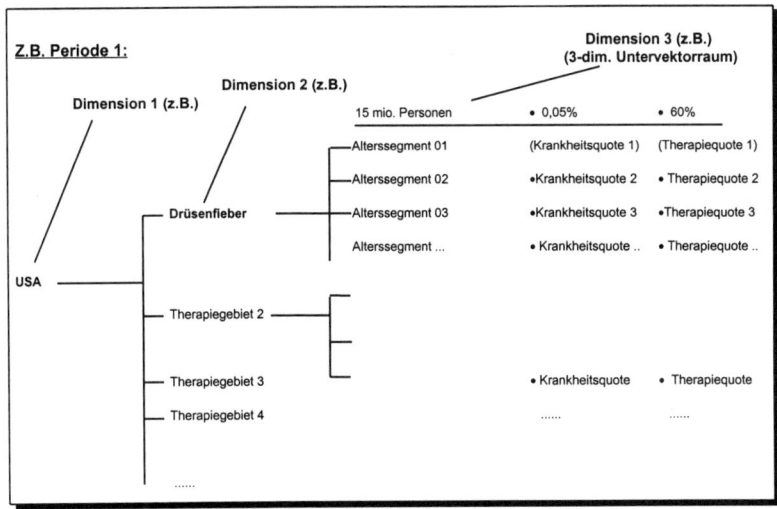

Abb. 4/6   Beispielhafte Darstellung des Vektorraumes für den Marktraum

105

2.4 Marktraumanalyse an einem Beispielfall

Die Firma SmithKline Beecham arbeitet bei ihrer langfristigen Umsatzprognose mit einer vom Vorgehen zur dargestellten Methodik ähnlichen, wenngleich deutlich weniger differenzierten Technik.[414] Hier werden in den 10-jährigen Produktplänen im Rahmen einer „Situation Analysis" einzelne Teilschritte durchlaufen, die das Marktvolumen und daraus den eigenen Marktanteil über verschiedene Perioden hinweg bestimmen sollen. SmithKline Beecham leitet dabei wie in 2.1.2 dieses Kapitels von den an einer Erkrankung leidenden Patienten über die Arztkontakthäufigkeit, Therapiewahrscheinlichkeit letztlich zur Höhe der therapierten Krankheitsfälle über. Eine Untersuchung nach einzelnen Ländern, wie sie in dieser Arbeit erfolgte, liefert auch in den Produktplänen von SmithKline Beecham die Grunddaten, von denen aufbauend eine Gesamtumsatzgröße bestimmt wird. Die Berechnungsverfahren werden im folgenden für die Firma SmithKline Beecham konkret anhand zweier Beispiele deutlich gemacht:[415]

- Produkt „Levimax"[416] (A) ist ein Medikament gegen eine spezielle Form der Schleimhauterkrankung. Es kann dabei in zwei unterschiedlichen Therapiefeldern eingesetzt werden.

- Produkt „Romaxan" (B) ist ein Mittel gegen eine seltene Form des Brustkrebses bei Frauen sowie einen speziellen Krebstypus in der Lunge bei beiden Geschlechtern.

In beiden Fällen bestimmt SmithKline Beecham zuerst die Verbreitung der Krankheit in Prozent der Gesamtbevölkerung. Für das Produkt „Levimax" (A) wurde dabei eine Inzidenz[417] von 0,11% im ersten Therapiefeld und 0,03% im zweiten Therapiefeld festgestellt. Eine Verteilung nach Alterssegmenten, wie sie in dieser Arbeit erfolgte, wird in den Verfahren von SmithKline Beecham nicht durchgeführt.[418] Damit wird letztlich auch die differenzierte Einbeziehung demographischer Veränderungen über die "Zeit" praktisch unmöglich. An diese Stelle tritt eine Beurteilung der weltweiten Verbreitung der Krankheit, die durch jährliche Steigerungsraten angegeben wird. Dies wurde in der vorliegenden Untersuchung mit den beiden Faktoren "Bevölkerung" (Anzahl der Personen) und dem Prozentsatz der erkrankten Personen berücksichtigt.

---

[414] Vgl. Garnier, J.-P. (1994), S. 2ff, SmithKline Beecham (1996) und (1996a), S. 2ff.

[415] Vgl. SmithKline Beecham (1996) und (1996a), S. 2ff.

[416] Produktnamen geändert.

[417] Die "Inzidenz" gibt an, wieviele Personen in einem Krankheitsfeld erkrankt sind, bezogen auf die Gesamtbevölkerung.

[418] Dies könnte zu einem größeren Detaillierungsgrad der Informationen führen, da langfristige Veränderungen in der demographischen Entwicklung bei einem Horizont von 10 Jahren durchaus eine bedeutende Rolle spielen. Die Firma SmithKline Beecham geht darauf jedoch nicht detailliert ein. Vgl. 2.3 und 2.1.2 in diesem Kapitel.

Für das Produkt „Romaxan" wurde im ersten Therapiefeld die Inzidenz in absoluten Zahlen angegeben, da hier aufgrund der speziellen Form des Krebses in weniger und unterentwickelten Ländern keine sicheren prozentualen Zahlen vorlagen. Es lagen hier allerdings die Produktverkäufe anderer Medikamente vor, sodaß direkt auf die Zahl der Erkrankungen geschlossen wurde.[419] Absolut wurde für dieses Krankheitsbild für das Jahr 1994 in den Industrienationen 550,000 Patienten festgestellt, die weltweite Erkrankungshäufigkeit wurde auf 1,320,000 Personen geschätzt. Im zweiten Therapiegebiet wurde eine Absolutzahl von 172,000 Personen in den Industrienationen und 220,000 Erkrankungen pro Jahr weltweit festgestellt.[420]

Produkt "Levimax"			
1. Indikation	2. Indikation	3. Indikation	4. Indikation
Inzidenz in %: 0,11	0,03	Nicht vorliegend	0,02
Bevölkerungszahl / relevanter Markt: 1,1 Mrd.	1,1 Mrd.	1,1 Mrd.	1,1 Mrd.
Anzahl der Patienten / 1995: 1,210,000	330,000	132,000	220,000
Durchschnittlicher Produkterlös je Patient p.a.: 320 Pfund	150 Pfund	480 Pfund	220 Pfund
Marktpotential: 387,2 mio. Pfund	49,5 mio. Pfund	63,36 mio. Pfund	48,40 mio. Pfund

Tab. 4/1 Grundinformationen zur Marktpotentialanalyse - Beispielfall

Zusätzlich zur Bestimmung des Marktvolumens im Ausgangsjahr ("Situation Analysis") berücksichtigt die Firma SmithKline Beecham für die Folgejahre eine Veränderung der Patientenzahlen bei gleichzeitig veränderten am Markt erzielbaren Preisen. Diese beiden Abschätzungen beziehen sich zwar auf den Gesamtmarkt, erlauben jedoch eine Unterteilung nach einzelnen Perioden. Das Vorgehen in dieser Untersuchung geht im Gegensatz zum behandelten Beispielfall deutlich differenzierter nach nationalen Einzelmärkten vor. Dies ist für die pharmazeutische Industrie angesichts der großen Bedeutung unterschiedlicher nationaler Gesundheitsmärkte und politischer Einflußnahmen als ein Vorteil der vorliegenden Arbeit zu interpretieren. Für den Ansatz im Beispielfall ist jedoch die große Praktikabilität und die ebenfalls gegebene Unterscheidung einzelner Perioden positiv festzustellen. Auch die mögliche Unter-

---

[419] Dies gilt insbesondere für die Länder Afrikas.
[420] Zahlen wegen Vertraulichkeit verändert. Vgl. SmithKline Beecham (1996).

scheidung einzelner Indikationen einer Wirksubstanz ist im Beispielfall positiv zu erwähnen. Es erfolgt keine aggregierte Marktvolumenbestimmung für eine Wirksubstanz, sondern eine Bestimmung der einzelnen Indikationsgebiete und anschließende Aggregation. SmithKline Beecham bemerkt dazu auch den hohen wirtschaftlichen Nutzen, der sich aus dieser Differenzierung ergibt: "Profitability will be maximised across the range by focusing on different indications in different geographical areas according to the size of the opportunity."[421] Es wird in folgender Tabelle dargestellt, welche Veränderungen sich für den Beispielfall in den nächsten zehn Jahren für die einzelnen Indikationen ergeben:

Produkt:	Levimax		Romaxan	
	Indikation 1	Indikation 2	Indikation 1	Indikation 2
Marktvolumen 1994, mio. Pfund	387,2	49,5	63,36	48,40
Erkrankungszahl 1995, Preisniveau 1995, Veränd. In %	+2 %, 0%	+1%, 0%	+1%, 0%	+1%, 0%
Angaben (s.o.), 1996	+1%, -2%	+1%, -1%	+2%,-2%	+2%, -2%
... für 1997	+1%, -2%	+1%, -2%	+2%, -3%	+2%, -3%
... für 1998	+1%, -2%	+1%, -2%	+2%, -2%	+2%, -3%
... für 1999	+1%, -2%	+1%, -2%	+2%, -2%	+2%, -3%
... für 2000	+1%, -5%	+1%, -5%	+3%, -3%	+2%, -2%
... für 2001	+1%, -5%	+1%, -5%	+3%, -3%	+2%, -2%
... für 2002	+1%, -5%	+1%, -5%	+3%, -3%	+2%, -2%
... für 2003	+1%, -5%	+1%, -5%	+3%, -3%	+2%, -2%

Tab. 4/2 Veränderungszahlen für 10-Jahres-Marktvolumenspläne - Beispielfall

Die Firma SmithKline Beecham berechnete aus diesen Angaben vom Jahr 1994 ausgehend für die folgenden 10 Jahre damit für die untersuchten Produktfelder folgende Ergebnisse:

---

[421] Vgl. SmithKline Beecham, (1996), S. 20.

	Produkt „Levimax" (A)		Produkt „Romaxan" (B)	
Weltmarkt-volumen:	Therapie-gebiet 1	Therapie-gebiet 2	Therapie-gebiet 1	Therapie-gebiet 2
Jahr 1994	387,2	49,5	63,36	48,40
Jahr 1995	394,94	50	64	48,88
Jahr 1996	391	50	64	48,88
Jahr 1997	387	49,5	63,35	48,40
Jahr 1998	383,2	49	63,35	47,9
Jahr 1999	379,4	48,5	63,35	47,4
Jahr 2000	364,2	46,6	63,35	47,4
Jahr 2001	349,6	44,7	63,35	47,4
Jahr 2002	335,7	42,9	63,35	47,4
Jahr 2003	322,2	41,2	63,35	47,4

Tab. 4/1 Übersicht der Marktvolumina für zwei Produkte anhand eines Praxisbeispieles[422]
Quelle: SmithKline Beecham (1996), S. 7 und (1996a), S. 34.

3 Modul II: Lebenszyklus für ethische Arzneimittel

3.1 Einführung

Wie in 1.1 in Kapitel III ausgeführt wurde, besitzt eine Wirksubstanz in der ethischen Pro-
duktlebenszyklusphase seine größte Ertragskraft. Während dieser Phase sollten sich die hohen
Investitionen der Forschung und Entwicklung amortisieren. Aufgrund der starken Marktstellung innovativer Arzneimittel durch den Patentschutz ergeben sich hier die größten Umsatz-
steigerungsraten und für ein Produkt die Möglichkeit, einen exponentiellen Umsatzverlauf zu
erreichen. Dazu müssen an zahlreichen Stellen Leistungsparameter erarbeitet werden, ohne
die eine genaue Quantifizierung der Umsatz-, Kosten- und Erfolgsverläufe nur schwer möglich ist. Dies ist insbesondere im Bereich der relativen Produkt- und Vertriebsleistung notwendig. Sie geben die Leistungsprofile einzelner Produkte an. Auf dieser Grundlage können
strategische Entscheidungen zur Produktführung getroffen werden, der Marketing-Mix ausgestaltet und Preis-Absatzfunktionen für einzelne Perioden entwickelt werden.

---

[422] Zahlenwerte wegen Vertraulichkeit z.T. verändert.

3.2 Vorgehensweise

Um die Informationsanforderungen des ethischen Produktlebenszyklus erfüllen zu können, wird im folgenden ein Phasenmodell mit Teilschritten zur Entwicklung der ethischen Lebensphase erarbeitet. Die inhaltlichen Phasenschritte werden im Anschluß erarbeitet:

Phase I: Darstellung der Gesamtübersicht der Wirkstoffe einer Unternehmung

Phase II: Definition der potentiellen Einsatzfelder einer Wirksubstanz

Phase III: Quantifizierung des Marktpotentiales und des -volumens

Phase IV: Bestimmung relativer Produkteigenschaften und Vertriebsleistungsgrößen

Phase V: Strategische Ausrichtung der Produkte und Definition der Produktstrategie

Phase VI: Erarbeitung der Preis-Absatzfunktionen für zukünftige Perioden

Phase VII: Preisoptimierung zur dynamischen Gewinnoptimierung

Phase VIII: Reaktionen auf veränderte Informationen und strategische Neuausrichtung

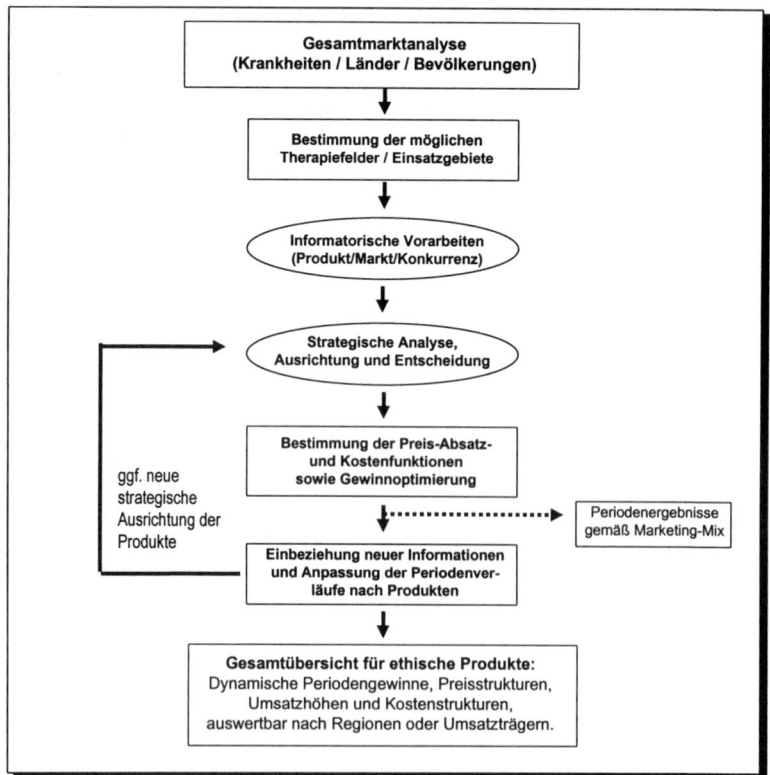

Abb. 4/7   Vorgehensweise zur Erarbeitung des ethischen Produktlebenszyklus

3.3 Strukturierung der Teilschritte

3.3.1 Gesamtmarktpotential der ethischen Produktpalette

Bevor eine Bestimmung der Marktvolumina für ethische Arzneimittel erfolgt, sollen die theoretisch erzielbaren Marktpotentiale von Wirksubstanzen ermittelt werden. Unter einem Marktpotential versteht man die "maximale Ausbringungsmenge, die unter gegebenen Bedingungen von den Anbietern einer bestehenden Absatzleistung im Bezugszeitraum realisiert werden kann. Die Größe gibt somit die Aufnahmefähigkeit eines Marktes wieder."[423]

Für eine Pharmaunternehmung läßt sich eine Potentialanalyse durch die Verbindung der eigenen Produktpalette mit dem Gesamtmarktraum erstellen (vgl. Abb. 4/8). Durch ein schrittweises Vorgehen gemäß der Methodik der entwickelten Marktpotentialanalyse kann die Potentialanalyse auf Einzelprodukten durchgeführt werden.

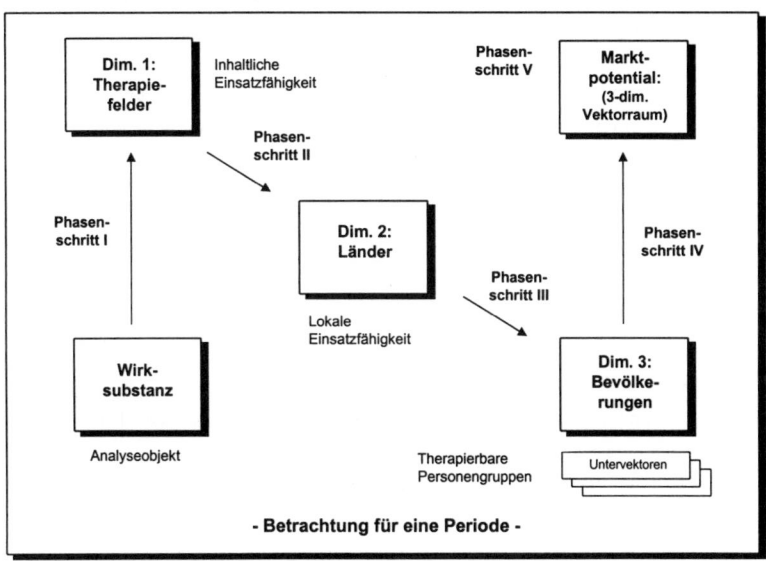

Abb. 4/8   Bestimmungsmethodik zum Marktpotential einer ethischen Wirksubstanz

Im ersten Schritt ist die ethische Produktpalette in Wirksubstanzen zu untergliedern. Die Wirksubstanz wird untersucht, in welchen Therapiefeldern sie eingesetzt werden kann (Schritt I). Danach wird eine Verwendung nach einzelnen Ländern geprüft (Schritt II), bevor eine Bestimmung der erkrankten und therapierbaren Personen innerhalb der Bevölkerung eines Lan-

---

[423] Vgl. Nieschlag, R. / Dichtl, E. / Hörschgen, H. (1994), S. 1060 und Kotler, P. / Bliemel, F. (1995), S. 385ff.

des erfolgt (Schritt III). Es ergibt sich daraus für eine bestimmte Periode letztlich ein dreidimensionaler Vektorraum mit den Faktoren "Therapiefeld", "Land" und "Bevölkerung").

Als Zwischenergebnis ergibt sich für jedes Produkt ein theoretisch erreichbares Marktpotential (vgl. Abb. 4/8). Seine Vektorform besitzt eine dreidimensionale Struktur. Der Vektorraum gibt die Menge der Personen an, die bei der Heilung von Krankheiten nach Ländern als potentielle Verwender der Wirksubstanzen einer Unternehmung über Zeit zu betrachten sind.

Um die Marktpotentialberechnung eines Arzneimittels für weitere Rechenschritte zur Verfügung zu stellen, muß sie in einer sinnvollen Datenstruktur aufbereitet werden. Der zentrale Faktor zur Strukturierung sollten dabei die "Länder" sein, da damit eine schnelle Zuordnung zu nationalen Teilmärkten und ihren Ausschöpfungsgraden am Markt möglich werden. Auch können Wechselkursveränderungen, unterschiedliche Markteintrittszeitpunkte und verschiedene Ergebnisse aus Preisverhandlungen auf diese Weise schnell einzelnen Ländern zugeordnet werden, was einer sinnvollen Gliederung aus Marktsicht entspricht.

Es bieten sich zur Analyse der Marktpotentiale einer Wirksubstanz dabei folgende Zielgrößen an, die mit ihrer Bestimmung als Einzelverfahren zu diskutieren und auf ihre Verwendbarkeit im vorliegenden Modellansatz zu untersuchen sind:

1. Marktpotential in Einheitsdosen p.a.,

2. Marktpotential in Geldmengen p.a. oder

3. Marktpotential in absoluten Therapiezahlen p.a..

Das Marktpotential in Einheitsdosen ermöglicht den Vergleich einzelner Objekte (Wirksubstanzen), ohne die Informationen der ihnen zugrundeliegenden, absoluten Therapiezahlen aufzugeben. So kann die Zahl der therapierten Personen durch einfache Division der Gesamteinheitsdosenzahl durch die Einheitsdosenzahl pro Person.[424] Gleichzeitig bietet diese Datenstruktur den Vorteil, im Rahmen der späteren Kostenzuweisung die Herstellungskosten auf Einheitsdosenbasis zuordnen zu können. Auch die Problematik flexibler Wechselkursverhältnisse über Zeit wird durch die Wahl der Mengengröße umgangen. Die Informationen einzel-

---

[424] Liegt die Datenstruktur für mehrere Länder vor, ist die einfache Division durch eine Division mit einer Diagonalenmatrix zu ersetzen. Eine Diagonalenmatrix ist eine Matrix, die nur Werte ungleich null auf der Diagonalen besitzt. Alle anderen Positionen besitzen den Wert Null. Durch die Multiplikation einer Matrix mit einer Diagonalenmatrix erhält man einen neuen Datensatz, der aus den bestehenden Daten durch eine Multiplikation der alten Datenwerte mit den Werten auf der Diagonalen hervorgeht. Haben z.B. zwei Gruppen mit 100 und 200 Personen eine Erkrankungsrate von 4% und 3% (Elemente der Diagonalenmatrix), so ergibt die Multiplikation beider Matrizen die Werte 4 und 6 (100 mal 4% und 200 mal 3%). Die Division mit einer Diagonalenmatrix erfolgt analog und entspricht einer Multiplikation mit den Kehrwerten der Diagonalenmatrix.

ner Länder bleiben dadurch identifizierbar. Als Bindeglied muß hier ein Vektor entwickelt werden, der aus der absoluten Therapiezahl die Anzahl der Einheitsdosen für einzelne Länder bestimmt.

Das Marktpotential in Geldmengen p.a. zu beschreiben, beinhaltet neben dem Vorteil der monetären Quantifizierung den Nachteil der Wechselkurseinbindung. Gleichzeitig werden durch die monetäre Bezugsgröße die Informationen des Mengengerüstes aufgegeben. Hochpreisige Arzneimittel werden dabei gegenüber niedrigpreisigen Präparaten den Eindruck erzeugen, einen ungleich höheren Mengenverbrauch zu besitzen. Dies muß nicht die tatsächlichen Absolutzahlen verkaufter Einheitsdosen wiederspiegeln. Das Marktpotential in Geldmengen p.a. stellt somit eine nur bedingt verwendbare Meßgröße zur Bestimmung der Marktpotentiale nach einzelnen Wirksubstanzen dar, die jedoch notwendig wird, wenn konkrete Umsatzlebenszyklen zu bestimmen sind.

Das Marktpotential in absoluten Therapiezahlen p.a. anzugeben, entspricht der Vorgehensweise aus Alternative 1 in nicht quantifizierter Form. Hier werden die von einer Wirksubstanz in einzelnen Krankheitsfeldern therapierten Personen nach einzelnen Ländern zusammengefaßt. Es wird hierbei nicht nach unterschiedlich starken Verschreibungen innerhalb eines Therapiefeldes in einzelnen Ländern differenziert. Dieser Schritt ist nach der Methodik in Alternative 1 möglich. Erst dadurch läßt sich für unterschiedliche Länder eine genaue Verteilung der Therapiedosen pro Kopf und Jahr errechnen.[425]

Der Alternative 3 muß als einziger bedeutender Vorteil zugutegehalten werden, daß es sich hier um eine praxisnahe, leicht operationalisierbare Lösung handelt. Sie erreicht jedoch nicht das informatorische Qualitätsniveau der Alternative 1. Die Alternative 2, das Marktpotential direkt in Geldmengen p.a. zu bestimmen, ohne die Patientenzahlen dahinter aufzuführen, wurde nur eingeschränkt als verwendbares Datenstrukturierungsverfahren ausgewiesen. Hier kann praktisch nicht mehr nach Preisveränderungen auf die Zahl der Patienten zurückgerechnet werden. Somit erweist sich nach Führung der inhaltlichen Diskussion die Alternative 1, welche eine Erweiterung der Alternative 2 mit hinterlegten absoluten Patientenzahlen ist, als die geeignetste Vorgehensmethodik zur Bestimmung des Marktpotentiales ausgewiesen. Nach ihr ergibt sich auf Basis von Einheitsdosen die folgende visualisierte Datenstruktur der Marktpotentialbestimmung (vgl. Abb. 4/9).

---

[425] In verschiedenen Ländern werden zum Teil deutlich unterschiedliche Dosen an Arzneimitteln zur Behandlung identischer Krankheiten verschrieben. Dies hängt vom nationalen Verschreibungsverhalten der Ärzteschaft ab. Als weiterer Grund ist das unterschiedliche Wohlstandsniveau einzelner Länder zu nennen. Vgl. Bundesverband der pharmazeutischen Industrie (1988), S. 42, Granitza, A. (1987), S. 1122 und Anhang 3.

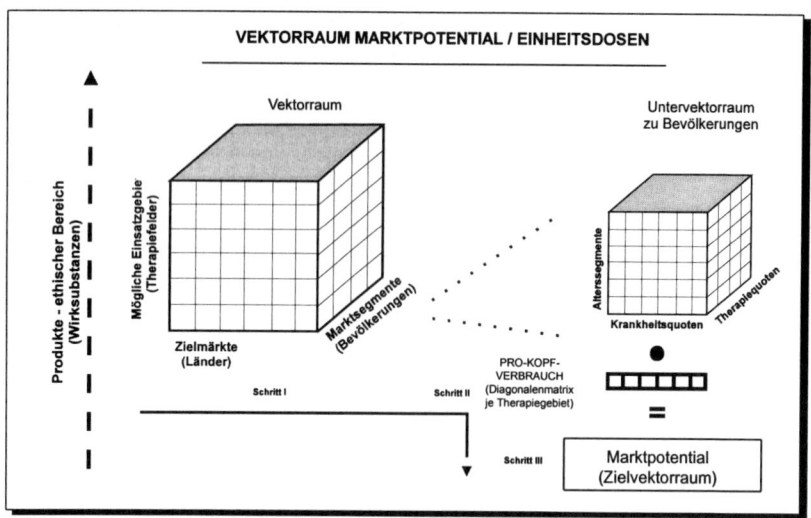

Abb. 4/9   Marktpotential in Einheitsdosen - Ethischer Produktlebenszyklus

3.3.2 Bestimmung des Marktvolumens aus dem Marktpotential

Das Marktvolumen ist im zweiten Schritt aufbauend auf der Bestimmung des Marktpotentiales zu berechnen. Meffert definiert das "Marktvolumen .. (als) die realisierte oder prognostizierte effektive Absatzmenge (Umsatz) einer Branche (Branchen- oder Produktgruppenumsatz)".[426] In der pharmazeutischen Industrie beschreibt das Marktvolumen letztlich die tatsächlich therapierten Personensegmente mit der Anzahl der verabreichten Einheitsdosen für einen definierten Produktmarkt. Der Produkt-/Marktraum wurde durch die Gliederungsdimensionen Länder, Therapiefelder und Bevölkerungen bestimmt.

Um vom Marktpotential zum Marktvolumen überzuleiten, sind einige Teilschritte festzulegen. In der folgenden Abbildung wird dabei ein Ablaufverfahren dargestellt, mit dem aus dem Marktpotential das Marktvolumen in einem Krankheitsfeld errechnet werden kann. Für den Fall nicht existierender Daten in einzelnen Therapiefeldern müssen empirische Untersuchungen und Schätzungen durchgeführt werden, die Aufschluß über die tatsächliche Versorgungssituation in einem Therapiefeld geben.[427]

---

[426] Vgl. Meffert, H. (1991), S. 216.

[427] Dies sind empirische Studien, wie sie z.B. von den Marktforschungsinstituten wie IMS angeboten werden.

In der Unternehmenspraxis hat sich der kombinierte Einsatz unterschiedlicher Verfahren zur Erarbeitung dieser wichtigen Informationen bewährt.[428] So geht die Firma Boehringer Mannheim (nun Roche-Diagnostics) bei Diabetes Mellitus[429] zur quantitativen Bestimmung einzelner Therapiegruppen über eine Verbindung von eigenen Marktforschungsstudien und allgemeine Krankheitsstatistikzahlen vor. Das Unternehmen ist Marktführer bei der Blutzuckerselbstkontrolle, sodaß eine genaue Quantifizierung einzelner Therapieklassen von großer Bedeutung ist. Unterschiedlich therapierte Patienten weisen einen deutlich unterschiedlichen Bedarf an Blutzuckerkontrolle auf, sodaß sich verschiedene wirtschaftliche Marktvolumina direkt daraus ableiten lassen. Daher ist auch die Unterscheidung zwischen Marktpotential und -volumen wichtig, da letztlich alle Patienten, die trotz Arztkontakt ohne eine Diabetes-Therapie leben sowie die nicht entdeckten, aber bereits erkrankten Diabetiker das zu erreichende zusätzliche Marktpotential darstellen.[430]

Generell ist zu bemerken, daß empirische Studien zur Bestimmung der Prozentsätze immer möglich sind und auch bestehende Marktforschungszahlen externer Anbieter ergänzen können. Da das bereits hergeleitete Marktpotential in Vektorenform vorliegt, lassen sich durch Multiplikation die Marktvolumina für einen Produktmarkt bestimmen.

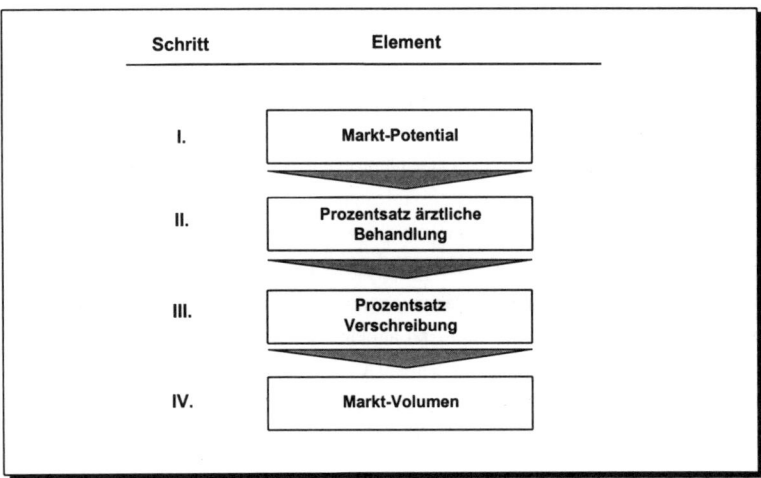

Abb. 4/10   Bestimmung des Marktvolumens aus dem Marktpotential

---

428 Vgl. den Ansatz der Knoll AG sowie das Beispiel von Boehringer Mannheim, s.u..

429 Unterschieden wird bei Diabetes mellitus der juvenile, insulinbehandelte Diabetes mellitus (Typ I) und der Erwachsenendiabetes (Typ II), der sich in einen insulintherapierten und einen mit oralen Antidiabetika bzw. diätisch behandelten Diabetes mellitus unterteilt.

430 Einfügen: Zahlen und Quellen zur Diabetes-Prognose.

Das Marktvolumen stellt somit nach der systematischen Darstellung in Abbildung 4/10 die Summe der möglichen Produktmengenverkäufe in einem bestimmten Therapiegebiet dar.

3.3.3 Überschneidungen von Krankheitsfällen

Eine Problematik bei der Bestimmung des Marktvolumens ist die Differenzierung nach der Zeit. Segmentiert man einzelne Perioden nach Jahren, so lassen sich Krankheitsfälle feststellen, deren Therapie in einer Jahresperiode beginnt, zeitlich jedoch in die nächste hineinreicht. In welchem Fall kann man von einer Vernachlässigung dieser Problematik ausgehen? Dies ist sicherlich nur dann möglich, wenn die Krankheitszahlen keinen diskontinuierlichen Veränderungen zwischen zwei Perioden unterliegen. Die Therapiefälle, die in einer vorherigen Periode begonnen wurden und in eine spätere Periode hineinreichen, neutralisieren sich dann weitgehend mit den Therapiezahlen, die am Ende der Periode auftreten und sich in eine weitere Periode erstrecken. Ist dies nicht der Fall, ist die Gesamtzahl der problematischen Überschneidungsfälle anzugeben und exakt zu quantifizieren.

3.2.4 Marktpotential und -volumen in einem Praxisbeispiel

Die Firma BASF-Pharma / Knoll AG berechnet mit einer selbstentwickelten Gesamtmethodik im Rahmen der wertorientiereten Produktführung („PEP")[431] auf sehr ähnliche Weise die erwarteten Marktanteile seiner Produkte für die Zukunft. Auf höchster Ebene werden dazu erneut die geschätzten Marktanteile mit dem entsprechenden Marktvolumen multipliziert.

Das Marktvolumen setzt sich dabei wie folgt zusammen: Zuerst wird die Anzahl der Patienten in einem Therapiefeld bestimmt. Daraus leitet sich über einen Prozentsatz die Anzahl der Personen ab, die danach einen Arztkontakt haben. Erneut durch prozentuale Multiplikation werden dann die Personen bestimmt, die vom Arzt auf eine Arzneimitteltherapie eingestellt werden. Dies ist letztlich die aus dem Marktpotential (Anzahl aller erkrankten Personen) abgeleitete Größe zur Berechnung des Marktvolumens in einem Therapiefeld. Die folgende Beispielrechnung stellt den Vorgehensprozeß der BASF-Pharma / Knoll AG dar, der sich sehr eng an der Methodik dieser Arbeit ausrichtet.

---

431 PEP = „Product Evaluation Package". Hier werden Gedanken des Shareholder-Value-Ansatzes auf die Produktführung von Arzneimitteln übertragen. Vgl. Gespräch mit Spickschen, T. (1996) und Schröder, Ch. (1996).

Produkt A:	„Lanitosin"[432]	
Schritt 1:	Anzahl der Patienten / erkrankt:	<u>75,4 mio. Personen</u>[433]
Schritt 2:	Anteil Arztbesuch:	83 %
Schritt 3:	Anteil Arztbesuch und Gespräch über das Problem:	73 %
Schritt 4:	Anteil Patienten, die Therapie mit einem Medikament empfohlen bekommen (drug treatment rate):	4,5%
Schritt 5:	Anteil Personen, die Therapie nach Empfehlung auch durchführen:	60 - 80 %
Schritt 6:	Dauer der Therapie und TTK (Tages-Therapie-Kosten):	420 DM
	(120 Tage · DM 3,50 = DM 420)	
<u>Berechnung:</u>	<u>Marktvolumen:</u>	<u>11,34 - 15,12 mio. DM</u>
Schritt 7:	Anteil Patienten, die unser Produkt erhalten:	30 - 40 %
<u>Berechnung:</u>	<u>Marktanteil:</u>	<u>3,402 - 6,048 mio. DM</u>

Tab. 4/2 Marktanteilsbestimmung in der Praxis - Beispielfall
Quelle: BASF - Pharma Knoll AG (1996), Gespräch mit Bufka, J. (1996).

Zu erkennen ist an der Methodik der BASF - Pharma / Knoll AG, daß sie in weiten Teilen der Vorgehensweise dieser Arbeit gleichkommt. Dennoch ist zu kritisieren, daß der eigentliche Marktanteil wie auch die wesentlichen Schritte zuvor bei der Berechnung durch einfache Plausibilitätsüberlegungen bestimmt wird, und nur wenige Verfahren dahinter eine Relation zu Konkurrenzprodukten, der Unternehmensumwelt und anderen Einflußfaktoren konsequent herstellen.[434]

Die vorliegende Arbeit sollte daher im folgenden deutlich differenziertere Verfahren entwikkeln, um die einfache Marktanteilsbestimmung für zukünftige Perioden in der Unternehmenspraxis zu objektivieren und damit zu genaueren Ergebnissen zu gelangen, auf deren Grundlage eine quantitativ unterstützte, strategische Produktplanung erfolgen kann.[435]

---

[432] Namen geändert wegen Vertraulichkeit.

[433] Alle Zahlenangaben geringfügig verändert wegen Vertraulichkeit.

[434] Vgl. Gespräch mit Bufka, J. (1996), BASF - Pharma / Knoll AG (1996) und Gespräch mit Schröder, Ch. (1996).

[435] Vgl. die Ausführungen zur Methodik in 2.5 in Kapitel II.

3.4 Bestimmung der Produktleistung - Produktattraktivität

3.4.1 Erarbeitung einer Vorgehensmethodik

Ziel der folgenden Ausführungen ist aufbauend auf der Marktvolumensbestimmung die methodische Entwicklung des prozentualen Marktanteiles für die Menge der Wirkstoffe einer forschenden Pharmaunternehmung. Um zur realistischen Marktanteilsbestimmung zu gelangen, sollte in einem Zwischenschritt dabei die relative Marktstellung der eigenen Produkte (Wirkstoffe) erarbeitet werden. Erst danach sollten die Preis-Absatzfunktionen bestimmt werden. Es wird in dem vorgestellten Verfahren dabei in zwei Phasen vorgegangen, die den Charakteristika pharmazeutischer Produktmärkte (Marketing-Mix) entsprechen:

1. Bestimmung der relativen Produktattraktivität einzelner Produkte und

2. Bestimmung der Marktverfügbarkeit der Produkte.

Erst im Anschluß an diese Vorarbeiten soll dann eine quantitative Bestimmung der Preis-Absatzfunktionen erfolgen. Hierzu werden die methodischen Ansätze in der Literatur diskutiert und bewertet. Sie werden zu einem Gesamtsystem verbunden, das auf die Problemstellung dieser Arbeit eingeht.

3.4.2 Definition der Leistungsparameter

Die zahlreichen Einflußfaktoren auf die relative Stellung eines pharmazeutischen Produktes im Umfeld seiner Konkurrenzprodukte lassen sich mit Hilfe betriebswirtschaftlicher Produkt-/Marktüberlegungen in zwei methodische Teilbereiche trennen. Dies sind zum einen die Leistungen des Produktes selbst (Produktattraktivität) und zum anderen die vertriebsbegleitenden Leistungen zur Penetration der Märkte (Marktverfügbarkeit). Beide Leistungsbündel können durch die Unternehmen beeinflußt werden. Die Produktattraktivität kann wiederum unterteilt werden in einzelne Leistungskomponenten des Produktes. Dies ist der folgenden Abbildung für die zu erarbeitende Methodik der Marktanteilsbestimmung zu entnehmen:

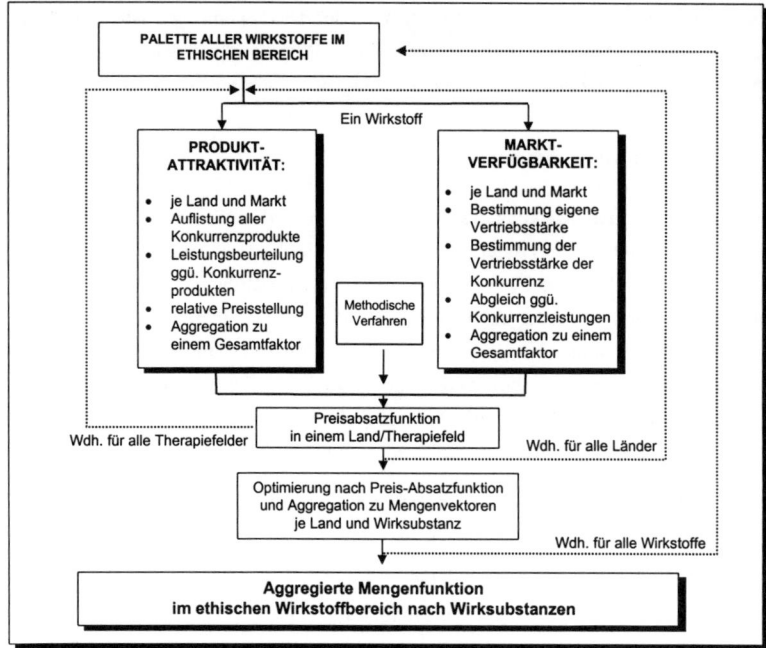

Abb. 4/11   Vorgehensweise zur methodischen Bestimmung der Marktanteile

Die Vorarbeiten zur Produktattraktivität und Marktverfügbarkeit können unter Verwendung von Scoringmodellen[436] durchgeführt werden. Sie sind essentiell für eine spätere, exakte Bestimmung der Preis-Absatzfunktionen.[437] Gerade für das Marketing ergibt sich die Möglichkeit, mit diesen Ansatzpunkten über die zukünftige Produktführung zu entscheiden. In der Literatur wird explizit gefordert, daß diese markt- und produktbeschreibenden Einflußfaktoren zur Bestimmung der Preis-Absatzfunktionen einzubeziehen sind.[438]

3.4.3 Relative Produktattraktivität

3.4.3.1 Struktur der Erarbeitung

Im ersten Teilschritt nach der Vorgehensmethodik aus Abbildung 4/11 wird auf Basis einer Wirksubstanz die Produktattraktivität in einem definierten Produkt-/Marktraum hergeleitet. Sie sollte für jedes Objekt (Wirksubstanz) einer Unternehmung und für jedes Zieltherapiefeld

---

[436] Vgl. Strobel, H. (1975).

[437] Vgl. Hilleke, K. (1995), S. 649ff.

[438] Vgl. Simon, H. in Hilleke, K. (1995), S. 650.

bestimmt werden. Der inhaltliche Fokus liegt dabei auf der Bestimmung der relativen Stellung der eigenen Produktleistung zu Konkurrenzprodukten. Dies bedeutet, daß in jedem Leistungsattribut (z.B. Wirkungsstärke) ein Vergleich zum jeweils stärksten Produkt erfolgt.

3.4.3.2 Definition der Leistungsattribute

Nach der Beschreibung des Marktraumes mit den eigenen Wirkstoffen eines Unternehmens sind in der Folge die relevanten Produktleistungsattribute nach einzelnen Therapiefeldern zu bestimmen. Für die vorliegende Untersuchung werden dabei Attribute zur Beurteilung der Produktleistung definiert, die in der Unternehmenspraxis durch weitere Eigenschaftsmerkmale ergänzt werden können. Sie erscheinen für die pharmazeutische Industrie besonders relevant. Für alle Produkte eines Unternehmens sollten einheitliche Beurteilungsattribute gewählt werden. Die einheitliche Definition der Attribute ermöglicht die Vergleichbarmachung einzelner Produkte und ihrer Leistungsprofile über verschiedene Produkt-/Markträume hinweg:

1. Ausmaß und Intensität von Nebenwirkungen

2. Verwendbarkeit zur Langzeitbehandlung

3. Therapeutische Innovationsstärke des Produktes

4. Intensität der Produktwirkung (Effizienz)

Abb. 4/12   Exemplarische Definition von Produktleistungsattributen

Wie lassen sich die für die vorliegende Untersuchung exemplarisch gewählten Attribute für den ethischen Produktbereich begründen? Zur zentralen Leistungskomponente zählt sicherlich die Effizienz eines Produktes, welche die Qualität seiner Wirkung beschreibt. Auch die Nebenwirkungen werden aufgeführt. Sie begleiten i.d.R. die positiven Produktwirkungen. Gerade für chronisch Kranke ist auch die Möglichkeit der Langzeitbehandlung mit einem Arzneimittel von großer Bedeutung. Daher wurde auch sie in der exemplarischen Auswahl aufgeführt. Die Innovationsstärke eines Produktes schließlich gibt an, welchen Fortschritt ein neues Produkt bei der Behandlung in einem Therapiefeld leistet. Dies ist von großer Bedeutung für die Ärzteschaft, die einen großen Einfluß auf das Produktabsatzvolumen ausübt. Auch dieses Attribut wurde für das zu entwickelnde Scoringverfahren ausgewählt. Weitere Attribute sind in der Unternehmenspraxis durchaus möglich und sollten situationsspezifisch ergänzt werden.

3.4.3.3 Analyse der relativen Produktattraktivität

Durch die Wahl eines Scoring-Modelles[439] kann die Darstellung eines Produktes im Umfeld seiner Konkurrenzpräparate erleichtert werden. Es soll dabei ein Modell mit einer intervallskalierten, metrischen Gesamtskala von "0" bis "100" gewählt werden. Als Niveauwerte sollen dazu nur drei Ausprägungswerte definiert werden:[440] Der Gesamtwert von "0" bedeutet, daß das Produkt rechnerisch keine Produktattraktivität besitzt, also gegenüber Konkurrenzprodukten keine meßbaren Eigenschaften bestehen. Der Gesamtwert von "50" bedeutet, daß sich das Produkt in seiner Leistungskomponente auf dem Durchschnittsniveau der Konkurrenzprodukte befindet. Ein Gesamtwert von "100" signalisiert, daß das Produkt in seiner Leistungskomponente gegenüber seinen Konkurrenzprodukten in allen Attributen überlegen ist. Dieser Idealfall wird in der Realität von fast keinem Produkt erreicht, da innovative Arzneimittel mit hoher positiver Wirkung in aller Regel auch über starke Nebenwirkungen verfügen.[441] Zum Beispiel könnte ein absolut sicheres Heilungsmittel gegen AIDS ohne meßbare Nebenwirkungen einen Produktleistungswert von "100" erreichen. Um eine spätere Meßbarkeit der Ergebnisse zu erreichen, dürfen für die einzelnen Attribute jedoch nur die Pole "0" und "100" als Extremausprägungen definiert werden (vgl. Tab 4/1). Zwischenstufen sollten aufgrund der subjektiv unterschiedlichen Wahrnehmung der Wertabstände und der nicht meßbaren Mittelwertbildung zwischen Wertausprägungen nicht definiert werden.[442]

Die Bewertungen der einzelnen Teilattribute[443] soll im folgenden ebenfalls in einer "100"-er Skala erfolgen. Erst danach sollen sie aggregiert werden. Hierzu werden die Attribute des eigenen Produktes zwischen "0" und "100" bewertet und zum Konkurrenzvergleich mit dem stärksten Wettbewerbsprodukt und seiner Attributsausprägung ("0" bis "100") in Relation gesetzt. Dies erfolgt durch die Division des eigenen Ausprägungswertes mit dem Ausprägungswert des stärksten Wettbewerbproduktes in einem Attribut (relative Stellung). Ist ein Produkt in einem Attribut besser als alle anderen Produkte, so ergibt die Division durch den Wert des stärksten Konkurrenten ein Ergebnis größer als Eins. Alle Divisionsergebnisse zwischen 0 und 1 bzw. >1 werden danach mit dem Faktor "100" multipliziert, um auf einen quantifizierten Punktewert überzuleiten. Diese Vorgehensweise stellt ein mögliches Verfahren zur Bestimmung geeigneter Rechengrößen dar. Positiv an diesem Ansatz ist, daß mit diesem Verfahren auch eine meßbare, intervallskalierte Nutzenfunktion mit gleichen Wertabständen gebildet

---

439 Vgl. Strebel, H. (1975).

440 Als notwendige Bedingung muß erfüllt sein, daß die definierten Ausprägungswerte im gleichen, mathematisch bestimmbaren Abstand zueinander stehen. Bei Definition zweier Pole kann eine spätere mathematische Verknüpfung und ein Vergleich zwischen den einzelnen Produktattraktivitäten erfolgen. Vgl. zur Entscheidungstheorie Eisenführ, F. / Weber, M. (1993), S. 111ff.

441 In zunehmendem Maße werden durch den Einsatz von Bio- und Gentechnologie Produkte derart zielgerichtet entwickelt, daß die Gefahr großer Nebenwirkungen sinkt. Vgl. 1.1.2.1 in Kapitel III.

442 Vgl. 1.1.2.1 in Kapitel III.

443 Diese werden durch gewichtete Multiplikation zu einem Gesamtleistungsfaktor aggregiert.

werden kann (meßbare Wertfunktion).[444] Es wird in der folgenden Tabelle eine mögliche Definition der Ausprägungen und Pole durchgeführt.

ATTRIBUT	Definition Wert "0"	Definition Wert "100"
1) Nebenwirkungen	extrem starke Nebenwirkungen	keine Nebenwirkungen
2) Langzeitbehandlung	vollkommen ungeeignet	einschränkungslos möglich
3) Innovationsstärke	reines "Me-too"-Produkt	Signifikanter Durchbruch in der Anwendungstherapie
4) Wirkung / Effizienz	praktisch wirkungslos	vollkommene und nachhaltige Wirkung

Tab. 4/3   Produktattribute und Ausprägungsdefinitionen - Relative Produktattraktivität

Nach der Definition der Pole einzelner Attribute wird in der folgenden Abbildung 4/13 angegeben, wie die unterschiedlichen Attribute zu einem Gesamtmaß der relativen Produktleistung aggregiert werden. Es werden dabei für jedes Attribut die eigenen Ausprägungen angegeben (Spalte 2). Das gleiche erfolgt für die jeweils stärksten Konkurrenzprodukte in einem Therapiefeld (Spalte 3). Durch Division erhält man schließlich ein Maß der relativen Stärke für jedes Attribut (Spalte 4). Werden die einzelnen Attribute schließlich in ihrer Bedeutung für die gesamte Produktleistung gewichtet (Spalte 5), ergibt sich durch Multiplikation ein Endfaktor für ein Attribut (Ergebniswert, Spalte 6). Faßt man alle Ergebniswerte schließlich zusammen (Summenbildung), erhält man ein gewichtetes Gesamtmaß. Dieses Endergebnis wird in der folgenden Abbildung als "relative Produktleistung" bezeichnet.

---

[444] Vgl. Eisenführ, F. / Weber, M. (1993), S. 93ff.

Informationsdeklaration: *Wirksubstanz / Krankheitsbild / Land*

ATTRIBUT	QUALITÄT DES EIGENEN PRODUKTES	QUALITÄT DES STÄRKSTEN KONKURRENZ- PRODUKTES	BESTIMMUNG DER RELATIVEN STÄRKE	GEWICHTUNGS- FAKTOR DES ATTRIBUTES	ERGEBNISWERT DES ATTRIBUTES
1) Neben- wirkungen	Variable 1a	Variable 1b	$\dfrac{1a}{1b}$	Gewicht 1	$\dfrac{\text{Gewicht 1} \cdot 1a}{1b}$
2) Langzeit- behandlung	Variable 2a	Variable 2b	$\dfrac{2a}{2b}$	Gewicht 2	$\dfrac{\text{Gewicht 2} \cdot 2a}{2b}$
3) Innova- tionsstärke	Variable 3a	Variable 3b	$\dfrac{3a}{3b}$	Gewicht 3	$\dfrac{\text{Gewicht 3} \cdot 3a}{3b}$
4) Wirkung / Effizienz	Variable 4a	Variable 4b	$\dfrac{4a}{4b}$	Gewicht 4	$\dfrac{\text{Gewicht 4} \cdot 4a}{4b}$
		"RELATIVE PRODUKTATTRAKTIVITÄT"			→ Summe

Abb. 4/13   Vorgehensweise zur Evaluation der relativen Produktleistung

Zur Verdeutlichung an einem Beispielfall nehmen wir an, daß das Produkt einer Firma in einem Therapiefeld mit sechs Produkten fremder Unternehmen konkurriert. Dabei besitzt das eigene Produkt in den für diese Arbeit beispielhaft gewählten Attributen Leistungseigenschaften, die in der folgenden Darstellung abgebildet sind. Gleichzeitig wird das stärkste Konkurrenzprodukt in einem Leistungsattribut (z.B. Wirkung) genannt und mit seiner Bewertung nach der vorgestellten Methodik angegeben.

123

Leistungen					
Attribut	Polbezeichnung für Wert "0"	Polbezeichnung für Wert "100"	Ausprägung eigenes Produkt	Bester Wettbewerber	Ausprägung bester Wettbewerber
Nebenwirkung	extrem stark	keine	60	Produkt 1	50
Langzeitbehandlung	vollkommen ungeeignet	einschränkungslos möglich	70	Produkt 1	90
Innovationsstärke	reines "Me-too" Produkt	Signifikanter Durchbruch	60	Produkt 3	80
Wirkung / Effizienz	praktisch wirkungslos	vollkommene Wirkung	51	Produkt 4	80

Tab. 4/4 Beispielwerte für die Produktleistung - eigenes Produkt und Konkurrenzprodukte

Nachdem die relevanten Daten zur Berechnung der Produktleistung abgebildet wurden, können nun die Verfahren zur relativen Berechnung durchgeführt werden. Man erhält damit für die Leistungsparameter einen gewichteten Relativwert. Er berechnet sich nach der Gewichtung einzelner Attribute durch einfache Summenbildung (Spalte 6, Tab. 4/5).

Leistungen:					
Attribut	Eigene Ausprägung (s.o.)	Bester Wettbewerber (s.o.)	Relative Stärke	Gewichtung (Summe = 100)	Ergebniswert (gewichtet)
Nebenwirkung	60	50	60 / 50 = 1.2	15	18
Langzeitbehandlung	70	90	70 / 90 = 0.78	20	15.6
Innovationsstärke	60	80	0.75	40	30
Wirkung / Effizienz	51	80	0.64	25	16
			Relative Produktleistung	**SUMME:**	**79.6**

Tab. 4/5 Beispielrechnung zur Bestimmung der relativen Produktleistung

Wir gingen bisher davon aus, daß der höchste positive Ausprägungswert auf einem Niveau von 100 liegt. Danach wurden die eigenen Leistungen und die des jeweils stärksten Wettbewerbers bewertet (0-100 Skala). Im Anschluß daran erfolgte die Berechnung der relativen Stärke in einem Leistungsattribut. Für die Nebenwirkungen wurde im Beispiel ein Wert von 60 für das eigene Produkt angegeben. Das stärkste Konkurrenzprodukt (Produkt 1) erreichte ein Niveau von 50. Die relative Stellung des eigenen Produktes zum stärksten Wettbewerber ergibt durch einfache Division (60/50) für das Attribut der Nebenwirkungen einen Wert von 1,2. Ein Wert von genau 1 hätte bedeutet, daß das eigene Produkt in einem Attribut genauso leistungsfähig wie der beste Wettbewerber ist. Im Beispielfall der Nebenwirkungen ist das Produkt jedoch gegenüber den bestehenden Konkurrenten überlegen.

In der Berechnung schloß sich eine Gewichtung zwischen den Attributen an. Um zu den Gewichtungsfaktoren zu gelangen, kann zum Beispiel die folgende Frage gestellt werden: Wie wichtig ist ein einzelnes Attribut in Prozentpunkten für das, was das Unternehmen als Gesamtleistung seines Produktes definiert (Summe aller Leistungsattribute)? Für den dargestellten Fall der Nebenwirkungen wurde hierzu der Gewichtungswert von 15 angegeben. Die Multiplikation des Gewichtes mit der relativen Ausprägung in einem Attribut (im Beispiel der Nebenwirkungen: 1,2) ergibt schließlich den gewichteten Ergebniswert (15 · 1,2 = 18, vgl. Tab. 4/5). Addiert man diese Ergebniswerte über die einzelnen Attribute, erhält man schließlich den gewichteten Gesamtwert des Produktes (im Beispiel 79,6).

Der Ergebniswert gibt schließlich an, wie stark ein eigenes Produkt im Vergleich zu den besten Wettbewerbern in den einzelnen Leistungskomponenten ist. Der errechnete Beispielwert soll interpretiert werden: Ein Wert von 100 in jedem Einzelattribut würde dokumentieren, daß das Produkt in jedem Attribut so gut wie der beste Wettbewerber ist. Das Produkt wäre dann der theoretisch erreichbare Leistungsmaßstab in einem definierten Produktfeld. Ein Wert nahe 0 würde ausdrücken, daß das eigene Produkt in praktisch allen Attributen gegenüber dem besten Wettbewerber keine meßbaren Leistungen besitzt. Dieser Fall ist sicherlich sehr unrealistisch. Ein Wert im Bereich von 50 dokumentiert, daß im gewichteten Durchschnitt die Leistungseigenschaften des eigenen Produktes im Konkurrenzdurchschnitt liegen und etwa die Hälfte der Leistungsfähigkeit der jeweils besten Konkurrenten aufweist (Bewertung der Attribute z.B. 40 zu 80 = 0,5 oder 45 / 90 = 0,5). Der dargestellte Beispielfall (79,6) stellt somit eine realistische Bewertung für ein leistungsfähiges Produkt in einem zu untersuchenden Therapiegebiet dar. Die Interpretation des Wertes im gerechneten Beispiel gibt an, daß das Produkt über alle Attribute fast 80% der Leistungsfähigkeit des hypothetischen Konkurrenten besitzt, der in jedem Attribut die jeweils beste Ausprägung der konkurrierenden Produkte aufweist.

3.5 Bestimmung der Vertriebsleistung - Marktverfügbarkeit

Als zweite Einflußgruppe wurde in Abildung 4/11 die relative Vertriebsleistung (Marktverfügbarkeit) einer Unternehmung für einzelne Produkte definiert.[445] Neben dem Aufbau einer eigenen Vertriebsorganisation bestehen für eine Pharmaunternehmung zahlreiche Alternativen zur Erschließung pharmazeutischer Absatzmärkte (Co-Marketing, Co-Promotion, Lizenzen

---

445 Vgl. 3.2.2 und zur Relevanz dieser Leistungskomponente bei Preuß, K.-J. (1995), S. 583.

und Kombinationsformen). Die Vertriebsleistung muß dabei erneut nach einzelnen Attributen bewertet werden. Es wird hierzu simultan ein Scoringverfahren nach der Methodik der bewerteten Produktleistungen gewählt (0 bis 100 Skalierung). Die einzelnen Attribute und ihre Ausprägungen können durch die Befragung von Vertriebsleitern und Marketingexperten in internationalen Pharmaunternehmen oder durch empirische Nutzwertmessungen bestimmt werden.[446] Gelingt dies nicht, sollte das Management eine plausible Abschätzung der eigenen und der fremden Leistungen im Vertriebswesen durchführen.

Es werden für die vorliegende Untersuchung im Bereich der Vertriebsleistung drei Phasenschritte definiert, die analog zur Bestimmung der Produktleistung zu einer meßbaren Vertriebsleistung führen. Erneut sollte eine relative Vertriebsleistung berechnet werden, die eine konkurrierende Beurteilung gegenüber den stärksten Wettbewerbern erarbeitet. Diese Methodik sollte auch für Produktmärkte, die ohne eigene Vertriebsleistungen bearbeitet werden (Co-Promotion, Co-Marketing) durchgeführt werden. Die Berechnung der relativen Stellung der eigenen Vertriebsleistung kann durch die folgende Ablaufmethodik erfolgen:

Phase I: Beurteilung der eigenen Vertriebsleistung,

Phase II: Beurteilung konkurrierender Vertriebsleistungen und

Phase III: Errechnung eines Gesamtfaktors (Marktverfügbarkeit).

Um in Phase I die Vertriebsleistung der Einzelunternehmung zu beurteilen, sollten die eigenen Vertriebsanstrengungen nach dem quantitativen Ausmaß (monetäre und personelle Dimension) und dem qualitativen Ausmaß der Aktivitäten (z.B. Qualität der Ärztebesuche) beurteilt werden. Auch die Berechnungsschritte erfolgen simultan zur Bestimmung der relativen Produktleistung. Als Ergebnis erhält man die Stellung der eigenen Vertriebsleistung im Umfeld der Konkurrenzunternehmen.

Auch an dieser Stelle sollen die Ausführungen anhand eines Beispielfalles verdeutlicht werden. Es wird angenommen, daß als quantifizierbare Attribute der Vertriebsleistung die Anzahl der Außendienstmitarbeiter, das Ausmaß der Ärztebesuche und das Niveau der Aufwendungen für den Außendienst verwendet werden. Für die qualitativen Einflußfaktoren sollen hingegen das kommunikative Verhalten der Mitarbeiter, die Qualität der Ausbildung des Außendienstes und das Ausmaß der jährlichen Schulungen angenommen werden. Es werden erneut Kontinua zwischen 0 und 100 definiert, die zur späteren Bewertung herangezogen werden.

---

[446] Vgl. Tacke, G. (1989) und Hauser, J.R. / Shayan, S.M. (1983), S. 319ff.

Attribut:	Definition des Poles 0	Definition des Poles 100
Anzahl Außendienstmitarbeiter	sehr gering	sehr hoch
Ausmaß der Ärztebesuche	sehr gering	sehr hoch
Höhe der Aufwendungen pro Außendienstmitarbeiter	sehr gering	sehr hoch
Kommunikationsverhalten	ungenügend	herausragend
Qualität der Ausbildung	sehr gering	sehr gut
Ausmaß der Schulungen	sehr gering	sehr umfangreich

Tab. 4/6   Definition der Pole zur Messung der Marktverfügbarkeit

Für die Skizzierung des Beispielfalles soll die aus der Bewertung der Produktleistung gewählte Darstellungsform übernommen werden. Sie zeigt in der folgenden Tabelle die Berechnung des Gesamtfaktors der "relativen Marktverfügbarkeit".

Leistungen:					
Attribut	**Eigene Ausprägung**	**Bester Wettbewerber**	**Relative Stärke**	**Gewichtung (in %)**	**Ergebniswert (gewichtet)**
Quantitative Faktoren:					
Außendienstmitarbeiter	50	80	50 / 80 = 0.625	10	**6,25**
Ausmaß der Ärztebesuche	70	80	0.88	20	**17,6**
Höhe der Aufwendungen	100	80	1.25	10	**12,5**
Qualitative Faktoren:					
Kommunikationsverhalten	70	80	0.88	30	**26,4**
Qualität der Ausbildung	70	90	70 / 90 = 0.78	10	**7,8**
Ausmaß der Schulungen	40	80	0.5	20	**10**
			Relative Marktverfügbarkeit:	**Summe:**	**80,55**

Abb. 4/14   Beispielrechnung zur Bestimmung der Marktverfügbarkeit

Die Beispielrechnung zeigt, daß unter Verwendung der gewählten Attribute das untersuchte Produkt einen gewichteten Gesamtwert von 80,55 auf der Skala zwischen 0 und 100 erreicht. Würde das Produkt in jedem Leistungsattribut einen absolute Wert erreichen, der dem des besten Wettbewerbers entspricht, hätte sich ein Gesamtwert von 100 errechnet. Das gewichtete Gesamtergebnis aus qualitativen und quantitativen Faktoren wird als "relative Marktverfügbarkeit" definiert.

3.6 Preis-Absatzfunktionen

In der Literatur lassen sich unterschiedliche Erklärungsmodelle für die Preis-Absatz-beziehungen von Produkten feststellen.[447] Für die vorliegende Arbeit besteht das Ziel darin, Preis-Absatzfunktionen für zukünftige Perioden durch geeignete Methoden abzuschätzen. Nur so wird der geforderten Prognosefähigkeit des Modellansatzes entsprochen. In der Literatur wird in der klassischen Lehre der statischen Preispolitik von Preis-Absatzfunktionen ausge-gangen, die das Verhältnis zwischen der Höhe des Preisniveaus (unabhängige Variable) und der nachgefragten Menge eines Gutes (abhängige Variable) angeben. Zudem finden sich zahl-reiche Differenzierungen nach unterschiedlichen Marktstrukturen, mit denen verschiedene Handlungsalternativen (Actio/Reactiokonstellationen) für die Anbieter einer Produktleistung verbunden sind. Auch nach der Art des angebotenen Gutes wird in der Literatur unterschieden (Verbrauchsgüter, dauerhafte Gebrauchsgüter, Investitionsgüter).[448] Es lassen sich hieraus Aussagen zum Nachfrageverhalten in Abhängigkeit des Preisniveaus treffen. Simon stellt fest, daß sich aus den einfachen, grundlegenden Überlegungen bereits die erwartete, negative Re-lation zwischen dem Preis und der nachgefragten Menge eines Gutes ergibt (fallende Preis-Absatzfunktion).[449] Es ist dennoch anzumerken, daß auch positive Relationen zwischen dem Preis und der abgesetzten Menge eines Produktes bestehen können.[450]

3.6.1 Elemente der Preis-Absatzfunktion

In der Mikroökonomik wird grundsätzlich zwischen individuellen und aggregierten Preis-Absatzfunktionen unterschieden.[451] Bei der individuellen Nachfragefunktion kann die Pro-duktwahl durch eine Ja-Nein-Entscheidung oder durch die Bestimmung einer variablen Nach-fragemenge festgelegt sein.[452] Aggregierte Nachfragefunktionen ergeben sich zum einen als Summe einzelner Konsumptionsmengen bei einem Preisniveau oder durch vertikale Addition der individuellen Nachfragefunktionen.[453]

Der Steigungsverlauf stellt das wohl wichtigste Element der aggregierten Preis-Absatzfunktionen dar. Er gibt die Änderung der Absatzmenge in Abhängigkeit der prozen-tualen Preisveränderung an. Gleichzeitig läßt sich die Preiselastizität aber auch durch absolute Veränderungen des Mengenumsatzes bei marginalen, absoluten Veränderungen des Preisni-

---

447 Vgl. Nieschlag, R. / Dichtl, E. / Hörschgen, H. (1991), S. 278ff und Meffert, H. (1991), S. 268ff.

448 Vgl. Simon, H. (1992), S. 89.

449 Vgl. ebenda, S. 89ff.

450 Vgl. z.B. den Giffen-Gut-Fall in 3.5.2 und bei Fischbach, R. (1992), S. 235.

451 Vgl. Demmler, H. (1995), S. 372ff und Stobbe, A. (1983), S. 391-476.

452 Vgl. Henderson, J. M. / Quandt, R. E. (1977), S. 244.

453 Vgl. Demmler, H. (1995), S. 372.

veaus bestimmen.[454] Die Preiselastizität gibt somit als erste Ableitung der Preis-Absatzfunktion die Steigung an einem bestimmten Punkt auf der Nachfragefunktion an:[455]

$$\varepsilon = \frac{\partial q}{\partial p} \cdot \frac{p}{q}$$

ε - Preiselastizität;   q - Menge;   p - Preisniveau.

Zur Bestimmung des optimalen Preises des eigenen Produktes sind auch die Konkurrenzreaktionsfunktionen von großer Bedeutung. Der Umsatz eines Produktes ist keineswegs unabhängig vom Preisniveau anderer Wettbewerbsprodukte zu betrachten.[456] Ein geeignetes Maß zur Bestimmung des Einflusses fremder Preisveränderungen auf den eigenen Mengenumsatz ist dabei die Kreuzpreiselastizität.[457] Sie gibt an, um wieviele marginale Mengeneinheiten sich das eigene Absatzvolumen verändert, wenn der Preis eines Konkurrenzproduktes um eine marginale Einheit zu- bzw. abnimmt.[458] Der Zusammenhang ist in der Regel positiv, d.h. eine Preiserhöhung eines Konkurrenzproduktes führt i.d.R. zu einem Mengenzuwachs des eigenen Produktes und vice versa. Ist die Elastizität zwischen dem eigenen Preis und der Absatzmenge der Konkurrenzunternehmen sehr hoch, muß ein Unternehmen mit Konkurrenzreaktionen auf eigene Preisanpassungen rechnen, da sich der Mengenumsatz der Konkurrenten aufgrund der eigenen Preisaktionen deutlich verändert. Die Ermittlung dieser Konkurrenzreaktionsfunktionen erscheinen für die langfristige Optimierung des eigenen Preisniveaus sehr wichtig. Werden diese Kreuzpreiselastizitäten nicht berücksichtigt, ergibt sich nach der Optimierung des Preises nur für eine sehr kurze Zeit der errechnete, maximale Gewinn, der nach der Konkurrenzreaktion deutlich fallen kann. Die Kreuzpreiselastizität wird in der Literatur mit der folgenden Formel angegeben:[459]

$$\varepsilon_{A->B} = \frac{\partial q_A}{\partial p_B} \cdot \frac{p_B}{q_A}$$

p_A - Preis A; p_B - Preis B; q_A - Menge Produkt A; q_B - Menge Produkt B.

---

[454] Vgl. Stobbe, A. (1983), S. 114.

[455] Vgl. Neumann, M. (1991), S. 220.

[456] Vgl. ebenda, S. 127f und S. 272ff sowie Reiß, W. (1992), S. 276.

[457] Vgl. Demmler, H. (1995), S. 90f.

[458] Vgl. Fischbach, R. (1992), S. 255f.

[459] Vgl. Reiß, W. (1992), S. 276.

3.6.2 Marktformen und Preis-Absatzfunktionen

Für die Unterscheidung nach den Marktformen wird in der Literatur der Monopol- vom Konkurrenzfall unterschieden.[460] Im Monopolfall kann das Unternehmen eine Optimierung durchführen, ohne fremde Unternehmen oder Produkte beachten zu müssen. Kennt das Unternehmen damit die eigene Preis-Absatzfunktion, wird die Gewinnfunktion durch einfache Subtraktion aus Umsatz- und Kostenfunktion bestimmbar, die anschließend nach dem Preisniveau zu optimieren ist.[461] Ein deutlich differenzierteres Vorgehen ist hingegen für den Konkurrenzfall festzustellen.[462] Hier bestimmt die Anzahl der Anbieter und der Nachfrager die Struktur des Marktes.[463] Es ergeben sich dabei die folgenden Markttypen:

	Anzahl der Nachfrager		
Anzahl der Anbieter	**Einer**	**Mehrere**	**Viele**
Einer	Gegenseitiges Monopol	Angebotsmonopol	Angebotsmonopol
Mehrere	Nachfragemonopol	gegenseitiges Oligopol	Angebotsoligopol
Viele	Nachfragemonopol	Nachfrageoligopol	Polypol

Tab. 4/7 Marktstrukturen in Abhängigkeit der Anbieter- und Nachfragerstruktur

Es wurde festgestellt, daß entsprechend der Mengenreaktionen bei Preisveränderungen unterschiedliche Preis-Absatzfunktionen bestehen, von denen der normale Fall durch eine negative Korrelation zwischen Preis und Menge gekennzeichnet ist. Besteht ein positiver Zusammenhang zwischen den Variablen, spricht man von einem Giffen-Gut.[464] Tritt für ein Produkt hingegen eine gemischte Verlaufsform der Preis-Absatzfunktion auf, ergeben sich verschiedene Abschnitte für die Preiselastizitäten. Es ist somit möglich, daß ein Produkt ab einem gewissen Preisniveau zu einem Giffen-Gut wird, obwohl es im überwiegenden Bereich der Preis-Absatzfunktion einen normalen Verlauf aufweist.[465] Die drei grundlegenden Verlaufstypen werden in der folgenden Abbildung dargestellt:

---

[460] Vgl. Stobbe, A. (1983), S. 391-486.

[461] Dabei wird für stetige Funktionen der Grenzgewinn des Produktes gleich dem Preisniveau gesetzt. Geometrisch schneidet die Grenzkostenkurve die Grenzerlöskurve im optimalen Preis. Vgl. Demmler, H. (1995), S. 363ff.

[462] Vgl. Stobbe, A. (1983), S. 334ff.

[463] Vgl. ebenda.

[464] Vgl. Reiß, W. (1992), S. 266, 270, Fischbach, R. (1992), S. 235 und Stobbe, A. (1983), S. 101f.

[465] Vgl. Demmler, H. (1995), S. 93.

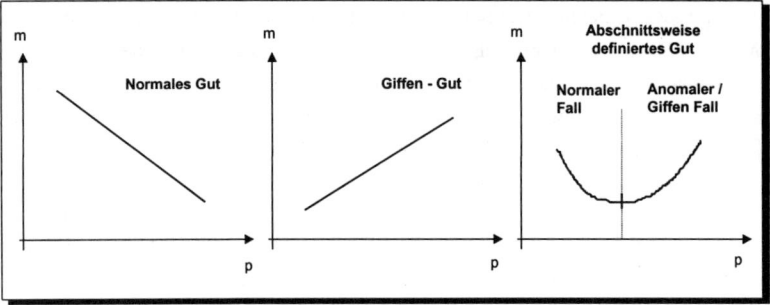

Abb. 4/15 Unterschiedliche Preis-Absatzbeziehungen und Funktionsverläufe
Quelle: In Anlehnung an Demmler, H. (1995), S. 61 bis 104, insbes. S. 93.

Der anomale Reaktionsverlauf der aggregierten Nachfrage auf Preisveränderungen, den Marshal in seinen Ausführungen zur Preis-Absatzfunktion als Ausnahmefall darstellt und auf Giffen zurückführt,[466] ist in Mehrproduktmärkten von geringer empirischer Bedeutung. Kritisch angemerkt wird in der Literatur, daß ".. bis heute nicht eindeutig aufgezeigt .. (wurde), daß Giffen-Güter tatsächlich existieren und daß es damit Ausnahmen zum Nachfragegesetz (des normalen Falles) gibt."[467] Es wird daher auch in der vorliegenden Arbeit der negative Zusammenhang zwischen dem gesetzten Preis und der Menge eines Produktes näher untersucht. Für die Modellentwicklung und die Prognose zukünftiger Preis-Absatzfunktionen muß in den folgenden Abschnitten allerdings der Giffen-Fall ausdrücklich ermöglicht werden.

3.6.3 Verlaufsformen der Preis-Absatzfunktionen

Für den oligopolistischen Konkurrenzfall mit einem negativen Preis-Mengenverlauf werden in der Literatur vier Grundmodelle der Preis-Absatzfunktionen festgestellt: das lineare, das multiplikative, das Attraktions- und das Gutenbergmodell.[468] In allen vier Grundtypen der Preis-/Absatzfunktionen sind die abgebildeten Dimensionsvariablen die Menge und der Preis. Die lineare Preisabsatzfunktion[469] beschreibt dabei einen konstanten, negativen Zusammenhang zwischen dem Preis und der abgesetzten Menge eines Gutes (negative Korrelation). Im "multiplikativen Modell"[470] nimmt aufbauend auf dem linearen Modellansatz die abgesetzte Menge mit sinkendem Preis überproportional zu. Der Kurvenverlauf ist in der folgenden Abbildung 4/16 zu sehen. Das auf verhaltenstheoretischen Annahmen aufbauende Attraktionsmo-

---

[466] Giffen selber hat zu diesem Paradoxon keine Veröffentlichungen gemacht. Dennoch wird das Paradoxon des Giffen-Gutes in der Literatur auf ihn zurückgeführt. Vgl. Stigler, G.J. (1947), S. 152.

[467] Vgl. Reiß, W. (1992), S. 267.

[468] Vgl. Simon, H. (1992), S. 100f.

[469] Vgl. ebenda, S. 102.

[470] Vgl. ebenda, S. 102f.

dell[471] geht hingegen von einem durch die relative Attraktivität eines Produktes bestimmten Marktanteil aus. Danach bestimmt sich der Marktanteil nach Division des eigenen Attraktionsniveaus durch die Summe der Attraktionen aller Produkte.[472] Es werden im folgenden die Grundtypen der pharmazeutischen Preis-/Absatzfunktionen in Form einer mathematischen und graphischen Darstellung abgebildet.

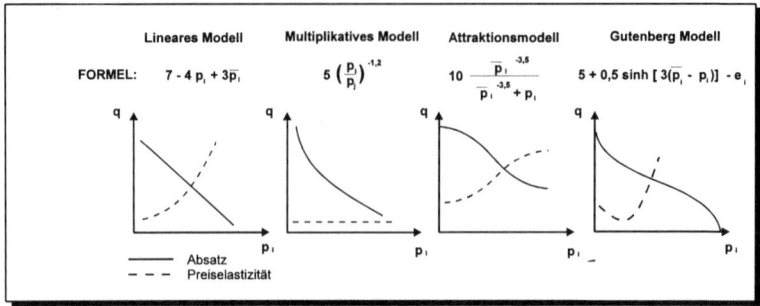

Abb. 4/16   Preis-Absatzfunktionen in pharmazeutischen Produktmärkten
Quelle: Eigene Darstellung, in Anlehnung an Simon, H. (1992), S. 101.

Jeder der beschriebenen Modelltypen besitzt unterschiedliche idealtypische Funktionsverläufe zwischen den Dimensionen Preis und Menge.[473] In der Literatur wird festgestellt, daß keine der dargestellten Preis-Absatzfunktionen inhaltlich eine Überlegenheit gegenüber den anderen Modellen besitzt.[474] Dennoch konnte durch die empirische Nachbildung der Preisabsatzfunktionen eine prozentuale Verteilung für die den Produktmärkten zugrundeliegenden Modelle erarbeitet werden. Eine empirische Studie von Kucher ergibt, daß in ca. 66% der untersuchten Fälle eine Preisabsatzfunktion nach dem Gutenberg-Modell besteht und jeweils 17% auf das multiplikative bzw. das Attraktionsmodell entfallen.[475]

Für die Preisabsatzfunktion nach Gutenberg lassen sich drei Grundtypen unterscheiden, von denen die doppeltgeknickte Form die größte empirisch nachgewiesene Verbreitung besitzt.[476] Bei ihr wird aufbauend auf der linearen Preisabsatzfunktion unter Verwendung von Preisober- und Preisuntergrenzen der eigene Preis als erklärende Variable für die abgesetzte Menge eines Gutes verwendet. Für das Gutenbergmodell der Preisreaktionsfunktion ergibt sich zudem durch den sinushyperbolischen Funktionsverlauf für große Abweichungen des eigenen Preis-

471 Vgl. Simon, H. (1992), S. 103ff.
472 Vgl. Simon, H. (1992), S. 103ff.
473 Vgl. ebenda, S. 101.
474 Vgl. ebenda, S. 103.
475 Vgl. Kucher, E. (1985).
476 Vgl. Gutenberg, E. (1984), S. 246f.

niveaus vom Konkurrenzpreisniveau eine überproportionale Veränderung der Mengenwirkung. Eine theoretische Fundierung der Gutenbergfunktion wird in der Literatur von Kilger gegeben.[477] Er argumentiert unter Verwendung der zugrundeliegenden Kostenstrukturen, daß die Nachfrager und die Produkte räumlich als Punkte auf einer Geraden darstellbar sind, die den Marktraum charakterisieren. Erhöht sich die räumliche Distanz zwischen Nachfragern und Produkten über einen kritischen Punkt, entstehen zusätzliche Transportkosten (sprungfixe Kosten).[478] Die Nachfrager wählen daher das Produkt, welches die geringsten Entgelte aus der zusätzlichen Transportkostenbelastung verursacht. Die Effekte aus diesem ökonomischen Verhalten führen letztlich zum Verlauf einer Preisabsatzfunktion nach der Gutenbergfunktion.[479]

3.6.4 Preis-Absatzfunktionen in der Pharmaindustrie

Hilleke veröffentlichte 1995 eine Untersuchung zu Preis-Absatzfunktionen bei pharmazeutischen Produkten.[480] Er geht zur Bestimmung des Erfolges eines Pharmaproduktes von einer multiattributiven Wirkungsstruktur aus, bei der der Preis eine absolute und relative Einflußgröße darstellt.[481] Auch Hilleke bezieht sich schwerpunktmäßig auf die doppeltgeknickte Preisabsatzfunktion nach Gutenberg. Er macht dabei vier qualitative Grundaussagen, die in pharmazeutischen Produktmärkten die Höhe des eigenen Preises bestimmen. Sie stehen in enger Analogie zu den bisher erarbeiteten Zusammenhängen. Die zentralen Aussagen über Preis-Absatzfunktionen in der Pharmaindustrie bei Hilleke sind:

1. Mit dem Grad der Innovation eines Produktes fällt die Preiselastizität.

2. Etablierte Produkte besitzen ein quasikonstantes Preis-Absatzverhältnis in einer bestimmten Bandbreite (linearer Preis-Absatzverlauf), bei gravierenden Abweichungen ergeben sich überproportionale Änderungen der Mengennachfrage (Preisober-/-untergrenze in nicht regulierten Märkten).

3. In pharmazeutischen Festbetragssystemen[482] reagiert der Absatz eines Produktes in Nähe des Festbetrages auf Preisveränderungen gleichbleibend (linearer Bereich), bei Änderungen

---

[477] Vgl. Kilger, W. (1962).

[478] Vgl. Simon, H. (1992), S. 106.

[479] Vgl. ebenda.

[480] Vgl. Hilleke, K. (1995), S. 651ff.

[481] Vgl. ebenda, S. 652.

[482] Dies sind Produktmärkte, in denen administrativ bestimmte Richtpreise für definierte Arzneimittelkategorien existieren. Vgl. Bundesverband der pharmazeutischen Industrie (1993a), S. 92ff.

außerhalb dieses Bereiches jedoch stark elastisch (Preisober-/-untergrenze in regulierten Märkten).

4. Die Preiselastizität steigt aufgrund der zunehmenden Konkurrenzintensität durch Generikaprodukte im Verlauf des pharmazeutischen Lebenszyklus (Substitutionseffekte über Zeit).[483]

Neben diesen grundsätzlichen Vorarbeiten muß im folgenden eine Methodik entwickelt werden, mit der Preis-Absatzfunktionen für einzelne Arzneimittel prognostiziert werden können. Es wird dabei sehr wichtig sein, daß zur dynamischen Gewinnoptimierung für einzelne Pharmaprodukte auch die Konkurrenz- und die Marktreaktionen bestimmt werden. Hierzu muß ein Verfahren gewählt werden, das die einfache Preis-Absatzfunktion um die angesprochenen Reaktionen erweitert. Erst danach kann eine sinnvolle Optimierung des Gewinnbeitrages für ein Produkt erfolgen.

3.7 Prognose der Preis-Absatzfunktionen

3.7.1 Vorbemerkungen

In der Literatur wird für die pharmazeutische Industrie kritisch angemerkt, daß Preise zum großen Teil "... so hoch wie möglich, aus dem Bauch ..." oder "... nach dem Prinzip "Konkurrenzpreis plus/minus x" festgesetzt werden.[484] Hilleke stellt fest, daß gerade in sehr komplexen Märkten die Erfassung einer Vielzahl von Einflußfaktoren die Qualität der Preis-Absatzprognose erschwert. Er bemerkt für pharmazeutische Produkte, daß Systeme notwendig sind, "... die alle relevanten Einflußfaktoren berücksichtigen und die Konsequenzen alternativer Preisentscheidungen verdeutlichen."[485] Aus diesem Grund sollen die gemachten Vorarbeiten in dieser Arbeit systematisch in die technische Vorgehensweise zur Erarbeitung der Preis-Absatzfunktionen einfließen. In der Literatur werden dabei drei Verfahren zur Bestimmung der Preis-Absatzfunktionen beschrieben: Regressionsanalysen, Expertenschätzungen und das Verfahren des Conjoint-Measurements.[486]

Regressionsanalysen werden verwendet, um aus Vergangenheitswerten Aufschlüsse über die Preis-Mengen-Wirkungen der untersuchten Produkte zu gewinnen. Es werden dazu Wertepaare aus Preisniveau und Absatzmengen untersucht. Danach wird z.B. durch eine lineare Re-

---

[483] Vgl. dazu auch Ballance, R. / Pogany, J. / Forstner, H. (1992), S. 207.
[484] Vgl. Hilleke, K. (1995), S. 651.
[485] Vgl. ebenda.
[486] Vgl. ebenda, S. 654.

gression über die Methode der kleinsten Quadrate ein Funktionsverlauf bestimmt.[487] Entsprechend des jeweils zugrundeliegenden Kurventypes werden dabei unterschiedliche, angenäherte Funktionsverläufe errechnet. Dies kann neben dem linearen Verlauf auch ein Funktionstyp der multiplikativen Art, dem Attraktionsmodell oder der Gutenbergfunktion sein.[488] In der Literatur finden sich aber auch empirisch gestützte Aussagen zur Verwendung unterschiedlicher Annäherungsfunktionen bei der Regression. Kucher und Simon bemerken, daß sich in dem für einen Markt relevanten Preisbereich für praktisch alle Produkte lineare Beziehungen zwischen dem Preis und der Menge eines abgesetzten Produktes ergeben.[489] Regressionsanalysen mit Wertepaaren aus der Vergangenheit können sehr große positive Effekte für die Strukturierung der Preis-Absatzbeziehungen in der Gegenwart haben.[490] Sie sollten daher auch als Grundlage für die Prognose zukünftiger Absatzgrößen in der vorliegenden Untersuchung eingesetzt werden.

Als das für Prognosezwecke im Preis-Absatzbereich meistverwandte Verfahren wird in der betriebswirtschaftlichen Praxis die Expertenschätzung aufgeführt.[491] Zentraler Ansatzpunkt zur Bestimmung der Preis-Absatzbeziehungen ist hier das Expertenwissen, die Erfahrung und die Beurteilungsfähigkeit zukünftiger Entwicklungen durch das Management. Neben der direkten Schätzung der Preis-Absatzfunktion wird in der Literatur dabei auch die partielle Erarbeitung der Preis-Absatzbeziehungen über einzelne Teilfunktionen beschrieben, die im Anschluß mathematisch verknüpft werden. Hierzu zählen die einfache Preis-Absatzfunktion ohne Konkurrenzreaktion, die Reaktionsfunktionen der Konkurrenz sowie Marktänderungsfunktionen. Für die pharmazeutische Industrie findet sich in der Literatur bei Hilleke eine verbal ausgeführte Verbindung der genannten Funktionen.[492] Die Bestimmung der Teilfunktionen ermöglicht schließlich die Aggregation zu einer erweiterten Preis-Absatzfunktion, die eine deutlich höhere Qualität als die direkt bestimmte Preis-Absatzfunktion besitzt.[493]

Unter Einbeziehung der Kostenfunktion in Abhängigkeit von der Menge könnte danach eine zu maximierende Gewinnfunktion bestimmt werden. Entsprechend der Erfassung variabler Kosten stellt bei Hilleke die Deckungsbeitragsfunktion die zentrale Zielfunktion dar.[494] Die großen Degressionseffekte bei den Fixkostenanteilen eines Produktes sollten in der vorliegenden Untersuchung allerdings einbezogen werden, sodaß von der Optimierung des Deckungs-

---

[487] Vgl. Weis, H. / Steinmetz, P. (1995), S. 218ff.

[488] Vgl. Simon, H. (1992), S. 99ff.

[489] Vgl. Simon, H. / Kucher, E. (1988), S. 171ff.

[490] Vgl. Weis, H. / Steinmetz, P. (1995), S. 222.

[491] Vgl. Hilleke, K. (1995), S. 659f.

[492] Vgl. ebenda, S. 653ff.

[493] Vgl. ebenda, S. 665.

[494] Vgl. ebenda, S. 659.

beitrages abzusehen ist. Die folgende Abbildung dokumentiert den Zusammenhang der einzelnen Teilfunktionen für das erweiterte Verfahren zur Preis-Absatzprognose:

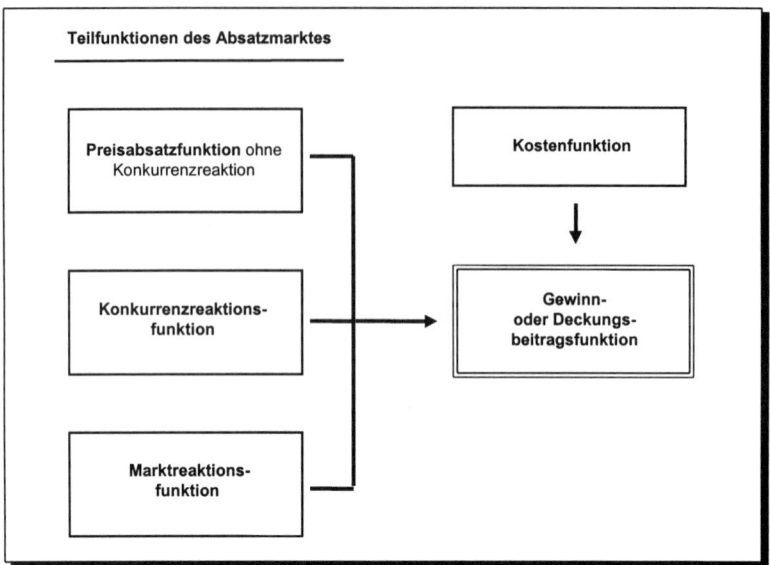

Teilfunktionen des Absatzmarktes

Preisabsatzfunktion ohne Konkurrenzreaktion

Kostenfunktion

Konkurrenzreaktions- funktion

Gewinn- oder Deckungs- beitragsfunktion

Marktreaktions- funktion

Abb. 4/17 Bestimmung der Preis-Absatzfunktionen durch Expertenschätzungen
Quelle: Eigene Darstellung, in Anlehnung an Hilleke, K. (1995), S. 652 und 670.

Einen dritten Ansatz zur Bestimmung der Preis-Absatzfunktionen bietet das Verfahren des Conjoint-Measurements.[495] Es erfährt in der betriebswirtschaftlichen Literatur zur Optimierung des Preises in Gegenwartsperioden eine sehr positive Beurteilung.[496] Das Verfahren erreichte in den späten achtziger Jahren seinen umfassenden Praxisdurchbruch.[497] Beim Ansatz des Conjoint-Measurements werden durch empirische Untersuchungen für verschiedene Produktbündel einzelne Nutzenniveaus bestimmt, die sich aus den verschiedenen Teilnutzen der Produktkomponenten zusammensetzen. Eine Komponente des Gesamtnutzens ist dabei das Preisniveau. Das Unternehmen UNIC, das eine Reihe von Conjoint-Measurement-Analysen in der Pharmaindustrie durchgeführt hat, bemerkt, daß das Conjoint-Measurement aufgrund der großen Komplexität in der Praxis nur für sehr bedeutende Produkte und dort im wesentlichen auch nur zur Feinanpassung des Preisniveaus eingesetzt werden sollte.[498] Der hohe zeitliche und personelle Aufwand des Verfahrens zur Bestimmung der zum Teil sehr speziellen Teilinformationen stehe in der Mehrzahl der Fälle in keinem wirtschaftlichen Verhältnis zur verbes-

---

[495] Vgl. Hilleke, K. (1995), S. 660ff und Simon, H. (1992), S. 116ff.
[496] Vgl. Simon, H. (1992), S. 116ff.
[497] Vgl. ebenda.
[498] Vgl. Hilleke, K. (1995), S. 661.

serten Bestimmung der Preis-Absatzfunktionen.[499] Auch für einzelne Schritte des Verfahrens wie die sinnvolle Auswahl der Nutzenkomponenten oder die Bestimmung der Größe der einzelnen Bewertungsintervalle werden kritische Anmerkungen gemacht.[500] Durch die Vorgabe unterschiedlicher Produkttypen an die beurteilenden Testpersonen wird letztlich die Bestimmung des Einflusses eines Teilnutzens möglich, der wiederum zurückverfolgt wird auf die absolute Ausprägung des ihm zugrundeliegenden Attributes (z.B. Preis, Produkterscheinungsbild, etc.).[501] Die unterschiedlichen Leistungsbündel (Produkttypen) werden dabei von potentiellen Abnehmern oder Kaufentscheidern des Produktes (z.B. Ärzte) bewertet.[502] Für die strategische Produktplanung wird es damit möglich, die einzelnen Komponenten eines Produktes entsprechend dem Gesamtnutzen zu optimieren. Das Verfahren kann damit auch zur Optimierung des Preises in einem definierten Preisintervall eingesetzt werden.[503]

Neben den Hindernissen der festgestellten Kostenproblematik bei der Durchführung eines Conjoint-Measurement-Verfahrens wird in der Literatur für die pharmazeutische Industrie auch das Zeitproblem bei der Erhebung und Auswertung der Daten genannt.[504] Dennoch ist das Conjoint-Measurement-Verfahren gerade für Produkte, die noch nicht eingeführt sind und für die noch keine Erfahrungswerte aus der Vergangenheit (Regressionsanalysen) bestehen, ein hervorragendes Instrument, um erste Abschätzungen der Preiselastizitäten durchzuführen und um ein erstes Preisniveau nach der Markteinführung zu bestimmen. Für die vorliegende Modellentwicklung besteht jedoch ein weiteres Problemfeld für die späteren Zukunftsperioden darin, daß die Befragungsteilnehmer ihre Angaben nur auf Grundlage ihres gegenwärtigen Wissens und ihres Erfahrungsniveaus machen können und somit die Prognose zukünftiger Absatzrelationen durch das Conjoint-Measurement erschwert wird. Es ist für die Mehrzahl der befragten Entscheider letztlich sehr schwierig, die Experteninformationen, die durch einzelne geschätzte Teilfunktionen in die Optimierungen einfließen, in das eigene Entscheidungsverhalten einzubeziehen. In der Mehrzahl der Fälle werden die Ärzte zudem das Wissen über zukünftige Wettbewerbsprodukte und Makroveränderungen der wirtschaftlichen Dimensionen im Pharmamarkt gar nicht besitzen, sodaß das Conjoint-Measurement-Verfahren für zukünftige Perioden zu falschen Optimierungsergebnissen führen kann. Zur Feinanpassung des Preises in gegenwartsnahen Perioden und bei der ersten Bestimmung eines Einführungspreises ist das Conjoint-Measurementverfahren allerdings den anderen Ansätzen deutlich überlegen.

---

[499] Vgl. Hilleke, K. (1995), S. 663.

[500] Vgl. Green, P.E. / Krieger, A.M. / Bansal, P. (1988), S. 293ff.

[501] Vgl. Simon, H. (1992), S. 116ff und den dargestellten Beispielfall zur pharmazeutischen Industrie auf S. 121ff.

[502] Vgl. ebenda, S. 116ff.

[503] Vgl. Hilleke, K. (1995), S. 660ff.

[504] Vgl. ebenda, S. 663.

Die Expertenschätzung mit ihrer differenzierten Form nach einzelnen Teilfunktionen aus Abbildung 4/17 stellt für die vorliegende Untersuchung einen sinnvollen Bezugsrahmen für die Prognose der Preis-Absatzfunktionen dar.[505] Die Vorteile des Ansatzes liegen insbesondere im Bereich des getrennten Abschätzens einzelner Einflüsse auf die Preis-Absatzfunktion, bevor die Verbindung zur eigentlichen Gewinnfunktion erfolgt. Verändern sich die einzelnen Parameter, kann eine Kurvendiskussion die bestehenden Teilfunktionen korrigieren, die damit über die mathematische Verknüpfung auch die Zielfunktion des dynamischen Gewinnverlaufes verändern. Dennoch sollten die Schätzungen der einzelnen Teilfunktionen durch weitere Verfahren unterstützt und damit objektiviert werden (z.B. Umweltanalyse, Regressionsanalysen, Conjoint Measurement).

Die methodischen Vorarbeiten zur relativen Produktattraktivität[506] und zur Vertriebsleistung[507] eines Produktes relativ zur Konkurrenz bieten eine erste Grundlage, um die Expertenschätzungen für einzelne Teilfunktionen zu unterstützen. Auch die Umweltanalyse, die in Kapitel III beispielhaft durchgeführt wurde, liefert dem Management zusätzliche Rahmeninformationen, um die Produktchancen am Markt auch hinsichtlich der externen Einflußfaktoren abschätzen zu können. Zudem können Regressionsanalysen mit Werten der Preis-Mengenbeziehungen aus der Vergangenheit durchgeführt werden. Für neue Produkte wurde hingegen das Conjoint-Measurement-Verfahren zur Bestimmung des ersten Preises sehr positiv beurteilt. Es ergeben sich damit für die Preis-Absatzfunktionen der Gegenwart und Zukunft fundierte Anhaltspunkte und erste Bandbreiten für die anschließende Prognose der einzelnen Beziehungen.

Auf Grundlage dieser Grundinformationen, die in der Praxis durch Marktforschungseinheiten zur Verfügung gestellt werden müssen, lassen sich nun die jeweiligen Teilelemente der erweiterten Preis-Absatzfunktion durch das Management abschätzen. Als Ergebnis erhält man aus der reinen Preis-Absatzfunktion ohne Konkurrenz- und Marktreaktionen, der Konkurrenz- und der Marktreaktionsfunktion eine aggregierte Umsatzfunktion (erweiterte Preis-Absatzfunktion). Es wird nach Einbindung der Kosten damit möglich, den zielerreichungsoptimalen Preis als Ergebnis des Optimierungsprozesses zu bestimmen. Für einen sehr relevanten Produktmarkt oder für ein besonders bedeutendes Produkt kann dabei eine zusätzliche Feinjustierung des Preisniveaus durch den Einsatz eines Conjoint-Measurement-Verfahrens durchgeführt werden. Als Ergebnis erhält man für die einzelnen Perioden und Teilmärkte somit die optimalen Gewinn-, Mengen- und Preishöhen eines Produktes.

---

[505] Vgl. 3.6.1.
[506] Vgl. 3.3.
[507] Vgl. 3.4.

Die folgende Abbildung zeigt die beschriebene Methodik zur Optimierung des Produkterfolges, die auf den Anmerkungen von Hilleke[508] zur pharmazeutischen Industrie aufbauen, und als zentrales Element die Expertenschätzungen für einzelne Funktionen besitzen. Als Vorarbeiten werden Regressionsanalysen, die geführte Umweltanalyse aus Kapitel III und die Bestimmung konkurrierender Produkt- und Vertriebsparameter aufgeführt. Für neu einzuführende Produkte wird das Conjoint-Measurement-Verfahren dargestellt. Auch als Ergänzung und zur Feinanpassung der Ergebniswerte wird das Conjoint-Measurement-Verfahren abgebildet. Zu erkennen ist in der folgenden Abbildung zudem die enge Verbindung der Umweltfaktoren mit den jeweiligen Teilfunktionen, die vom Management abgeschätzt werden müssen:

---

[508] Vgl. Hilleke, K. (1995), S. 649ff.

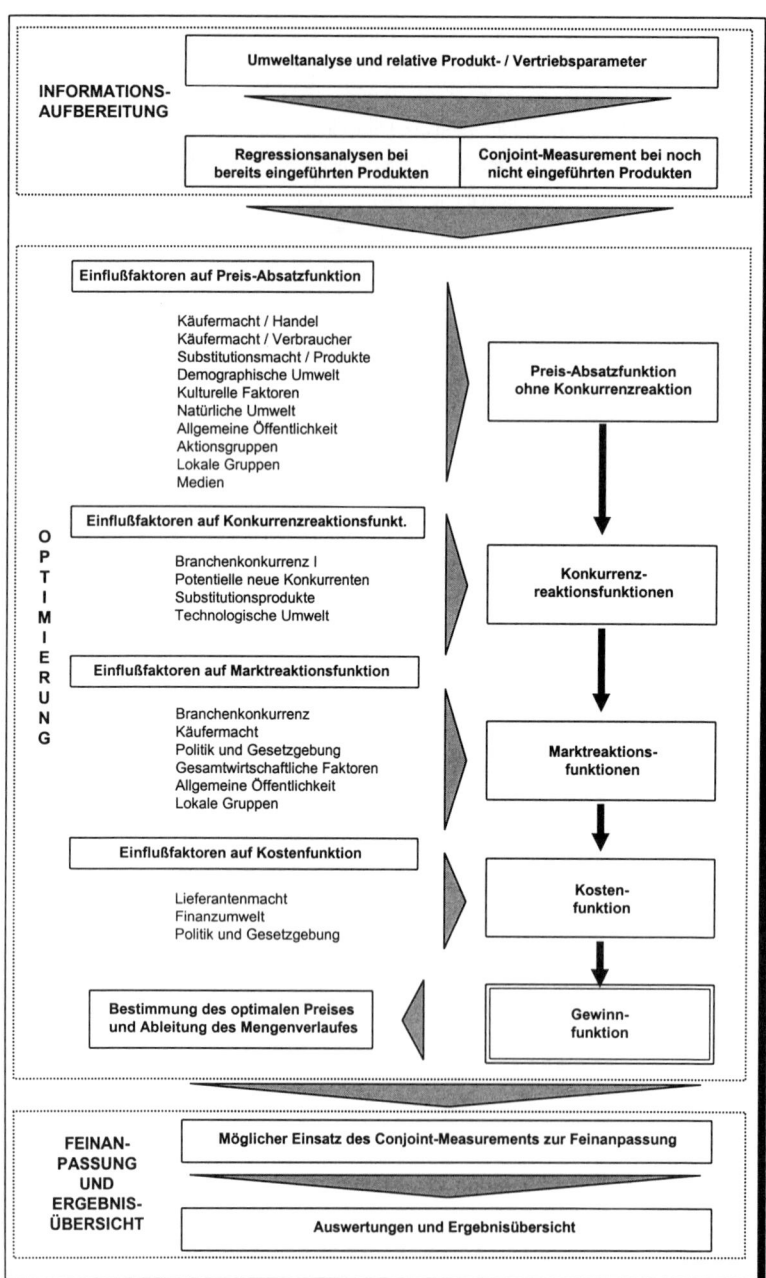

Abb. 4/18   Methodik und Elemente zur Prognose der Preis-Absatzfunktionen

Abbildung 4/18 ist zu entnehmen, daß die Bestimmung der Preis-Absatzfunktion durch einen stufenweisen Prozeß der Informationsgewinnung und -weiterentwicklung erreicht werden kann. Simon und Hilleke bemerken, daß die Qualität der Funktionsangaben maßgeblich von der Informationsbasis abhängt, die dem Management zur Verfügung gestellt wird.[509] Es muß daher im folgenden gezeigt werden, wie die Elemente der Umweltanalyse und die Bewertungsverfahren für die relative Produkt- und Vertriebsleistung den Prozeß zur Bestimmung der Preis-Absatzfunktionen unterstützen können.

3.8 Bestimmung der Preis-Absatzfunktionen

Auch andere Autoren bemerken, daß zur Bestimmung der Preis-Absatzfunktionen die umfassende Informationsbereitstellung der Umwelt-, Produkt- und Marktinginformationen notwendig ist.[510] Die Umweltanalyse in Kapitel III dieser Arbeit dient den beurteilenden Managern dabei zur Bestimmung der externen Einflußfaktoren. Die Unternehmen müssen derartige Informationen für spätere Perioden kontinuierlich aufbereiten, um die Einflußfaktoren auf die Produktlebenszyklen zu bestimmen. Auch die Parameterberechnungen zur relativen Produkt- und Vertriebsleistung stellen eine geeignete Informationsbasis dar, um die Produktmärkte im Anschluß besser beurteilen zu können. Eine etwas geringere Bedeutung erfahren hingegen die Regressionsanalysen, die Vergangenheitswerte aufbereiten und auswerten, um damit dem Management für die Gegenwart und die Zukunft Anhaltspunkte zur Bestimmung der Teilfunktionen zu geben. Auch sie sollten den Managern zur Bestimmung der Preis-Absatzfunktionen durch die Marktforschungseinheiten vorgelegt werden. Wird ein Conjoint-Measurement-Verfahren für noch nicht eingeführte Produkte durchgeführt, ergibt sich die erweiterte Preis-Absatzfunktion direkt aus diesem Verfahren.[511]

3.8.1 Vorarbeiten I: Relative Produkt- und Vertriebsleistung

Die Erarbeitung der relativen Produktstellung und der Vertriebsleistung eines Produktes im Konkurrenzumfeld wurde in 3.3 und 3.4 dieses Kapitels erarbeitet. Es wurden dabei unterschiedliche Teilschritte durchlaufen und im Anschluß eine Methodik entwickelt, um die jeweiligen Attribute für das Management zu einer vergleichenden Scoringbewertung zusammenzuführen. Dabei wurden einzelne Pole für verschiedene Attribute definiert, um die Produkte entsprechend ihrer Eigenschaftsprofile bewerten zu können. Die Ergebnisse sollten für das Management nach Produkten detailliert aufgelistet werden und die Gesamtergebnisse der Produktattraktivität und Vertriebsleistung (Marktverfügbarkeit) abbilden.

---

509 Vgl. Hilleke, K. (1995), S. 655 und Simon, H. (1992), S. 110.

510 Vgl. Kotler, P. / Bliemel, F. (1995), S. 759ff.

511 Vgl. Simon, H. (1992), S. 116ff und dabei insbesondere den Beispielfall eines Arzneimittels auf S. 122.

3.8.2 Vorarbeiten II: Externe Umweltanalyse

Die in Kapitel III exemplarisch durchgeführte Umweltanalyse sollte dem Management als zweite Grundinformationsquelle für das zu untersuchende Produkt und den entsprechenden Produktmarkt vorgelegt werden. Sie sollte erarbeiten, welche Makroentwicklungen sich in den nationalen Gesundheitsmärkten vollziehen und welche Einflußfaktoren aus der externen Unternehmensumwelt auf die zu untersuchenden Produkte bestehen. Zusammen mit Marktforschungsinstituten sowie externen und internen Experten sollten diese Informationen zusammengetragen und interpretiert werden. Das Management sollte diese Ausarbeitungen als Ergänzung zu den direkten Produktinformationen[512] verwenden, um darauf aufbauend die einzelnen Teilfunktionen abzuschätzen.

3.8.3 Vorarbeiten III: Regressionsanalyse

Eine Regressionsanalyse in einem Produktmarkt erfolgt durch die mathematische Analyse bestehender Preis-Mengen-Kombinationen in der Vergangenheit.[513] Dabei werden Zusammenhänge zwischen verschiedenen Variablen untersucht und durch eine Trendfunktion angenähert. Der sich ergebende Funktionsverlauf kann durch eine Trendfunktion abgebildet werden, die unterschiedliche Verlaufstypen besitzen kann. Für das Feld der Preis-Absatzfunktionen wurde bereits angemerkt, daß in fast allen Produktmärkten von einem quasilinearen Verlauf der Funktion in einem realistischen Preisintervall auszugehen ist. Damit erfährt die einfache lineare Regression für die vorliegende Arbeit die größte Relevanz zur Bestimmung der Preis-Absatzbeziehungen. Eine ausführliche Beschreibung des Verfahrens erfolgt in der Literatur zur Marktforschung bei Weis/Steinmetz.[514] Die Entwicklung einer Regressionsgeraden soll anhand eines Beispieles gezeigt werden. Es wird dazu angenommen, daß in einem zu untersuchenden Produktmarkt folgende Preis-Mengenrelationen beobachtet wurden:

---

512 Z.B. die relative Produktattraktivität (3.3) oder relative Marktverfügbarkeit (3.4).
513 Vgl. Simon, H. (1992), S. 131ff und Weis, H. / Steinmetz, P. (1995), S. 219ff.
514 Vgl. die Darstellung der Regressionsverfahren bei Weis, H. / Steinmetz, P. (1995), S. 219ff.

Preis pro Packung (DM)	Abgesetzte Menge (Tausend)	Preis pro Packung (DM)	Abgesetzte Menge (Tausend)
13	278	15	175
13,5	245	15,5	145
14	230	16	140
14,5	180	16,5	135

Abb. 4/19   Grundwerte zur Durchführung einer Regressionsanalyse - Beispielfall

Nach der Auflistung der Vergangenheitswerte werden die abgebildeten Wertepaare in ein statistisches Regressionsverfahren überführt. Die lineare Regressionsanalyse erarbeitet danach die zentralen Funktionsparameter durch die Annäherung der Wertepaare an einen linearen Funktionsverlauf (Methode kleinster Quadrate). Aus den dargestellten Daten läßt sich schließlich eine einfache Regressionsgeradengleichung für die festgestellten Vergangenheitswerte bestimmen. Für die abgebildeten Beispielwerte ergibt sich letztlich die folgende Geradengleichung:

Regressionsgleichung: $p(m) = 19{,}2000617 - 0{,}02352035 \cdot m$

$$m(p) = 816{,}317006337 - 42{,}5163741185 \cdot p$$

p - Preis; m - Menge.

Die untersuchten Wertepaare und Ergebnisse der Regressionsanalyse sind der folgenden Darstellung zu entnehmen:

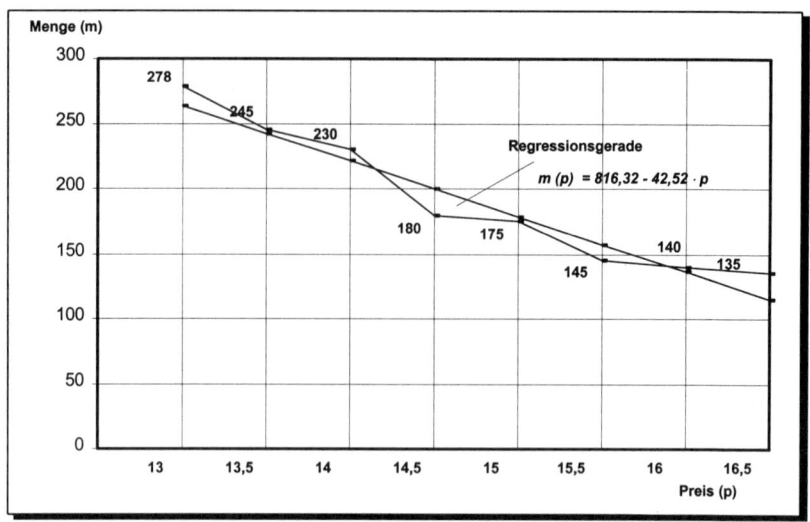

Abb. 4/20   Wertepaare und Ergebnisse der Regressionsanalyse - Beispielrechnung

3.8.4 Hauptteil I: Bestimmung der einfachen Preis-Absatzfunktion

Mit der Regressionsanalyse aus vergangenheitsorientierten Wertepaaren, den Vorarbeiten aus der Umweltanalyse und den Angaben zur relativen Produkt- und Vertriebsleistung kann das Management nun für eine zukünftige Periode die einfache Preis-Absatzfunktion ohne Konkurrenzreaktionen und Marktwachstumseinflüsse bestimmen.[515] Simon stellt dabei fest, daß die Zusammensetzung des beurteilenden Managements aus unterschiedlichen Bereichen und Hierarchieebenen erfolgen sollte.[516] Dabei gibt es unterschiedliche Verfahren für die Expertenschätzung.

Die in der Literatur am häufigsten dargestellte Methodik ist die Delphi-Methode.[517] Sie ist ein schriftliches Befragungsverfahren. Nach der Problemdefinition werden die Experteninformationen durch Fragebögen erhoben, wobei die Zahl der möglichst geschlossenen Fragen unter 50 liegen und die Teilnehmerzahl zwischen 20 und 100 Personen betragen sollte.[518] Ein Moderator wertet danach die Informationen aus und führt weitere Befragungszyklen durch. Ziel ist es dabei, den Teilnehmern von Runde zu Runde einen verbesserten Informationsstand zu liefern, den sie danach für ergänzende Angaben oder die Überprüfung bzw. Korrektur ihrer

---

[515] Vgl. das Vorgehen bei Hilleke, K. (1995), S. 65ff.
[516] Vgl. Simon, H. (1992), S. 110.
[517] Vgl. Kotler, P. / Bliemel, F. (1995), S. 413.
[518] Vgl. Pepels, W. (1995), S. 398.

gemachten Angaben nutzen.[519] In der Praxis wird nach der Meinung Kotlers nach drei bis vier Durchläufen bereits eine ausreichende Konsistenz der Antworten und gute Ergebnisqualität erreicht.[520]

Hilleke bemerkt für die pharmazeutische Industrie, daß die direkte Expertenschätzung in einer gemeinsamen Sitzung für die Pharmaindustrie das effizienteste Verfahren zur Bestimmung der Preis-Absatzfunktionen ist, und die Delphi-Methode oder andere Reihenverfahren trotz des großen zusätzlichen Aufwandes keine signifikant besseren Ergebnisse liefern.[521] Die folgende Abbildung zeigt damit zusammenfassend, welche Informationselemente in der weiteren Modellentwicklung in der Bestimmung der einfachen Preis-Absatzfunktion enthalten sind:

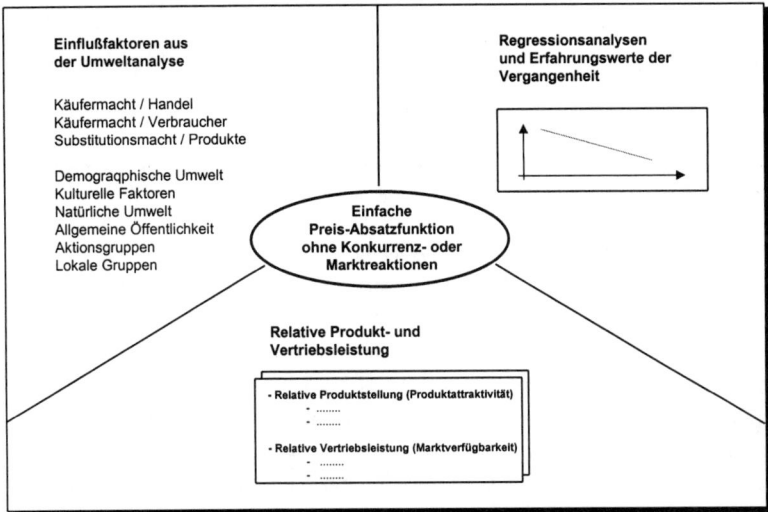

Abb. 4/21   Informationsgrundlage zur Bestimmung der einfachen Preis-Absatzfunktion

Wir wollen annehmen, daß das Management die entsprechenden Informationen für ein Produkt erarbeitet hat und danach die Bestimmung der einfachen Preis-Absatzfunktion mit einer Expertenschätzung durchführt. Erneut soll der resultierende Funktionsverlauf beispielhaft dargestellt werden. Es ergibt sich letztlich nach der Bestimmung der einfachen Preis-Absatzfunktion die folgende Preis-Absatzbeziehung. Zu erkennen ist, daß das Management in

519   Dies entspricht einer "positiven Informationsrückkopplung". Vgl. Pepels, W. (1995), S. 398.
520   Vgl. Kotler, P. / Bliemel, F. (1995), S. 413 und Levitt, T. (1980), S. 83ff.
521   Vgl. Hilleke, K. (1995), S. 656.

diesem Fall einen abschnittsweise definierten Funktionsverlauf angibt und sich zur Angabe unterschiedlicher Preis-Mengen-Elastizitäten für das untersuchte Produkt entschließt.[522]

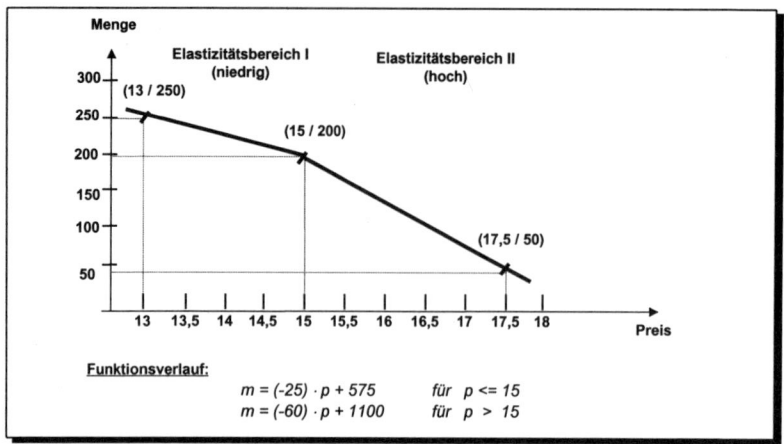

Abb. 4/22   Einfache Preis-Absatzfunktion ohne Konkurrenz- und Marktreaktionen

Das Management hat sich im Beispielfall aus Abbildung 4/22 für die zu prognostizierende Periode nur z.T. auf die Ergebnisse der Vergangenheit (Regressionsanalyse) gestützt und für Preise größer DM 15,- pro Packung eine höhere Preiselastizität als im Bereich unterhalb von DM 15,- angegeben. Es wurde in der Diskussion dazu das gestiegene Kostenbewußtsein der Ärzteschaft aufgeführt, die eine Preisgrenze von DM 15,- pro Packung auf zahlreichen Kongressen als ein sinnvolles Therapieentgelt für dieses Produktfeld bezeichneten. Es ist der Abbildung 4/22 auch zu entnehmen, daß die absolute Preiselastizität für Werte größer als DM 15,- fast doppelt so groß ist wie im übrigen Funktionsbereich.[523] Es muß an dieser Stelle jedoch festgestellt werden, daß die dargestellte Teilfunktion lediglich für den statischen Fall (ohne Konkurrenz- oder Marktreaktionen) reale Absatzverhältnisse abbildet.

3.8.5 Hauptteil II: Bestimmung der Konkurrenzreaktionsfunktion

Entsprechend den Inhalten zum methodischen Gesamtvorgehen aus Abbildung 4/18 muß nach der einfachen Preis-Absatzfunktion nun die Konkurrenzreaktion erfaßt werden.[524] Hierzu muß das Management den erwarteten Reaktionsverlauf der Konkurrenzpreise in Abhängigkeit

---

522 Vgl. Grundlagen zur Preistheorie in 3.5.1 bis 3.5.4.

523 Die Preisabsatzfunktion fällt oberhalb von DM 15,- bei einer identischen Preisdifferenz etwa doppelt so steil ab wie zuvor. Vgl. Abb. 4/22.

524 Vgl. 3.6.2.

des eigenen Preisverhalten abschätzen.[525] Es werden dem Management dazu erneut die erarbeiteten Informationsgrundlagen aus der Umweltanalyse und der Messung der relativen Produkt- und Vertriebsparameter vorgegeben. Die größte Bedeutung hat dabei sicherlich die relative Produktstellung.[526] Sie dokumentiert, welche Leistungskriterien das Produkt relativ zur Konkurrenz aufweist, sodaß die Preisveränderungen des eigenen Produktes in Relation mit den Stärken und Schwächen der Konkurrenzprodukte gesetzt werden können. In der Literatur wird festgestellt, daß dem Management auch die Ergebnisse der statischen Preis-Absatzfunktion zur Bestimmung der Konkurrenzreaktionsfunktion zur Verfügung gestellt werden sollten.[527] Es ergibt sich die folgende Informationsstruktur zur Schätzung der Konkurrenzreaktionsfunktion eines Produktes:

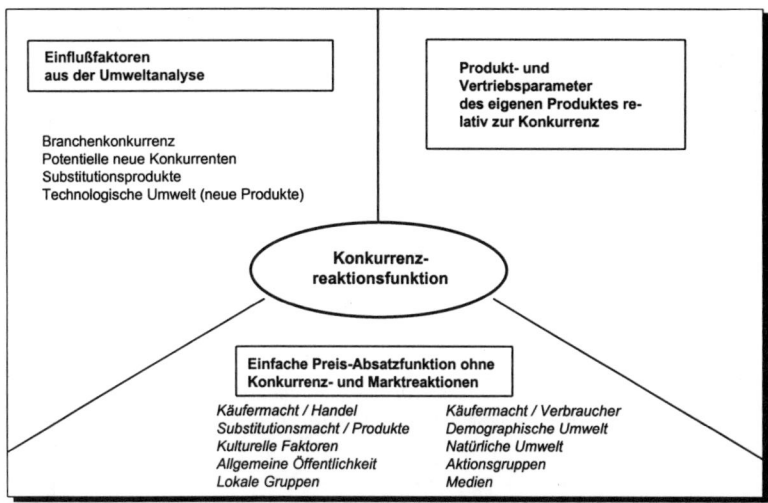

Abb. 4/23   Informationsgrundlage zur Bestimmung der Konkurrenzreaktionsfunktion

Die Konkurrenzreaktionsfunktion weist in der Regel einen gleichgerichteten (positiven) bzw. einen neutralen Zusammenhang (unelastischer Reaktionsfall) zwischen dem eigenem Produktpreis und dem durchschnittlichen Konkurrenzpreis auf. Das Auftreten einer negativen Beziehung ist im ethischen Produktbereich unwahrscheinlich, da die Wirtschaftlichkeitsorientierung im Gesundheitswesen zunimmt und der Arzt durch die Arzneimittelbudgets bei Preiserhöhungen i.d.R. nicht mit einer gesteigerten Nachfrage reagiert, was eine gegengerichtete Konkurrenzreaktion motivieren könnte.[528] Es ist für das eigene Unternehmen dabei sehr wichtig, durch die Konkurrenzreaktionsfunktion detaillierte Aufschlüsse darüber zu gewin-

[525] Vgl. Hilleke, K. (1995), S. 657.

[526] Vgl. die Definition und relative Beurteilung der Produktleistungsattribute in 3.3.1 bis 3.3.3.

[527] Vgl. Hilleke, K. (1995), S. 657.

[528] Vgl. 3.5.2.

nen, ab welchem Preisniveau Konkurrenzunternehmen mit Preisanpassungen auf die Veränderungen der eigenen Produktparameter reagieren. Es ist zudem möglich, daß sich unterschiedliche Elastizitäten für einzelne Funktionsabschnitte ergeben.

In der Literatur schlägt Hilleke für die pharmazeutische Industrie vor, eine Relation zwischen dem eigenen Preisniveau und dem durchschnittlichen Konkurrenzpreis herzustellen.[529] Es soll für die Konkurrenzreaktionsfunktion dabei erneut ein Beispielverlauf angegeben werden, der auf den Abschätzungen des Managements für ein Produkt in einer zukünftigen Periode beruht. Die jeweiligen Informationen aus den Umweltdimensionen und die Parameter zur relativen Produktattraktivität und Vertriebsleistung fließen nach der Struktur aus Abbildung 4/23 neben den Ergebnissen zur einfachen Preis-Absatzfunktion in die Schätzverfahren des Managements mit ein:

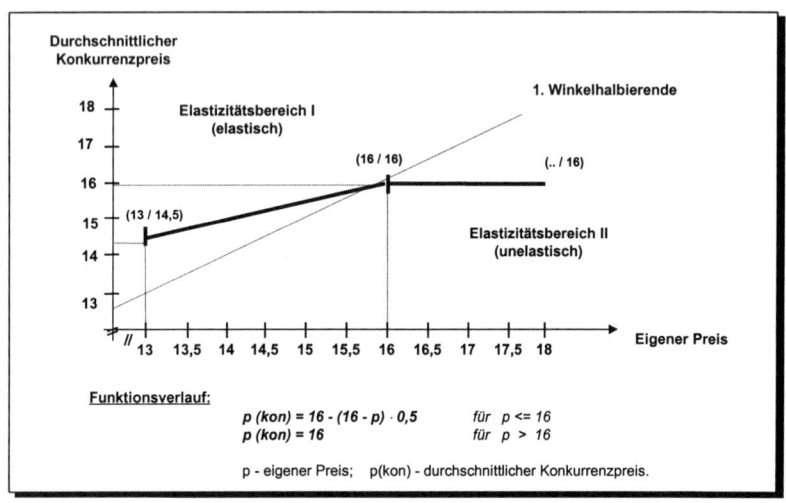

Abb. 4/24 Konkurrenzreaktionsfunktion bei eigenen Preisveränderungen / -preisniveaus

Es ist der Konkurrenzreaktionsfunktion aus Abbildung 4/24 zu entnehmen, daß in einem Preissegment zwischen DM 13,- und DM 16,- pro Packung das Konkurrenzpreisniveau mit einer Elastizität von 0,5 auf eigene Preisveränderungen reagiert. Dies bedeutet, daß eine marginale Änderung des eigenen Preisniveaus zu einer Veränderung des Konkurrenzpreisniveaus um die halbe Differenz führt.

Die bei der einfachen Preis-Absatzfunktion diskutierte Preisobergrenze für die medizinisch sinnvolle Therapie in diesem Produktfeld von DM 15,- wird somit von der Konkurrenzreakti-

---

[529] Vgl. Hilleke, K. (1995), S. 657.

onsfunktion bis zu einem Niveau von DM 16,- pro Packung überschritten. In diesem Bereich reagiert die Konkurrenz im Beispielfall damit sehr sensibel auf die eigenen Preisveränderungen. Das Management gibt jedoch durch die Konkurrenzreaktionsfunktion auch an, daß die Konkurrenzprodukte aufgrund der zunehmend öffentlichen Preisdiskussion einen Maximalpreis von DM 16,- nicht übersteigen werden. Steigt der eigene Produktpreis über diesen Wert, führt die Konkurrenz keine weiteren Preisanpassungen um den gleichen Betrag durch, sondern verharrt auf dem maximalen Preisniveau von DM 16,-.[530] Eine mathematische Betrachtung käme damit zu dem Ergebnis, daß die Elastizität des durchschnittlichen Konkurrenzpreises an der Stelle (16/16) der Funktion diskontinuierlich von 0,5 auf den Wert 0 abfällt.

3.8.6 Hauptteil III: Bestimmung der Marktreaktionsfunktion

Neben der Reaktion der konkurrierenden Unternehmen hat auch die Reaktion des Marktes einen großen Einfluß auf die absolute Höhe des erwarteten Mengenumsatzes eines Produktes.[531] Veränderungen des allgemeinen Preisniveaus beeinflussen i.d.R. den mengenmäßigen Gesamtumsatz in einem Produktmarkt deutlich. Dies ist gerade in Märkten mit starken substitutiven Beziehungen zu anderen Produktmärkten festzustellen.[532]

Zur Bestimmung der Marktreaktionsfunktion ist es notwendig, die bisher erarbeiteten Teilfunktionen systematisch aufzubereiten und die Ergebnisse der einfachen Preis-Absatzfunktion und der Konkurrenzreaktionsfunktion dem Management als zusätzliche Informationshilfen anzubieten. Auch müssen die Informationen über externe Rahmenbedingungen dem Management in aggregierter Form zur Verfügung stehen. Auch sie bestimmen, wie die aggregierte Marktnachfrage auf Veränderungen des allgemeinen Preisniveaus reagiert. Während zur Bestimmung der Konkurrenzreaktionsfunktion die relative Produkt- und Vertriebsleistungen eine große Bedeutung erfuhren, bestimmt nun die externe Umweltanalyse die Marktreaktionen maßgeblich.

---

[530] Vgl. Abbildung 4/24.
[531] Vgl. Hilleke, K. (1995), S. 657ff.
[532] Vgl. die Reaktionsfunktionen in oligopolistischen Märkten bei Simon, H. (1992), S. 205ff.

Abb. 4/25   Informationselemente zur Abschätzung der Marktreaktionsfunktion

Die Marktreaktionsfunktion kann in der pharmazeutischen Industrie für einzelne Therapiefelder deutlich unterschiedliche Verläufe aufweisen. In Segmenten mit einem hohen "Medical Need"[533] und wenigen Produkten ist zu erwarten, daß die Veränderung der aggregierten Marktnachfrage nur sehr schwach auf Preisvariationen reagiert. Anderes gilt für Produktmärkte, in denen zahlreiche substitutive Therapieformen und wettbewerbsintensive Konkurrenzverhältnisse bestehen. In diesen Märkten (z.B. Produktmarkt gegen Kopfschmerzen) kann durch eine überzogene Preispolitik eines Unternehmens und die gleichgerichtete Preisreaktion der Konkurrenzprodukte das Gesamtmarktvolumen deutlich reduziert werden.[534] Die betroffenen Patienten können hier auf Entspannungsübungen, Sportbetätigungen oder Massagen ausweichen. Diese Informationen zur Einschätzung der allgemeinen Produktstellung muß dem Management durch die Umweltanalyse[535] aufbereitet zur Verfügung gestellt werden. Die Ergebnisse der Umweltanalyse können durch die relativen Produkt- und Vertriebsparameter[536] und die bereits bestimmten Funktionsverläufe der einfachen Preis-Absatz- und der Konkurrenzreaktionsfunktion ergänzt werden.

Es wird im folgenden eine Marktreaktionsfunktion aufgeführt, die dem normalen Reaktionsfall entspricht, also eine abnehmende Mengennachfrage bei einem steigenden Preisniveau be-

---

533   Der "Medical Need" bezeichnet den therapeutischen Nutzen eines angebotenen Produktes. Er ist sehr hoch, wenn das Produkt eine sehr innovative Substanz besitzt und es keine Substitute am Markt gibt.

534   Vgl. die Konkurrenzreaktion in 3.7.5.

535   Käufermacht, Branchenkonkurrenz, Substitutionswettbewerb, vgl. 2.2.1 bis 2.2.4 in Kapitel II.

536   Vgl. 3.3 und 3.4 in diesem Kapitel.

sitzt.[537] Sie wurde vom Management für das untersuchte Produkt mit der bereits bestimmten Preis-Absatz- und Konkurrenzreaktionsfunktion angegeben. Auch die Darstellungsform der Marktreaktion muß diskutiert werden. In den Ausführungen von Hilleke zur pharmazeutischen Industrie wird zur Bestimmung der Marktreaktionsfunktion die aggregierte Mengennachfrage des Gesamtmarktes als abhängige Variable des durchschnittlichen Preisniveaus in einem Produktfeld beschrieben.[538] Diese Vorgehensweise weist im folgenden einige Berechnungsprobleme für das allgemeine Preisniveau auf.[539] Es soll jedoch auch für die vorliegende Modellentwicklung diese Darstellung gewählt werden, da sie den inhaltlich korrekten Zusammenhang der aggregierten Nachfrage beschreibt. Es wird in der folgenden Abbildung somit für den Beispielfall der durchschnittliche Produktpreis pro Packung in Relation mit der aggregierten Nachfrage am Markt gesetzt:

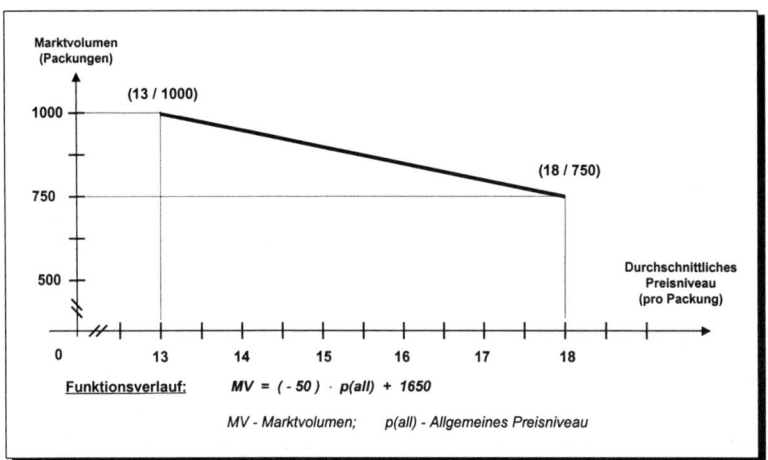

Abb. 4/26   Marktreaktionsfunktion bei Veränderungen des allgemeinen Preisniveaus

3.8.7 Hauptteil IV: Bestimmung der Kostenfunktion

3.8.7.1 Vorbemerkungen

Nach der Methodik aus Abbildung 4/18 in 3.6.2 zur Ableitung der zu optimierenden Gewinnfunktion ist es im folgenden notwendig, die Selbstkosten eines Produktes zu bestimmen. Die Verbindung der anderen Teilfunktionen führt zu den erwarteten Umsatzmengen und der berechneten, erweiterten Preis-Absatzfunktion. Durch den Abzug der mengenabhängigen Kosten

---

[537] Vgl. 3.5.2.

[538] Vgl. Hilleke, K. (1995), S. 655f.

[539] Eine korrekte Berechnung ergibt sich nur durch die Gewichtung der Preise mit den Marktanteilen.

von den Umsatzgrößen wird schließlich die Bestimmung des dynamischen Gewinnverlaufes eines Produktes möglich.[540]

Um die Selbstkosten eines Produktes bestimmen zu können, muß zuvor eine Diskussion über die in der Literatur bestehenden Kostenrechnungsverfahren erfolgen. Nach der Auswahl eines geeigneten Verfahrens kann danach die jeweilige Kostenstruktur für die Herstellung eines Produktes abgeschätzt werden. Neben den klassischen Verfahren der Kostenrechnung existiert dabei in der Literatur ein zur Erfassung dynamischer Effekte entwickeltes Kostenrechnungsverfahren (life cycle accounting).[541] Dies soll im folgenden geprüft werden.

3.8.7.2 Aufgaben und Leistungsprofil der Lebenszykluskostenrechnung

Das Kostenrechnungssystem des life-cycle accounting[542] orientiert sich an der Methodik des ihm zugrundeliegenden Marktreaktionsmodells des Produktlebenszykluskonzeptes. Das Verfahren ordnet die anfallenden Gesamtkosten eines Unternehmens nach einzelnen Perioden den hergestellten Produkten zu (life-cycle-costing).

Die Lebenszykluskostenrechnung wird auch in der Literatur als dynamisches Kostenrechnungsverfahren bezeichnet.[543] Eine Hauptaufgabe der Lebenszykluskostenrechnung besteht in der Prognose der Kostenverläufe für einzelne Produkte. Mit Hilfe des life-cycle-accountings können dabei Gegenwartswerte verwendet werden, um Kostenprognosen für zukünftige Perioden zu erstellen. Auch kann das life-cycle-accounting genutzt werden, um Informationen über die Qualität der betrieblichen Teilplanungen zu gewinnen. Hierzu werden die Prognoserechnungen auf Grundlage des life-cycle-accountings mit den tatsächlichen Kostengrößen verglichen. Fröhling bezeichnet das life-cycle-costing daher auch als ein dynamisches "Kosten- und Erfolgscontrolling"-verfahren.[544] In der Literatur werden dem life-cycle-costing im wesentlichen zwei Vorteile bei der Kostenplanung und -kontrolle zugeschrieben:

1. Bei der Ex-Ante-Schätzung variabler Stückkosten wird die Konzentration der Betrachtung auf langfristige Kostensenkungspotentiale gelegt. Gleichzeitig lassen sich die Untergrenzen offensiver Preisstrategien bestimmen, indem Lernkurven- und Rationalisierungseffekte antizipiert und in die Planrechnungen einbezogen werden.[545]

---

540 Auf dieser dynamischen Gewinndarstellung kann danach die strategische Bewertung und Neuausrichtung des Produktes aufbauen. Vgl. Kapitel II.
541 Vgl. Peavey, D.E. (1990), S. 32f und Kaufman, R.J. (1970), S. 21.
542 Vgl. ebenda.
543 Vgl. ebenda.
544 Vgl. Fröhling, O. (1994), S. 263.
545 Vgl. Fröhling, O. (1994), S. 265.

2. Als Kontrollinstrument kann die Lebenszykluskostenrechnung zur Bewertung zukünftiger Stückkosten in einzelnen Perioden eingesetzt werden. Die Ergebnisse der Kostenprognose können dabei aber auch mit den tatsächlich am Markt realisierten Preisen zur Früherkennung möglicher Konkurrenzpreisstrategien und Technologiefortschritte genutzt werden. Kilger verweist in diesem Zusammenhang darauf, daß durch die Lebenszykluskostenrechnung eine investitionstheoretische Berücksichtigung der Vorlaufs-, Betriebs- und Folgekosten möglich wird.[546]

3.8.7.3 Lebenszykluskostenrechnung und Kostenprognose

Der Methodik Fröhlings folgend muß die Lebenszykluskostenrechnung als Erweiterung der klassischen Kosten- und Leistungsrechnungsverfahren entwickelt werden. Hieraus ergibt sich die notwendige Verbindung des Ansatzes mit einem untergeordneten Kostenrechnungssystem zur Verteilung der Periodenkosten auf einzelne Umsatzträger.[547]

Die Zuordnung der Kostenpositionen zu einzelnen Produkten durch die Lebenszykluskostenrechnung entspricht einer "mehrperiodischen ... zeitraumbezogene(n) Durchschnittskalkulation".[548] Um einzelnen Produkten die relevanten Kostenblöcke zuordnen zu können, ist die Entwicklung einer integrierten Datenstruktur notwendig. Entsprechend der Erstellung und Definition des Marktraumes erscheint die Zuordnung der Kostengrößen zu einer Wirksubstanz und die Unterscheidung nach Ländern in einem international tätigen Unternehmen sinnvoll. Es ergibt sich daraus der folgende Vektorraum:

---

[546] Vgl. Kilger, W. (1986), S. 32f.
[547] Vgl. Fröhling, O. (1994), S. 263f.
[548] Vgl. Kilger, W. (1986), S. 32f und Fröhling, O. (1994), S. 264.

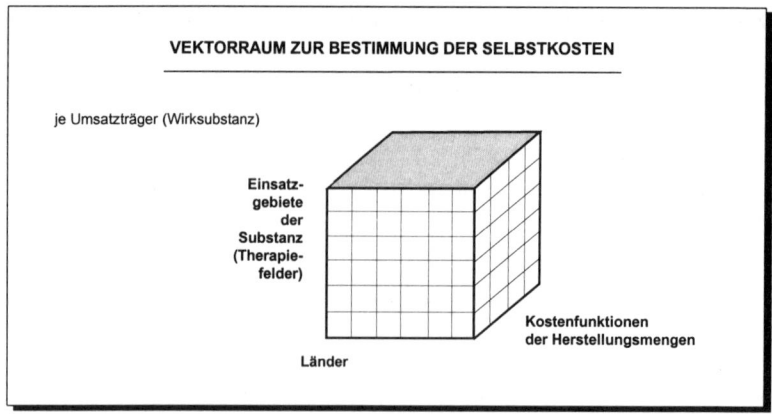

Abb. 4/27   Vektorraum zur Bestimmung der Selbstkosten nach Ländern und Märkten

3.8.7.4 Implementierung der Kostenkalkulation

Die Wahl eines Teil- oder eines Vollkostenrechnungsverfahrens für die vorliegende Modellentwicklung muß sich an der später zu optimierenden Zielgröße orientieren. Soll, wie in der Literatur bei Hilleke dargestellt wird, der Deckungsbeitrag eines Produktes für einzelne Perioden maximiert werden,[549] genügt ein Teilkostenrechnungsverfahren, das eine Erfassung der variablen Produktkosten sicherstellt. Wird hingegen der gesamte Gewinnbeitrag eines Produktes in den Mittelpunkt der Optimierungen gestellt, muß sich an dieser Stelle für ein Vollkostenverfahren entschieden werden. Ohne die spätere Entscheidung über die zu optimierende Zielgröße (Periodengewinn) vorwegzunehmen, wird im folgenden zur Aufrechterhaltung beider Optimierungsverfahren eine Vollkostenrechnung verwendet. Die gewählte Methodik soll gleichzeitig die möglichen Kostendegressionseffekte abbilden, die sich bei realen Produktionsverfahren für eine betrachtete Bandbreite der Herstellungsmenge ergeben.

Es wird in der folgenden Abbildung daher die Struktur für eine Vollkostenrechnung für ein Produkt in einer zukünftigen Periode angegeben.[550] Das Zahlenbeispiel ordnet sich inhaltlich in die bereits durch das Management abgeschätzten Teilfunktionen der einfachen Preis-Absatz-, der Konkurrenzreaktions- und der Marktreaktionsfunktionen ein. Sie wird auch für die weitere Modellentwicklung im Beispielfall dieses Kapitels verwendet:

---

[549] Vgl. Hilleke, K. (1995), S. 659.

[550] Die Degressionseffekte werden für die Einzel- und Gemeinkosten dabei als linear proportional zur Ausbringungsmenge angegeben. Die erleichtert die quantitative Nachvollziehbarkeit des Beispielfalles in den folgenden Abschnitten. Vgl. 3.7.ff und 3.8.ff.

Datensatz- deklaration:	(Wirkstoff)	(Land)	(Krankheitsfeld)	
	Periode x	Per. x+1	Per. x+2	Per. ...
Minimale Herstellmenge (Einheiten):	35			
Maximale Herstellmenge (Einheiten):	210			
KOSTENKALKULATION:				
Selbstkosten:				
Lohneinzelkosten (pro Stück, Minimalmenge):	4	...	...	...
Degression bei Maximalmenge und Verlauf	10%, linear			
Materialeinzelkosten(pro Stück, Minimalmenge):	2	...	...	...
Degression bei Maximalmenge und Verlauf	15%, linear			
Sondereinzelkosten der Fertigung (pro Stück):	2	...	...	...
Degression bei Maximalmenge und Verlauf	30%, linear			
Lohngemeinkosten (pro Stück):	4	...	...	...
Degression bei Maximalmenge und Verlauf	40%, linear			
Materialgemeinkosten (pro Stück):	3	...	...	...
Degression bei Maximalmenge und Verlauf	20%, linear			
Sondergemeinkosten Fertigung (pro Stück):	3	...	...	...
Degression bei Maximalmenge und Verlauf	40%, linear			
Verwaltungskosten (pro Stück):	3	...	...	...
Degression bei Maximalmenge und Verlauf	30%, linear			
Vertriebskosten: (pro Stück):	3	...	...	...
Degression bei Maximalmenge und Verlauf	30%, linear			
GESAMTAGGREGATION **DER KOSTEN & AUSWERTUNG:**				
Maximalmenge:	210			
Stückkosten Maximalmenge:	13,5			
Minimalmenge:	35			
Stückkosten Minimalmenge:	20			
- Kostenfunktion:	$Selbstkosten = \left[\dfrac{-6,5}{175} \cdot Menge + 21,30\right] \cdot Menge = \dfrac{-6,5}{175} \cdot Menge^2 + 21,30 \cdot Menge$			

Abb. 4/28   Bestimmung der Selbstkosten in Abhängigkeit der Umsatzmenge

Das übergeordnete Ziel bei der Bestimmung der Kostenlebenszyklen muß es sein, die Selbstkosten einer Wirksubstanz in Abhängigkeit von der Gesamtherstellungsmenge zu bestimmen, wie sie sich aus der Summe der einzelnen Kostenpositionen ergibt. Für den dargestellten Beispielfall ist zu erkennen, daß die Degressionseffekte linear verlaufen, sodaß sich als Ergebnis eine quadratische Gesamtkostenfunktion und eine lineare Stückkostenfunktion ergeben.[551] Die resultierende Kostenfunktion mit der Form

$$Selbstkosten = \left[\frac{-6,5}{175} \cdot Menge + 21,30\right] \cdot Menge = \frac{-6,5}{175} \cdot Menge^2 + 21,30 \cdot Menge$$

wird in der folgenden Abbildung für die Selbstkosten der hergestellten Menge und die Selbstkosten je hergestellter Produkteinheit für den Beispielfall dargestellt:

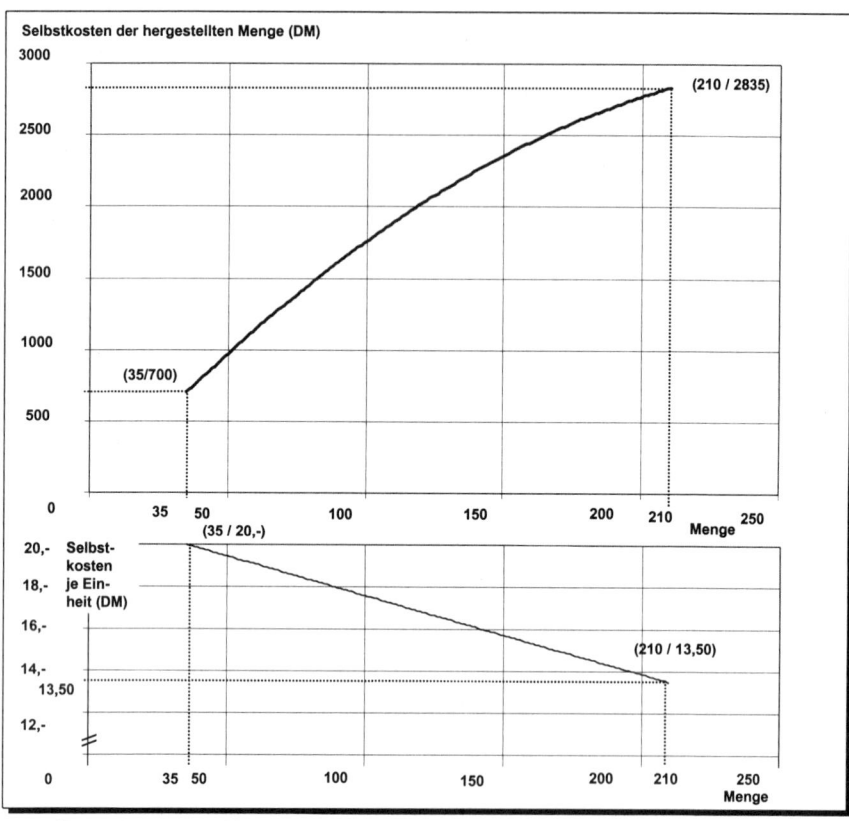

Abb. 4/29   Kostenverlauf für die hergestellte Menge und Einzelselbstkosten

---

[551] Die lineare Kostendegression wurde im Beispielfall gewählt, um die spätere mathematische Verbindung der Funktionen zu erleichtern. In der Realität ist in der Mehrzahl der Fälle von exponentiellen Degressionsverläufen auszugehen. Erst eine Logarithmierung der Kostenfunktion würde einen linearen Degressionsverlauf darstellen.

3.8.8 Weiteres Vorgehen zur Optimierung

Nach der Bestimmung der einzelnen Teilfunktionen zur Preis-Absatzbeziehung und der mengenvariablen Kostenfunktion wird es nun möglich, die erarbeiteten Elemente mathematisch bis zur Zielfunktion zu verbinden. Die Maximierung einer zu definierenden Zielgröße nach dem optimalen Preisniveau (z.B. Deckungsbeitrag, Umsatz oder Gewinn) kann darauf aufbauend erfolgen. Auch die Kostenfunktion hängt letztlich vom Preisniveau ab, da der Preis über die Schätzfunktionen des Umsatzes die Absatzmenge bestimmt, die ein Produkt am Markt erzielen kann. Der Preis beeinflußt damit direkt die Selbstkosten der hergestellten Ausbringungsmenge eines Produktes. Daraus kann für eine Periode letztlich die optimale Preishöhe bestimmt werden, bei der die Differenz aus Umsatz und Kosten (Gewinn) maximiert wird.

Das weitere Vorgehen wird in Abbildung 4/30 mit den bereits erarbeiteten Elementen dargestellt und zeigt die weiteren Schritte des Optimierungsprozesses, die strategische Bewertung und Neuanpassung der Produkte und schließlich die Neuberechnung der Ergebnisverläufe für die strategisch angepaßten Preisniveaus:

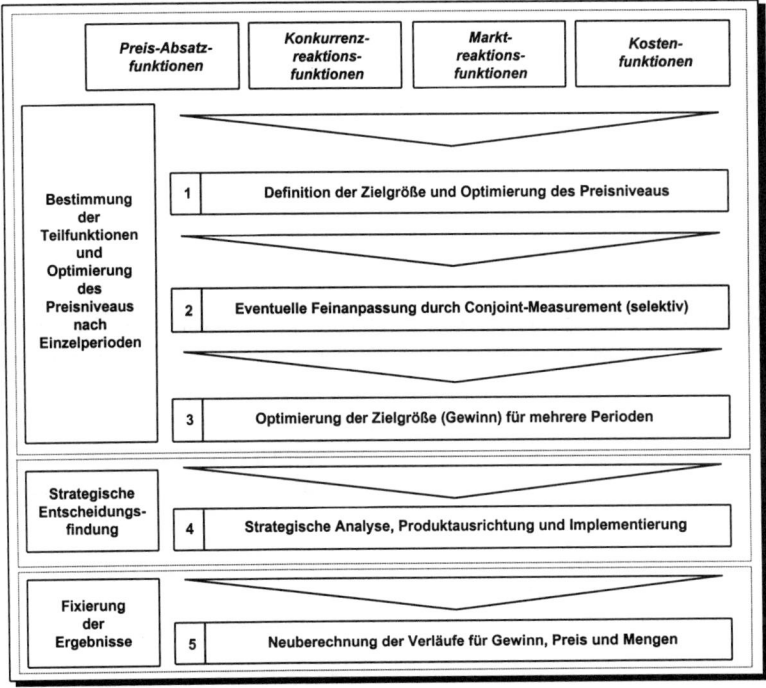

Abb. 4/30 Weiteres Vorgehen zur Gewinnoptimierung nach dem Produktpreis

Abbildung 4/30 ist zu entnehmen, daß sich an die Optimierung der Zielgröße nach einzelnen Perioden die strategische Bewertung und Ausrichtung der Produkte anschließt und sich dadurch letztlich erst die endgültige Fixierung der Preis- und Mengengrößen ergibt.[552] Gleichzeitig müssen die Periodenoptimierungen hinsichtlich ihrer mehrperiodischen Umsetzbarkeit überprüft werden.[553] Nach den strategischen Entscheidungen kann dann die veränderte Preis- und Mengenstruktur der Produkte berechnet werden. Als Ergebnis erhält man den dynamischen Lebenszyklus eines Produktes mit Gewinn-, Umsatz- und Kostengrößen.

Für die weiteren Erarbeitungsschritte muß auch die Definition der zu maximierenden Zielgröße erfolgen. Dies kann der Umsatz-, der Deckungsbeitrag oder der Gesamtgewinn eines Produktes in einer Periode sein. Es ist sinnvoll, eine Zielgröße zu bestimmen, die sich nicht ausschließlich am Umsatzvolumen orientiert, was einer Nichtberücksichtigung der Kostenstruktur entspräche. Vielmehr sollte eine Gewinngröße verwendet werden, die eine möglichst umfassende Einbeziehung aller erarbeiteten Informationen sicherstellt. Ihr soll in der vorliegenden Untersuchung trotz der Notwendigkeit des Mengenwachstumes in pharmazeutischen Märkten der Vorzug gegeben werden.[554] Als eine zu maximierende Zielgröße könnte auch der Deckungsbeitrag verwendet werden, der jedoch die anteiligen Fixkosten nicht berücksichtigen würde. Die Fixkosten sind jedoch ebenfalls in der Kostenrechnung erfaßt worden, sodaß man auf die spezifischere Erfolgsgröße des Gesamtgewinnes eines Produktes übergehen kann. Es wird als zu maximierende Zielgröße damit die Differenz zwischen dem wertmäßigen Umsatzvolumen und den Selbstkosten, also der eigentliche Gewinnbeitrag eines Produktes, vor Zinsen und Steuern definiert (EBIT).[555]

3.9 Gewinnfunktion eines Produktes

Ausgangspunkt zur Bestimmung der Gewinnfunktion ist die zuerst durch das Management bestimmte, einfache Preis-Absatzfunktion ohne Konkurrenz- oder Marktreaktionen.[556] Sie gibt den Grundwert der verkauften Mengen bei einem entsprechenden Preisniveau an. Reagieren die Konkurrenzunternehmen auf Preisveränderungen des eigenen Produktes gleichgerichtet,[557] reduzieren sich die relativen Preisveränderungen des eigenen Produktes. Gleichzeitig reagiert das gemeinsame Preisniveau, wodurch sich eine Verlagerung des Nachfragepunktes auf der Marktreaktionsfunktion ergibt.

---

[552] Vgl. die methodischen Grundlagen in 2.5 in Kapitel II.

[553] Ständige Preisveränderungen von Periode zu Periode sind z.B. nicht implementierbar.

[554] Vgl. Dreger, C. (1996), S. 91ff.

[555] EBIT = earnings before interest and tax = Ergebnis vor Zinszahlungen und Steuern.

[556] Vgl. 3.7.4.

[557] Eine Preiserhöhung des eigenen Produktes führt im Normalfall zu einer Preiserhöhung der Konkurrenzprodukte und vice versa. Vgl. Simon, H. (1992), S. 213.

Die folgende Abbildung zeigt die wechselseitigen Beziehungen zwischen den einzelnen Schätzfunktionen und gibt die Funktionsvariablen (Preis, Menge) an, über die eine Wirkung auf andere Funktionen übertragen wird:

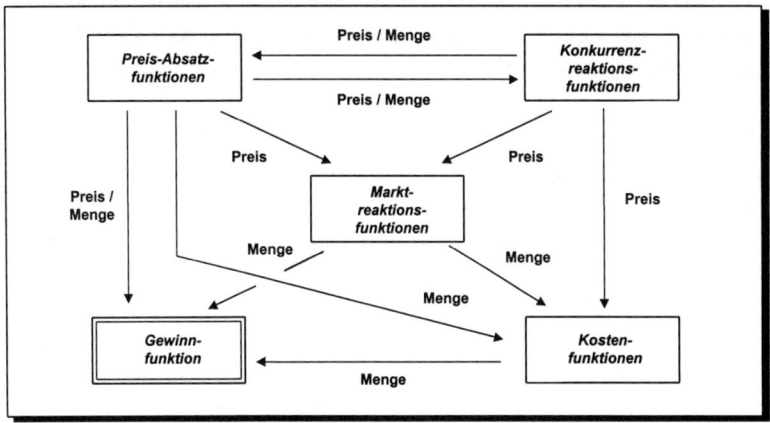

Abb. 4/31 Teilfunktionen zur Bestimmung der Gewinnfunktion und wechselseitige Einflüsse

Die einfache Preis-Absatzfunktion beeinflußt die Reaktionen der Konkurrenz zum einen durch den absoluten Preis, der die Umsatzerwartungen konkurrierender Produkte am Markt verändert. Gleichzeitig bestimmt aber auch die Höhe der Absatzmenge des eigenen Produktes den Einfluß auf konkurrierende Produkte: Ist die abgesetzte Menge des Produktes sehr groß (hoher Marktanteil), ist bei Preisänderungen von einem größeren Mengeneinfluß für die Konkurrenzprodukte auszugehen als bei einem geringen. Da zudem das eigene Preisniveau einen Teil der Preisstruktur des Gesamtmarktes darstellt, ist bei einem großen Marktanteil der Einfluß auf das allgemeine Preisniveau und dadurch auf die Marktreaktion größer. Durch die Wahl unterschiedlicher Preisniveaus, mit denen verschiedene Absatzmengen erzielt werden, ergeben sich wiederum entsprechend unterschiedliche Selbstkosten bei der Herstellung des Produktes. Bei einem geringen Preis und einer großen Absatzmenge können dabei deutlich größere Kostendegressionseffekte realisiert werden, die bei einem hohen Preisniveau und geringeren Mengen in diesem Umfang nicht bestehen. Somit besteht ein mehrschichtiger, z.T. nur indirekt feststellbarer Einfluß des Preisniveaus auf die Gewinnfunktion eines Produktes (Zielfunktion, vgl. Abb. 4/31).

Die Konkurrenzreaktionsfunktion hat einen wechselseitigen Einfluß auf die einfache Preis-Absatzfunktion. Die in der Preis-Absatzfunktion festgestellte Mengenwirkung bei einem bestimmten Preisniveau wird dabei durch die Reaktion der Konkurrenz auf das festgesetzte Preisniveau beeinflußt. Sinkt der eigene Produktpreis etwa um DM 3,- und die Preiselastizität der Konkurrenz beträgt 1/3, wird die Konkurrenz den Preis im Durchschnitt ebenfalls um DM

1,- senken - die absolute Preisdifferenz des eigenen Produktes zur Konkurrenz reduziert sich somit von DM 3,- auf DM 2,-. Die Mengenwirkung des eigenen Produktes am Markt fällt für die normale Reaktion damit geringer aus als ohne die Konkurrenzreaktion. Über die Veränderung der Menge, die eine Konkurrenzpreisanpassung für das eigene Unternehmen bei Preisveränderungen zur Folge hat, werden letztlich auch die Selbstkosten der hergestellten Produktmenge beeinflußt (vgl. Abb. 4/31).

Durch die Mengenwirkung des Marktes (Marktreaktionsfunktion) wird eine Veränderung der Absatzmenge des eigenen Produktes bewirkt, wodurch sich die Selbstkostenstruktur verändert. Ausschlaggebend sind hierfür erneut die Größen- und Mengendegressionseffekte der Selbstkosten. Damit hat die Marktwachstumsfunktion durch ihre Mengenwirkung auf die Absatzhöhe des Produktes einen Umsatz- und einen Kosteneffekt auf die zu untersuchenden Gewinnfunktion des jeweiligen Produktes.

Die Veränderungseffekte müssen im folgenden durch eine sinnvolle Verbindung der einfachen Preis-Absatzfunktion mit der Konkurrenz- und Marktreaktionsfunktion erfaßt werden. Dies kann durch eine graphische Auswertung oder eine mathematische Verbindung erreicht werden. Zahlreiche Autoren fordern in der Literatur dabei eine mathematische Lösung, die in der Unternehmenspraxis durch EDV - Systeme umgesetzt werden kann.[558] Erst in einem letzten Schritt sollte danach die Kostenfunktion zur Bestimmung der Gewinnfunktion herangezogen werden. Hieraus folgt die eigentliche Optimierung für ein Produkt in einer Periode und einen Produktmarkt.

3.9.1 Einfache Preis-Absatzfunktion

Die einfache Preis-Absatzfunktion bildet die zentrale Ausgangsfunktion für alle weiteren Erarbeitungsschritte. Sie beschreibt die geplante Absatzmenge eines Produktes in Abhängigkeit des Preises unter der Annahme konstanter Umfeld- und Konkurrenzverhältnisse. Neben der Preis-Absatzfunktion läßt sich durch Verbindung mit dem Preis gleichzeitig eine Umsatzfunktion angeben, die nur noch von der Preisvariablen abhängt.

MATHEMATISCHE BESCHREIBUNG:

Einfache Preis-Absatzfunktion   *Menge:* $m = a \cdot p + b$

                                                           Umsatz: $u = m \cdot p = [a \cdot p + b] \cdot p$

---

[558] Vgl. Hilleke, K. (1995), S. 662 und Wilde, K. (1995), S. 667ff.

Menge: $\quad m = (-25) \cdot p + 575 \qquad$ *für p <= 15*

$\qquad\qquad m = (-60) \cdot p + 1100 \qquad$ *für p > 15*

Umsatz: $\quad u = \left[(-25) \cdot p + 575 \right] \cdot p = (-25) \cdot p^2 + 575 \cdot p$

$\qquad\qquad u = \left[(-60) \cdot p + 1100 \right] \cdot p = (-60) \cdot p^2 + 1100 \cdot p$

Der graphische Verlauf der Preis-Absatzfunktion wurde für das verwendete Zahlenbeispiel in Abbildung 4/22 in 3.7.4 dargestellt.

3.9.2 Konkurrenzreaktionsfunktion

Die Konkurrenzreaktionsfunktion gibt an, wie absolute Preisveränderungen des eigenen Produktes zu Reaktionen der Konkurrenten führen.[559] Es muß nun die Funktion der Konkurrenzreaktion auf die bisherige Preis-Absatzfunktion bezogen werden, um diese um den Effekt der Konkurrenzreaktion zu erweitern. In der Regel wird dadurch die Mengenwirkung des eigenen Produktes deutlich reduziert.[560] Graphisch entspricht die Einbeziehung der Konkurrenzreaktionsfunktion im normalen Fall somit einer Stauchung der Preis-Absatzfunktion.[561] Nur im anomalen Fall, in dem die Konkurrenz den Preis in die gegengesetzte Richtung zur eigenen Preisveränderung anpaßt, würde sich in der einfachen Preis-Absatzfunktion eine Verstärkung der ausgewiesenen Mengenwirkung ergeben. Dies entspräche einer vertikalen Streckung der Funktion ausgehend vom bestehenden Preisniveau, der Preis-Mengenverlauf würde dadurch einen steileren Verlauf annehmen. Auch im skizzierten Beispielfall wurde eine normale Preisreaktion für die Konkurrenzprodukte angenommen.[562]

Die Konkurrenzreaktionsfunktion bedingt letztlich eine Erweiterung des Steigungsfaktors der einfachen Preis-Absatzfunktion. Dies kann mathematisch durch die multiplikative Erweiterung der Steigung mit einem Elastizitätskoeffizienten erreicht werden. Die Veränderung der Steigung der Preis-Mengenfunktion durch Konkurrenzreaktionen muß dabei einen Punkt besitzen, von dem aus die Funktion ihren veränderten Steigungsverlauf erfährt. Dies sollte entweder der Punkt des gegenwärtigen Preises oder der Mittelpunkt des untersuchten Preisintervalles sein (Fall I).[563] Die folgende Abbildung zeigt, daß sich für alle anderen Punkte der Elastizitätserfassung inkorrekte Ergebnisse ergeben (Fälle II, bis IV, vgl. Abb. 4/32).

---

[559] Vgl. Simon, H. (1992), S. 331.

[560] Vgl. 3.7.5.

[561] Positive Elastizität der Konkurrenzreaktionsfunktion.

[562] Vgl. 3.7.6.

[563] Vgl. Abb. 4/32.

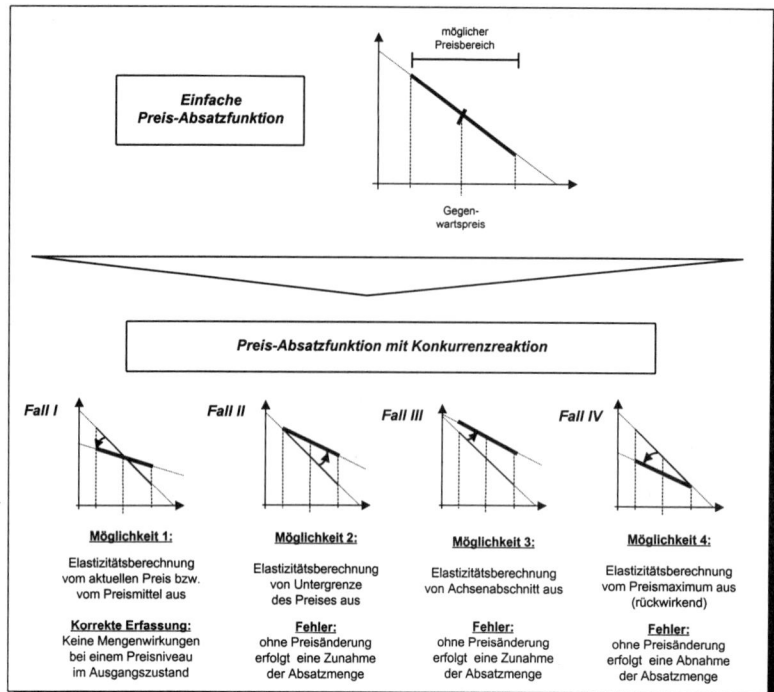

Abb. 4/32   Fixpunktbestimmung für die Elastizitätenerweiterung der Preis-Absatzfunktion

In Abbildung 4/32 sind die unterschiedlichen Erfassungsmöglichkeiten der Konkurrenzreaktion abgebildet. Die korrekte Erfassung wird in Fall I abgebildet. Dies ist der einzige Fall, bei dem trotz der Einbeziehung der Konkurrenzreaktion bei einem konstanten Preisniveau keine Veränderung der Mengenwirkung erfolgt. Dies entspricht der Konkurrenzreaktionsannahme, daß Konkurrenzpreise nur nach eigenen Preisveränderungen reagieren. In Abbildung 4/32 wurde graphisch eine Elastizität von ca. 0,5 angegeben, was an der annähernd halbierten Steigung der Preis-Absatzfunktion mit Konkurrenzreaktion zu erkennen ist (vgl. Fall I bis IV). Für den Fall, daß ein Produkt noch nicht eingeführt ist und noch kein Preisniveau für ein Produkt besteht, sollte der Mittelpunkt des möglichen Preisintervalles als Ansatzpunkt für die Konkurrenzreaktionen angenommen werden.[564] Die mathematische Verknüpfung wird im folgenden theoretisch und für den skizzierten Beispielfall durchgeführt.

---

[564] Wird ein Conjoint-Measurement-Verfahren bei Neuprodukten eingesetzt, erübrigt sich die Erarbeitung über Teilfunktionen. Vgl. 3.6.1.

Ausgangsfunktion: Einfache Preis-Absatzfunktion (linear)

$$Menge: \quad m(p) = a \cdot p + b$$
$$Umsatz: \quad u = m(p) \cdot p = [a \cdot p + b] \cdot p$$

Erweiterungselement: Konkurrenzreaktionsfunktion

$$Konkurrenzpreis: \quad p(kon) = \varepsilon \cdot p + \varphi$$

Berechnung der Ergebnisfunktionen:

$$\Rightarrow \qquad \textit{Menge:} \quad m = (a \cdot (1-e)) \cdot p + b$$
$$\textit{Umsatz:} \quad u = m \cdot p = [(a \cdot (1-e)) \cdot p + b] \cdot p$$

mit Verschiebung der Funktion auf den Koordinatenpunkt des mittleren Preises.

BERECHNUNGEN FÜR DEN BEISPIELFALL:

Einfache Preis-Absatzfunktionen:

Menge: $\quad m = (-25) \cdot p + 575 \qquad$ für p <= 15

$\qquad\qquad m = (-60) \cdot p + 1100 \qquad$ für p > 15

Umsatz: $\quad u = [(-25) \cdot p + 575] \cdot p = (-25) \cdot p^2 + 575 \cdot p \qquad$ für p <= 15

$\qquad\qquad u = [(-60) \cdot p + 1100] \cdot p = (-60) \cdot p^2 + 1100 \cdot p \qquad$ für p > 15

Konkurrenzreaktionsfunktion:

$$p(kon) = (p - 15{,}5) \cdot 0{,}5 + 15 = 0{,}5 \cdot p + 7{,}75 \qquad \text{für p} <= 16$$
$$p(kon) = 16 \qquad\qquad\qquad\qquad\qquad\qquad\qquad\quad \text{für p} > 16$$

---

[565] p - eigenes Preisniveau; p(kon) - Konkurrenzpreisniveau; φ - Achsenabschnitt der Reaktionsfunktion; ε - Steigung der Konkurrenzreaktionsfunktion.

Elastizitätsberechnung (1. Ableitung der Reaktionsfunktion):

$$e = 0,5 \qquad\qquad \text{für } p <= 16$$
$$e = 0 \qquad\qquad \text{für } p > 16$$

Erfassung in erweiterter Preis-Absatzfunktion:

I. Berechnung des Fixpunktes für Elastizitätserweiterung:

p = 15,5 (gegenwärtiger Preis / Preismittel im Untersuchungsintervall)

m = 170 (Menge bei Preismittel, einfache Preis-Absatzfunktion)

II. Elastizitätseinbindung:

$$e = 0,5 \qquad \text{für } p <= 16 \qquad\qquad \text{B - Hilfsvariable}$$
$$e = 0 \qquad \text{für } p > 16$$

Menge: $m = (-25) \cdot (1 - 0,5) \cdot p + B$ für p <= 15

$m = (-60) \cdot (1 - 0,5) \cdot p + B$ für p > 15 und p <= 16

$m = (-60) \cdot p + B$ für p > 16

mit Berechnung von B durch Funktionspunkt (15,5 / 170).

III. Berechnung der neuen Preis-Absatzfunktion mit Konkurrenzreaktion:

a) Berechnung für p > 15 und p <= 16, Funktionsverlauf durch Punkt (15,5 / 170):

$$170 = (-60) \cdot (1 - 0,5) \cdot (15,5) + B \qquad\qquad \text{B - Hilfsvariable}$$

$$\Rightarrow B = 170 + (60 \cdot 0,5 \cdot 15,5) = 170 + 465 = 635$$

$$\Rightarrow \underline{m = (-30) \cdot p + 635}$$

b) Berechnung für p <= 15:

Funktionsbestimmung an p = 15:

$$m = (-30) \cdot (15) + 635 = -450 + 635 = 185 \quad \Rightarrow \quad (15/185)$$

$$185 = (-25) \cdot (1 - 0,5) \cdot (15) + H \qquad\qquad \text{H - Hilfsvariable}$$

$$H = 185 + 25 \cdot 7,5 = 185 + 187,5 = 372,5$$

$$\underline{m = (-12,5) \cdot p + 372,5}$$

c) Berechnung für p > 16:

Funktionsbestimmung an p = 16:

$m = (-30) \cdot (16) + 635 = -480 + 635 = 155 \quad \Rightarrow \quad (16/155)$

$155 = (-60) \cdot 16 + K \qquad\qquad\qquad K$ - Hilfsvariable

$K = 155 + 60 \cdot 16 = 155 + 960 = 1115$

$\underline{m = (-60) \cdot p + 1115}$

Übersicht der Ergebnisse zur Preis-Absatzfunktion mit Konkurrenzreaktion:

$m = (-12,5) \cdot p + 372,5$	für p <= 15
$m = (-30) \cdot p + 635$	für p > 15 und p <= 16
$m = (-60) \cdot p + 1115$	für p > 16

Umsatz:

$u = (-12,5) \cdot p^2 + 372,5 \cdot p$	für p <= 15
$u = (-30) \cdot p^2 + 635 \cdot p$	für p > 15 und p <= 16
$u = (-60) \cdot p^2 + 1115 \cdot p$	für p > 16

Die Ergebnisse der mathematischen Berechnung im Beispielfall werden in der folgenden Darstellung graphisch widergegeben. Zu erkennen ist, daß die Konkurrenzreaktion eine deutliche Verflachung der Preis-Absatzfunktion bewirkt.[566] In Abbildung 4/33 wird zusätzlich die einfache Preis-Absatzfunktion ohne Konkurrenzreaktion durch eine gestrichelte Linie neben der erweiterten Kurve angegeben:

---

[566] Vgl. die Beschreibung der normalen Konkurrenzreaktion in 3.8.2.

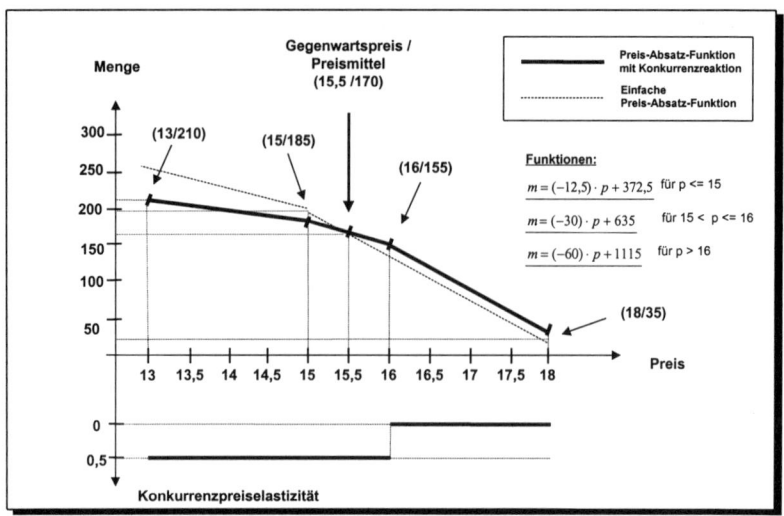

Abb. 4/33   Preis-Absatzfunktion mit eingebundener Konkurrenzreaktionsfunktion

Die dargestellten Ergebnisse aus Abbildung 4/33 sollen kurz interpretiert werden. Ausgehend vom Gegenwartspreis von DM 15,50 bewirken die Preissenkungen des eigenen Produktes nach Einbeziehung der Konkurrenzreaktionsfunktion nun einen geringeren Mengeneffekt als in der einfachen Preis-Absatzfunktion. Die Steigung halbiert sich im Preisbereich von DM 13,- bis DM 15,50, da die Konkurrenzreaktionsfunktion in diesem Bereich eine Elastizität von 0,5 aufweist, sodaß der relative Preiseffekt genau halbiert wird (vgl. Abb. 4/33). Gleichzeitig ist aber auch der Mengenreduktionseffekt bei Preiserhöhungen um die Hälfte geringer, da die Konkurrenzunternehmen bei einer Zunahme des eigenen Preises ebenfalls eine Preiserhöhung durchführen (positive Elastizität). Erst bei einem Preisniveau von DM 16,- erreichen die Konkurrenten ihr Preismaximum und erhöhen ihre Preise nicht mehr weiter.[567] Für Preise oberhalb dieser Höchstgrenze ergibt sich dadurch eine identische Preis-Mengenwirkung wie in der einfachen Preis-Absatzfunktion. Dies wird in Abbildung 4/33 durch die parallel verlaufenden Funktionen in diesem Preisbereich ausgewiesen. Dennoch verläuft die erweiterte Preis-Absatzfunktion graphisch betrachtet über der einfachen Funktion ohne Konkurrenzreaktion, da das Preisniveau der Konkurrenzprodukte bis zu einem Höchstniveau von DM 16,- ansteigt und somit ein geringerer negativer Mengeneffekt bei sehr hohen Preisen durch die ebenfalls erhöhten Konkurrenzpreise besteht. Es ist der erweiterten Funktion zudem zu entnehmen, daß aufgrund der Verbindung zweier abschnittsweise definierter Teilfunktionen als Ergebnis der mathematischen Verbindung bereits eine dreifach abschnittsweise definierte Preis-Absatzfunktion entsteht (vgl. Abb. 4/33).

---

[567] Vgl. Abb. 4/24 in 3.7.5.

3.9.3 Marktreaktionsfunktion

Es wurde bereits festgestellt, daß das Marktvolumen auf Veränderungen des allgemeinen Preisniveaus mit Veränderungen der aggregierten Nachfrage reagiert. Somit überlagert ein weiterer Effekt die um die Konkurrenzreaktionsfunktion erweiterte Preis-Absatzfunktion. Es muß daher erneut diskutiert werden, wie durch eine mathematische Verbindung der Marktvolumenseffekt eingebunden werden kann.

3.9.3.1 Erfassung der Marktreaktionsfunktion

Bei der Konkurrenzreaktionsfunktion wurde durch die Anpassung zusätzlicher Parameter am Markt (Konkurrenzpreise) die eigene Preis-Absatzfunktion um einen Elastizitätsfaktor erweitert, der die Abhängigkeit vom eigenen Preisniveau angibt. Ein deutlich komplexerer Fall stellt sich hingegen für die Marktreaktionsfunktion dar. Der Markt reagiert mit seiner Gesamtnachfrage auf das allgemeine Preisniveau, das sich aus dem eigenen Preis und den Konkurrenzpreisen errechnet. Die aggregierte Nachfrageveränderung beeinflußt wiederum rückwirkend die Mengenwirkung des eigenen Produktes. Dies soll an einem Beispielfall verdeutlicht werden:

Setzt das Unternehmen einen sehr geringen Preis, reduziert sich das allgemeine Preisniveau zum einen durch die absolute Preisveränderung des eigenen Produktes. Gleichzeitig reagieren aber auch die Konkurrenzpreise auf die Senkung des eigenen Preises. Das allgemeine Preisniveau sinkt damit erneut durch die Preisreduktion der Konkurrenzprodukte. Somit reagiert der Markt ein zweites Mal auf die Preisänderung des eigenen Produktes. Ist der eigene Marktanteil sehr groß, ist der erste Reaktionseffekt auf die eigene Preisveränderung sehr groß. Der zweite Effekt durch die Reaktion der Konkurrenzpreise ist hingegen geringer, da der Marktanteil der Konkurrenzprodukte relativ gering ist. Anderes gilt für den Fall eines kleinen eigenen Marktanteiles. Hier ist der erste Effekt des Einflusses auf den Gesamtmarkt gering. Die provozierte Konkurrenzreaktion verursacht jedoch aufgrund der dann großen Marktanteile der Konkurrenzprodukte eine sehr große, zweite Reaktionswirkung des Marktes.

Gerade in Märkten mit einer hohen Preissensibilität ist der Mengenänderungseffekt des Gesamtmarktes von großer Bedeutung. Die beschriebenen Einflußstrukturen auf die Marktreaktion sind der folgenden Abbildung zu entnehmen:

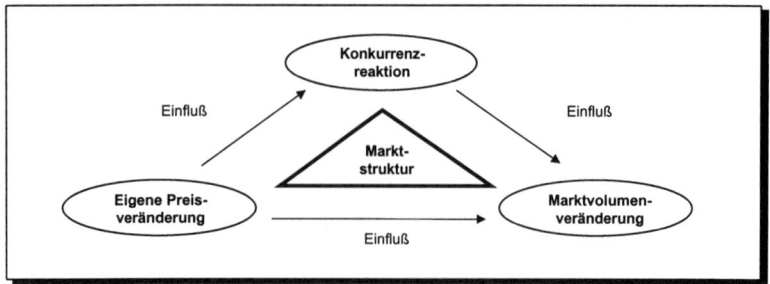

Abb. 4/34   Einflußfaktoren auf die Marktreaktion bei Preisveränderungen

Die Marktstruktur bestimmt somit wesentlich die Art und Höhe der Veränderungen des Marktvolumens. Die exakte Bestimmung der Marktanteile spielt bei der Erarbeitung dabei die zentrale Rolle, um die jeweiligen Einflüsse auf das Marktvolumen richtig zu erfassen. Die folgende Tabelle zeigt eindrucksvoll, wie unterschiedliche Marktanteile die Preis-Absatzwirkung bei einer Preisveränderung verändern können. Im skizzierten Beispielfall ergibt sich eine Volumenspanne von 550 bis 850 Einheiten für die Reduktion des Marktvolumens bei Marktanteilen des eigenen Produktes zwischen 10 und 70%:

	Fall A	Fall B	Fall C
Grunddaten:			
Eigener Produktpreis:		100	
Durchschnittlicher Konkurrenzpreis:		100	
Marktvolumen (Packungen):		10.000	
Marktanteile:			
Eigenes Produkt	70 % (hoch)	50% (mittel)	10 % (gering)
Fremdprodukte	30 % (gering)	50% (mittel)	90 % (hoch)
Teilfunktionen:			
Steigung der einfachen Preis-Absatzfunktion:		-2	
Steigung der Konkurrenzreaktionsfunktion:		0,5	
Steigung der Marktreaktionsfunktion:		-0,5	
Preisveränderungen:			
Veränderung des eigenen Produktpreises		+ 20 %	
Veränderung des Konkurrenzpreisniveaus		0,5 · 20% = + 10 %	
Konsequenzen:			
Veränderung des allgemeinen Preisniveaus	= 70 % · (0,2) + 30 % · (0,1) = 17 %	= 50 % · (0,2) + 50 % · (0,1) = 15 %	= 10 % · (0,2) + 90 % · (0,1) = 11 %
Marktreaktion (%)	= 17 % · (-0,5) = - 8,5 %	= 15 % · (-0,5) = - 7,5 %	= 11 % · (-0,5) = - 5,5 %
Marktreaktion (absolut)	= - 8,5 % · 10.000 = - 850	= - 7,5 % · 10.000 = - 750	= - 5,5 % · 10.000 = - 550
Neues Marktvolumen	9.150	9.250	9.450

Tab. 4/8 Abhängigkeit des Marktvolumens vom jeweiligen Marktanteil

3.9.3.2 Mathematische Erfassung

Für die Marktreaktionsfunktion kann sich an der Vorgehensweise zur Einbeziehung der Konkurrenzreaktionen angelehnt werden. Erneut könnte die Einbeziehung des Effektes durch Elastizitäten erfolgen, um die prozentualen Veränderungen des Gesamtmarktvolumens bei Veränderungen des allgemeinen Preisniveaus anzugeben. Die Elastizität müßte dabei allerdings zwingend die Unterscheidung der Effekte der eigenen Preisveränderung und der Konkurrenzreaktion beinhalten, die mit den einzelnen Marktanteilen zu gewichten sind. Dies bedeutet, daß unterschiedliche Elastizitäten zu bestimmen sind und die Einbindung durch eine zweifache Kurvenerweiterung erfolgen müßte.

Eine zweite Möglichkeit besteht darin, über einen prozentualen Zuschlags- bzw. Abzugsfaktor die Mengenwirkung der Marktreaktion in die bestehende Informationsstruktur einzubeziehen. Dabei muß sich auf das allgemeine Preisniveau bezogen werden.[568] Ein Vorteil dieser Vorgehensweise ist dabei, daß die bisher erarbeitete Gesamtfunktion mit der Preis-Absatzbeziehung und der Konkurrenzreaktion gesamthaft bestehen bleibt und es sich lediglich um einen überlagernden Effekt handelt. Für diese Vorgehensweise spricht auch, daß sie die Mengenwirkung der Marktreaktion proportional zur erwarteten Umsatzmenge berechnet, sodaß die Veränderung des Marktanteiles bei einem bestimmten Preisniveau entsprechend dem neuen, resultierenden Marktanteil erfaßt wird. Es soll im folgenden die Einbindung der Marktreaktion nach der zweiten, proportionalen Zuschlagsmethode erfolgen.

Auch bei der prozentualen Erfassung des Mengeneffektes muß ein Mittelpreis definiert werden, von dem aus sich bei Veränderungen Reaktionen der aggregierten Marktnachfrage ergeben. Hierzu läßt sich dann ein Referenzmarktvolumen bestimmen, von dem aus die prozentualen Veränderungen der aggregierten Nachfrage bei Preisänderungen berechnet werden. Dies sollte entsprechend der bisherigen Erarbeitung der Konkurrenzreaktionsfunktion bei eingeführten Produkten das gegenwärtige Preisniveau und bei Produkten, die erst in späteren Perioden eingeführt werden, das mittlere Preisniveau in dem zu untersuchenden, relevanten Preisintervall sein. Für den skizzierten Beispielfall ist dies erneut das Preisniveau von DM 15,50 in einem zu untersuchenden Intervall von DM 13,- bis DM 18,-. Die Marktreaktionsfunktion wurde in 3.7.6 in Abbildung 4/26 für den Beispielfall detailliert angegeben. Es wird erneut in eine allgemeine mathematische Erarbeitung und einer Darstellung der Effekte für den Beispielfall unterschieden:

MATHEMATISCHE BESCHREIBUNG:

Ausgangsfunktion: Preis-Absatzfunktion mit Konkurrenzreaktionen

Menge: $m = (a \cdot (1 - e)) \cdot p + b$

Umsatz: $u = m \cdot p = \left[(a \cdot (1 - e)) \cdot p + b \right] \cdot p$

mit Funktionsverlauf durch die Koordinaten des mittleren Preises.

---

[568] Vgl. die Abhängigkeit von der Verteilung der Marktanteile in Tabelle 4/8 in 3.8.3.1.

Erweiterungselement: Marktreaktionsfunktion[569]

a) Funktionsverlauf: $MV = a_{volumen} \cdot p\,(all) + b_{volumen}$

b) Angaben zur Marktstruktur:

- Informationsangaben:

Eigener Marktanteil:	MA
Marktanteil der Konkurrenz:	$MA\,(kon)$

mit $MA + MA\,(kon) = 100\,\%$

- Bestimmung des allgemeinen Preisniveaus:[570]

$$p\,(all) = p \cdot MA + p\,(kon) \cdot MA\,(kon)$$

- Berechnung der Elastizitäten der Marktreaktion:

Preiselastizitäten auf Veränderungen des eigenen Preises:

p: $\quad$ *Elastizität = 1*

p (kon): $\quad$ *Elastizität = e*

$\Rightarrow$ Elastizität des allgemeinen Preisniveaus auf Veränderungen des eigenen Preises:

p (all) = 1 · MA + e · MA (kon)

c) Reaktion des Marktvolumens auf Preisveränderungen des eigenen Produktes:

I $\;$ mathematische Beschreibung:[571]

$$\Delta\,(MV) = a_{volumen} \cdot [\,MA + e \cdot MA\,(kon)\,] \cdot \Delta\,(p)$$

II $\;$ verbale Funktionsbeschreibung:

Δ (Marktvolumen) = [Steigung Marktreaktionsfunktion] · [Δ (allgemeines Preisniveau

bei Änderung des eigenen Preises)] · [Δ (eigener Preis)]

---

[569] $a_{volumen}$ - Steigung der Marktreaktionsfunktion; p (all) - allgemeines Preisniveau;
$b_{volumen}$ - Achsenabschnitt der Marktreaktionsfunktion.

[570] p - eigener Preis; p(kon) - durchschnittlicher Konkurrenzpreis.

[571] Δ (MV) - Veränderung des Marktvolumens, ausgehend von Mittelpreis; Δ (p) - Veränderung des eigenen Preises.

d) Prozentuale Veränderung des Marktvolumens:[572]

$$\Delta MV \; (\%) \;\; = (\frac{MV(p)}{MV(Mittelpreis)} - 1) = \frac{a_{volumen} \cdot p(all) + b_{volumen}}{a_{volumen} \cdot p(mittel) + b_{volumen}} - 1$$

$$= \frac{a_{volumen} \cdot \{p(mittel) + [MA + e \cdot MA\,(kon)] \cdot [p - p(mittel)]\} + b_{volumen}}{a_{volumen} \cdot p(mittel) + b_{volumen}} - 1$$

e) Ergebnisübersicht:

Erweiterte Preis-Absatzfunktion mit Konkurrenz- und Marktreaktion:[573]

$\Rightarrow$ **Menge:** $\quad m = [(a \cdot (1 - e)) \cdot p + b] \cdot [1 + \Delta\%(MV)]$

$$m = [(a \cdot (1 - e)) \cdot p + b] \cdot \left[1 + \frac{a_{volumen} \cdot \{p(mittel) + [MA + e \cdot MA\,(kon)] \cdot [p - p(mittel)]\} + b_{volumen}}{a_{volumen} \cdot p(mittel) + b_{volumen}} - 1 \right]$$

$$m = [(a \cdot (1 - e)) \cdot p + b] \cdot \left[\frac{a_{volumen} \cdot \{p(mittel) + [MA + e \cdot MA\,(kon)] \cdot [p - p(mittel)]\} + b_{volumen}}{a_{volumen} \cdot p(mittel) + b_{volumen}} \right]$$

Umsatz: $\quad u = m \cdot p = [(a \cdot (1 - e)) \cdot p + b] \cdot [1 + \Delta MV(\%)] \cdot p$

$$u = [(a \cdot (1 - e)) \cdot p + b] \cdot \left[\frac{a_{volumen} \cdot \{p(mittel) + [MA + e \cdot MA\,(kon)] \cdot [p - p(mittel)]\} + b_{volumen}}{a_{volumen} \cdot p(mittel) + b_{volumen}} \right] \cdot p$$

BERECHNUNG FÜR DEN BEISPIELFALL:

Für das Preismittel von DM 15,50 pro Packung erreicht das Marktvolumen (MV) eine Gesamtgröße von

$$MV\,(15,5) = (-50) \cdot (15,5) + 1650 = -775 + 1650 = \underline{\mathbf{875}}$$

Hieraus läßt sich der Marktanteil des zu untersuchenden Produktes berechnen. Der eigene Mengenumsatz bei einem Preisniveau von DM 15,50 beträgt nach der Preis-Absatzfunktion

---

[572] Δ MV (%) - Veränderung des Marktvolumens in Prozent; p - eigener Preis; e - Elastizität der Konkurrenzreaktion; p(mittel) - Mittelpreis; MA(kon) - Marktanteil der Konkurrenzprodukte; $a_{volumen}$ - Steigung Marktreaktionsfunktion; MA - eigener Marktanteil; $b_{volumen}$ - Achsenabschnitt der Marktreaktionsfunktion.

[573] a - Steigung der einfachen Preis-Absatzfunktion; u - Umsatz (Menge); b - Achsenabschnitt der einfachen Preis-Absatzfunktion; m - Menge.

170 Packungseinheiten.[574] Die aggregierte Gesamtnachfrage des Marktes bei einem Preisniveau von DM 15,50 beträgt 875 Einheiten.[575] Es ergibt sich dadurch ein Marktanteil (MA) von:

$$MA = 170 / 875 = 0,1942857142857 = 19,43 \%$$

Entsprechend beträgt der Marktanteil der Konkurrenzprodukte (MA(kon)):

$$MA \ (kon) = 1 - 19,43 \% = 80,57 \%.$$

1) Berechnung für den Preisbereich [0; 16] mit Konkurrenzpreiselastizität e = 0,5:[576]

$$p(all)=MA \cdot p+ MA(kon) \cdot p(kon) = MA \cdot p + MA(kon) \cdot [15,5 + (p - 15,5) \cdot e]$$

$$= 0,1943 \cdot p + 0,8057 \cdot [15,5 + (p-15,5) \cdot 0,5]$$

$$= 0,1943 \cdot p + 0,8057 \cdot 0,5 \cdot p + 15,5 \cdot 0,8057 - 7,75 \cdot 0,8057$$

$$p \ (all) = \underline{0,59715 \cdot p + 6,244175}$$

2) Berechnung für den Preisbereich [16; 18] mit Konkurrenzpreiselastizität e = 0:

$$p(all) = MA \cdot p + MA \ (kon) \cdot p \ (kon) = MA \cdot p + MA \ (kon) \cdot 16$$

$$p(all) = 0,1943 \cdot p + 0,8057 \cdot 16 = \underline{0,1943 \cdot p + 12,8912}$$

Schließlich kann die erweiterte Marktreaktionsfunktion in Abhängigkeit der Preisveränderungen bestimmt werden:

Marktreaktion bei verändertem allgemeinen Preisniveau:

- Übernahme der Berechnungsformel:[577]

$$\text{Funktion: } \Delta MV \ (\%) = \left[\frac{MV(p)}{MV(p(mittel))} - 1 \right] = \frac{a_{volumen} \cdot p(all) + b_{volumen}}{a_{volumen} \cdot p(mittel) + b_{volumen}} - 1$$

---

[574] Bei einem Preisniveau in Höhe des Preismittels bestehen noch keine Konkurrenz- oder Marktreaktionen, sodaß die Berechnung des absoluten Marktanteiles mit der einfachen Preis-Absatzfunktion (vgl. 3.7.4) erfolgen kann.

[575] Vgl. die Marktreaktionsfunktion für den Beispielfall in 3.7.6.

[576] p(all) - allgemeines Preisniveau; p(kon) - Konkurrenzpreisniveau; p - eigener Preis; e - Elastizität der Konkurrenzpreisreaktion.

[577] Δ MV (%) - Marktvolumenveränderung in Prozent; p(all) - allgemeines Preisniveau.

- **Marktveränderung für p** $\in [0 ; 16]$:

$$\Delta MV \ (\%) \ = \ \frac{(-50) \cdot [0,59715 \cdot p + 6,244175] + 1650}{(-50) \cdot (15,5) + 1650} - 1 =$$

$$= \ \underline{- \ 0,03412285714286 \cdot p + 0,528904285714}$$

- **Marktveränderung für p** $\in [16; 18]$:

$$\Delta MV \ (\%) \ = \ \frac{(-50) \cdot [0,1943 \cdot p + 12,8912] + 1650}{(-50) \cdot (15,5) + 1650} - 1 =$$

$$= \ \underline{-0,01110285714286 \cdot p + 0,1490742857143}$$

Berechnung der erweiterten Preis-Absatzfunktion mit Marktreaktion:

Formel:

$$m = [(a \cdot (1 - e)) \cdot p + b] \cdot \left[\frac{a_{volumen} \cdot \{p(mittel) + [MA + e \cdot MA \ (kon)] \cdot [p - p(mittel)]\} + b_{volumen}}{a_{volumen} \cdot p(mittel) + b_{volumen}} \right]$$

Berechnung für p $\in [0 ; 15]$:

$m = [(-12,5) \cdot p + 372,5] \cdot [1 + [- 0,03412285714286 \cdot p + \ 0,528904285714]]$

$m = [(-12,5) \cdot p + 372,5] \cdot [- 0,03412285714286 \cdot p + \ 1,528904285714]]$

$m = 0,426536 \cdot p^2 - 31,822068 \cdot p + 569,516846$

Berechnung für p $\in [15 ; 16]$:

$m = [(-30) \cdot p + 635] \cdot [1 + [- 0,03412285714286 \cdot p + \ 0,528904285714]]$

$m = [(-30) \cdot p + 635] \cdot [- 0,03412285714286 \cdot p + \ 1,528904285714]]$

$m = 1,023686 \cdot p^2 - 67,535143 \cdot p + 970,854221$

Berechnung für p $\in [16 ; 18]$:

$m = [(-60) \cdot p + 1115] \cdot [1 + [- 0,0110285714286 \cdot p + 0,1490742857143]]$

$m = [(-60) \cdot p + 1115] \cdot [- 0,0110285714286 \cdot p + 1,1490742857143]]$

$m = 0,661714 \cdot p^2 - 81,241314 \cdot p + 1281,217826$

Ergebnisübersicht:

Menge:

$m = 0{,}426536 \cdot p^2 - 31{,}822068 \cdot p + 569{,}516846$ für $p < 15$

$m = 1{,}023686 \cdot p^2 - 67{,}535143 \cdot p + 970{,}854221$ für $15 \leq p \leq 16$

$m = 0{,}661714 \cdot p^2 - 81{,}241314 \cdot p + 1281{,}217826$ für $p > 16$

Umsatz:

$u = m \cdot p = 0{,}426536 \cdot p^3 - 31{,}822068 \cdot p^2 + 569{,}516846 \cdot p$ für $p < 15$

$u = m \cdot p = 1{,}023686 \cdot p^3 - 67{,}535143 \cdot p^2 + 970{,}854221 \cdot p$ für $15 \leq p \leq 16$

$u = m \cdot p = 0{,}661714 \cdot p^3 - 81{,}241314 \cdot p^2 + 1281{,}217826 \cdot p$ für $p > 16$

Auf eine graphische Darstellung der Ergebnisse zur Preis-Absatzfunktion mit Konkurrenz- und Marktreaktionen soll an dieser Stelle verzichtet werden. Durch die Erweiterung der Marktreaktionen ergibt sich letztlich eine nur sehr geringe Veränderung. Die Funktion verläuft durch die Marktreaktion ausgehend vom Preismittel in beide Richtungen etwas steiler als in der Preis-Absatzfunktion mit Konkurrenzreaktion, da sich der Gesamtmarkt bei fallenden Preisen zusätzlich zur positiven Mengenwirkung geringfügig vergrößert und sich bei Preiserhöhungen entsprechend verkleinert, was ebenfalls zu einer Verstärkung des Mengeneffektes führt.[578]

3.9.4 Kostenfunktion

Die Kostenfunktion stellt in der gewählten Vorgehensweise[579] den letzten Schritt vor der Verbindung der Teilfunktionen zur Gewinnfunktion dar. Es kann hier erneut eine mathematische Darstellung angegeben werden, welche die Kosten als Funktion in Abhängigkeit der Ausbringungsmenge darstellt (K(m) = f(m)).[580] Es muß daher gezeigt werden, wie die Entwicklung der Kosten in Abhängigkeit des eigenen Preises bestimmt werden kann:

MATHEMATISCHE BESCHREIBUNG:

Kostenfunktion: $K\,(m) = f\,(m)$ mit $m(p) = g(p)$

     $\Rightarrow$ $K\,(p) = h\,(p) = h\,(g(p))$

---

[578] Vgl. die Preis-Absatzfunktion mit Konkurrenzreaktion in Abbildung 4/33 in 3.8.2.

[579] Vgl. Abb. 4/17 in 3.6.1.

[580] K - Kostenhöhe; m - Menge.

BERECHNUNG FÜR DEN BEISPIELFALL:

Verbindung der Mengenabhängigkeit mit der Kostenfunktion für p $\in$ [0 ; 15]:

Kostenfunktion:

$$Selbstkosten = \left[\frac{-6,5}{175} \cdot Menge + 21,30\right] \cdot Menge = \frac{-6,5}{175} \cdot Menge^2 + 21,30 \cdot Menge$$

Mengenfunktion: $m = 0,426536 \cdot p^2 - 31,822068 \cdot p + 569,516846$ (vgl. 3.8.3.2)

$\Rightarrow$ $K(p)$ = $-6,5/175 \cdot [0,426536 \cdot p^2 - 31,822068 \cdot p + 569,516846]^2$
$+ 21,30 \cdot [0,426536 \cdot p^2 - 31,822068 \cdot p + 569,516846] =$

$- 0,0067575099 \cdot p^4 + 1,0082991 \cdot p^3 - 46,572719 \cdot p^2 + 668,48508 \cdot p + 83,444111$

Verbindung der Mengenabhängigkeit mit der Kostenfunktion für p $\in$ [15 ; 16]:

Kostenfunktion:

$$Selbstkosten = \left[\frac{-6,5}{175} \cdot Menge + 21,30\right] \cdot Menge = \frac{-6,5}{175} \cdot Menge^2 + 21,30 \cdot Menge$$

Mengenfunktion: $m = 1,023686 \cdot p^2 - 67,535143 \cdot p + 970,854221$ (vgl. 3.8.3.2)

$\Rightarrow$ *K(p)* = $-6,5/175 \cdot [1,023686 \cdot p^2 - 67,535143 \cdot p + 970,854221]^2$ +
$21,3 \cdot [1,023686 \cdot p^2 - 67,535143 \cdot p + 970,854221] =$

$- 0,0389232 \cdot p^4 + 5,1357265 \cdot p^3 - 221,43274 \cdot p^2 + 3432,1764 \cdot p - 14330,099$

Verbindung der Mengenabhängigkeit mit der Kostenfunktion für p $\in$ [16 ; 18]:

Kostenfunktion:

$$Selbstkosten = \left[\frac{-6,5}{175} \cdot Menge + 21,30\right] \cdot Menge = \frac{-6,5}{175} \cdot Menge^2 + 21,30 \cdot Menge$$

Mengenfunktion: $m = 0,661714 \cdot p^2 - 81,241314 \cdot p + 1281,217826$ (vgl. 3.8.3.2)

$\Rightarrow$ *K(p)* = $-6,5/175 \cdot [0,661714 \cdot p^2 - 81,241314 \cdot p + 1281,217826]^2$ +
$21,3 \cdot [0,661714 \cdot p^2 - 81,241314 \cdot p + 1281,217826] =$

$- 0,0162635 \cdot p^4 + 3,9934897 \cdot p^3 - 294,03337 \cdot p^2 + 6001,7979 \cdot p - 33680,768$

3.9.5 Gewinnfunktion

3.9.5.1 Berechnung und Darstellung

Um die Kostenfunktion mit den bisherigen Umsatzteilfunktionen zu einer Gewinnfunktion zu verbinden, müssen die Bereiche der Kosten- und der Umsatzfunktionen in Abhängigkeit des Preises mathematisch verbunden werden. Dies erfolgt erneut in einer allgemeinen, mathematischen Darstellung und für den bisher erarbeiteten Beispielfall:

MATHEMATISCHE BESCHREIBUNG:

Gewinnfunktion:[581]
$$G\,(p) \quad = \quad U\,(p) - K\,(p)$$
$$G\,(p) \quad = \quad p \cdot m\,(p) - K\,(p)$$

BERECHNUNG FÜR DEN BEISPIELFALL:

Gewinnverlauf G(p) für p $\in$ **[0; 15]:**

$G(p) = p \cdot m(p) - K(p) = 0{,}426536 \cdot p^3 - 31{,}822068 \cdot p^2 + 569{,}516846 \cdot p -$
$[- 0{,}0067575099 \cdot p^4 + 1{,}0082991 \cdot p^3 - 46{,}572719 \cdot p^2 + 668{,}48508 \cdot p + 83{,}444111] =$
$\underline{0{,}0067575099 \cdot p^4 - 0{,}5817631 \cdot p^3 + 14{,}750651 \cdot p^2 - 98{,}96824 \cdot p - 83{,}444111}$

Gewinnverlauf G(p) für p $\in$ **[15; 16]:**

$G(p) = p \cdot m(p) - K(p) = 1{,}023686 \cdot p^3 - 67{,}535143 \cdot p^2 + 970{,}854221 \cdot p -$
$[- 0{,}0389232 \cdot p^4 + 5{,}1357265 \cdot p^3 - 221{,}43274 \cdot p^2 + 3432{,}1764 \cdot p - 14330{,}099] =$
$\underline{0{,}0389232 \cdot p^4 - 4{,}1120405 \cdot p^3 + 153{,}8976 \cdot p^2 - 2461{,}3222 \cdot p + 14330{,}099}$

Gewinnverlauf G(p) für p $\in$ **[16; 18]:**

$G(p) = p \cdot m(p) - K(p) = 0{,}661714 \cdot p^3 - 81{,}241314 \cdot p^2 + 1281{,}217826 \cdot p -$
$[- 0{,}0162635 \cdot p^4 + 3{,}9934897 \cdot p^3 - 294{,}03337 \cdot p^2 + 6001{,}7979 \cdot p - 33680{,}768] =$
$\underline{0{,}0162635 \cdot p^4 - 3{,}3317757 \cdot p^3 + 212{,}79206 \cdot p^2 - 4720{,}5801 \cdot p + 33680{,}768}$

Die Ergebnisse der Gewinnfunktionen verdeutlichen erneut die dreifach abschnittsweise Fallunterscheidung, die auf die Umsatz- und Konkurrenzreaktion zurückgeht. Als Ergebnis ergibt sich eine Gewinnfunktion, die nur noch nach der Preisvariablen abhängt (G(p) = f(p)). Sie kann nun nach dem Preis, der für das Unternehmen eine frei bestimmbare Handlungsgröße

---

[581] G - Gewinn; U - Umsatz; m - Menge; K - Kosten; p - eigener Preis.

darstellt, optimiert werden. Daher muß im Anschluß eine Kurvendiskussion die Optimierung des Gewinnes ermöglichen. Die folgenden Abbildung zeigt den Verlauf der mathematisch beschriebenen Gewinnfunktion für den Beispielfall und stellt zusätzlich die einzelnen Bereiche der Teilfunktionen dar, die auf die Gewinnfunktion einwirken:[582]

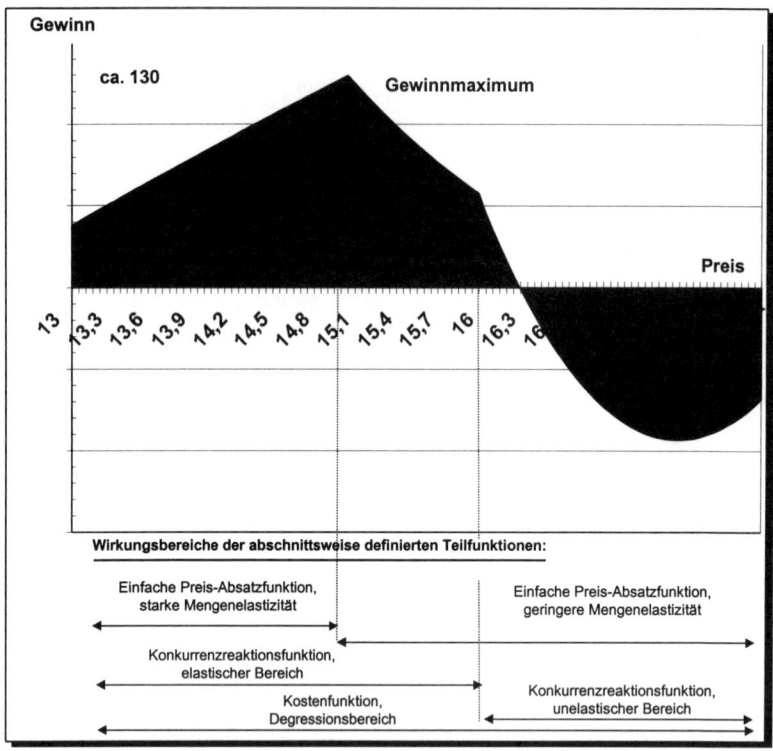

Abb. 4/35 Gewinnfunktion nach Einbeziehung aller Teilfunktionen

Für den dargestellten Beispielfall liefert die Gewinnfunktion in Abhängigkeit des eigenen Preises einen interessanten Verlauf für eine umfassende Analyse und Diskussion. Ihr ist deutlich zu entnehmen, daß für sehr hohe Preise der Mengenrückgang bei den internen Herstellungskosten zu sehr großen Einzelstückkosten führt.[583] Für Preise größer als DM 16,30 pro Packung übersteigen die Selbstkosten je gefertigter Einheit bereits die Verkaufserlöse. Die Gewinnfunktion fällt für Preise oberhalb dieser Grenze in den negativen Bereich. Während die Kostenfunktion der hergestellten Produktmenge eine quadratische Kostendegression besitzt, sind für die Teilfunktionen der Umsatzseite die unterschiedlichen Teilabschnitte deutlich

---

[582] Vgl. Abb. 4/35.
[583] Vgl. die Kostenfunktion mit Degressionseffekten in 3.7.8.

zu erkennen. Über DM 16,- pro Packungseinheit folgt der Konkurrenzpreis bei Erhöhungen dabei nicht mehr den Anstiegen des eigenen Preises und verharrt auf einem Maximalniveau von DM 16,-. Das eigene Preisniveau bedingt am Markt daher bei weiteren Preisveränderungen eine größere negative Wirkung als im Preisintervall darunter. Dies drückt sich folgerichtig auch in der Gewinnfunktion aus, die jenseits des Preisniveaus von DM 16,- eine größere negative Steigung aufweist.

Auch die Abschnitte der einfachen Preis-Absatzfunktion führen zu diskontinuierlichen Veränderungen der Gewinnfunktion. Im Bereich zwischen DM 15,- und DM 16,- ist eine deutlich geringere Steigung der einfachen Preis-Absatzfunktion festzustellen als im Bereich zwischen DM 13,- und DM 15,-.[584] Entsprechend verhält sich auch die Gewinnfunktion, die im Bereich unterhalb von DM 15,- deutlich steiler ansteigt als im Bereich zwischen DM 15,- und DM 16,-. In beiden Fällen führen die Degressionseffekte der Kostenfunktion zu einem positiven Gewinnverlauf, die Mengenwirkung bei Preisveränderungen liegt im Bereich zwischen DM 13,- und DM 15,- deutlich höher. Für die Gewinnfunktion bedeutet dies, daß sie für Preise kleiner als DM 15,- pro Packung deutlich schneller ansteigt als im Bereich darüber.[585]

3.9.5.2 Optimierung der Gewinnfunktion

Zur Bestimmung der optimalen Preisniveaus muß die angegebene Gewinnfunktion hinsichtlich ihres Maximums untersucht werden. Als einzige Variable zur Beeinflussung der Gewinnhöhe ist dabei der eigene Preis (p) in der Gewinnfunktion enthalten.[586] Mathematisch wäre die vorliegende Funktion somit zweimal nach dem Preis (p) abzuleiten und die erste Ableitung null zu setzen. Gleichzeitig muß die zweite Ableitung an der Stelle des Extremums kleiner als Null sein, was eine fallende Steigung nach dem Punkt charakterisiert und auf ein Maximum hindeutet.[587] In dem zu untersuchenden Preisintervall müssen danach zudem Einzelberechnungen für die Grenzen durchgeführt werden. Sie stellen sicher, daß an keinem der beiden Grenzen ein Maximum besteht, das durch die Prüfung auf ein lokales Extremum durch die Steigungsanalyse nicht hätte identifiziert werden können.

Die in der Realität häufig anzutreffende, abschnittsweise Beschreibung des Kurvenverlaufes macht es zudem notwendig, die Übergangspunkte zwischen einzelnen Bereichen innerhalb der Gewinnfunktion zu untersuchen. Es ist dabei möglich, daß ein lokales Extremum an den Schnittstellen einzelner Bereiche vorliegt, das durch die mathematische Steigungsanalyse

---

[584] Vgl. die Gewinnfunktion in Abbildung 4/35.
[585] Vgl. Abbildung 4/35.
[586] Vgl. 3.8.5.1.
[587] Eine zweite Ableitung größer Null würde auf ein Minimum (lokaler Tiefpunkt) hinweisen.

nicht erfaßt wurde. Aus diesem Grund muß für diese Stellen genauso wie für die Schranken des untersuchten Preisintervalles[588] eine Sonderprüfung erfolgen. Die folgende Abbildung 4/36 stellt die unterschiedlichen Gewinnfunktionstypen dar und zeigt, in welchen Fällen die mathematische Steigungsanalyse ohne zusätzliche Untersuchung der Übergangsstellen zu falschen Optimierungsergebnissen führt:

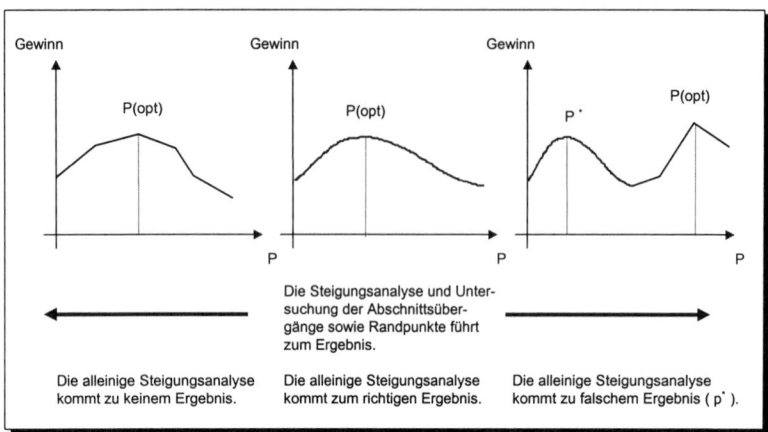

Abb. 4/36   Unterschiedliche Gewinnfunktionen nach Struktur und Optimierung

Zu erkennen ist in der Gewinnfunktion des Beispielfalles in Abbildung 4/35,[589] daß der maximale Gewinn bei einem Preisniveau von DM 15,- erreicht wird. Dies soll anhand der geführten Diskussion erläutert werden. Es wurde für die Teilfunktionen bemerkt, daß auf Ärztekongressen für eine erfolgreiche Therapie im zu untersuchenden Einsatzgebiet eine Preisobergrenze für die bestehenden Produkte von DM 15,- als sinnvoll erklärt wurde. Entsprechend wurde auch für die eigene Preis-Absatzfunktion an dieser Stelle ein nach oben flacher verlaufender Funktionsverlauf durch das Management angenommen. Die Kurvendiskussion der Preis-Gewinnfunktion ergibt, daß nach den Angaben der Teilfunktionen durch das Management der eigene Produktpreis von DM 15,50 auf DM 15,- in der untersuchten Periode angepaßt werden sollte. Die Berechnung des maximalen Gewinnes kann dabei über die Gewinnfunktion erfolgen:

$$G(p) = 0,0389232 \cdot p^4 - 4,1120403 \cdot p^3 + 153,8976 \cdot p^2 - 2461,3222 \cdot p + 14330,099$$

$$= \underline{129,576313} \qquad \text{für } p = DM \ 15,-$$

---

[588] Im verwendeten Beispielfall sind die Extrempreise DM 13,- und DM 18,-.
[589] Vgl. 3.8.5.1.

180

Entsprechend der methodischen Vorgehensweise aus Abbildung 4/18 in 3.6.2 zur dynamischen Gewinnoptimierung muß nun untersucht werden, ob der hohe Aufwand eines umfassenden Conjoint-Measurement-Verfahrens zur weiteren Optimierung des Preisniveaus gerechtfertigt erscheint. Simon und Hilleke stellten für die pharmazeutische Industrie fest, daß das Conjoint-Measurement-Verfahren aufgrund seines hohen wirtschaftlichen Aufwandes in der Praxis nur in begründeten Einzelfällen durchgeführt werden sollte, und die Ergebnisse nur sehr vorsichtig interpretiert werden sollten.[590] Die vorgestellte Methodik der systematischen Verbindung der Regressionsdaten, Umweltanalyse und der Produkt- und Vertriebsparameter zur Expertenschätzung verschiedener Teilfunktionen und die anschließende Verbindung mit der Kostenfunktion sollte daher für die Mehrzahl der Produkte den Rahmen bilden, in dem sich die Optimierung des Gewinnes vollzieht.[591] Ob das Conjoint-Measurement-Verfahren mit seinem hohen zeitlichen und wirtschaftlichen Aufwand für ein Produkt verwendet wird, muß situativ entschieden werden.

Es ist für die Mehrzahl der befragten Entscheider sehr schwierig, die Experteninformationen, die durch die einzelnen geschätzten Teilinformationen in die Optimierungen einfließen, in das eigene Entscheidungsverhalten einzubeziehen. In der Mehrzahl der Fälle werden die Ärzte zudem das Wissen über zukünftige Wettbewerbsprodukte und Makroveränderungen der wirtschaftlichen Dimensionen des Pharmamarktes nicht besitzen, sodaß das Conjoint-Measurement-Verfahren für zukünftige Perioden zu falschen Ergebnissen führen kann. Lediglich für sehr gegenwartsnahe Perioden sollte das Verfahren daher seine angesprochene selektive Verwendung finden. Dies wird in der folgenden Abbildung 4/37 dargestellt:

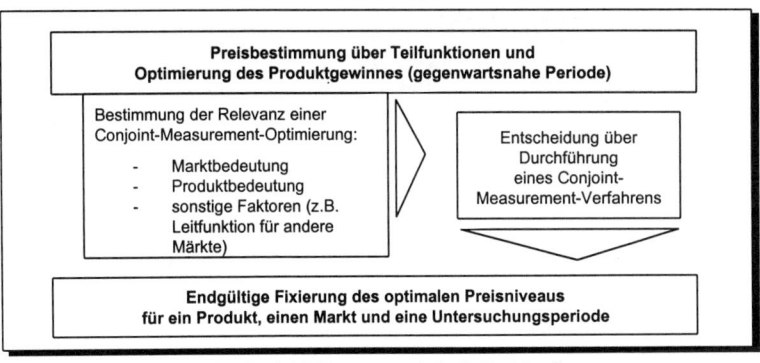

Abb. 4/37   Einbindung des Conjoint-Measurements in die Preisbestimmung

---

590 Vgl. Simon, H. (1992), S. 126.

591 Vgl. die gleichgerichtete Argumentation bei Hilleke, K. (1995), S. 664.

3.9.7 Dynamische Bestimmung der Umsatz- und Gewinnzyklen

Die informatorischen Vorarbeiten der Umweltanalyse, Regressionsverfahren, Produkt- und Vertriebsparameter sowie der einzelnen Teilfunktionen und der Optimierung können nach der Abschätzung durch das Management auch für spätere Perioden in simultaner Weise durchgeführt werden.

Die Bestimmung der einzelnen Teilfunktionen sollte auf Grundlage unabhängiger Abschätzungen erfolgen, jedoch die real meßbaren Ergebnisse der Gegenwartsperiode bei bereits eingeführten Produkten berücksichtigen. Die folgende Darstellung dokumentiert den Zusammenhang zwischen den einzelnen Elementen der zukünftigen Gewinnoptimierung eines Produktes für mehrere Perioden und zeigt die weiteren Schritte zur Erarbeitung der dynamischen Gewinnoptimierung. Als Ergebnis der Gewinnoptimierung ergeben sich letztlich auch Angaben zum dynamischen Verlauf des optimalen Preisniveaus (vgl. Abb. 4/38).

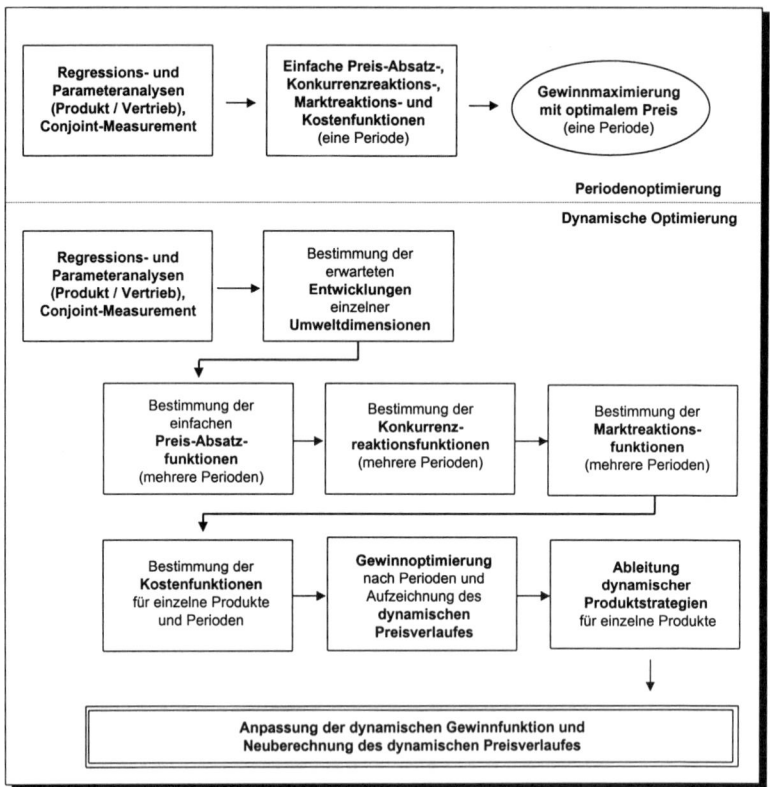

Abb. 4/38   Methodik zur Bestimmung der dynamischen Gewinnfunktion

3.10 Dynamische Periodenoptimierung und strategische Produktführung

3.10.1 Methodik des Vorgehens

Es muß im folgenden untersucht werden, wie aufbauend auf der Bestimmung der optimalen Preis- und Mengengrößen für einzelne Perioden eine dynamische Optimierung der zukünftigen Gewinnverläufe eines Produktes erfolgen kann. Als Ausgangspunkt müssen dazu die jeweiligen Teilfunktionen für die zukünftigen Perioden vom Management mit Unterstützung der Marktforschung abgeschätzt und entsprechend der bisherigen Vorgehensweise zu den einzelnen Gewinnfunktionen verbunden werden. Für den skizzierten Beispielfall in diesem Kapitel ist es etwa möglich, daß die Optimierung der einzelnen Gewinnfunktionen nach verschiedenen Perioden folgende optimalen Ausprägungen für die Parameter Preis, abgesetzte Menge und die Zielgröße des Periodengewinnes ergibt:

Zukunfts-periode:	Gewinnoptimales Preisniveau:	Abgesetzte Menge:	Höhe des Produktgewinnes:
1592	15,00	180	129
2	14,50	220	140
3	13,50	250	130
4	14,00	260	129
5	14,50	230	123
6	14,00	230	125
7	13,50	190	90
8	13,50	180	87
9	14,00	150	77
10	13,50	160	60

Tab. 4/9   Preis-, Mengen- und Gewinnhöhen nach der Optimierung einzelner Perioden

3.10.2 Strategische Bewertung des Produktes und dynamische Optimierung

Es wurde bei der Beschreibung des strategischen Produktmanagements in Kapitel II bereits ausgeführt, daß die quantitative Unterlegung der strategischen Produktplanung zusammen mit der qualitativen strategischen Ausrichtung zu einem fundierten Gesamtergebnis führen muß, in dem beide Elemente berücksichtigt werden und zur dynamischen Ausrichtung der Produkte beitragen.[593] Eine strategische Bewertung und Neuausrichtung des Produktes muß sich daher

---

592 Durchgeführter Beispielfall, vgl. 3.7.1 bis 3.8.5.

593 Vgl. 2.5 in Kapitel II.

im folgenden eng an den Ergebnissen der quantitativen Erarbeitung der Periodenoptimierungen anlehnen und sie sinnvoll ergänzen.

Die in Tabelle 4/9 in 3.9.1 dargestellten Ergebnisse der Optimierungen für einzelne Perioden bilden damit die Grundlage für die strategische Anpassung des untersuchten Produktes. Daraus werden anschließend die optimalen Periodenpreise, die abgesetzten Mengen eines Produktes und die jeweiligen Gewinnhöhen berechnet. Es müssen im folgenden dazu alle bisher erarbeiteten Informationen (Leistungsparameter, Umwelt- und Regressionsanalysen, Conjoint-Measurement-Verfahren und Optimierungsergebnisse) in die stra-tegische Bewertung eines Produktes einfließen. Dazu werden die Ergebnisse der Gewinnfunktion, die optimalen Preishöhen und die korrespondierenden Umsatzgrößen des Produktes verwendet, sodaß auch die quantitativen Ergebnisse nach den einzelnen Teilfunktionen in die Bewertungen einfließen. Erst daraus soll die derzeitige Position des eigenen Produktes mit der ausgewählten Wettbewerbsvorteils-/Marktlebenszyklusmatrix bestimmt werden.[594] Erst nach der Bestimmung der strategischen Position der Produkte über die Zeit soll sich dann die Ableitung der Normstrategien für einzelne Produkte anschließen. Sie führt zu einer Anpassung der Produktparameter und zu einer korrigierten Berechnung der Gewinn-, Preis- und Umsatzhöhen für einzelne Perioden. Es wird im folgenden dargestellt, welche Informationselemente aus den Vorarbeiten zur Bestimmung der beiden Dimensionen des Portfolios beitragen und wie die drei Elemente der strategischen Bewertung, Ausrichtung und Neuberechnung der Produkte darauf aufbauen.

---

[594] Vgl. 2.2.3 in Kapitel II.

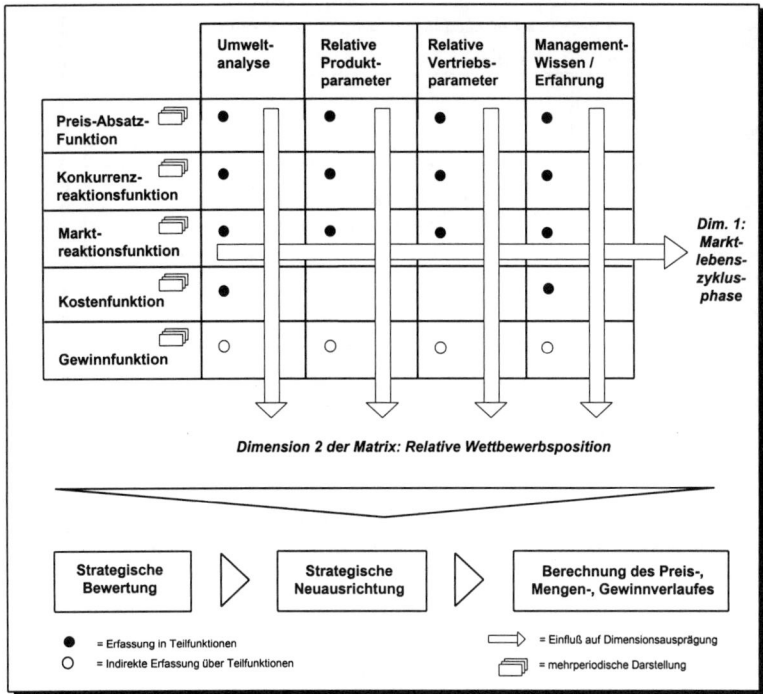

Abb. 4/39 Strategische Bewertung der Produkte durch Portfoliokonzeption

Im ausgewählten Portfolioverfahren wird die Wettbewerbsposition des untersuchten Produktes für die nächsten 3 Perioden als "günstig" angegeben, danach erfolgt jedoch bereits der Übergang in eine lediglich "haltbare" Position.[595] Mit Beginn der Periode 7 wird die eigene Wettbewerbsposition hingegen nur noch als "schwach" ausgewiesen.

Mit den Marktreaktionsfunktionen für einzelne Perioden ist es auch möglich, die erwarteten Veränderungen der Marktgröße im Zeitverlauf zu bestimmen. Im geschilderten Beispielfall weisen die Ergebnisse der aggregierten Mengenumsätze etwa nach, daß der Markt in den Perioden 1 und 2 noch leichte Zuwachsraten besitzt, danach allerdings in eine Stagnationsphase übergeht (Reifephase). Diese Reifephase wird im Beispielfall durch die Marktreaktionsfunktionen für die Perioden 3 bis 10 ausgewiesen. Das Management ordnet dem Markt in der Gegenwart und in den Perioden 1 und 2 der "späten Wachstumsphase" zu. Die folgende Abbildung stellt die dynamische Entwicklung des Produktes in der Portfoliomatrix für den Beispielfall in den Perioden 1 bis 10 dar:

---

[595] Vgl. die Definition der Dimensionsausprägungen der Wettbewerbspositions-/ Marktlebenszyklusmatrix in 2.2.3 in Kapitel II.

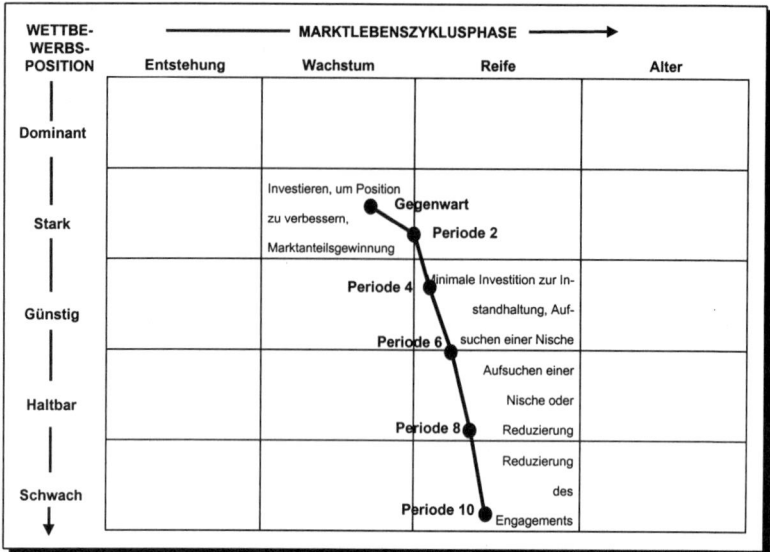

Abb. 4/40 Dynamische Bestimmung der strategischen Position und Normstrategien

Aufgrund der strategischen Position des zu untersuchenden Produktes in den Folgeperioden entschließt sich das Management, dem allgemeinen Preisrückgang des eigenen Produktes, wie er durch die Periodenoptimierungen des Produktgewinnes ausgewiesen wird, schrittweise nachzugeben. Es wird zudem beschlossen, aufgrund der eigenen guten Wettbewerbsposition in den nächsten Perioden einen möglichst hohen Preis zu wählen, um die gegenwärtige Marktstärke des Produktes zur Durchführung einer Abschöpfungsstrategie auszunutzen.

Als Strategie der Produktführung wird beschlossen, daß das Marketing während der nächsten Periode eine ertragsreiche Nischengruppe aus Entscheidern (Ärzte) und Konsumenten (Patienten) definiert und diese konsequent bearbeitet. Dies entspricht der durch das Matrixverfahren ausgewiesenen Normstrategie der Besetzung einer Nische für spätere Perioden, die in der Wettbewerbspositions-/Marktlebenszyklusmatrix als eine mögliche Alternative zur Reduktion des Engagements und des Rückzuges des Produktes aufgeführt wird. Erst in der späteren Zukunft nach Periode 10 soll dann erneut aufgrund aktualisierter Informationen über den vollständigen Rückzug des Produktes vom Markt oder die Veräußerung der Produktrechte entschieden werden.

In der strategischen Diskussion wird vom Management die ständige periodische Anpassung des Preises an das jeweils optimale Preisniveau stark kritisiert. Dieses ergibt sich aus den direkten Periodenoptimierungen ohne die Beachtung der Folge- und Vorgängerperioden. Als

Hauptgründe der Kritik wird angemerkt, daß dieser Ansatz sehr unwirtschaftlich ist, den Handel verunsichert und die Entscheider (Ärzte) mit den unterschiedlichen Richtungen der Preisanpassung irritiert. Das Festhalten an einem hohen Preisniveau, das Aufsuchen, Bearbeiten und Verteidigen einer ertragsreichen Marktnische und das schließliche Nachgeben gegenüber dem zunehmenden Preiswettbewerb führt als Ergebnis der strategischen Diskussion für den Beispielfall zu folgendem dreigeteilten Preisniveau (vgl. Abb. 4/41):

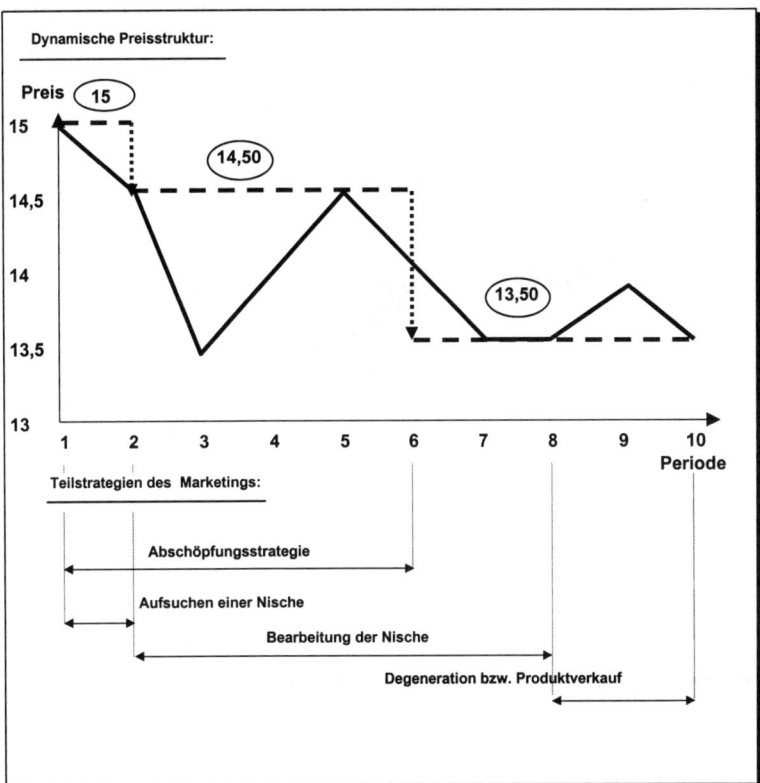

Abb. 4/41   Preisstruktur und Marketingziele nach strategischer Bewertung und Diskussion

Für den skizzierten Beispielfall ist zu erkennen, daß erst in der späten Reifephase eine stufenweise Anpassung an das sinkende Preisniveau erfolgt. Zu dieser Zeit sollte das Marketing für das Produkt bereits eine Nischenposition gefunden und besetzt haben. Es wurde zudem darauf verwiesen, daß die endgültige Entscheidung über den Rückzug des Produktes vom Markt oder die Veräußerung der Produktrechte erst in einer späteren Periode entschieden wird, wenn detailliertere Informationen zum erwarteten weiteren Verlauf der Produktkenngrößen bestehen.

Aus den Ergebnissen zur dynamischen Preisstruktur des Produktes lassen sich für die folgenden Perioden nun auch die unterschiedlichen Gewinnpositionen darstellen. Wie bereits ausgeführt wurde, ergibt sich aufgrund der strategischen Anpassung des Produktpreises und der Diskussion der möglichen Umsetzung der Optimierungsergebnisse ein neuer, dynamischer Gewinnverlauf. Dies soll in der folgenden Darstellung für den Beispielfall nach den einzelnen Perioden 1-10 dargestellt werden (vgl. Abb. 4/42).

Zu erkennen ist deutlich, daß in Perioden, in denen das optimale Preisniveau durch die drei strategisch angepaßten Preisniveaus der Abbildung 4/41 erreicht wird, der zuvor berechnete, optimale Gewinn realisiert werden kann. Dies ist für die Perioden 2, 5, 7, 8 und 10 festzustellen.

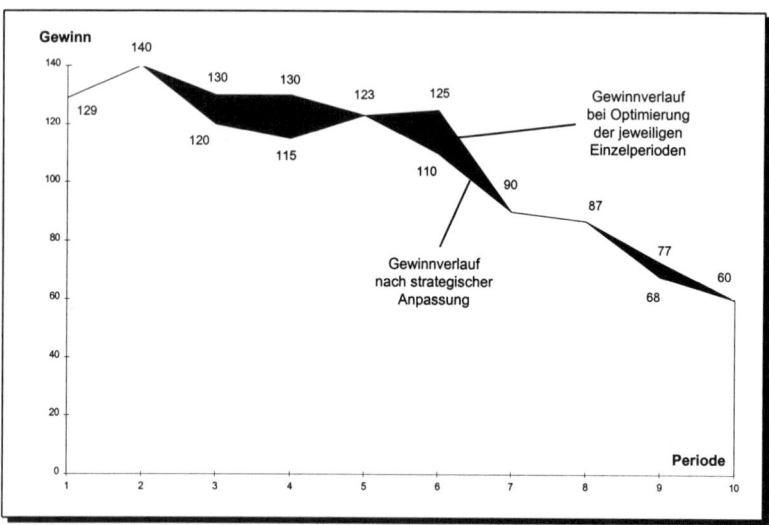

Abb. 4/42   Dynamischer Gewinnverlauf nach strategischer Anpassung

3.11 Dynamische Produktführung in der Unternehmenspraxis

Die Bestimmung einzelner Teilfunktionen ist in der Unternehmenspraxis sicherlich ein geeignetes Mittel für wichtige Produkte und Teilmärkte. Gerade die Planung der limitierten Außendienstkapazitäten und deren Verteilung auf verschiedene Produkte erfordert eine quantifizierte Prognose zukünftiger Umsatzaussichten für die einzelnen Produkte. Gelingt es, mit der vorgestellten Methodik in der Unternehmenspraxis eine derartige Verteilung der Ressourcen aufgrund klarer Produktstrategien durchzuführen, erweist sich der Aufwand zur Gewinnung der Daten und Teilinformationen zuvor als sehr gering. Zum gleichen Ergebnis kommen auch Simon und Hilleke in ihrer grundlegenden Veröffentlichung zu Preis-Absatz-Funktionen in der pharmazeutischen Industrie.[596] Die Bedeutung dieser Entscheidungen für den Markterfolg ist für eine Pharmaunternehmung umfassend.

Das Ergebnis aus der Abschätzung späterer Marktanteile und die Ableitung einer Produktstrategie wird in einem Praxisbeispiel für die Firma SmithKline Beecham aufgezeigt.[597] In diesem Beispielfall lassen sich ähnliche Strukturen wie in der vorgestellten Modellentwicklung erkennen, jedoch auf einem zumeist sehr aggregierten Niveau der Informationen.[598] Einzelne Elemente werden zum Teil direkt abgeschätzt, eine analytische Verbindung der informatorischen Bausteine und eine Bestimmung der gegenseitigen Effekte findet praktisch nicht statt.[599] So wird für die einzelnen Perioden eines Produktes die „relative Stärke" des Produktes am Markt direkt zu den Konkurrenzprodukten abgeschätzt. Dies geschieht in einem Erarbeitungsteil, der die Produktposition am Markt bestimmt („product-position").[600] Dabei erfolgt eine verbale Erläuterung der eigenen Produktleistungsattribute, eine Abschätzung der Bekanntheit des eigenen und der fremden Produkte bei der Ärzteschaft sowie eine Untersuchung der eigenen Preisstellung relativ zum Konkurrenzumfeld.[601] Auf dieser Basis wird letztlich der erwartete Marktanteil des Produktes direkt bestimmt.

Schließlich werden die einzelnen Preisniveaus der zukünftigen Perioden aufgeführt, die zuvor durch Abschätzungen des Managements bestimmt wurden. Damit ist der Preis bei der langfristigen Planung eine fixierte Bestandsgröße und keine zu verändernden Variable, die unterschiedliche Höhen entsprechend der Stellung und der Strategie eines Produktes bedingen kann. Die Determinante des Preises bestimmt letztlich aber gerade den relativen und absoluten Marktanteil eines Produktes am Markt - eine Fixierung stellt hier eine sehr umfassende Einschränkung der Marketing-Entscheidungen dar.[602]

Auch die Einzeleinflüsse auf die eigene Umsatzverlaufskurve werden bei SmithKline Beecham abgeschätzt. Der erwartete Markteintritt neuer Konkurrenzprodukte, das Verhalten der Generikafirmen bei Preisveränderungen über die Zeit und die erwarteten Durchdringungsgeschwindigkeiten in einzelnen Märkten fließen gesamthaft in die Bestimmung der notwendigen Preisveränderungen mit ein und verändern dadurch die erwartete Umsatzhöhe.[603] Die Ein-

---

[596] Vgl. Hilleke, K. (1995), S. 657ff und Simon, H. (1992), S. 116ff.

[597] Vgl. die Unterlagen von Corporate Strategic Planning, SmithKline Beecham, London, in SmithKline Beecham (1996) und dieselben (1996a).

[598] Vgl. die vergleichbare Kritik am Verfahren der BASF - Pharma / Knoll AG in 3.2.4.

[599] Vgl. ebenda i.V.m. der entwickelten Methodik in dieser Arbeit.

[600] Vgl. SmithKline Beecham (1996), S. 32ff.

[601] Damit wird bereits deutlich, daß der Preis subjektiv festgesetzt wird, und keine Optimierungsverfahren zuvor wie in dieser Arbeit entwickelt werden. Vgl. Gespräch mit Dreger, M. (1996).

[602] Vgl. Gespräch mit Dreger, M. (1996).

[603] Vgl. SmithKline Beecham (1996), S. 4ff.

flüsse werden dabei zuerst verbal formuliert, zu inhaltlichen Teilgruppen (z.B. „competitive environment", „generics", etc.) zusammengefaßt und danach dem Management zur Abschätzung der Marktanteile und Umsatzhöhen vorgelegt. Diese Abschätzung erfolgt bei SmithKline Beecham durch gemeinsame Gespräche und eine allgemeine Diskussionsrunde (zentral in London oder durch Telefonkonferenzen) mit den Produktmanagern der wichtigsten Länder.

Das Vorgehen bei SmithKline Beecham soll beispielhaft für ein Produkt im kardiovaskulären Bereich aufgezeigt werden. Ziel ist es dabei, die 10-Jahresplanung für dieses Produkt im Jahr 1992 bis zum Jahr 2001 abzubilden, die sich letztlich aus den Rechnungen für einzelne Länder und den allgemeinen Angaben zum Gesamtmarkt ergeben.[604]

Schritt 1:

Die Beurteilung des Produktes durch die Mitarbeiter der Abteilung Corporate Strategic Planning ergibt schließlich für die Stellung des Produktes relativ zu anderen Produkten in diesem speziellen Herz-/Kreislaufsegment, daß das eigene Produkt eine gesamthaft überlegene Produktqualität („product quality")[605] gegenüber bestehenden Marktteilnehmern besitzt. Es wurde dabei festgestellt, daß im Zieltherapiegebiet eine ...

- geringere Nebenwirkungsrate als bei Konkurrenzprodukten besteht,
- eine gesteigerte Produktwirkung bei gleicher Wirksubstanzmenge (Effizienz) vorliegt und ...
- die Verträglichkeit des Produktes auf einem vergleichbaren Niveau zu den Konkurrenzprodukten liegt.

Diese Angaben wurden vom Management für die Gegenwartsperiode getroffen. Es wurden dazu die am Markt verfügbaren Produkte mit ihren Eigenschaften und Leistungsprofilen abgebildet, untersucht und miteinander konkurrierend verglichen.[606] Auch wurde der eigene Preis des Produktes in Relation zu den anderen Preisen gesetzt, wodurch sich ein Vergleich der Preiswertigkeit des Produktes relativ zu den Produkteigenschaften der Konkurrenz ergibt.[607]

---

[604] Aus Vertraulichkeitsgründen sind die zentralen Informationselemente leicht verändert worden. Vgl. Gespräch mit Dreger, M. (1996).

[605] Dies beinhaltet die Art der Wirkung, die Verläßlichkeit der Wirkung, das Ausmaß der Nebenwirkungen und den Umfang der Kontraindikationen. Vgl. Gespräch mit Dreger, M. (1996).

[606] Vgl. SmithKline Beecham (1996), S. 15-21.

[607] Dabei wurde eine verbale Beschreibung der einzelnen Attribute gewählt. Eine methodische, sukzessive Verbindung oder eine Vorgehensweise durch einen Modellansatz wie bei der BASF - Pharma / Knoll AG steht bei SmithKline Beecham nicht zur Verfügung. Vgl. Gespräch mit Dreger, M. (1996) und SmithKline Beecham (1996).

Schritt 2:

Für zukünftige Perioden wurden die erwarteten Konkurrenzprodukte in diesem sehr spezifischen Therapiegebiet als auch im allgemeinen Einsatzgebiet des kardiovaskulären Bereiches untersucht.

Dabei wurden auch bereits die erwarteten Qualitätseigenschaften, wie sie aufgrund der klinischen Testergebnisse abgeschätzt wurden, für einige Produkte angegeben. Damit sind einige Konkurrenzprodukte mit ihren entsprechenden Eigenschaften nach den jeweiligen Markteintrittszeitpunkten für die weitere Abschätzung verfügbar.[608] Diese Konkurrenzprodukte werden danach ins Verhältnis zu den eigenen Produktleistungskriterien gesetzt, sodaß eine dynamische Abbildung der relativen Produktstellung des eigenen Präparates über einzelne Perioden entwickelt werden kann.[609]

Dieser auch der vorliegenden Untersuchung zugrundeliegende Gedankenansatz wurde ebenfalls bei der BASF Pharma / Knoll AG in ihrem „Product Evaluation Package" - Konzept umgesetzt.[610] Insbesondere die unterschiedlichen Zeitpunkte der Einführung einzelner Substanzen wurden hier zur Quantifizierung der am Markt relevanten Leistungsverhältnisse herangezogen. Die folgende Auflistung zeigt die verbale Ausführung zum Konkurrenzumfeld des bisher untersuchten Produktes im kardiovaskulären Bereich:

- Das Produkt „Melinoc" der Firma Astra[611] wird sechs Jahre nach der eigenen Markteinführung auf den Markt gelangen. Aufgrund der Ergebnisse der ersten Testphasen wird erwartet, daß die Nebenwirkungen verglichen mit unserem Produkt auf gleichem (geringen) Niveau liegen, gleichzeitig aber die Wirkung in einem spezifischen Einsatzgebiet der Produktwirkung unserem Produkt gegenüber überlegen ist.

- Das Produkt „Cardixol", das für das folgende Jahr am Markt erwartet wird, weist aller Wahrscheinlichkeit nach bei unterlegener allgemeiner Produktwirkung sehr umfassende Kontraindikationen auf, sodaß seine schnelle Verbreitung am Markt unwahrscheinlich ist. Auch sind Verunsicherungsstrategien durch die Konkurrenz bei den Ärzten zu erwarten.

---

[608] Diese Arbeiten wurden durch Teams aus Marketing- und F&E-Mitarbeitern durchgeführt. Vgl. Gespräch mit Dreger, M. (1996).

[609] Vgl. Gespräch mit Dreger, M. (1996).

[610] Vgl. BASF Pharma - Knoll AG (1996) und 3.4 in diesem Kapitel.

[611] Produkt- und Firmenname verändert.

- Das Produkt „Cedox" der Firma Bristol-Myers Squibb[612] wird bereits für dieses Jahr am Markt erwartet. Es stellt eine Weiterentwicklung der alten Produktgeneration dar und kann daher die ergänzende Zusatzwirkung unseres Produktes nicht erreichen. Es wird jedoch erwartet, daß der Marketingaufwand für diese Substanz aufbauend auf der breiten Marktakzeptanz der bestehenden Produktgeneration sehr hoch ist, und eine „Umstell-Strategie" bei den Ärzten bei der Therapie angestrebt wird. Die Konkurrenzfirma hatte selbst bereits zwei Produkte der alten Generation mit nennenswertem Umsatz (d.h. Marktanteil > 5%) am Markt erfolgreich eingeführt.

- Das Produkt „Cardiolon" eines starken Wettbewerbers im Herz-/Kreislaufsegment wird für das fünfte Jahr der Planung erwartet. Es entstand im Rahmen einer Forschngsallianz zweier großer Pharmaanbieter, sodaß im Falle einer positiven Zulassung in den definierten Therapiegebieten von einer umfassenden Penetrationsanstrengung auszugehen ist. Eine Beschreibung der Produkteigenschaften konnte die Firma SmithKline Beecham noch nicht erarbeiten, aufgrund der angemeldeten klinischen Studien wird das Präparat allerdings ein sehr breites Indikationsfeld abzudecken versuchen.[613]

Schritt 3:

Die Firma SmithKline Beecham führt anschließend im Rahmen ihrer 10-Jahresplanung für die bestehenden Produkte am Markt einen Preisvergleich durch. Zugrundegelegt wurden dabei die Produktpreise nach Tagestherapiekosten.[614] Die Untersuchung dieser Eigenschaften wurde für verschiedene Länder durchgeführt und ergab das folgende Preisprofil:

Produktpreise (Tagestherapiekosten in Pfund)			
Länder	Produkt A	Produkt B	Produkt C
USA	0,76	0,58	0,4
Deutschland	0,64	0,52	0,36
Frankreich	0,48	0,42	0,32
England	0,47	0,42	0,30
Spanien	0,44	0,39	0,28
Italien	0,43	0,43	0,44

Tab. 4/10 Produktpreise im Zieltherapiefeld - Beispielfall des Kardiovaskularbereiches
Quelle: SmithKline Beecham / Corporate Strategic Planning (1994).

---

[612] Produkt- und Firmenname verändert.

[613] Informationen z.T. aus Vertraulichkeitsgründen verändert.

[614] Diese Vorgehensweise wird von vielen Marketingmitarbeitern bei chronischen Erkrankungen verwendet.

Gleichzeitig wurden die erwarteten Preisveränderungen in diesem Produktbereich für einzelne Länder angegeben. Dazu wurde das gegenwärtige Preisniveau nach einzelnen Länder aus dem Durchschnitt der drei größten Substanzen am Markt gebildet. Für die bereits dargestellten Kernländer des Unternehmens ergeben sich damit die folgenden Preisniveaus für die Gegenwart:

Produktpreise (Tagestherapiekosten in Pfund)				
Länder	**Preisniveau**	**Konkurrent A**	**Konkurrent B**	**Konkurrent C**
USA	0,60	0,84	0,61	0,42
Deutschland	0,58	0,65	0,55	0,40
Frankreich	0,41	0,47	0,43	0,43
England	0,39	0,42	0,39	0,37
Spanien	0,40	0,41	0,52	0,32
Italien	0,31	0,30	0,31	0,32

Tab. 4/11   Produktpreise im Zieltherapiefeld - Praxisfall eines ethischen Produktes

Schritt 4:

Neben der Analyse des gegenwärtigen Preisniveaus in einzelnen Ländern werden bei Smith-Kline Beecham anschließemd die erwarteten Preisveränderungen für die Zukunft untersucht. Dazu wurde von der Abteilung Strategic Planning eine Preistrendlinie (linearer Verlauf bis zum Jahr 2005) abgeschätzt, die das Management in Diskussionsrunden in Zusammenarbeit mit der Marktforschung erarbeitete. Die Ergebnisse wurden zuerst für einzelne Länder erhoben und erst danach für den Weltmarkt aggregiert. Weltweit wurde bis zum Jahr 2005 ein Preisverfall von 29,5% in diesem untersuchten Produktfeld angenommen.[615] Dieses Planungselement der Firma SmithKline Beecham entspricht der in der vorliegenden Arbeit entwickelten langfristigen Preistrendfunktion, die sich für einzelne Perioden nach den jeweils untersuchten Produkten ergibt.[616]

Schritt 5:

Die Firma SmithKline Beecham macht vergleichbar zur methodischen Entwicklung dieser Arbeit auch Angaben zu den bestehenden und zukünftigen Konkurrenzprodukten.[617] Dazu

---

[615] Zahlenangabe leicht verändert. Vgl. SmithKline Beecham (1996).
[616] Vgl. Abb. 4/38 in 3.8.7.
[617] Vgl. SmithKline Beecham (1996), S. 14ff.

wurde zwar keine zum Vorgehen der BASF - Pharma / Knoll AG vergleichbare, vollständige Methodik entwickelt, die einzelne Attribute des Produktes aufgreift und gegeneinander bewertet. Die Produktleistung wird vielmehr direkt für jedes Wettbewerbsprodukt als eine gesamthafte Größe bestimmt.[618]

Als Ergebnis kann nun das eigene Produkt der Firma ins Verhältnis zur Konkurrenz über die Jahre hinweg gesetzt werden. Die Problematik einer exakten Prognose in die ferne Zukunft löst die Firma SmithKline Beecham dabei sehr ähnlich wie in der vorliegenden Arbeit:

- In den 10-Jahresplänen werden konkret die erwarteten Neuprodukteinführungen genannt und nach einzelnen Einführungsjahren aufgeteilt. Eine exakte Nennung der jeweiligen Konkurrenzfirma ist hier jedoch z.T. noch nicht möglich, wenn es sich um weit in der Zukunft liegende Perioden handelt, und nicht sicher ist, welche Ergebnisse die einzelnen Firmen aus ihren F&E-Anstrengungen erzielen. Dennoch werden diese erwarteten Einführungen neuer Produkte berücksichtigt.

- Die Informationen werden mit fortschreitender Zeit weiter konkretisiert. Damit sind die erwarteten Technologieentwicklungen durch neue Konkurrenzprodukte und die allgemeinen Therapiefortschritte mit neuen Produkten am Markt in die Planungsverfahren integriert.[619] Erst in den 5- bzw. 3-Jahresplanungen werden dann die Konkurrenzeinführungen genannt, mit der Vertriebsstärke der Marktteilnehmer verbunden und letztlich auf die eigene Marktstellung der angebotenen Produkte bezogen.[620]

Mit diesem Verfahren kommt SmithKline Beecham letztlich zu einer vergleichbaren, sich schrittweise konkretisierenden, rollierenden Planung, die für die nahe Zukunft ein geeignetes Bewertungs- und Entscheidungsmodell für die Marketingaktivitäten darstellt.[621] Zu bemerken ist, daß die externen Einflüsse und Eigenschaften der Produkte am Markt bei SmithKline Beecham nur analysiert, mit unterschiedlichsten Kenngrößen aufbereitet und dann durch das Management direkt in einzelne Produktentscheidungen umgewandelt werden.[622] Ein konsequenter Analysevorgang, eine exakte Abgrenzung unterschiedlicher Einflußbereiche, die Definition von Strategien und die Ableitung einzelner Entscheidungen im Rahmen des Marketing-Mixes, wie sie in der vorliegenden Arbeit entwickelt wurden, gibt es bei SmithKline Beecham damit nicht.[623]

---

[618] Vgl. SmithKline Beecham (1996), S. 14ff.

[619] Vgl. Gespräch mit Dreger, M. (1996).

[620] Vgl. die Methodik in dieser Arbeit zu dieser Fragestellung in 3.4.

[621] Vgl. Gespräch mit Dreger, M. (1996).

[622] Vgl. ebenda.

[623] Anstrengungen werden unternommen, um diese Strukturen neben der operativen Arbeit der Mitarbeiter in dieser Abteilung weiter zu entwickeln. Vgl. SmithKline Beecham, (1996), S. 17ff.

Die strategische Produktführung am Markt wird bei der Firma SmithKline Beecham direkt aus diesen einzelnen Vorarbeiten abgeleitet. Um die Untersuchung der Umwelteinflüsse jedoch möglichst vollständig zu erarbeiten, führt SmithKline Beecham für die einzelnen Produkte eine SWOT - Analyse[624] in festen Zeitabständen (12 Monate) durch.[625] Hier werden die Stärken eines Produktes, seine Schwächen, die sich eröffnenden Möglichkeiten aus dem Produktumfeld und die Bedrohungen für das Produkt zusammengetragen und aggregiert. Dieser verbalen Sammlung einzelner Argumente fehlt jedoch in fast allen Punkten eine exakte, quantitative Fundierung.[626] Sie wird für das behandelte Produkt des kardiovaskulären Therapiebereiches in folgender Abbildung beispielhaft dargestellt:

---

[624] SWOT - Analyse = Strengths, Weaknesses, Opportunities, Threats - Analyse.

[625] Vgl. Gespräch mit Dreger, M. (1996).

[626] Bestrebungen im Management bestehen bei SmithKline Beecham, möglichst viele Angaben mit Maßgrößen und quantifizierten Reaktionsgrößen zu versehen.

Stärken („strengths"):	Schwächen („weaknesses"):
Die Mortalität sinkt um 65 % verglichen mit der gewöhnlichen Therapiewirkung anderer Produkte.	Es bestehen keine positiven Effekte auf eine andere Leistungsgröße des behandelten Organes.[627]
Das Produkt reduziert die Krankenhausaufenthaltszeit deutlich.	Es kann zu verschiedenen Verabreichungsformen bei den beiden Therapieeinsatzformen kommen.
Das Produkt fördert eine wichtige Leistungskomponente des Organes stärker als alle anderen Konkurrenzprodukte.[628]	Die Dosierung muß bei der Therapie im neuen Einsatzgebiet exakt eingehalten werden.
Das Produkt ist bei allen krankhaften Veränderungen des Organes einsetzbar.	Es besteht ein möglicher, schwerwiegender Nebeneffekt bei zu schneller Hochtitrierung der Wirksubstanz.
Das Produkt besitzt geringe Nebenwirkungen, Verträglichkeitsbeschwerden des Produktes bei der Einnahme sind nicht bekannt.	Eine Zusatztherapie ist anstelle der Gesamttherapie mit unserem Produkt durchaus möglich (Generika).
Die Zusatzwirkung des Produktes reduziert die Erhöhung der Titration bei der Therapierung.	Es bestehen noch Unklarheiten und Kritik der Konkurrenz bzgl. der Zusammensetzung der klinischen Studien bis zur Zulassung.
SmithKline Beecham ist ein starker Marktteilnehmer mit einem sehr guten Image beim Arzt.	Das Produkt konnte nicht als eine eigenständige Produktklasse zugelassen werden.
Es besteht ein zusätzlicher, positiver Seiteneffekt bei einer anderen Eigenschaft des Organes.	Es bestehen Kontraindikationen mit zwei großen, bekannten Krankheiten, die häufig bei Patienten dieses Krankheitsbildes auftreten.
Die untere Belastbarkeitsgrenze des Organes kann deutlich erhöht werden.	Es gibt noch keine behördlichen Vorschläge in den nationalen Richtlinien zur Therapierung des Organes mit Ausnahme der USA.[629]
	Die Zeitspanne bis zur Nachzulassung in einer neuen Indikation ist nur noch sehr kurz.

Tab. 4/12   Stärken- / Schwächenprofil eines Produktes / SmithKline Beecham

---

[627] Die exakten Attribute werden aus Vertraulichkeitsgründen nicht aufgeführt.

[628] Nichtnennung.

[629] Änderung des Landes wegen Vertraulichkeit.

Möglichkeiten („opportunities"):	Bedrohungen („threats"):
Es besteht ein klarer Trend zur Therapierung dieses Krankheitsbildes mit unserem Produkt.	Es gibt traditionell eine geringe Wertschätzung der Produktgruppe in einem kleinen Nebentherapiegebiet.
Der Einfluß der Gesundheitssysteme auf Qualität der Produkte, die bei unserem Produkt deutlich ausgeprägt ist, steigt. Andere Marktteilnehmer geraten relativ zu unserem Produkt unter Druck.	Es sind umfassende Informations- und Schulungsaufwendungen zur Überzeugung der Ärzte in diesem Nebentherapiefeld notwendig.
Die gesamte Produktgruppe erfährt eine gesteigerte Wertschätzung unter den Ärzten. Es ergibt sich damit für die nächsten Jahre ein überdurchschnittliches Marktwachstum.	Patienten mit bestimmtem Krankheitsbild sind sehr stark durch das Produkt bei falscher Verabreichung gefährdet. Präzedenzfälle müssen auf jeden Fall vermieden werden.
Die Generikaprodukte zur Grundversorgung des Patienten erhöhen das Potential in diesem Premium-Marktsegment für unser Produkt.	Das Verschreibungsverhalten bei niedergelassenen, praktischen Ärzten ist in diesem Therapiefeld allgemein sehr konservativ.
Zahlreiche Meinungsbildner können sehr leicht für den neuen Therapieansatz mit unserem Produkt gewonnen werden.	Es besteht ein starker Erklärungsbedarf im Verhältnis Arzt - Patient zur Erklärung des Produktes bei Rückfragen. Die Wirkungsweise des Produktes ist sehr komplex.
Es können vollkommen neue Marketing-Konzepte in diesem Produktfeld aufgrund der Verbundwirkung unseres Produktes entwickelt werden.	Es wurden zahlreiche Studien der Konkurrenz zur Reduzierung des Qualitätsimages unseres Produktes gestartet.
	Die Kapazitätsbeanspruchung der Vertriebsressourcen ist bei der Einführung des Produktes sehr hoch.

Tab. 4/13   Möglichkeiten- / Gefahrenprofil im Beispielfall bei SmithKline Beecham

Schritt 7:

Aus der Übersicht der einzelnen Umweltkonstellationen und des Stärken- / Schwächenprofiles leitet die Firma SmithKline Beecham letztlich direkt eine Produktstrategie ab, die zur konkreten Ausgestaltung des Marketing-Mixes verwendet wird. Im dargestellten Beispielfall des kardiovaskulären Bereiches resultiert daraus, daß das eigene Produkt als „die beste Thera-

pie in diesem speziellen Therapiefeld des zu behandelnden Organes" in den Märkten veran-
kert werden soll.[630]

Schritt 8:

Der Marketing-Mix wird aus der Produktstrategie direkt abgeleitet und auf sehr unterschiedliche, inhaltliche Komponenten verteilt: Dies sind bei SmithKline Beecham die Produktpositio-
nierung („product positioning"), eine Strategie für den klinischen Bereich („clinical strategy"),[631] eine „Zulassungsstrategie" für die nationalen Behörden und eine Übersicht der Pa-
tentsituation.[632] Schließlich wird noch eine „Preis- und Erstattungsfähigkeitsstrategie"
(„pricing and reimbursement strategy") und eine Gesamtstrategie für die Bearbeitung der Gesundheitssysteme formuliert. Abschließend finden sich auf der gleichen Ebene die Elemente
der operativen „Marktvorbereitung" und der „internen Vorbereitung und Schulung des Außendienstes" wieder.[633]

Die genannten Elemente des Marketing-Mixes zur Umsetzung der Produktstrategie sind hierarchisch nicht exakt nach der vorherrschenden Marketing-Konzeption[634] der betriebswirtschaftlichen Literatur abgegrenzt.[635] Sie sind vielmehr unterschiedliche strategische Überlegungen und stellen wichtige operative Vorbereitungsmaßnahmen dar, die einzeln betrachtet
zwar wichtig sind, nicht aber konsequent in einem Gesamtsystem der Produktführung einzu-
ordnen sind.

Dem Ansatz der Firma SmithKline Beecham muß allerdings die Vollständigkeit der wichtigsten Elemente bei der Produktvermarktung in pharmazeutischen Märkten und ein hohes Maß
an Pragmatismus zugutegehalten werden. Damit ist dieser Ansatz in der Praxis durchaus mit
Erfolg verwendbar, was die erfolgreichen Produkteinführungen dieser Firma in der Vergangenheit gezeigt haben.[636]

Schritt 9:

Abschließend führt auch der Ansatz von SmithKline Beecham zur Bestimmung der Umsatz-
und Gewinnsituation des untersuchten Produktes des kardiovaskulären Bereiches.

---

[630] Vgl. SmithKline Beecham (1996).

[631] Inhaltlich entspricht dies einer Teilstrategie. Vgl. zum strategischen Marketing 2.1.3 in Kapitel II.

[632] Vgl. SmithKline Beecham (1996), S. 24.

[633] Vgl. ebenda, S. 24-25.

[634] Vgl. Becker, J. (1993), S. 120.

[635] Vgl. 2.1.3 in Kapitel II.

[636] Zahlreiche erfolgreiche Produkteinführungen der letzten Jahre geben diesem Verfahren der strategisch /
taktischen Planung durchaus Recht.

Interessant ist, daß sich diese aus der nun bereits formulierten, strategischen Ausrichtung des Produktes ableitet. Dabei werden die Ergebnisse aus der Fixierung einzelner Marketingkomponenten weitestgehend passiv zusammengetragen - nicht aber die einzelnen Informationen zur Optimierung der Umsatz- und Gewinnposition des Produktes (z.B. über den Preis) genutzt.

Dies wurde im vorgestellten Modell dieser Arbeit ermöglicht, indem die eigenene Produkteigenschaften und die der Konkurrenzprodukte sowie die Umweltverhältnisse untersucht wurden, und damit letztlich ein Optimierungsmodell der Wettbewerbssituation in Abhängigkeit des Preises entwickelt wurde. In der vorliegenden Arbeit wurden erst danach alternative Strategien abgeleitet, die wiederum verschiedene Verläufe der Ergebnisfunktionen bewirkten. Erst danach entscheidet sich das Management nach der vorliegenden Arbeit für eine spezielle Produktstrategie, die erneut auf ihren Umsatz- und Gewinnverlauf hin untersucht wird.

Diese letztliche Abhängigkeit der zentralen Markt- und Umsatzgrößen wird bei SmithKline Beecham lediglich gesamthaft abgeschätzt. Es werden damit die erwarteten aggregierten Umsätze in einzelnen Ländern sowie der weltweite Marktanteil in dem betreffenden Therapiegebiet angegeben. Die einzelnen Teilmärkte werden danach in die Regionen Europa, Nordamerika und Restmarkt („International") unterteilt.[637] Diese Abschätzung wird von den strategischen Planungseinheiten und den regionalen Produktmanagern zusammen durchgeführt.[638]

Für das untersuchte Produkt im kardiovaskulären Bereich ergibt sich damit letztlich die folgende Übersicht:

---

[637] Vgl. SmithKline Beecham (1996), S. 26.
[638] Vgl. ebenda.

(in mill. Pfund)	1997	1998	1999	2000	2001
Europa	6	22	50	62	69
Nordamerika	50	70	98	112	130
International	2	5	7	9	11
Summe:	58	99	155	183	210
	2002	2003	2004	2005	2006
Europa	85	94	102	108	120
Nordamerika	135	150	162	164	165
International	16	19	22	25	28
Summe:	236	263	286	297	313
Marktanteile:	4% (1997)	9% (1998)	15% (1999)	19% (2000)	22% (2001)
(Welt)	23% (2002)	25% (2003)	27% (2004)	28% (2005)	29% (2006)

Tab. 4/14   Umsatzplanung des Beispielproduktes bei SmithKline Beecham[639]

3.12 Flexible Einbindung neuer Informationen

3.12.1 Struktur der Umweltanalyse und Teilfunktionen

Um zu zeigen, wie einzelne Umweltveränderungen einen Einfluß auf die Teilfunktionen der
bisherigen Modellkonzeption ausüben, werden im folgenden die einzelnen Dimensionen nach
der Umweltanalyse in Kapitel III aufgeführt und hinsichtlich ihres Einflusses auf einzelne
Teilfunktionen untersucht. Durch einen schwarzen Punkt wird dabei graphisch angezeigt, daß
sich bei einer Veränderung der Umweltdimension entsprechende Veränderungen in den mar-
kierten Teilfunktionen ergeben. Die Veränderungen müssen durch eine anschließende Kurvendiskussion in die Teilfunktionen integriert werden:

---

[639] Zahlenwerte wegen Vertraulichkeit z.T. verändert.

Veränderung der Umweltdimension:	Einfluß auf			
	Einfache Preis-Absatzfunktion	Konkurrenz-reaktionsfunktion	Marktreaktions-funktion	Kosten-funktion
Wettbewerbsumfeld:				
• Branchenkonkurrenz	●	●		
• Lieferantenmacht				●
• Käufermacht / Verbraucher	●	●	●	
• Käufermacht / Handel	●	●	●	
• Substitutionsprodukte	●	●	●	
Makroumweltdimension I:				
• Allgemeine Öffentlichkeit	●	●	●	
• Finanzumwelt				●
Makroumweltdimension II:				
• Demographische Umwelt	●		●	
• Technologische Umwelt	●	●	●	●
• Gesetzgebung und Politik	●	●	●	
• Gesamtwirtsch. Faktoren	●	●	●	●
• Kulturelle Faktoren	●	●	●	

Tab. 4/15   Informationen aus den Umweltdimensionen und Einflüsse auf Teilfunktionen

3.12.2 Kurvendiskussion bei neuen Informationen

Es soll im folgenden anhand eines Beispielfalles gezeigt werden, wie veränderte Informationen der Umweltdimensionen mit Hilfe einer umfassenden Kurvendiskussion in die jeweiligen Teilfunktionen einfließen und zu einer Veränderung des späteren Optimierungsansatzes führen.

Wir gehen davon aus, daß die Teilfunktionen für zukünftige Perioden bereits vom Management bestimmt wurden und sich die Optimierung der Gewinnfunktion in Abhängigkeit des Preises anschloß.[640] Für die untersuchte Periode muß nun gezeigt werden, wie sich die einzelnen Teilfunktionen mit den neuen Umweltinformationen verändern. Es werden im folgenden für die pharmazeutische Industrie typische Umweltveränderungen aufgeführt, die unterschiedliche Einflüsse auf die einzelnen Teilfunktionen haben. Dabei werden die Ergebnisse der Einflußanalyse aus Tabelle 4/15 übernommen. Sie geben an, welche Teilfunktionen durch die neuen Umweltinformationen verändert werden:

---

[640] Vgl. die Erarbeitungen in 3.6 bis 3.8.

Nr.	Dimension	Veränderung	Betroffene Funktionen[641]			
			P/A	KR	MR	KO
1	Politik & Gesetzgebung	Eine Zuzahlung der Patienten von DM 1,- pro Packung wird eingeführt.	●			
2	Lieferantenmacht	Der Zulieferer biochemischer Substanzen erhöht den Preis. Die Materialeinzelkosten steigen damit um DM 0,50 pro Stück.				●
3	Neue Konkurrenten	Ein Gas- und Erdölunternehmen weitet seine Pharma-Aktivitäten aus. Es führt dabei ein Produkt (mittlere Qualität) mit einer aggressiven Preispolitik ein.	●	●		
4	Demographische Umwelt	Zunehmende Umweltgifte reduzieren die erwartete Zunahme der Lebenserwartung deutlich stärker als bisher angenommen.	●		●	
5	Technologische Umwelt	Die biotechnologische Herstellung des Produktes wird möglich. Dies führt zu einer Senkung der Selbstkosten.				●
6	Allgemeine Öffentlichkeit	Das Produktfeld wird als vorbeugend gegen frühzeitige Zellalterung ausgewiesen.	●		●	
7	Politik & Gesetzgebung	Ein Festpreis in Höhe von p(fest) wird bei einer Gesundheitsreform eingeführt.	●	●	●	

Tab. 4/16 Veränderungen der Umweltdimensionen und ihr Einfluß auf einzelne Teilfunktionen

3.12.2.1 Kurvenanpassung I: Einfache Preis-Absatzfunktion

Wir gehen davon aus, daß das Management eine Preis-Absatzfunktion mit einem normalen, d.h. fallenden Verlauf angegeben hatte.[642] Gleichzeitig wird zur Beschreibung der Einbindung neuer Informationen von linearen Teilfunktionen ausgegangen. Dies erleichtert die Darstellung der einzelnen Einflüsse erheblich.[643] Für diese Teilfunktion müssen nach der abgebildeten tabellarischen Darstellung aus Tabelle 4/15 die folgenden neuen Informationen einbezogen werden:

---

[641] P/A - Preis-Absatzfunktion, KR - Konkurrenzreaktionsfunktion, MR - Marktreaktionsfunktion, KO - Kostenfunktion.

[642] Vgl. den Funktionsverlauf im Beispielfall in 3.7.4 und bei Hilleke, K. (1995), S. 657.

[643] In der Praxis sind natürlich die Kurvendiskussionen auch mit alternativen Funktionsverläufen möglich. Vgl. z.B. den Beispielfall in 3.6 bis 3.8.

Nr.	Dimension	Beschreibung der Veränderung
1	Politik & Gesetzgebung	Eine Zuzahlung der Patienten von DM 1,- pro Packung wird eingeführt.
3	Neue Konkurrenten	Ein Gas- und Erdölunternehmen weitet seine Pharma-Aktivitäten aus und führt ein neues Produktes (mittlere Qualität) mit einer aggressiven Preispolitik im betroffenen Produktsegment ein.
4	Demographische Umwelt	Umweltgifte reduzieren die erwartete Zunahme der Lebenserwartung deutlich stärker als bisher angenommen.
6	Allgemeine Öffentlichkeit	Das Produktfeld wird als vorbeugend gegen frühzeitige Zellalterung ausgewiesen.
7	Politik & Gesetzgebung	Eine Festpreis in Höhe von p(fest) wird für das Produkt eingeführt.

Tab. 4/17 Einflußfaktoren durch neue Informationen auf die Preis-Absatzfunktion

Die erste aufgeführte Veränderung der Zuzahlung von DM 1,- pro Packung beeinflußt die Nachfrage im gesamten Preisintervall negativ.[644] Die bisherige Preis-Absatzfunktion sollte somit für jedes Preisniveau eine geringere Nachfrage aufweisen als ohne diese neue Information. Zudem ist es wahrscheinlich, daß Patienten, die das Produkt durch den verschreibenden Arzt auch in hohen Preissegmenten nachfragen, eine Zuzahlung von DM 1,- pro Packung weniger stark bei ihrer Produktwahl berücksichtigen als Konsumenten, die das Produkt nur im unteren Preissegment verwenden oder durch den Arzt verschrieben bekommen. Daher muß zur allgemeinen Verschiebung der Preis-Absatzfunktion nach unten eine zusätzliche Drehung der Funktion gegen den Uhrzeigersinn erfolgen, um den zweiten Effekt der stärkeren Reaktion im unteren Preissegment zu berücksichtigen. Das Ergebnis dieser Kurvendiskussion wird in der folgenden Abbildung geometrisch und mathematisch dargestellt.

Die als dritte Information[645] aufgeführte, unerwartete Einführung eines Produktes durch einen neuen Wettbewerber mit aggressiver Preispolitik reduziert die eigenen Mengenerwartungen des Produktes. Positiv wirkt sich jedoch aus, daß das neue Produkt noch unbekannt ist, das Unternehmen noch kein umfassendes positives Image besitzt und die Qualität des Produktes nicht zur Qualitätsführerschaft ausreicht. Durch den sehr niedrigen Preis wird das neue Produkt somit deutliche Mengeneinbußen bei den bestehenden Produkten in den unteren Preissegmenten verursachen. Im hohen Preissegment ist dieser Effekt jedoch deutlich geringer. Es ergibt sich damit eine Verschiebung der Funktion nach unten zusammen mit einer Verflachung der Preis-Absatzfunktion im unteren Preisbereich. Die reduzierte Gesamtnachfrage durch das neue Konkurrenzprodukt wird jedoch mit zunehmendem Preisniveau immer geringer, was ebenfalls der folgenden Abbildung 4/43 zu entnehmen ist.

---

[644] Vgl. Tab. 4/15.

[645] Vgl. ebenda.

Die als vierte aufgeführte, neue Information der veränderten demographischen Entwicklung durch vermehrte Umweltgifte haben für die untersuchte Bezugsperiode noch keinen Einfluß, da erst in der weiteren Zukunft die absolute Bevölkerungszahl relativ zu den bisherigen Berechnungen abnimmt. Es wurde in Kapitel III festgestellt, daß ältere Personen überproportional viele Medikamente konsumieren, sodaß diese Information langfristig deutliche Korrekturen einzelner Teilfunktionen verursacht. Es ist dennoch für den Beispielfall festzustellen, daß sich für die untersuchte nahe Zukunftsperiode aus diesen Ergebnissen noch keine meßbaren Veränderungen ergeben.

Die als sechste aufgeführte Information besagt, daß die natürliche Zellalterung durch den Konsum eines Produktes dieses Produktbereiches verlangsamt wird. Neben der daraus resultierenden zusätzlichen Verschreibung durch die Ärzte werden zahlreiche Patienten das Produkt auch direkt nachfragen, sodaß es zu einer deutlich gesteigerten Nachfrage kommt. Gerade in unteren Preisklassen müßte dieser Effekt größer sein, da hier die Selbstmedikation[646] die Absatzmöglichkeiten des Produktes deutlich steigert. Die mathematische Beschreibung dieses Effektes entspricht einer Verschiebung der Preis-Absatzfunktion nach oben, wobei ein zusätzlicher Nachfrageeffekt durch einen zunehmenden Wachstumskoeffizienten für kleine Preisniveaus eine Drehung der Funktion nach oben bewirkt, wie Abbildung 4/43 zu entnehmen ist.

Die als siebte aufgeführte, für die Preis-Absatzfunktion letzte neue Information beschreibt, daß die Politik und Gesetzgebung einen Festpreis für die untersuchte Produktkategorie beschließt, über den hinaus eine Erstattung durch die gesetzlichen Krankenkassen nicht mehr erfolgt. Entsprechend erfolgen Produktverkäufe oberhalb dieses Preises nur noch bei privatversicherten Personen, deren Versicherungen der Festpreispolitik nicht folgen, und bei Patienten, die das Produkt auf dem Wege der Selbstmedikation erwerben. Die Preis-Mengenbeziehung wird oberhalb des Festpreises somit einen diskontinuierlichen Bruch erfahren. Mathematisch entspricht dies einem plötzlichen Abfall der Funktion auf einen sehr geringen Wert, der mit zunehmendem Preisniveau weiter abfällt. Unterhalb der Preisgrenze vollziehen sich hingegen keine Veränderungen für die Preis-Absatzfunktion, da weder die Konsumenten (Patienten) noch die Entscheider (Ärzte) neue Informationen in ihrem Entscheidungsverhalten berücksichtigen müssen.

Die folgende Abbildung zeigt graphisch hervorgehoben die Ausgangsform der Preis-Absatzfunktion und die Ergebnisse der Kurvendiskussion mit den neuen Informationen.[647]

---

[646] Eigenerwerb des Produktes ohne Rezeptpflicht und zumeist auch ohne Erstattung durch die Krankenkassen, vgl. 1.1.6 in Kapitel III.

[647] Es werden in der graphischen Darstellung lineare Kurvenverläufe verwendet. Sie können in der Praxis beliebig durch andere Funktionstypen ersetzt werden. Das Verfahren der vertikalen Addition der Einzelinformationen erfährt hierdurch keine Veränderung.

Durch die vertikale Addition der einzelnen Veränderungen ergibt sich letztlich die neue aggregierte Preis-Absatzfunktion auf Grundlage der einbezogenen Informationen. Dieser Verlauf wird geometrisch durch eine kurzgestrichelte Linie und mathematisch durch die erweiterte Kurvengleichung angegeben.

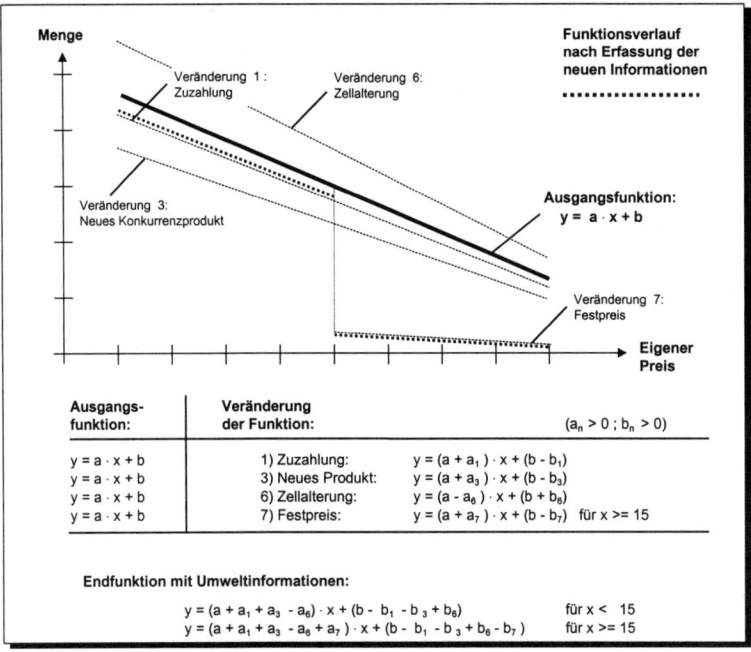

Ausgangs-funktion:	Veränderung der Funktion:		$(a_n > 0 ; b_n > 0)$
$y = a \cdot x + b$	1) Zuzahlung:	$y = (a + a_1) \cdot x + (b - b_1)$	
$y = a \cdot x + b$	3) Neues Produkt:	$y = (a + a_3) \cdot x + (b - b_3)$	
$y = a \cdot x + b$	6) Zellalterung:	$y = (a - a_6) \cdot x + (b + b_6)$	
$y = a \cdot x + b$	7) Festpreis:	$y = (a + a_7) \cdot x + (b - b_7)$ für x >= 15	

Endfunktion mit Umweltinformationen:

$$y = (a + a_1 + a_3 - a_6) \cdot x + (b - b_1 - b_3 + b_6) \qquad \text{für x < 15}$$
$$y = (a + a_1 + a_3 - a_6 + a_7) \cdot x + (b - b_1 - b_3 + b_6 - b_7) \qquad \text{für x >= 15}$$

Abb. 4/43 Einfluß der Umweltveränderungen auf die Preis-Absatzfunktion

3.12.2.2 Kurvenanpassung II: Konkurrenzreaktionsfunktion

Die neuen Umweltinformationen üben ebenfalls einen Einfluß auf die Konkurrenzreaktionsfunktion aus. Es werden erneut die relevanten Umweltveränderungen aufgelistet, die einen Einfluß auf die Konkurrenzreaktionsfunktion ausüben,[648] um daran anschließend die Kurvendiskussion durchzuführen und die Ergebnisse erneut graphisch und mathematisch abzubilden.

---

[648] Vgl. die Einflußanalyse in Tabelle 4/15 in 3.11.1.

Nr.	Dimension	Veränderung
3	Neue Konkurrenten	Ein Gas- und Erdölunternehmen weitet seine Pharma-Aktivität aus. Einführung eines Produktes (mittlere Qualität) mit aggressiver Preispolitik.
4	Demographische Umwelt	Umweltgifte reduzieren die erwartete Zunahme der Lebenserwartung deutlich stärker als bisher angenommen.
7	Politik & Gesetzgebung	Ein Festpreis wird für das Produkt in Höhe von p(fest) eingeführt.

Tab. 4/18   Einflußfaktoren aus neuen Informationen auf die Konkurrenzreaktionsfunktion

Die Einführung eines neuen Produktes durch einen neuen Konkurrenten (Veränderung 3) wurde weder vom eigenen noch von anderen Unternehmen vorhergesehen. Da das neue Produkt sich nach eigenen Angaben im unteren Preissegment positioniert, erfährt der gesamte Markt eine Zunahme der Preissensibilität. Insbesondere im unteren Preissegment nimmt die Reaktion auf Preisveränderungen dadurch deutlich zu. Da jedoch erwartet wird, daß das neueingeführte Produkt eine nur durchschnittliche Qualität besitzt, reagiert der Markt im oberen Preissegment weitgehend unverändert. Der kritische Preis, von dem aus die Reaktionen der Konkurrenzpreise auf eigene Preisanpassungen zunimmt, wird durch das Management in Höhe des Preismittels angegeben. Mathematisch entspricht dies einer unveränderten Preisreaktion im oberen Preissegment, im unteren Preissegment fällt die Kurve hingegen steiler ab als in der Ausgangssituation. Die Ergebnisse werden erneut in der folgenden Abbildung 4/44 dargestellt.

Die Einführung eines Festpreises für das untersuchte Produktsegment führt dazu, daß die Konkurrenzpreise das von der Gesetzgebung beschlossene Höchstpreisniveau nicht mehr überschreiten werden, auch wenn das eigene Preiniveau deutlich darüber liegt.[649] Im Preissegment unterhalb des Festpreises verändert sich die Wettbewerbssituation hingegen nicht. Damit erfolgt weder eine Veränderung der Steigung noch eine Anpassung des Achsenabschnittes in diesem Segment. Als einzige Veränderung wird nun die Konkurrenzreaktionsfunktion oberhalb des Festpreises einen waagrechten Funktionsverlauf annehmen. Dies ist zusammen mit den anderen Veränderungen (3 und 4)[650] der folgenden Abbildung zu entnehmen.

---

[649] Vgl. die Preis-Absatzfunktion in Abbildung 4/22 in 3.7.4.
[650] Vgl. Tab. 4/18.

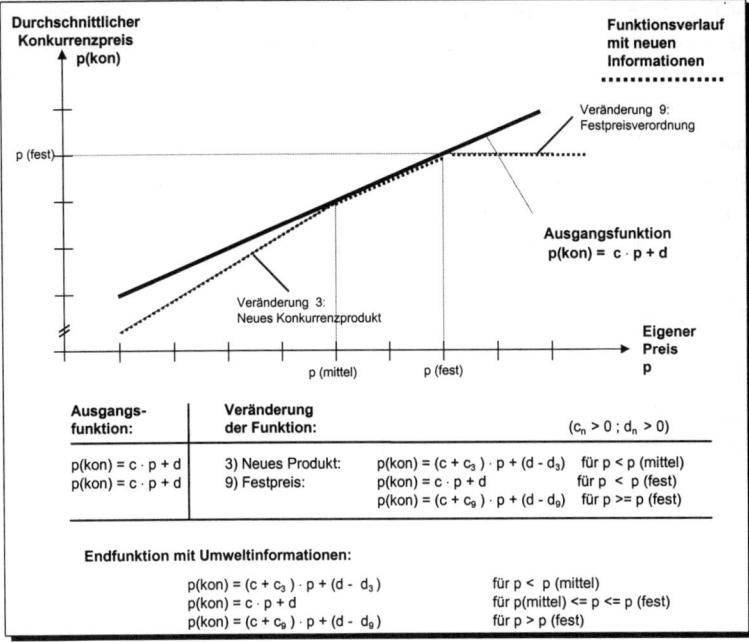

Abb. 4/44   Einflußfaktoren der Umweltveränderungen auf die Konkurrenzreaktionsfunktion

Within the figure:

Durchschnittlicher Konkurrenzpreis p(kon)

Funktionsverlauf mit neuen Informationen

Veränderung 9: Festpreisverordnung

p (fest)

Ausgangsfunktion p(kon) = c · p + d

Veränderung 3: Neues Konkurrenzprodukt

Eigener Preis p

p (mittel)   p (fest)

Ausgangs-funktion:	Veränderung der Funktion:	$(c_n > 0 \; ; d_n > 0)$	
p(kon) = c · p + d	3) Neues Produkt:	$p(kon) = (c + c_3) \cdot p + (d - d_3)$	für p < p (mittel)
p(kon) = c · p + d	9) Festpreis:	$p(kon) = c \cdot p + d$	für p < p (fest)
		$p(kon) = (c + c_9) \cdot p + (d - d_9)$	für p >= p (fest)

Endfunktion mit Umweltinformationen:

$$p(kon) = (c + c_3) \cdot p + (d - d_3) \qquad \text{für } p < p \text{ (mittel)}$$
$$p(kon) = c \cdot p + d \qquad \text{für } p(mittel) <= p <= p \text{ (fest)}$$
$$p(kon) = (c + c_9) \cdot p + (d - d_9) \qquad \text{für } p > p \text{ (fest)}$$

3.12.2.3 Kurvenanpassung III: Marktreaktionsfunktion

Auch für die Marktreaktionsfunktion muß eine umfassende Kurvendiskussion zur Einbeziehung der veränderten Umweltinformationen erfolgen. Entsprechend der Tabelle mit dem Ausweis der verschiedenen Einflußbeziehungen zwischen den Umweltdimensionen und einzelnen Teilfunktionen[651] haben die folgenden neuen Informationen Einfluß auf die Marktreaktionsfunktion:

Nr.	Dimension	Veränderung
1	Politik & Gesetzgebung	Zuzahlung der Patienten von DM 1,- pro Packung wird eingeführt.
4	Demographische Umwelt	Umweltgifte reduzieren die erwartete Zunahme der Lebenserwartung deutlich stärker als bisher angenommen.
6	Allgemeine Öffentlichkeit	Die Produktgruppe wird als vorbeugend gegen Zellalterung beschrieben.
7	Politik & Gesetzgebung	Ein Festpreis für das Produkt in Höhe von p(fest) wird eingeführt.

Tab. 4/19   Neue Umweltinformationen und Einfluß auf die Marktreaktionsfunktion

---

[651] Vgl. Tab. 4/15 in 3.11.1.

Die Einführung eines Zuzahlungsbeitrages führt zu einer gesamthaft reduzierten Nachfrage. Sie wurde bereits für die Preis-Absatzfunktion diskutiert. Diese Umweltveränderung besitzt jedoch auch einen zweiten Effekt auf die Marktreaktionsfunktion. Die Nachfrager in den unteren Preissegmenten werden die neue Zuzahlung i.d.R. stärker in ihr Entscheidungsverhalten einbeziehen als die Konsumenten in höheren Preis-segmenten. Damit reagiert der Markt bei einem geringen allgemeinen Preisniveau auf Veränderungen sensibler als in hohen Preissegmenten, in denen kaufkräftige Konsumenten einen größeren prozentualen Anteil an der Gesamtnachfrage ausmachen. Damit erfährt die Marktreaktionsfunktion einen deutlich flacheren Verlauf in Preissegmenten mit einem niedrigen Preisniveau. Mathematisch bedeutet dies eine Abnahme der negativen Steigung der Marktwachstumsfunktion.

Die Information über die veränderte Bevölkerungsentwicklung hat für die gegenwartsnahe Periode nur geringe Auswirkungen, da die demographischen Umweltveränderungen erst in späteren Perioden zu meßbaren absoluten Veränderungen führen. Langfristig ergibt sich bei einer nach Preissegmenten ungleich verteilten Abnahme der Nachfrage eine Veränderung der Marktnachfragefunktion. Für die untersuchte Periode ergeben sich jedoch noch keine meßbaren Veränderungen.

Das zusätzliche Einsatzgebiet des Produktes bei der Verlangsamung des Zellalterungsprozesses führt zu einer gesamthaft gesteigerten Nachfrage, die bereits in der Preis-Absatzfunktion erfaßt wurde. Da für die zusätzliche Nachfrage des Produktes anzunehmen ist, daß zahlreiche Produktkäufe in Form der Selbstmedikation erfolgen, wird sich bei einem niedrigen allgemeinen Preisniveau eine deutlich größere Zunahme des Marktvolumens ergeben als in gehobenen Preissegmenten. Für mittlere und sehr hohe Preise ist jedoch von einer geringeren Marktreaktion auszugehen, da einige Konsumenten im neuen Einsatzgebiet des Produktes bei hohen Preisen von der Selbstmedikation absehen. Mathematisch bedeutet dies eine absolute Abnahme der negativen Steigung der Marktreaktionsfunktion, wobei in unteren Preissegmenten eine größere Marktveränderung erfolgt als in höheren Preissegmenten. Somit dreht sich die Funktion gleichzeitig geringfügig im unteren Preissegment nach oben. Die Veränderung wird in der folgenden Abbildung 4/45 graphisch dargestellt.

Die Einführung des Festpreises hat bereits bei der Preis-Absatzfunktion zu einer Abnahme der Umsatzerwartungen in Preissegmenten oberhalb des Festpreises geführt. Es ist anzunehmen, daß das aggregierte Marktvolumen bei Preisen oberhalb des Festpreises nur noch ein sehr geringes Volumen besitzt, da eine Erstattung durch die Versicherungsunternehmen nicht mehr besteht. Es kommt damit zu dem aus der Preis-Absatzfunktion bekannten, diskontinuierlichen Bruch. Mathematisch bedeutet dies eine abschnittsweise neu definierte Teilfunktion mit geringem absoluten Niveau oberhalb des Festpreises. Unterhalb des Festpreises ergeben sich hingegen keine Veränderungen der Marktreaktionsfunktion. Erneut werden die Ergebnisse der Kurvendiskussion sowohl graphisch als auch mathematisch beschrieben:

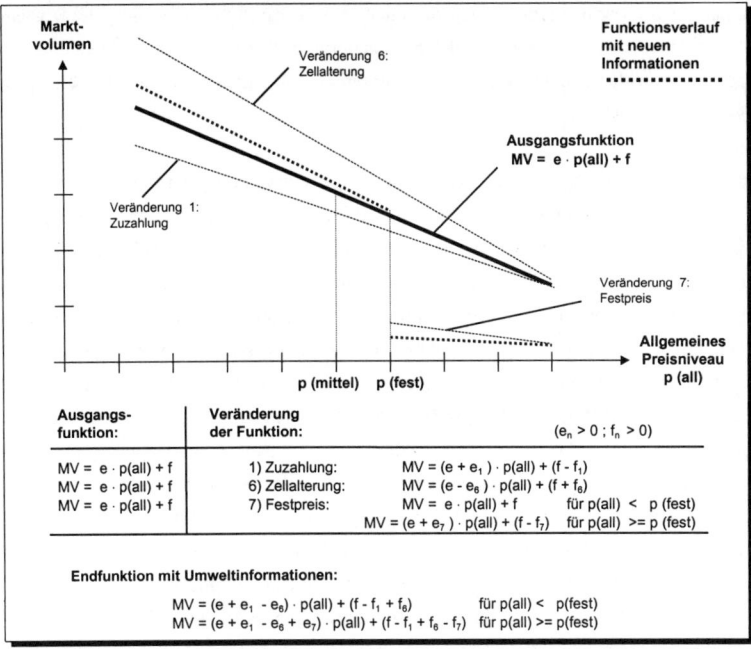

Abb. 4/45   Einfluß der Umweltveränderungen auf die Marktreaktionsfunktion

3.12.2.4 Kurvenanpassung IV: Kostenfunktion

Als letzte Teilfunktion muß die Kostenfunktion auf die Veränderungen durch die neuen Umweltinformationen untersucht werden. Die folgenden Veränderungen haben nach der Untersuchung der Einflußstruktur aus Tabelle 4/15 in 3.11.1 dabei Einfluß auf die Kostenfunktion des eigenen Produktes:

Nr.	Dimension	Veränderungen
2	Lieferantenmacht	Der Zulieferer biochemischer Substanzen erhöht seine Preise. Die Materialeinzelkosten des Produktes steigen um DM 0,50 pro Stück.
5	Technologische Umwelt	Die biotechnologische Herstellung wird erstmals für das Produkt möglich. Eine deutliche Senkung der Herstellungskosten wird erwartet.

Tab. 4/20   Neue Umweltinformationen und Einfluß auf die Kostenfunktion

Die Veränderung aus der Dimension der Lieferantenmacht mit der Zunahme der Materialeinzelkosten führt zu einer gleichhohen Zunahme der Selbstkosten pro Stück. Mathematisch entspricht dies einer Parallelverschiebung der Kostenfunktion um DM 0,50 nach oben. Da keine Degressionseffekte bei der absoluten Preiserhöhung möglich sind, bedeutet die Kostensteigerung unabhängig von der bisherigen Ausgangssituation eine Parallelverschiebung der Kostenfunktion nach oben. Eine Veränderung der Steigung findet damit nicht statt. Die Funktion muß somit lediglich durch einen veränderten Achsenabschnitt (Zunahme um 0,5) angepaßt werden. [652]

Die deutliche Senkung der Herstellungskosten durch die Verwendung der Biotechnologie ist hingegen differenzierter zu untersuchen. Hier sind die zu erwartenden Größendegressionseffekte genauso zu berücksichtigen wie die sehr hohen Fixkosten in den ersten Jahren aufgrund der zusätzlichen Abschreibung der getätigten Investitionen. Aus diesem Grund muß das Management eine genaue Diskussion über die jeweiligen Veränderungen des Kurvenverlaufes durchführen, bevor die Veränderungen für die Kostenfunktion bestimmt werden. Als Ergebnis wird festgestellt, daß in der untersuchten Periode sehr hohe Fixkosten entstehen, denen jedoch deutlich geringere variable Kosten bei größeren Ausbringungsmengen gegenüberstehen. Die Kostenfunktion erfährt aus diesem Grund nach der Umstellung auf die biotechnologische Fertigungsweise eine Erhöhung der Selbstkosten im Bereich kleiner Ausbringungsmengen und eine Reduktion für mittlere und große Ausbringungsmengen. Mathematisch entspricht dies einer Multiplikation der Gesamtfunktion mit einem Faktor, der zu Beginn stark positiv ist (>1), im Verlauf jedoch kontinuierlich in den negativen Bereich abfällt, wo sich die Stückkosten für große Ausbringungsmengen deutlich reduzieren. Es ergeben sich damit deutliche Zuschläge zu den Herstellungskosten für geringe Mengen und deutliche Abschläge für große Ausbringungsmengen. Für die verwendete lineare Ausgangsfunktion entspricht dies einer Drehung der Kostenfunktion um einen Punkt des alten Funktionsverlaufes, in dem sich beide Effekte gerade neutralisieren.[653] Die Ergebnisse der Kurvendiskussion werden in der folgenden Abbildung erneut dargestellt und mathematisch beschrieben.

---

[652] Vgl. Abb. 4/46.

[653] Es wird zur graphischen Darstellung erneut auf lineare Funktionsverläufe zurückgegangen. Vgl. Abb. 4/46.

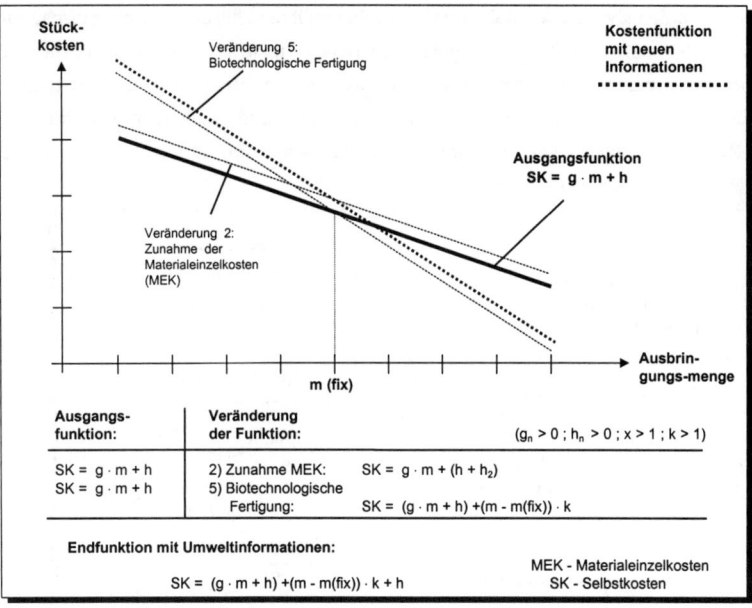

Abb. 4/46   Neue Informationen der Umwelt und Einfluß auf die Kostenfunktion

3.12.2.5 Verbindung zur Gewinnfunktion und Optimierung

Die Zusammenführung der aktualisierten Teilfunktionen zu einer Gewinnfunktion kann mit den neuen Funktionsverläufen entsprechend der aufgezeigten Methodik erfolgen. Sie wurden bereits in diesem Kapitel für den skizzierten Beispielfall ausführlich beschrieben. Die mathematische Aggregation der einzelnen Elemente kann dabei durch ein EDV-System unterstützt werden, das die Berechnungen selbständig durchführt und die veränderten Funktionsverläufe zu einer neuen Optimierung der Gewinnfunktion verarbeitet. Das Management muß damit lediglich die Veränderungen der Umweltdimensionen erfassen und als Hauptaufgabe den Einfluß der neuen Informationen auf die Teilfunktionen durch die Kurvendiskussion bestimmen.

3.13 Dynamische strategische Produktführung

Nach der durchgeführten strategischen Anpassung des Produktes für zukünftige Perioden und die Reaktion einzelner Teilfunktionen auf neue Informationen stellen die strategischen Führungsprozesse im ethischen Lebenszyklussegment den letzten Schritt zur vollständigen Erarbeitung der strategischen Produktführung dar.

In Kapitel II wurde dabei die Auswahl eines Portfolioverfahrens für die pharmazeutische Industrie zur Ableitung von Normstrategien beschrieben (relative Wettbewerbspositions-/ Marktlebenszyklusmatrix).[654] Verbindet man die bestehenden Verfahren der entwickelten Modellkonzeption im folgenden mit der strategischen Produktführung einzelner Produkte über die Zeit, ergibt sich der folgende strategische Managementprozeß, der sowohl externe als auch interne Informationskreisläufe beinhaltet:

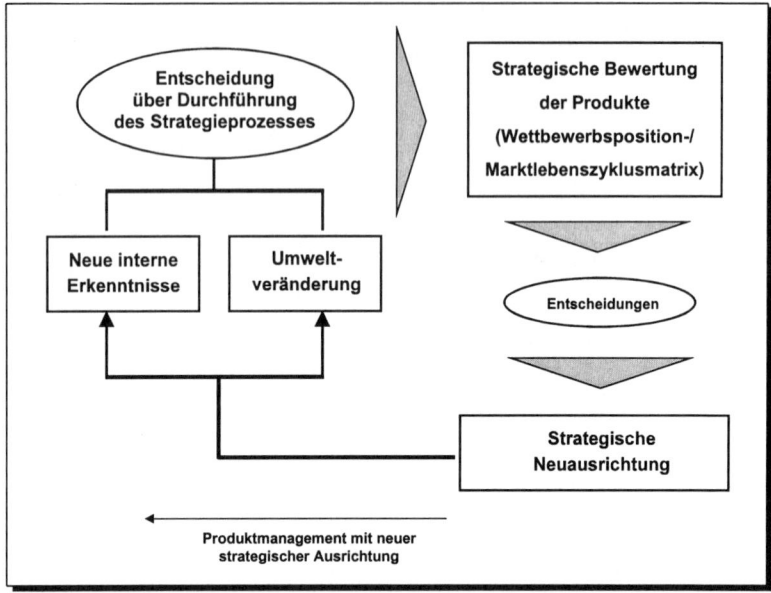

Abb. 4/47   Strategischer Führungsprozeß im ethischen Produktlebenszyklus

Untersucht man die abgebildeten Führungselemente für ein einzelnes Produkt, ergibt sich ein einfacher Kreislauf, in dem neue Informationen der Umweltdimensionen erfaßt werden, in die Berechnungen der entwickelten Modellkonzeption einbezogen und anschließend in den strategischen Bewertungsprozeß überführt werden. Die strategische Neuausrichtung eines Produktes führt anschließend zur Ableitung einer Normstrategie, die wiederum für die Produkte zu veränderten Lebenszyklusverläufen führt (vgl. Abb. 4/47).

Führt man die Ergebnisse der dynamischen Optimierungen und strategischen Ausrichtung für einzelne Produkte zusammen, ergibt sich ein abbildbarer Gesamtlebenszyklus für die ethischen Produkte eines Unternehmens. Es können dabei der Verlauf des Umsatzes, der abgesetzten Menge und der Gewinn für einzelne Perioden bestimmt werden. Die Durchführung des dargestellten Ansatzes für unterschiedliche Produktmärkte ermöglicht zudem, daß nicht

---

[654] Vgl. 2.2.5 in Kapitel II.

nur für regionale Teilmärkte, sondern auch für den weltweiten Absatzmarkt eines Unternehmens die Gesamtübersicht der ethischen Produkte erstellt werden kann.

Die folgende Abbildung stellt den Stand der bisherigen Erarbeitung für ein Produkt dar, das in unterschiedlichen Teilmärkten vertrieben wird. Der Gewinn einzelner Perioden ist für das Management dabei die zentrale Größe und wird graphisch abgebildet. Zusätzlich zu den Kurvenverläufen wird für die einzelnen Länder auch der Zeitpunkt des Auslaufens des Patentschutzes und die erwartete Einführung des ersten konkurrierenden Generikums aufgeführt.

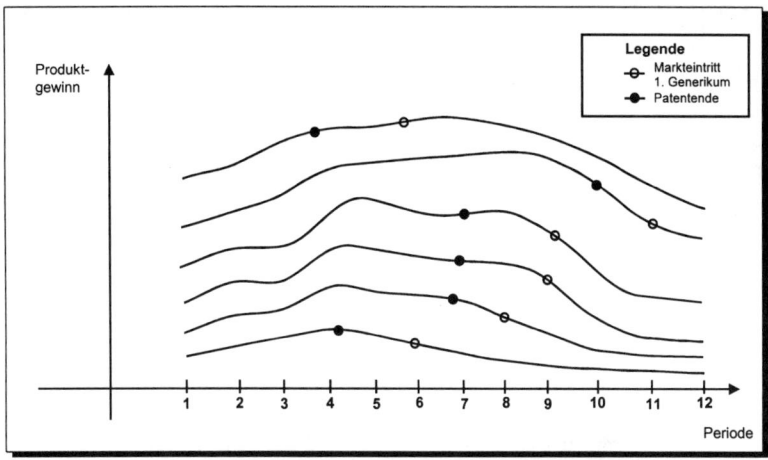

Abb. 4/48   Gewinnverlauf eines Produktes nach verschiedenen Märkten

Aus den gewonnenen Ergebnissen für einzelne Produkte läßt sich schließlich eine detaillierte Übersicht der zukünftigen Gewinn-, Umsatz- und Kostenverläufe einer Wirksubstanz erarbeiten. Die Umsatzhöhen ergeben sich dabei aus den Teilfunktionen der einfachen Preisabsatz-, Konkurrenz- und Marktreaktionsfunktionen nach der Optimierung und strategischen Anpassung. Die Kostenhöhe resultiert dabei aus den Mengengrößen, die sich aus dem gewinnoptimalen Preis ergeben. Er wird nach der strategischen Anpassung fixiert und ist die Determinante für die Parameter des Gewinnes, des Umsatzes und der Kostenhöhe. Die Datenstruktur wird dabei in einen Zielvektorraum (Gewinn) und zwei Hilfsvektorräume (Umsatz, Kosten) unterteilt (vgl. Abb. 4/49):

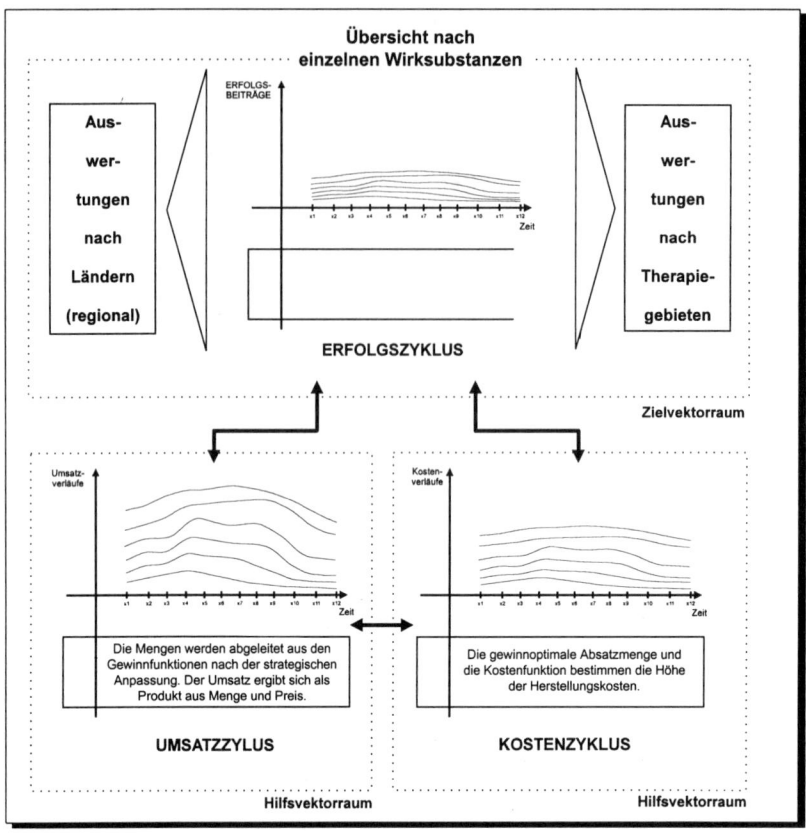

Abb. 4/49   Dynamische Lebenszyklusverläufe für eine ethische Wirksubstanz

3.14 Ergebnisübersicht im ethischen Lebenszyklusbereich

Es wurde durch die in den Abschnitten 3.1 bis 3.12 entwickelte Modellkonzeption erarbeitet, wie intern bestimmte Produkt- und Vertriebsparameter, Regressionsanalysen, Conjoint-Measurementergebnisse und die Einflüsse der Unternehmensumwelt die Berechung und Optimierung zukünftiger Gewinn-, Umsatz- und Kostenzyklen ermöglichen. Es wurde dabei über einzelne Teilfunktionen, die nur einen Zusammenhang zwischen zwei zu untersuchenden Variablen angeben, vorgegangen. Auch wurde gezeigt, wie neue, unerwartete Informationen aus der Unternehmensumwelt in den Modellansatz integriert und zur neuerlichen Optimierung genutzt werden können (Kurvendiskussion einzelner Teilfunktionen).[655]

---

[655] Vgl. 3.11.

Auf dieser Grundlage wurde danach der jeweilige Periodengewinn eines Produktes maximiert und eine Ableitung des optimalen Preises, des korrespondierenden Umsatzes und der zugehörigen Kosten durchgeführt. Daran schloß sich die strategische Bewertung und Ausrichtung des untersuchten Produktes über die Zeit an. Als Ergebnis wurde ein dynamischer Preisverlauf erstellt und eine dynamische Produktstrategie definiert, aus der sich Vorgaben für einzelne Perioden ableiteten.

Der entwickelte, präskriptive Modellansatz bietet dabei zwei grundlegende Vorteile, die in der beschriebenen Erarbeitung umgesetzt wurden: Zum einen wird die Aufgabe des Managements vereinfacht, aus den informatorischen Vorarbeiten einzelne Wirkungszusammenhänge anzugeben. Es werden jeweils nur einfache Zusammenhänge vom Management erfragt, die danach mathematisch miteinander verbunden werden. Die direkte Abschätzung einer Preis-Absatzfunktion unter Einbeziehung aller relevanten Einflußfaktoren hätte sicherlich zu einer deutlich geringeren Ergebnisqualität geführt. Der zweite Vorteil besteht in der möglichen Anpassung der Teilfunktionen an neue Umweltinformationen. Sie führen nach der mathematischen Optimierung in einem EDV-System zu sofort veränderten Parametern. Das Management kann damit die Veränderungen aufgrund einer neuen Information sofort erkennen und gegebenenfalls schnell darauf reagieren.

4 Modul III: Lebenszyklusbereich als OTC-Produkt

4.1 Grundlagen

4.1.1 Vorgehensmethodik

Wie im ethischen Lebenszyklussegment soll auch für den OTC-Lebenszyklusbereich der methodischen Erarbeitung eine systematische Methodik mit Teilschritten vorangestellt werden. Das Charakteristikum der dynamischen Gewinnoptimierung macht dabei eine Zweiteilung der zu untersuchenden OTC-Produkte notwendig: Einerseits müssen die bestehenden Produkte und ihre Wettbewerbsumfelder untersucht werden, andererseits sind aber auch Produktideen und geplante Produkteinführungen in späteren Perioden zu berücksichtigen. Die zweite Untergruppe läßt sich wiederum unterteilen in Produkte, die auf Wirksubstanzen des ethischen Produktsegmentes beruhen, und Produkte, die eine derartige Verbindung zur bestehenden Produktpalette nicht besitzen. Entsprechend der Vorgehensweise im ethischen Lebenszyklus wird auch für den OTC-Produktlebenszyklus ein Phasenmodell zur Erarbeitung verwendet:

Phasenschritte für "OTC-Produktideen":

1. Auflistung der ethischen Substanzen, die zur Entwicklung von OTC-Produktideen geeignet sind (Rx-to-OTC-Switch)

2. Auflistung der Produktideen, die für den OTC-Bereich aus den ethischen Wirksubstanzen generiert werden können

3. Bestimmung der Teilfunktionen und Gewinnoptimierung für einzelne Produktideen

4. Strategische Ausrichtung und Berechnung der Parameter Preis, Gewinn, Absatzmenge und Kosten

5. Aggregation für den Bereich der OTC-Produktideen

Phasenschritte für "OTC-Produkte":

1. Auflistung aller bestehenden OTC-Produkte

2. Bestimmung der Teilfunktionen für einzelne OTC-Produkte und Gewinnoptimierung

3. Strategische Ausrichtung und Berechnung der einzelnen Parameter Preis, Gewinn, abgesetzte Menge und Kosten

4. Aggregation für den Bereich bestehender OTC-Produkte

In der folgenden Darstellung wird die Vorgehensweise zur Erarbeitung des OTC-Lebenszyklus abgebildet. Als Teilergebnisse ergeben sich am Ende der Optimierungen die jeweiligen Gewinn-, Umsatz- und Kostenzyklen eines OTC-Produktes bzw. einer OTC-Produktidee. Neben der Generierung unterschiedlicher Produktideen aus bestehenden Wirksubstanzen sind dabei erneut die Abschätzungen der einzelnen Teilfunktionen die wichtigsten Punkte der weiteren Erarbeitung.

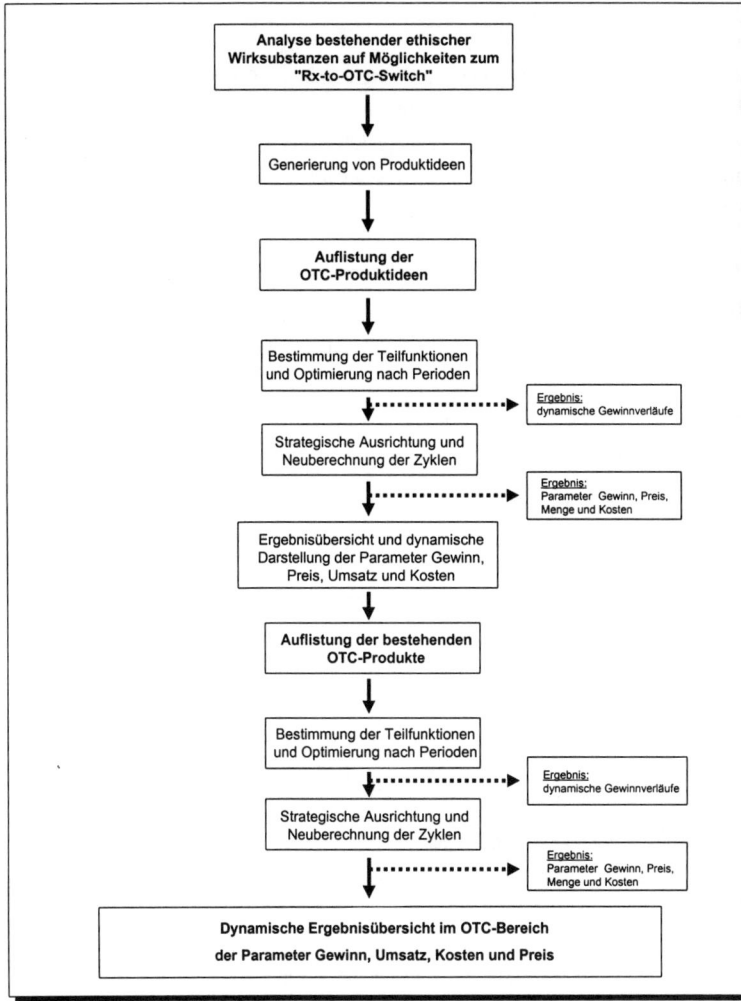

Abb. 4/50 Vorgehensmethodik zur Erarbeitung des OTC-Lebenszyklus

4.1.2 Praxisbeispiel zur strategischen Produktplanung

Wie in der Praxis die Gewinnung und Systematisierung der Produktideen für den OTC-Bereich verläuft, wird am Beispiel des englisch-amerikanischen Unternehmens SmithKline Beecham gezeigt.

Schritt 1:

In den langfristigen 10-Jahresplänen der Abteilung „Strategic Planning" werden die OTC-Produktideen aus bestehenden ethischen Wirksubstanzen und die einzelnen F&E-Projekte des OTC-Bereiches gesammelt, analysiert und bewertet.[656] Dabei wird bereits eine deutliche Unterscheidung in wirtschaftlich sinnvolle und nicht sinnvolle Produktideen und Projekte durchgeführt. Sie ergibt sich aus einer überschlägigen Abschätzung der Produktchancen in den entsprechenden Zielmärkten.[657]

Projekt:	Gebiet:	Bewertung: („rationale for exclusion")
Projekt 1	Bronchiale Erkältungen	wirtschaftlich nicht sinnvoll („not commercially viable")
Projekt 2	Schlafstörungen	wirtschaftlich sinnvoll („commercially viable"), Einführung in 1998
Projekt 3	Verdauung	wirtschaftlich nicht sinnvoll
Projekt 4	Erkältungen	wirtschaftlich nicht sinnvoll
Projekt 5	Schlaftablette	sinnvoll, Einführung ab 1999
Projekt 6	Vitamin - C - Erkältungstrunk	sinnvoll, Einführung in 2003

Tab. 4/21   OTC-Projektübersicht im Beispielfall / Firma SmithKline Beecham
Quelle: SmithKline Beecham (1996a), S. 5ff.

Schritt 2:

Alle zu untersuchenden OTC-Projekte versucht das Management bei SmithKline Beecham anschließend zu bewerten und hinsichtlich ihrer erwarteten Umsatzpotentiale quantitativ abzuschätzen. Dazu wählt SmithKline Beecham einen 10-Jahresrahmen, der für die einzelnen OTC-Produktideen und F&E-Projekte standardisiert ist. Jeder zusammenhängende Markt wird dabei als ganzes analysiert und hinsichtlich der Marktveränderungen untersucht (Marktvolumen), eine exakte Unterteilung in nationale Teilmärkte wird in den OTC-Märkten

---

[656] Das „Category-Management" bei SmithKline Beecham sichert die strategische Führung einzelner Produkt-divisionen. Der Bereich der OTC-Produkte ist dabei eine eigenständige Produktgruppe („category"). Vgl. SmithKline Beecham (1996a), S. 1.

[657] Damit soll eine vorzeitige Zeit- und Ressourceneinsparung bei offensichtlich unrentablen Produkt-entwicklungen für den OTC-Bereich erreicht werden. Vgl. Gespräch mit Dreger, M. (1996).

dabei in aller Regel nicht durchgeführt.[658] Dieser Bewertungsschritt entspricht damit den Überlegungen zur Marktreaktionsfunktion des Modellansatzes in dieser Arbeit.[659]

Schritt 3:

Anschließend wird vom Management eine Preistendenz für die zukünftigen Jahre abgeschätzt. Dies geschieht nach Bestimmung des heutigen, durchschnittlichen Preises in einem Markt durch die Prognose der Marktveränderungen basierend auf Erfahrungswerten der Vergangenheit und den Annahmen des Managements bezüglich der Zukunft. Auf einzelne Marktanteile der Konkurrenzprodukte, deren Preisstrategien und die Reaktionen des Marktes auf Preisveränderungen wird in den jeweiligen Gesprächen dabei nicht eingegangen.[660] Es ergibt sich letztlich für die einzelnen Produkte im OTC-Produktportfolio der Firma SmithKline Beecham die folgende Übersicht:[661]

Produktidee / OTC- Projekt	Einführungs- jahr	Marktvolu- men bei Ein- führung („market-size at introduc- tion“, Millio- nen Pfund)	Marktvolumen „Einführung plus 10 Jahre“ („market-size at introduction plus 10“)	Marktanteil „Einführung plus 10 Jahre“ („market-share at introduction plus 10“)	Preisniveau nach 10 Jahren Marktpräsenz (pricing-level „year of introduc- tion plus 10“, In- dexed at 100 / introduction)
Projekt A	1999	214	260	23%	120
Projekt B	2003	858	832	14%	64
Projekt C	1998	421	956	16,5%	95
Projekt D	2001	324	385	10%	85
Projekt E	1999	214	340	30%	74

Tab. 4/22   OTC-Produktplanung und Prognose bei SmithKline Beecham - Beispielfall
Quelle: SmithKline Beecham (1996a), S. 9ff.

---

[658] Vgl. Gespräch mit Dreger, M. (1996).

[659] Vgl. für den ethischen Bereich den Abschnitt 3.7.6 und im OTC-Bereich 4.3.3.3.

[660] Vgl. SmithKline Beecham (1996a), S. 6.

[661] Projektnamen geringfügig geändert, Zahlenwerte z.T. zwischen einzelnen Projekten aus Vertraulichkeitsgründen vertauscht.

Eine strategische Ausrichtung der Produkte für einzelne Märkte und Perioden erfolgt für den OTC-Bereich an dieser Stelle noch nicht. Vielmehr werden die Berechnungen für die Marktvolumina von der Marktforschung bestimmt, die für sehr weit in der Zukunft liegende Perioden umfassend auf Berichte externer Forschungsinstitute zurückgreifen. Danach wird letztlich sehr schnell und direkt auf die zu erzielenden Marktanteile einzelner Produkte übergeleitet.

Auch werden die wesentlichen Elemente der Produkte am Markt vor der Bestimmung der Marktanteile noch nicht ins Verhältnis mit den möglichen, unterschiedlichen Produktführungsstrategien gesetzt.[662] Die Ergebnisse dieser Stufe schildern lediglich die aufgrund der Produktideen und OTC-Forschungsprojekte erwarteten, möglichen Umsatz- und Marktanteilsgrößen. Unbeachtet bleiben damit alternative Produktführungsstrategien mit entsprechend unterschiedlichen Verläufen des Umsatzes oder des Gewinnes eines Produktes, die sich letztlich auch aus den ganz entscheidenden, unterschiedlichen Investitionsstrategien ins Marketing ergeben. Die vorliegende Arbeit ermöglicht mit der entwickelten Bewertungs- und Entscheidungsmethodik hingegen alternative Produktführungsstrategien, die über verschiedene Preisniveaus zu alternativen Verläufen der Erfolgsbeiträge führen.[663]

4.2 Bestimmung der Lebenszyklen

4.2.1 Schätzverfahren im OTC-Produktbereich

Die im ethischen Bereich eingesetzte Methodik zur Bestimmung der Preis-Absatzbeziehungen über einzelne Teilfunktionen muß im OTC-Bereich hinsichtlich der Erfassung einzelner Zusammenhänge und ihrer möglichen Durchführbarkeit kritisch untersucht werden. Die Methodik auf Grundlage der Arbeiten von Hilleke und Simon[664] erwies sich im ethischen Lebenszyklusbereich dabei als eine praktikable Vorgehensweise. Positiv wirkte sich auf die Durchführbarkeit aus, daß die einzelnen Beziehungen durch das Management mit den informatorischen Vorarbeiten abgeschätzt werden konnten. Auch die Autoren selber haben für die pharmazeutische Industrie die gewählte Grundmethodik als die für die Praxis überlegene Vorgehensweise bezeichnet, wenn zusätzliche Analysen und Auswertungen (Regressionsanalysen, Conjoint-Measurement-Verfahren) eingesetzt werden.[665] Es muß daher im folgenden untersucht werden, ob die einzelnen Elemente des gewählten Ansatzes aus dem ethischen in den OTC-Produktbereich überführt werden können.

---

[662] Vgl. die Methodk des ethischen Bereiches in 3.3 und 3.4.

[663] Vgl. 4.2.6 in diesem Kapitel.

[664] Vgl. Hilleke, K. (1995), S. 651ff und Simon, H. (1992), S. 200.

[665] Vgl. Hilleke, K. (1995), S. 664.

4.2.2 Einfache Preis-Absatzfunktion im OTC-Bereich

Aufgrund der ausgeprägten Konsumgüterorientierung[666] des OTC-Produktbereiches erweist es sich als sehr kritisch, den Preis als die wichtigste Determinante der Absatzhöhe zu verstehen. Auch im ethischen Lebenszyklusbereich wurden zahlreiche Vorarbeiten durchgeführt, um die Preis-Absatzfunktion durch Regressionsanalysen, Produkt- und Vertriebsparameter und eine umfassende Umweltanalyse zu fundieren. Derartige Vorarbeiten sind auch für den OTC-Lebenszyklus durchführbar. Es muß jedoch kritisch angemerkt werden, daß in der vom Preis abhängigen, einfachen Preis-Absatzfunktion der entscheidende Einflußfaktor der Marketingleistung nicht ausreichend erfaßt wird. Eine mögliche Lösung dieser Problematik besteht darin, eine bestimmte Marketingleistung zu definieren,[667] auf deren Grundlage dann die Bestimmung der Preisabhängigkeit erfolgt. Die Marketingleistung kann sich dabei aus den bekannten, methodischen Vorarbeiten (Produktattraktivität, Vertriebsleistung, Regressionsanalysen) bestimmen lassen. Es muß jedoch festgestellt werden, daß sich verglichen mit dem ethischen Lebenszyklusbereich die Abschätzung der absoluten Absatzmenge deutlich erschwert. Es wäre jedoch möglich, das Management in einem späteren Schritt um die Bestimmung eines prozentualen Marktanteiles zu fragen, der sich aufgrund der erwarteten Produkt- und Marketingleistung für einzelne Perioden ergibt.

4.2.3 Konkurrenzreaktionsfunktion im OTC-Bereich

Den exakten Verlauf der Konkurrenzreaktionsfunktionen in den marketinggetriebenen OTC-Produktmärkten zu bestimmen, erscheint aufgrund der umfassenden Marketingorientierung sehr schwierig. Unterschiedliche Marketingstrategien oder die Verteidigung und Besetzung verschiedener Positionierungen in einzelnen Märkten führen bei den Konkurrenzprodukten zu nur schwer zu prognostizierenden Preisstrategien. Neueingeführte Präparate können z.B. in bereits bestehenden Märkten eine aggressive Preispolitik zur schnellen Marktdurchdringung verfolgen. Auch für bereits eingeführte Produkte kann diese Strategie zur Ausweitung der Marktanteile in langfristig attraktiven Segmenten eingesetzt werden. Eine Prognose dieses Reaktionsverhaltens für einzelne Produkte und Perioden ist daher für den OTC-Bereich praktisch unmöglich. Als einzige Möglichkeit, das eigene Preisniveau mit dem Konkurrenzpreisniveau zu vergleichen, kann das Management jedoch einen allgemeinen Preistrend über die Zeit bestimmen. Diese Information ist mit Hilfe der genannten Umweltanalyse, der durchführbaren Conjoint- bzw. Regressionsverfahren und auf Grundlage der Erfahrungen des Managements bestimmbar.

---

[666] Vgl. Rassat, J. (1996), S. 88f.

[667] Z.B. durch Marketingziele und Festlegung des Marketingbudgets.

4.2.4 Marktreaktionsfunktion im OTC-Bereich

Die Reaktionen des Marktvolumens bei Veränderungen des allgemeinen Preisniveaus sind mit dem ethischen Produktbereich vergleichbar und sollten vom Management bestimmt werden. Es erscheint für die unterschiedlichen Produktfelder im OTC-Bereich dabei über die Regressionsanalysen oder einzelne Marktforschungsstudien möglich, die Gesamtnachfrage in einem Markt in Abhängigkeit des allgemeinen Preisniveaus zu bestimmen.[668] Zahlreiche Produkte der Selbstmedikation stellen Substitute zu konkurrierenden Produkten und Therapieformen dar, was dazu führt, daß die Preiselastizität der Marktreaktionskurve zwischen dem allgemeinen Preisniveau und dem Marktvolumen deutlich größer ist als im ethischen Produktbereich. Verändert sich etwa das allgemeine Preisniveau, können meßbare Mengeneffekte in einem Produktmarkt (z.B. Vitamine) auftreten, da die konkurrierenden Therapiearten (z.B. gesunde Ernährung mit frischem Gemüse) sich im Preis relativ verändern. Die Bestimmung der Marktreaktionsfunktion scheint daher auch für den OTC-Produktbereich möglich. Zusammen mit der Marktanteilsprognose kann damit eine mathematische Herleitung der Umsatzfunktion erfolgen, die sich wie im ethischen Produktbereich aus den einzelnen Teilelementen zusammensetzt.

4.2.5 Kostenfunktionen im OTC-Bereich

Die Kostenfunktionen in Abhängigkeit der Umsatzmenge können für OTC-Produkte analog zum Vorgehen im ethischen Produktbereich angegeben werden. Auch ohne die genaue Kenntnis der exakten späteren Absatzmenge eines Produktes können wie im ethischen Produktbereich Skaleneffekte berücksichtigt und Kostengrößen in Abhängigkeit der Ausbringungsmenge bestimmt werden. Da nur geringe Veränderungen der Produkte verglichen mit dem ethischen Produktbereich bestehen, sprechen erneut sehr viele Argumente für die Verwendung der Lebenszykluskostenrechnung.[669]

4.2.6 Zusammenfassung der Bewertung

Für den OTC-Produktbereich ergab sich ein positives Urteil für die Prognose der an den OTC-Produktbereich angepaßten Preis-Absatz-, Marktreaktions- und Kostenfunktion. Bei der Konkurrenzreaktionsfunktion wurde festgestellt, daß die Bestimmung der Preisreaktionen nicht exakt abgeschätzt werden kann, jedoch die informatorischen Vorarbeiten dazu beitragen, daß das Management einen allgemeinen Preistrend für die zukünftigen Perioden angeben kann. Mit ihm kann danach der eigene Preis in Relation zum allgemeinen Preisniveau gesetzt wer-

---

[668] Vgl. 3.6.1.
[669] Vgl. 3.7.7.2 in diesem Kapitel.

den. Die vier genannten Teilfunktionen müssen daher im folgenden zu einem geeigneten Prognose- und Optimierungsinstrument verbunden werden. Es wird in der folgenden Abbildung dazu eine mögliche Methodik dargestellt, mit der die Prognose zukünftiger Umsatzhöhen in Abhängigkeit des Preises bestimmt werden kann. Auch die Kostenfunktion kann über die abgesetzte Menge in eine Preisabhängigkeit überführt werden, sodaß sich schließlich eine Gewinnfunktion ergibt, die lediglich nach dem Preis optimiert werden muß. Wie im ethischen Produktbereich kann danach eine periodenweise Optimierung erfolgen, die eine quantitative Grundlage für die strategische Ausrichtung der Produkte in zukünftigen Perioden darstellt:

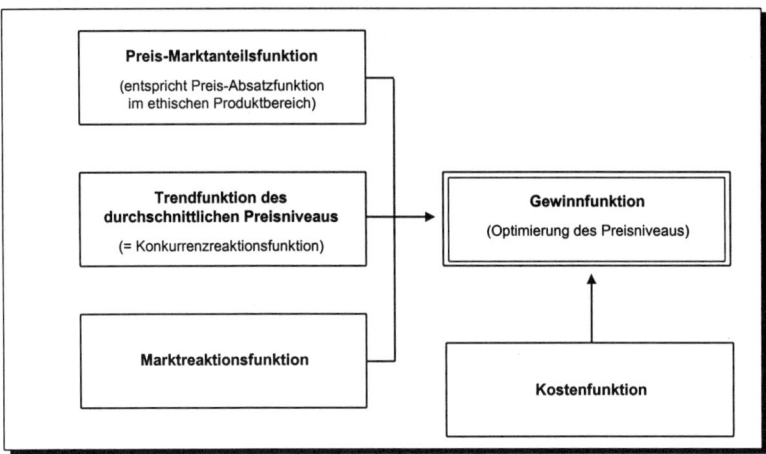

Abb. 4/51   Erarbeitung der Gewinnfunktion im OTC-Produktbereich

Wie auch im ethischen Lebenszyklusbereich schließt sich an die Bestimmung der einzelnen Teilfunktionen die strategische Bewertung, Neuausrichtung und Bestimmung der dynamischen Produktstrategien an, die letztlich zu einer Neuberechnung der einzelnen Periodenergebnisse führt. Zusätzlich müssen im OTC-Lebenszyklusbereich auch die einzelnen Marketingziele aus den Strategien für einzelnen Produkte abgeleitet und eine zeitliche Fixierung der Teilziele durchgeführt werden (vgl. Abb. 4/52). Ohne die operative Umsetzung der definierten Produktstrategien bliebe die Produktführung im OTC-Bereich unvollständig, die bestimmten Umsatzziele könnten damit nicht erreicht werden.[670] Für die Vorarbeiten sind in der methodischen Übersicht dabei bereits die differenzierten Analyse- und Marktforschungsinstrumente aufgeführt, die in Konsumgütermärkten durchführbar sind.[671] Die folgende Abbildung stellt

---

[670] Die Firma SmithKline Beecham investiert im OTC-Produktbereich mit weltweiten Projekten seit 1995 in die Entwicklung strategischer Marketingprozesse, um die konsequente Umsetzung der einzelnen Marketingziele sicherzustellen (Marketing Leadership Programme). Vgl. Expertengespräch mit Dreger, M. (1996) und die Darstellung des Programmes in der Financial Times bei Summers, D. (1996), S. 5.

[671] Vgl. die Beschreibung in 4.3.2.

die Vorgehensweise zur strategischen Ausrichtung der Produkte im OTC-Lebenszyklusbereich für zukünftige Perioden dar:

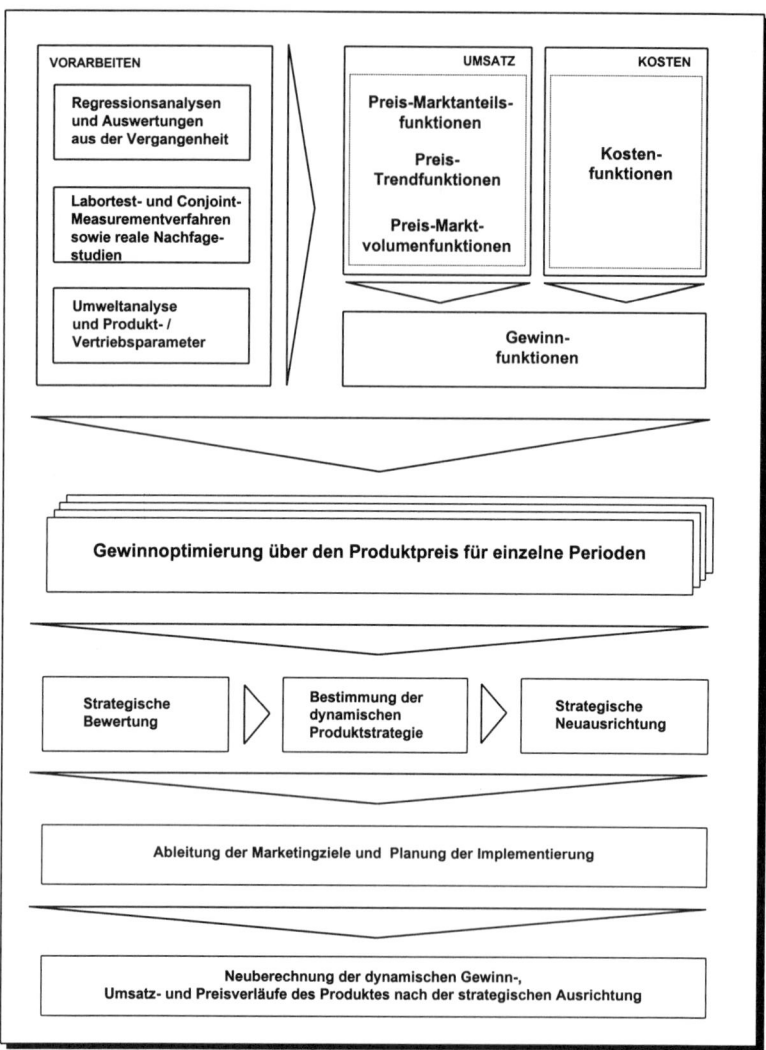

Abb. 4/52 Strategische Produktoptimierung im OTC-Lebenszyklusbereich

Die Firma SmithKline Beecham führt im OTC-Bereich eine vergleichbare Methodik zur Entwicklung strategischer Führungskonzepte für die einzelnen OTC-Produkte und Produktideen durch. Organisatorisch führt diese Aufgabe die Planungsgruppe („category") „OTC-Consumer Healthcare" durch, die für die langfristige Produktplanung verantwortlich ist.[672] Dabei geht diese Unternehmenseinheit von den bereits beschriebenen Größen wie dem gegenwärtigen Marktvolumen und dem Marktvolumen in zukünftigen Perioden, dem erwarteten Potential eines Produktes und seiner aggregierten Marktanteile sowie dem allgemeinen Preistrend in den Märkten für die folgenden Perioden aus.[673]

Schritt 1:

Was in der Modellkonzeption der vorliegenden Arbeit aus dem eigenen Produktleistungsprofil, den Einflüssen aus der Konkurrenzumwelt und der allgemeinen Umwelt durch einzelne Teilfunktionen auf die Produktstellung einbezogen wird, erfolgt bei SmithKline Beecham erneut verbal und deskriptiv (wie bereits im ethischen Lebenszyklusbereich) und ohne eine genaue, quantitative Bestimmung der Einflüsse auf die entscheidenden Größen wie Marktanteil, Marktvolumen oder Preisniveau des eigenen Produktes.

Interessant ist, daß die Firma SmithKline Beecham gerade zur Bestimmung des zukünftigen Marktvolumens sehr umfangreiche Recherchen anstellt.[674] So werden für alle nationalen Teilmärkte für die Vergangenheit die jeweiligen Marktzahlen gesammelt und ausgewertet. Für zukünftige Perioden wird die Veränderung der Marktgrößen durch das Management abgeschätzt, wobei externe Berater i.d.R. umfassend in diese Prognosesitzungen einbezogen werden. Eine feste Einteilung der jeweiligen Umweltsituationen und ihrer zugrundeliegenden Informationselemente findet dabei nicht statt, die Abschätzung des zukünftigen Marktvolumens wird lediglich aggregiert durchgeführt. Das Management bemüht sich jedoch aufgrund „.... sehr weit angelegter Überlegungen ..." und einer „.... breiten Betrachtung des Produkt- und Marktumfeldes ...."[675] um eine vollständige Erfassung aller relevanter Einflußfaktoren.

Schritt 2:

Die Produktstrategien werden in Anschluß aus der Beurteilung der Produkte, ihrer Konkurrenzprodukte und der wettbewerblichen Umwelt direkt definiert. Eine SWOT - Analyse und

---

[672] Vgl. SmithKline Beecham (1996a), S. 2 und Garnier, J.-P. (1994), S. 3ff.

[673] Vgl. die Erarbeitung in 4.1.2.

[674] Vgl. ebenda.

[675] Vgl. ebenda.

die Beschreibung der Märkte in zukünftigen Perioden soll diesen Schritt inhaltlich absichern. Hieraus werden danach einzelne Marketingziele definiert, die nach Möglichkeit „ ... zeitlich, inhaltlich und quantifiziert meßbar zu fixieren sind."[676] Als Ergebnis erhält man schließlich eine Übersicht des Produktes auf Grundlage der SWOT-Analyse, seine Strategie, die zeitlich fixierten Ziele sowie die erwarteten Marktanteile in prozentualer und absoluter Form für zukünftige Perioden.

Schritt 3:

Die einzelnen Felder der Produktführung (vergleichbar mit der Ausgestaltung des Marketing-Mixes) werden anschließend in den Anhängen der 10-Jahresplanung der Produkte konkret beschrieben.[677] Wie bereits im ethischen Produktbereich findet hier jedoch keine Unterteilung in Kommunikations-, Distributions-, Produkt- und Preispolitik[678] statt, wie sie dem allgemeinen Marketingverständnis entsprechen.[679] Wie im ethischen Bereich werden wichtige Felder der Erarbeitung wie Positionierung am Markt („product positioning"), Preisfixierungen, Zulassungsaktivitäten, Strategien bei der Markteinführung in neuen Ländern, Wettbewerber („competitors") oder auch die rechtlichen Rahmenbedingungen in den nationalen Pharmamärkten („regulatory systems")[680] aufgeführt und für das einzelne Produkt beschrieben.[681] Dies wird im folgenden an einem Beispielfall gezeigt. Es handelt sich dabei um ein geplantes, neu-einzuführendes OTC-Produkt zur Linderung der mit Erkältungen verbundenen Symptome der Atemwege und Schleimhäute.

Wettbewerbsumfeld („business environment")[682]

a) Marktveränderungen

- „Allgemeine Erkältung" wird von den nationalen Behörden und Versicherungsunternehmen in den kommenden 10 Jahren nicht mehr als notwendig zu therapierende Krankheit durch den Arzt aufgefaßt. Die Selbstmedikation bleibt damit das bedeutendste Marktsegment für den Patienten und gewinnt weiter an wirtschaftlicher Bedeutung.

---

[676] Vgl. Gespräch mit Dreger, M. (1996).

[677] Vgl. SmithKline Beecham (1996a), S. 45ff.

[678] Vgl. die Ausführungen in 2.1.3 zu den Grundlagen des strategischen Marketings.

[679] Vgl. 2.1.3 in Kapitel II.

[680] Vgl. SmithKline Beecham (1996a), S. 18.

[681] Vgl. Gespräch mit Dreger, M. (1996).

[682] Vgl. SmithKline Beecham (1996a), S. 32ff.

- Das Wachstum der Märkte für Arzneimittel gegen Erkältungen wird ohne technologische Weiterentwicklungen der Produkte stagnieren, aufgrund des weiteren Preisverfalles wird das Marktsegment wertmäßig schrumpfen.
- Die allergischen Entzündungen der Schleimhäute werden zunehmend von spezialisierten ethischen Medikamenten behandelt (Steroide). Damit reduziert sich das Marktvolumen im Bereich der klassischen Erkältungsprodukte, solange die neuen ethischen Produkte nicht in den OTC-Bereich überführt werden können.
- Asthma wird zunehmend bei Erkältungen durch Beta-2-Agonisten und Cromolyn therapiert. Damit werden die OTC-Märkte in diesem Segment wachsen, gleichzeitig aber auch im allgemeinen Produktumfeld an Volumen abnehmen.

b) Wettbewerber („competitors")[683]

- Die Kooperationen unter den globalen Anbietern werden zunehmen.
- Die große Marktfragmentierung in den nationalen Märkten wird weiter durch Übernahmen und Unternehmenszusammenschlüsse (M&A´s) abnehmen.
- Globale Firmen entwickeln OTC - Produkte zunehmend aus ethischen Substanzen.

c) Behandlungsveränderungen („therapeutical changes")[684]

- Die Tendenz zur Verschiebung weg von der Behandlung der Symphtome hin zu einer ursächlichen Krankheitsbehandlung wird auch im OTC-Produktbereich und bei einfachen Erkrankungen anhalten.
- Die OTC-Präparate aus Substanzen des ethischen Produktbereiches werden zahlenmäßig zunehmen. Damit ist ein Bedeutungsverlust wenig innovativer Produkte im OTC-Bereich verbunden.
- Die Dominanz lokaler Marktteilnehmer verschiebt sich zugunsten globaler OTC-Anbieter.
- Die Produkt- und Wirkstoffweitergabe sowie Entwicklungskooperationen für neue Therapiekonzepte werden weltweit weiter zunehmen.

d) Rechtliche Rahmenbedingungen in den Märkten („regulatory systems")[685]

- Die Zulassungsprozesse und rechtlichen Regelungen der Märkte werden sich weltweit weiter harmonisieren.
- Globale Produkte ohne nationale Anpassungen und Differenzierungen gewinnen weiter an Bedeutung.

---

[683] Vgl. SmithKline Beecham (1996a), S. 38ff.
[684] Vgl. ebenda.
[685] Vgl. ebenda.

- Ein komplexes rechtliches Umfeld bleibt für das Management und Marketing der OTC-Produkte bestehen. Dies wird sich trotz der Harmonisierungen nicht verändern.

e) Positionierung am Markt („product positioning")

- vertraulich[686]

f) Preisfixierungen in absoluter Höhe nach Ländern und Jahren

- vertraulich

g) Zulassungsaktivitäten für neue Indikationen und Märkte

- vertraulich

h) Strategien bei der Markteinführung in den neuen Ländern

- vertraulich

Wie im ethischen Bereich bereits kann man damit ein sehr breit ausgearbeitetes Untersuchungs- und Analysefeld für die OTC-Produktpalette der Firma SmithKline Beecham feststellen. Dennoch ist auch für den OTC-Bereich dieses Beispielfalles festzustellen, daß neben dem hervorstehenden Pragmatismus die methodisch saubere Entwicklung einer geschlossenen Marketingkonzeption ausgehend von der quantitativ unterstützten Analyse, der Definition der Produktstrategie und der Umsetzung und Fixierung einzelner Maßnahmen und Preise im Marketing-Mix nicht vollständig vorliegt. Für den OTC-Bereich ist damit festzustellen, daß in der Praxis durchaus vergleichbare Ansätze zu denen bestehen, die im Modellansatz dieser Arbeit für den OTC-Bereich entwickelt wurden. Anzumerken ist aber erneut, daß Marktveränderungen, Konkurrenzprodukte, Preistendenzen und Umweltbedingungen lediglich verbal aufgelistet werden, um daran anschließend eine gesamthafte Abschätzung der optimalen Preisniveaus, der resultierenden Marktanteile und der absoluten Umsatzgrößen der eigenen Produkte durchzuführen.

---

[686] Selbst mit Veränderungen dieser Informationen dürfen diese für ein Produkt nicht konkret genannt werden, da Konkurrenzunternehmen das Produkt leicht bestimmen und mit eigenen Aktivitäten darauf reagieren könnten. In der 10-Jahresplanung bei SmithKline Beecham handelt es sich dabei erneut um verbale Punktaufzählungen, für die Preisfestsetzungen wurde eine Matrix zur Darstellung gewählt. Vgl. SmithKline Beecham (1996a), S. 23 .

Der Versuch jedoch, eine möglichst umfassende Einbeziehung von Einflußfaktoren auf den langfristigen Produkterfolg zu erzielen, ist klar hinter den methodischen Arbeiten der Planungseinheit („category") bei SmithKline Beecham zu erkennen.[687] Auch besteht intern eine große Bereitschaft, die Berechnungsverfahren weiter zu einem professionellen Planungs- und Steuerungsinstrument auszubauen.[688]

4.3 Teilfunktionen im OTC-Bereich

4.3.1 Grundlagen zur OTC-Preis-Absatzfunktion

Die Entscheider in OTC-Märkten sind verglichen mit dem ethischen Produktbereich zumeist die Patienten d.h. Anwender des Produktes selbst. Ein aufgrund seiner Berufsausbildung eher rational entscheidender Arzt, der den therapeutischen Nutzen eines ethischen Arzneimittels bei seiner Therapie beurteilen muß, steht in den OTC-Märkten in der Mehrzahl der Fälle nicht zur Verfügung.[689] Damit wird die subjektive Wahrnehmung der Konsumenten und der empfundene Produktnutzen wichtiger. Die Verschiebung der Kaufentscheidung hin zum eigentlichen Konsumenten führt im OTC-Bereich zu einer deutlich größeren Gewichtung der Marketingleistung und einer engen Verbindung der OTC-Märkte mit klassischen Konsumgütermärkten.

Der normale Reaktionsfall der Preis-Absatzfunktionen im OTC-Bereich beschreibt die negative Reaktion der nachgefragten Menge eines Gutes bei Preisveränderungen. Gerade in Produktmärkten mit zahlreichen Anbietern, einer informierten Käuferschicht, substituierbaren, d.h. weitgehend homogenen Gütern ist dieser Reaktionsfall sehr wahrscheinlich.[690] Die Konsumenten sind sich des Nutzens eines Produktes bewußt, besitzen eine ausgeprägte Preiswahrnehmung und können zwischen unterschiedlichen Produktalternativen entscheiden.

Die Situation des Giffen-Gut-Falles über den gesamten definierten Preisbereich ist für OTC-Produkte ähnlich unwahrscheinlich, wie es in der mikroökonomischen Literatur für die Gesamtheit aller bestehenden Produktmärkte angegeben wird.[691] Daß ein Produkt über das gesamte Preisintervall hinweg eine positive Mengenveränderung bei Preiserhöhungen aufweist, wäre nur für ein Produkt zu erklären, dessen empfundener Nutzen mit zunehmendem Preisniveau steigt. Somit ist dieser Sonderfall theoretisch für nur sehr wenige Marktkonstellationen möglich. Der Konsument müßte über das angebotene Produkt eine große Unkenntnis besitzen,

---

[687] Vgl. SmithKline Beecham (1996a), S. 10ff und Garnier, J.-P. (1994), S. 3.

[688] Vgl. Gespräch mit Dreger, M. (1996).

[689] Vgl. Rassat, J.P. (1996), S. 87.

[690] Vgl. die Mengen- / Preisreaktionen im polypolistischen Wettbewerb bei Stobbe, A. (1983), S. 334.

[691] Vgl. die Ausführungen in 3.5.2 und Reiß, W. (1992), S. 266f.

und die Preiswertigkeit nicht bemessen können. Gleichzeitig dürften nur wenige Konkurrenz-produkte am Markt existieren, deren Preise und Wirkungsweisen der Konsument zum Pro-duktvergleich verwendet. Schließlich müßte der Konsument ein sehr großes Vertrauen in das angebotene Produkt haben und ein klassischer Qualitätskäufer sein.[692] Nur für diesen Fall könnte die Attraktivität des Produktes mit zunehmendem Preisniveau steigen und Preiserhö-hungen die Nachfrage positiv beeinflussen.

Der dritte untersuchte, abschnittsweise auftretende Giffen-Gut-Fall hat eine zum reinen Gif-fen-Gut leicht gesteigerte Wahrscheinlichkeit des Auftretens in OTC-Märkten. Konkurrieren z.B. einzelne Produkte in einem Markt mit unterschiedlichen Positionierungen, die ein klar abgegrenztes Feld für qualitativ hochwertige Produkte ermöglichen, kann die vom Konsu-menten wahrgenommene Qualität eines Produktes durchaus durch eine Preiserhöhung gestei-gert werden. Für diesen Fall kann ab einem bestimmten Preisniveau eine zunehmende Nach-frage festgestellt werden (Qualitätskäufer), während sich in niedrigeren Preissegmenten nor-male, d.h. negative Mengenwirkungen ergeben. Entscheidend ist hier, daß durch den Preis die Attraktivität des Produktes beim Konsumenten positiv beeinflußt wird.[693] Die drei beschrie-benen Reaktionsfälle sind der folgenden Abbildung 4/53 mit den jeweiligen Marktkonstella-tionen zu entnehmen:

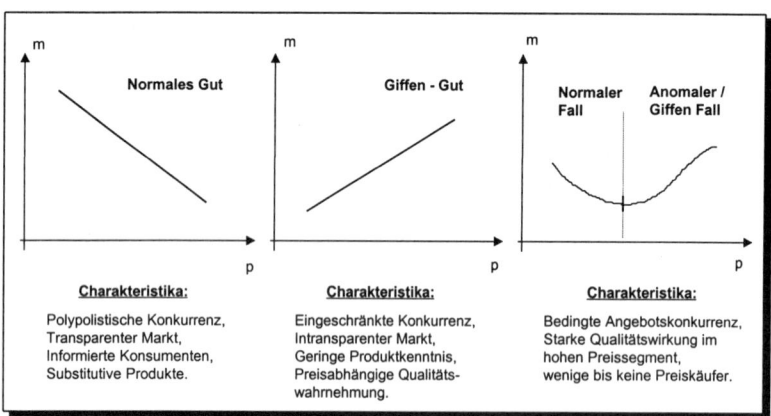

Abb. 4/53 Unterschiedliche Preis-Absatzbeziehungen und Funktionsverläufe
Quelle: Eigene Darstellung, Methodik nach Demmler, H. (1995), S. 61 bis 104.

---

692 Vgl. Kotler, P. / Bliemel, F. (1995), S. 754f.

693 Vgl. das Multivitaminpräparat EUNOVA, das im deutschen OTC-Markt eine hohe Qualität mit einem sehr hohen Preisniveau erfolgreich verbinden kann. Vgl. Expertengespräch mit Dreger, M. (1996).

4.3.2 Grundlagen zur Messung des Nachfrageverhaltens

Zur Bestimmung der Preis-Absatzfunktionen in Konsumgütermärkten können zahlreiche experimentelle Testverfahren in eigens definierten Versuchsmärkte erfolgen. Im ethischen Lebenszyklusbereich konnten vergleichbare Informationen hingegen nur durch das Conjoint-Measurementverfahren erhoben werden.[694] Hier erschwerte die geringe Anzahl der Entscheider (Ärzte) und der fehlende Massenmarkt eine experimentelle Versuchsdurchführung (z.B. Labortests), um das Preis-Nachfrageverhalten empirisch durch klassische Konsumentenstudien zu untersuchen.[695]

In der Literatur werden zahlreiche Ansätze zur experimentellen Bestimmung der Preis-Nachfrageverhältnisse dargestellt. Zu unterscheiden sind dabei die Verfahren der direkten Befragung der Nachfrager (fiktive Verkaufssituation) und die Verfahren der Beobachtung, in denen das Verkaufsverhalten der Testpersonen in realen Kaufsituationen untersucht wird.[696] Ein bekanntes Befragungsverfahren ist das ASSESSOR - Modell von Silk und Urban, das in einer Laborsituation den Entscheidern unterschiedliche Produkte vorlegt und das festgestellte Nachfrageverhalten in einer aggregierten Preis-Absatzfunktion auswertet.[697] Simon bemerkt kritisch, daß die dargestellte Laborsituation den Untersuchungspersonen ein sehr künstliches Umfeld bietet, das die Wahrnehmung negativ beeinflußt. Zudem sind sich die Untersuchungspersonen ihrer Testsituation bewußt, sodaß das gemessene Kaufverhalten deutlich vom spontanen abweicht.[698] In der Regel werden in den Laborexperimenten deutlich höhere Preiselastizitäten gemessen, als sie sich später in realen Entscheidungssituationen bestätigen lassen.[699] Erklärt wird dieses Verhalten zumeist durch eine erhöhte Sensibilisierung der Testpersonen und die gesteigerte Wahrnehmung der Produkt- und Preisunterschiede in den gestellten Kaufsituationen.[700] Simon stellt zudem fest, daß ein unterschiedliches Ausgabeverhalten bei geschenktem Konsumgeld verglichen mit eigenverdientem Geld wahrscheinlich ist.[701]

Testverfahren in realistischen Kaufsituationen basieren auf der Einrichtung eines Testmarktes mit realen Verkaufssituationen und einer nicht explizit auf die Testsituation ausgerichteten

---

[694] Vgl. 3.6.1.

[695] Vgl. Pepels, W. (1995), S. 21ff und Kotler, P. / Bliemel, F. (1995), S. 277 ff.

[696] Vgl. Simon, H. (1992), S. 129.

[697] Vgl. Silk, A.J. / Urban, G.L. (1978), S. 171ff..

[698] Vgl. Kotler, P. / Bliemel, F. (1995), S. 315.

[699] Vgl. Nevin, J.R. (1974), S. 261ff.

[700] Pepels unterteilt in verschiedene Beobachtungssituationen. Bei der offenen Vorgehensweise ist sich der Proband der Testsituation und der Untersuchungsziele bewußt, in nicht durchschaubaren Situationen kennt er den Zweck der Untersuchung nicht. In biotischen Situationen schließlich ist sich der Proband auch hinsichtlich der Testsituation nicht bewußt. Vgl. Pepels, W. (1995), S. 214.

[701] Er verweist zwar darauf, daß es zu dieser Fragestellung keine empirischen Untersuchungen gibt, bemerkt aber, daß sich Verzerrungen nicht ausschließen lassen. Vgl. Simon, H. (1992), S. 128.

Käuferschaft, die auf Produkt- und Preisveränderungen annähernd realistisch reagieren. In einigen Testmärkten werden zudem die Einsatzmöglichkeiten des Marketing-Mixes evaluiert, indem unterschiedliche Kampagnen durchgeführt werden oder das Medienangebot mit verschiedenen Testreihen verändert wird. Diese Verfahren sind in der Regel mit hohen Kosten verbunden, liefern allerdings qualitativ hochwertige Informationen, auf deren Grundlage der Marketingmix ausgestaltet werden kann. Sie stellen insbesondere für umsatzstarke Produkte geeignete Pre-Test-Verfahren dar. Als Ergebnis ergibt sich letztlich auch bei diesen Verfahren die Bestimmung einer Preis-Absatzfunktion in der Gegenwart.[702]

4.3.3 Prognose der Preis - Absatzfunktion

Es muß im folgenden für die Märkte des OTC-Lebenszyklus eine Vorgehensmethodik entwickelt werden, mit der die Optimierung der Gewinnfunktion für zukünftige Perioden erfolgen kann. Eine Grundlage zur Bestimmung der einzelnen Teilfunktionen bilden dabei die Umweltinformationen und die eigenen und konkurrierenden Produkt- und Vertriebsparameter. Auch können durch die beschriebenen Testverfahren und das Conjoint-Measurement für die Gegenwart Preis-Absatzfunktionen in einzelnen Produktmärkten empirisch bestimmt werden. Regressionsanalysen liefern zudem Ergebnisse aus der Vergangenheit und bereiten somit zusätzliches Erfahrungswissen auf. Dies unterstützt das Management bei der Abschätzung einzelner Teilfunktionen für zukünftige Perioden.

4.3.3.1 Marktanteilsfunktion

Die Abschätzung der einfachen Preis-Absatzfunktion erfährt auch für OTC-Produkte eine zentrale Bedeutung bei der Bestimmung der Umsatzerwartungen für zukünftige Perioden. Es wurde bereits erwähnt, daß das Management aufgrund der großen Marketingbedeutung im OTC-Lebenszyklus keine absoluten Absatzhöhen in alleiniger Abhängigkeit des Preises schätzen, sondern die Marktanteile in Prozent für zukünftige Perioden angeben sollte. Auch in der Literatur wird der Marktanteil als die zentrale Führungsgröße im Pharma-OTC-Bereich ausgewiesen.[703] Dabei sollte das Management den Marktanteil eines Produktes angeben, der sich bei einer konstanten Weiterführung der Marktbearbeitung in Abhängigkeit des Preisniveaus ergibt. Analog zum ethischen Lebenszyklusbereich, wo die Preis-Absatzfunktionen das Verhältnis zwischen der absoluten Absatzmenge und des Preises darstellte, wird in der folgenden Darstellung der Marktanteil eines OTC-Produktes mit seinem Preisniveau verbunden:[704]

---

[702] Vgl. Simon, H. (1992), S. 129.

[703] Vgl. Rassat, J.P. (1996), S. 89.

[704] MA - Marktanteil; p - eigener Preis.

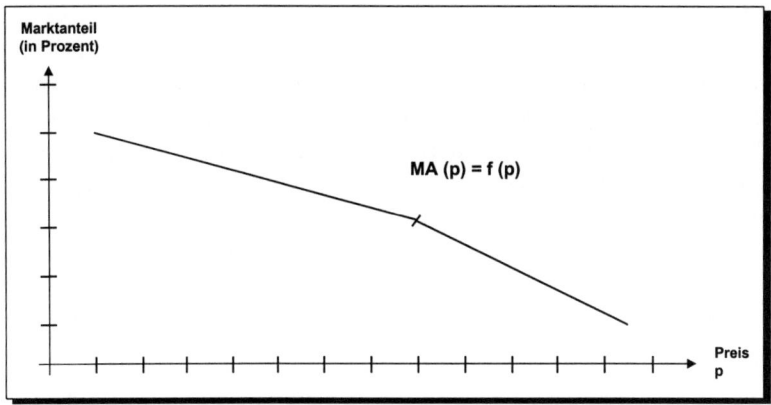

Abb. 4/54   Preis-Marktanteilsfunktion im OTC-Bereich für eine Zukunftsperiode

4.3.3.2 Preistrendfunktion

Die aus dem ethischen Lebenszyklusbereich bekannte Konkurrenzreaktion beschrieb das Verhältnis zwischen konkurrierenden Produktpreisen und dem eigenen Preisniveau.[705] Für den OTC-Lebenszyklus wurde angemerkt, daß die einzelnen Reaktionsbeziehungen für zukünftige Perioden nicht realistisch abgeschätzt werden können.[706] Eine Möglichkeit der Problemlösung ist dabei die Entwicklung einer Trendfunktion des Preises über die Zeit. Damit kann das Management den erwarteten Preisdurchschnitt für einzelne Perioden in einem Produktmarkt abschätzen und folglich den eigenen Preis relativ zu den Konkurrenzpreisen beurteilen:[707]

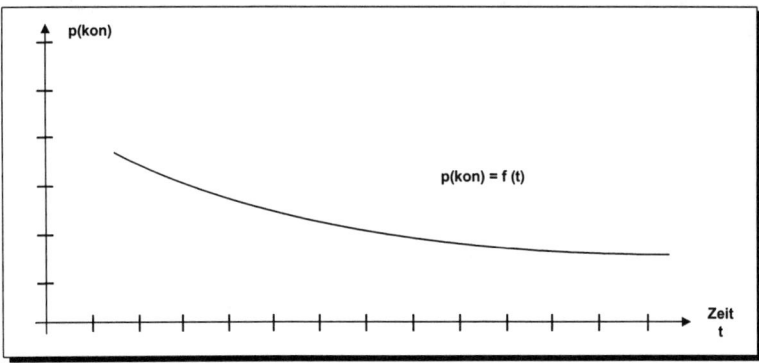

Abb. 4/55   Konkurrenzreaktion im OTC-Bereich als Preistrendfunktion über Zeit

---

[705] Vgl. 3.7.5.

[706] Vgl. 4.2.3.

[707] p(kon) - durchschnittliches Preisniveau der Konkurrenzprodukte; t - Zeit.

4.3.3.3 Marktreaktionsfunktion

Es wurde bereits ausgeführt, daß die Schätzung der Marktreaktionsfunktion im OTC-Produktbereich für zukünftige Perioden durchaus möglich ist. Wertepaare aus der Vergangenheit und Gegenwart können wie im ethischen Produktbereich durch Regressionsanalysen ausgewertet werden, sodaß sich Anhaltspunkte für die zu bestimmenden Zukunftsperioden ergeben. Dem Management müssen dabei aber auch die Umweltinformationen vorgegeben werden, auf deren Grundlage ihre Abschätzungen zu präzisieren sind. Zusätzlich können die Ergebnisse aus den Labortests und aus den empirischen Testverfahren Hilfestellungen anbieten, um die Höhe der aggregierten Nachfrage am Markt und die Veränderungen des allgemeinen Preisniveaus abzuschätzen.[708]

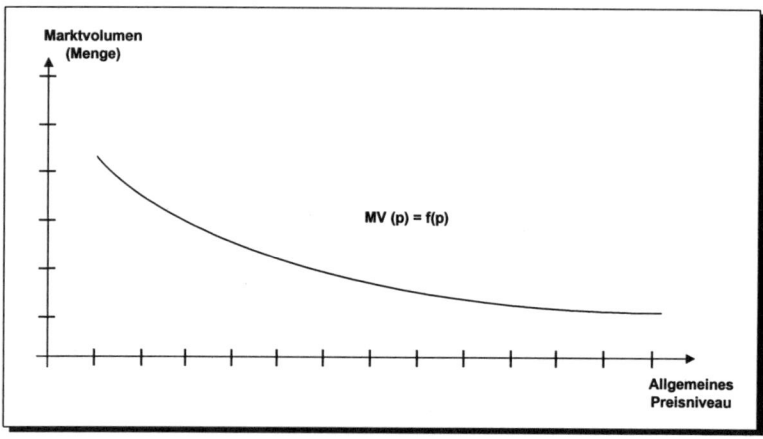

Abb. 4/56   Marktreaktionsfunktion für eine Zukunftsperiode im OTC-Bereich

4.3.3.4 Optimierung

Wie im ethischen Bereich müssen die einzelnen Teilfunktionen mathematisch zu einer erweiterten Preis-Absatzfunktion verbunden werden. Die Ausgangsfunktion ist dabei die Marktanteilsfunktion, in die einzelne Elemente der Konkurrenz- und Marktreaktionsfunktionen integrieren werden. Als Ergebnis erhält man eine Absatzfunktion in absoluten Größen, die nur noch vom Preisniveau abhängt.[709]

Im ersten Schritt wird in die Marktanteilsfunktion das Marktvolumen in Mengeneinheiten eingesetzt, das sich für eine zu untersuchende Periode ergibt. Dabei hängt das Marktvolumen

---

[708] MV - Marktvolumen; p - eigener Preis.
[709] Vgl. das Vorgehen im ethischen Produktbereich in 3.8.5.

vom allgemeinen Preisniveau ab, das durch die Preistrendfunktion und die Höhe des eigenen Preises bestimmt wird. Es muß damit wie im ethischen Produktbereich eine Gewichtung zwischen dem eigenen Preis und dem durchschnittlichen Konkurrenzpreis über die jeweiligen Marktanteile gefunden werden. Das hieraus resultierende, allgemeine Preisniveau ergibt sich somit nach der Formel:[710]

$$p[all] = MA[eigenes\ Produkt] \cdot p + (1 - MA[eigenes\ Produkt]) \cdot p[kon]$$

Als Ergebnis kann nun das Marktvolumen in Abhängigkeit des allgemeinen Preisniveaus p[all] angegeben werden. Diese Größe kann in die Funktion des prozentualen Marktanteiles in Abhängigkeit des eigenen Preises eingesetzt werden. Es ergibt sich damit eine absolute Umsatzfunktion, die den Produktumsatz in alleiniger Abhängigkeit des Preises ausweist. Somit erhält man wie im ethischen Produktbereich auch für die OTC-Produktmärkte eine preisabhängige Umsatzverlaufskurve. Die beschriebene mathematische Verknüpfung soll anhand eines Beispieles demonstriert werden:

Preis-Absatzfunktion: $\quad MA = 30\ \% - 0,5 \cdot p$

Marktreaktionsfunktion: $\quad MV = 30.000 - 10\ 0 \cdot p[all]$

Konkurrenzpreisfunktion: $\quad p[kon] = 15 - (5 + Periode) \cdot 0,01 \cdot Periode$

Berechnung für Periode 10 (z.B.):

$p[kon] = 15 - (5 + 10) \cdot 0,01 \cdot 10 = 15 - 1,5 = \underline{13,5}$

$p[all] = MA \cdot p + (1 - MA) \cdot 13,5 = (30\ \% - 0,5 \cdot p) \cdot p + (1 - (30\ \% - 0,5 \cdot p)) \cdot 13,5 =$

$0,3 \cdot p - 0,5 \cdot p^2 + 0,7 \cdot 13,5 - 6,75 \cdot p = \underline{-0,5 \cdot p^2 - 6,45 \cdot p + 9,45}$

Endfunktion: Preisabhängige Umsatzfunktion:

$MA[absolut; p] = MA\ (p) \cdot MV\ (p) = [30\ \% - 0,5 \cdot p] \cdot [-0,15 \cdot p^2 - 6,45 \cdot p + 9,45] =$

$\underline{0,075 \cdot p^3 + 3,18 \cdot p^2 - 6,66 \cdot p + 2,835}$

4.3.4 Gewinnfunktion

Verbindet man die Umsatzfunktion mit der Kostenfunktion eines Produktes für eine Periode, ergibt sich wie im ethischen Lebenszyklusbereich die Bestimmung der preisabhängigen Gewinnfunktion, die danach für einzelne Perioden nach dem Preis zu optimieren ist. Das Verfah-

---

[710] p[all] - allgemeines Preisniveau; MA - Marktanteil; p[kon] - durchschnittliches Konkurrenzpreisniveau; p - eigener Preis.

ren zur Optimierung durch die zweifache Ableitung der Funktion und Untersuchung der Rand- und Abschnittsgrenzen wurde im ethischen Lebenszyklusbereich bereits diskutiert.[711] Die Gewinnfunktion im OTC - Produktbereich besitzt die folgende Darstellung:

Gewinn = Umsatz (p) - Kosten der Umsatzmenge (p)

G(p) = MA[absolut; p] - Kosten[absolut; p]

Wie bereits im ethischen Produktbereich sollte auch im OTC-Produktlebenszyklusbereich die Gewinnoptimierung für einzelne Perioden in Abhängigkeit des Preises durchgeführt werden. Als Ergebnis erhält man schließlich für die zukünftigen Perioden eine Aufstellung der jeweiligen optimalen Preishöhen, den Maximalgewinn, die entsprechende Umsatzmenge und den korrespondierenden Marktanteil. Abgesehen von der unterschiedlichen Einbeziehung der Konkurrenzreaktion durch die Preistrendfunktion für konkurrierende Produkte und die zentrale Bedeutung des Marktanteiles sind die Verfahren der Gewinnoptimierung im OTC-Lebenszyklusbereich zum ethischen Produktbereich identisch. Es wird im folgenden das Ergebnis der Optimierungen für ein Produkt für die folgenden 10 Perioden dargestellt:[712]

Periode:	Parameter:					
	Gewinn (mio. DM)	Umsatz - wertmäßig (mio. DM)	Kosten (mio. DM)	Preis (DM)	Markt- anteil (%)	Markt- volumen (mio. DM)
1	15	100	105	13,40	23 %	434,8
2	18	110	92	13,75	24 %	458,3
3	19	120	101	13,80	25 %	480
4	20	130	110	14,13	24 %	541,6
5	21	130	109	14,19	23 %	565,2
6	23	140	117	14,05	24 %	583,3
7	24	140	116	13,75	24 %	583,3
8	27	150	123	12,96	25 %	600
9	25	160	135	12,91	26 %	615,4
10	28	160	132	13,04	26 %	615,4

Tab. 4/23   Ergebnisse der Periodenoptimierungen im OTC-Lebenszyklus

---

[711] Vgl. 3.8.5.2.

[712] Wie bereits im ethischen Lebenszyklusbereich ausgeführt wurde, sind die Ergebnisse für weit in der Zukunft liegende Perioden weniger abgesichert als in unmittelbaren Zukunftsperioden. Auch hier müssen neue Informationen und Überprüfungen der Teilfunktionen über die Zeit die Qualität der Ergebnisse erhöhen. Vgl. 3.8.7 und 3.9.2.

Die Ergebnisse der einzelnen Periodenoptimierungen aus Tabelle 4/14 bilden die Vorausset-zungen, um eine strategische Bewertung und Neuausrichtung der Produkte durchzuführen. Dabei ist die strategische Bewertung der Ausgangssituation auch im OTC-Lebenszyklus-bereich der erste Schritt zur weiteren Bestimmung einer dynamischen Produktstrategie. Hier-zu wird wie im ethischen Produktbereich die relative Wettbewerbsvorteils-/ Marktlebens-zyklusmatrix verwendet.[713]

Erneut müssen wie bei den ethischen Produkten die Markt- und Produktdimensionen be-stimmt werden, um in der Portfoliokonzeption der Wettbewerbspositions-/Markt-lebenszyklusmatrix den dynamischen Pfad eines Produktes über einzelne Perioden hinweg prognostizieren zu können. Die Marktlebenszyklusphase ist im OTC-Bereich der absoluten Höhe und den relativen Veränderungen der Marktvolumina einzelner Perioden über die Zeit zu entnehmen. Die relative Wettbewerbsposition ergibt sich hingegen aus dem erzielten Marktanteil eines Produktes und seiner Veränderung über die Zeit. Die Umweltinformationen, die dem Management für das eigene Produkt zur Verfügung gestellt wurden, können hier ebenfalls die Struktur des Marktes auf der Anbieterseite bestimmen helfen. Ist der Produkt-markt z.B. stark fragmentiert, kann ein absoluter Marktanteil von 20% eine bereits dominante Stellung des Produktes ausweisen, was bei nur wenigen Produkten am Markt nicht der Fall ist. Wie bereits im ethischen Lebenszyklusbereich ausgeführt wurde, ergibt sich schließlich der dynamische Verlauf eines Produktes in der beschriebenen Portfoliomatrix über die Zeit. Dies wird für den Beispielfall und die Periodenwerte aus Tabelle 4/14 dargestellt:

---

[713] Vgl. die Diskussion unterschiedlicher Verfahren in 2.2.1 bis 2.2.3 in Kapitel II.

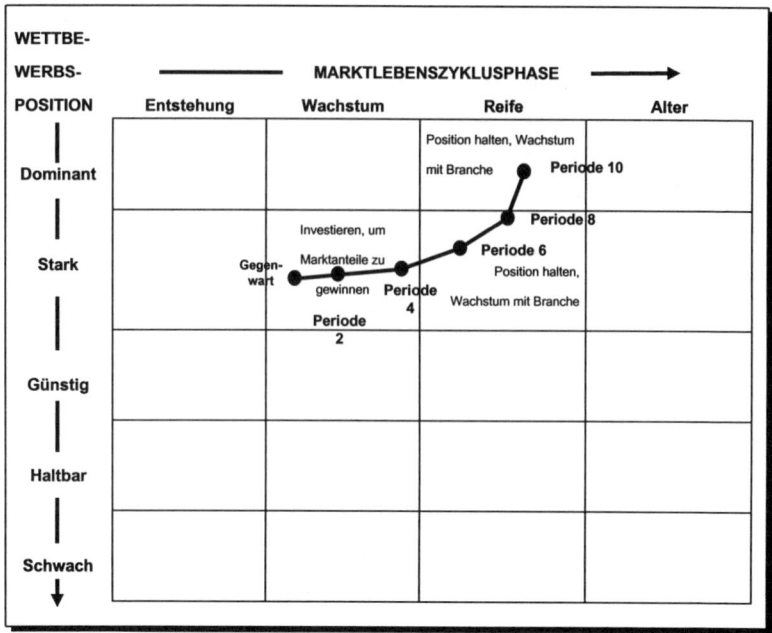

Abb. 4/57   OTC-Produktverlauf in der Wettbewerbspositions-/ Marktlebenszyklusmatrix

Es ist zu erkennen, daß sich das Produkt im Beispielfall in einer Position befindet, in der sich sowohl die Marktposition als auch die relative Produktstellung in der Zukunft noch leicht verbessern. Die aus der abgebildeten Portfoliomatrix abgeleitete Normstrategie beschreibt dabei für die nahe Zukunft[714] eine aktive Ausweitung des Marktanteiles. Für die in der fernen Zukunft liegenden Perioden,[715] in denen das Produkt und der Markt die Reifephase erreichen, vermindern sich die zusätzlichen Anstrengungen für das Produkt jedoch deutlich. Die Strategie ist hier eine passive Ausnutzung der späten Marktwachstumsphase zur Festigung der eigenen Marktposition. Mit dieser Strategie soll der Gewinn in den späten Zukunftsperioden 6 bis 10 maximiert werden.

Es schließt sich im OTC-Lebenszyklusbereich, für den die Optimierungsverfahren des ethischen Produktbereiches mit der deutlich ausgeprägteren Marketingausrichtung angepaßt wurden, an die Formulierung der einzelnen Produktstrategien nach der Methodik aus Abbildung 4/52[716] nun eine Ableitung der Marketingziele an. Sie bestimmen letztlich die einzelnen

---

[714] Perioden 1 bis 4.
[715] Perioden 5 bis 10.
[716] Vgl. 4.2.6.

Handlungen bei der Marktbearbeitung und legen den Zeitplan der einzelnen Teilziele und Maßnahmen fest. Es ergeben sich unter Verwendung der geschätzten Teilfunktionen daraus die endgültigen Zielwerte der Gewinn-, Umsatz- und Preisverläufe für zukünftige Perioden. Diese Erarbeitung wird in der folgenden Abbildung sowohl für bestehende OTC-Produkte als auch für OTC-Produktideen graphisch dargestellt:

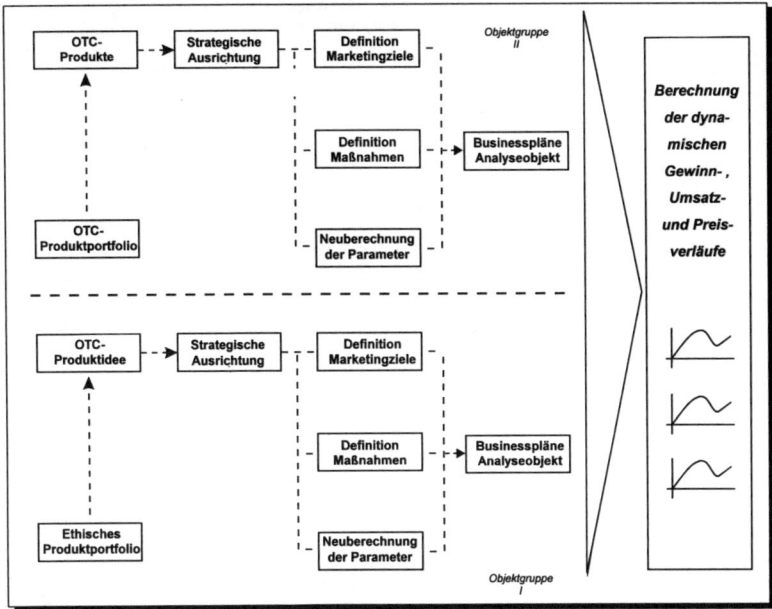

Abb. 4/58 Umsetzung der OTC-Produktstrategien und Entwicklung der Businesspläne

Es soll anhand eines Beispielfalles gezeigt werden, wie die konkrete Ausgestaltung der einzelnen Produktstrategien durch Marketingziele und die Definition operativer Maßnahmen ausgestaltet werden kann. Auf dieser Grundlage können danach die Umsatz- und Kostenverläufe angepaßt werden, woraus sich die Neuberechnung des konkreten Businessplanes ergibt. Es werden dazu zwei bestehende OTC-Produkte und zwei OTC-Produktideen aufgeführt, für die nach Bestimmung einzelner Teilfunktionen eine Ableitung der Produktstrategien erfolgt ist. Die einzelnen Maßnahmen zeigen für die vier Beispielprodukte, wie das Management die konsequente Umsetzung der Strategien anstrebt:

	Geplante Marktpräsenz:	Marketingziele:	Maßnahmenplanung:	Analyse der Umweltfaktoren:
Bestehende OTC-Produkte:				
Produkt A: **Strategie:** MARKTPOSITION AUSBAUEN; WACHSTUMS-PHASE NUTZEN, UM MARKTANTEIL DEUTLICH ZU STEIGERN	vorerst unbegrenzte Führung am Markt	• Marktführer bis Periode 4 im eigenen Produkt-/Marktsegment (mengenmäßig) • Steigerung der Umsatzrentabilität vor Steuern auf 15% in Periode 6	• Gewöhnliche Marketingaufwendungen in den Perioden 1 bis 3 • Großkampagne zur Steigerung der Produktbekanntheit in Periode 4	• Erwartete Ausweitung des Marktsegmentes für Produkt A durch Änderung des Therapieverhaltens der Ärzte ab Periode 2
Produkt B: **Strategie:** MARKTPOSITION VERTEIDIGEN; KEINE INVESTITIONEN.	Marktausstieg in Periode 6	• Marktanteil halten bis Periode 3 • Marktanteil linear absinken lassen, Ausstieg in Periode 6	• Reduktion der gewöhnlichen Marketingausgaben (linear) bis Periode 6 • keine zusätzlichen Marketingaktivitäten	• Ankündigung einer Erhöhung der Zuzahlung für verschreibungsfähigen Umsatzanteil (40% des Umsatzes) ab Periode 3
OTC-Produktideen:				
Produktidee A: **Strategie:** HOHE EINTRITTS-INVESTITIONEN; MARKTANTEILE GEWINNEN; SCHNELLE MARKT-DURCHDRINGUNG.	Markteinführung in Periode 2	• Wasserfallstrategie bei Einführung; bis Periode 5 Ausweitung des Marktanteiles auf 10% in den bearbeiteten Produktmärkten.	• Erhöhte Marketingausgaben in den Einführungsperioden, deutlich überproportional zum noch geringen Marktanteil • Dachmarkenkampagne zur Bekanntmachung des neuen Produktes in Verbindung mit den bestehenden OTC-Produkten • Erhebliche Promotionaktivitäten zur Markteinführung	• Erwartete Zulassungserleichterung für Konkurrenzprodukte ab Periode 4 • Erstattungsfähigkeit für Therapiekosten durch Gesundheitskassen ab Periode 4 erwartet (zusätzlich zur reinen Selbstmedikation)
Produktidee B: **Strategie:** HOHE EINTRITTS-INVESTITIONEN; MARKTANTEILE GEWINNEN; SCHNELLE MARKT-DURCHDRINGUNG.	Markteinführung in Periode 4	• Sprinklerstrategie: Einführung in Periode 4 in Märkten 1, 2 und 3, in Periode 5 in Märkten 4, 5, 6 • Marktführerschaft (mengenmäßig) 3 Jahre nach Einführung im jeweiligen Markt	• Überproportionale Marketingausgaben bei der Markteinführung in allen Ländern • Testimonialwerbung zur Verdeutlichung des Produktnutzens in allen Ländern • Internationale Werbekampagnen zum Aufbau einer globalen Marke	

Tab. 4/24   OTC-Produktstrategien, Marketingziele und Maßnahmenplanung - Beispielfall

4.3.5 Ergebnisübersicht des OTC - Lebenszyklus

Nach den durchgeführten Analyseschritten zur Bestimmung der dynamischen Gewinnverläufe, der strategischen Bewertung und Neuausrichtung einzelner Produkte, der Ableitung der Marketingziele und den Ausführungen zur konkreten Umsetzung der Produktstrategien läßt sich nun der Gewinn-, Umsatz- und Kostenlebenszyklus für einzelne OTC-Produkte und Produktideen wie im ethischen Bereich in aktualisierter Form bestimmen.[717] Führt ein Unternehmen die Optimierung in unterschiedlichen Märkten und für verschiedene Perioden durch, ergibt sich eine Datenstruktur, die den zukünftigen Verlauf einzelner OTC-Produkte über die Zeit mit ihrer optimalen, strategischen Ausrichtung beschreibt. Sie wird in der folgenden Abbildung dargestellt:

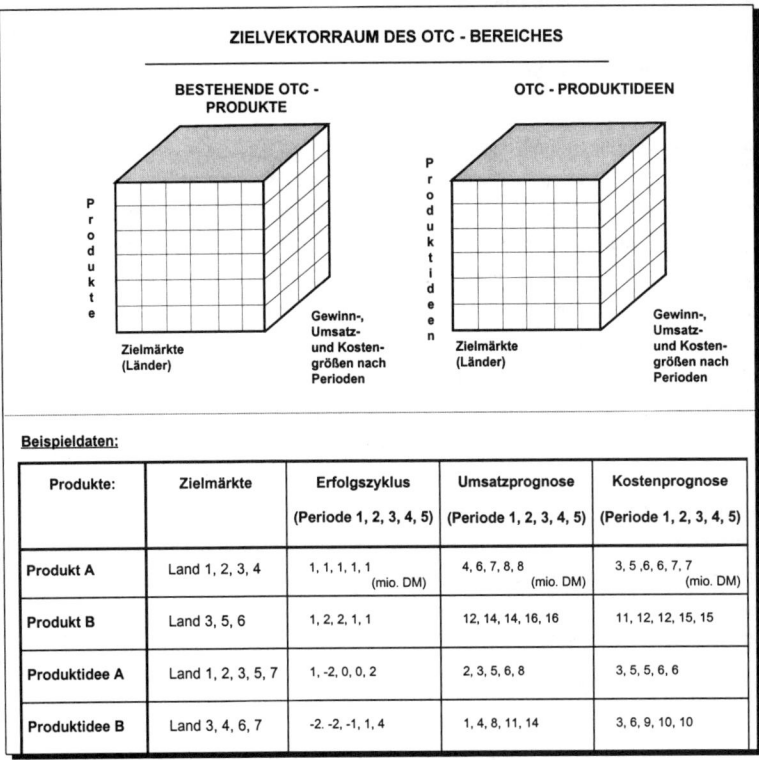

Abb. 4/59 Ergebnisübersicht der erarbeiteten Lebenszyklen im OTC - Produktbereich

Die Ergebnisse des OTC-Lebenszyklusbereiches werden erst im Anschluß an die Erarbeitung des F&E-Projektbereiches aggregiert mit den anderen Teilergebnissen dargestellt. Es ergibt sich aus dieser Gesamtübersicht letztlich die dynamische Abbildung der langfristigen Unternehmenslage ausgehend von den gegenwärtigen und zukünftigen Umsatzträgern in den bearbeiteten Gesundheitsmärkten.[718]

---

[717] Vgl. 3.9.2.
[718] Vgl. Gliederungsabschnitt 6.

5 Modul IV: F&E-Lebenszyklusbereich

Den komplexesten Themenbereich zur Prognose und Steuerung des pharmazeutischen Gesamtlebenszyklus bilden die Forschungs- und Entwicklungsprojekte. Neben den Ausführungen zur pharmazeutischen Forschung- und Entwicklung[719] in Kapitel III soll dabei auch der bestehende betriebswirtschaftliche Forschungsstand zum F&E-Management diskutiert werden. Ziel ist die Übertragbarkeit bestehender Verfahren auf die methodische Modellentwicklung im F&E-Lebenszyklusbereich zur Prognose und strategischen Steuerung der F&E-Projekte eines Pharmaunternehmens.

5.1 Grundlagen der betriebswirtschaftlichen Forschung

Zu Beginn der Beschreibung einzelner Teilbereiche eines integrierten Forschungs- und Entwicklungsmanagements muß eine Begriffsdefinition für den F&E-Lebenszyklusbereich erfolgen. "Forschung und Entwicklung" wird in der betriebswirtschaftlichen Literatur mit der Generierung neuer Technologien bzw. neuer Techniken definiert. "Technologie" bezeichnet das Verständnis naturwissenschaftlich-technischer Zusammenhänge, wenn damit die "Lösungsmöglichkeit technischer Probleme" verbunden ist.[720] "Technik" ist die Anwendung einer "Technologie" zur Lösung einer real existierenden Problemstellung.[721] Der eigentliche Ablaufprozeß der Forschung und Entwicklung kann dabei als "Innovationsprozeß" verstanden werden, der eine technische Neuentwicklung (Produkt, Verfahren) sukzessive an die Markteinführung heranführt. Es werden in der betriebswirtschaftlichen Literatur dabei folgende Teilphasen einer technologischen Entwicklung beschrieben, die in der vorliegenden Arbeit auf die pharmazeutische Forschung und Entwicklung übertragen werden:[722]

1. "Invention" (Ideen- und Wissensgenerierung),

2. "objektspezifische Realisierung" (Entwicklung eines Produktes),

3. "Diffusion" (Einführung in einen Markt) und

4. "Imitation" (Nachahmung durch Konkurrenzprodukte).

---

[719] Vgl. 1.1.2 und 1.1.3 in Kapitel III.

[720] Vgl. Servatius, H. (1987), S. 217-243, Düttmann, B. (1989), S. 69ff, Rotering, C. (1990), S. 70ff.

[721] Vgl. Perillieux, R. (1987), S. 12.

[722] Vgl. die Einführungen bei: Wicke, J.-M. (1995), S. 20 sowie zum Prozeßschritt der Kommerzialisierung einer Forschungs- und Entwicklungsleistung Olschowy, W. (1990), S. 14 und Brockhoff, K. (1987), S. 55.

Die Einführung der Planungsverfahren wird für den F&E-Bereich grundsätzlich positiv beurteilt. Für die pharmazeutische Forschung und Entwicklung wurde durch eine empirische Studie von Köhler/Tebbe/Uebele bestätigt, daß die "Fähigkeit ... zur Innovation von den Organisationsmitgliedern subjektiv hoch eingeschätzt wird, wenn Planungstechniken in Unternehmungen mit dynamischer, komplexer Umwelt eingesetzt werden".[723] Desweiteren geht Köhler auch von "organisationalen Wirkungen" des F&E-Managements aus. Er stellt fest, daß die Planungstechniken zur "Zielformulierung" positive Auswirkungen auf die Koordination der Organisationseinheiten haben. Werden die Planungstechniken in komplexen und dynamischen Umweltsituationen eingesetzt, wird nach der Studie von Köhler/Tebbe/Uebele bei einer starken Objektorientierung der Gesamtorganisation ein Höchstmaß an Koordination erreicht.[724]

5.1.1 Analyse der Forschung und Entwicklung in High-Tech-Industrien

Struktur und Art der Ablauforganisation der Forschungs- und Entwicklungsleistungen bestimmen in zahlreichen Industrien das Ausmaß der Innovationsprozesse. Bei der Forschung und Entwicklung in Hochtechnologiebranchen ist dabei festzustellen, daß die Forschungsteams sehr oft aus vielen unterschiedlichen Disziplinen und Unternehmenseinheiten zusammengesetzt sind. Dies gilt gerade dann, wenn intensiv mit externen F&E-Einrichtungen zusammengearbeitet wird. Einen systematisierenden Forschungsbeitrag liefert hierzu Gerjets,[725] der nach dem Grad der Einbindung externer Forschungsinstitutionen in die Gebiete ...

1. "Hochschulforschung",

2. "öffentliche Forschung" und

3. "private Forschung" unterteilt.

Für die pharmazeutische Industrie besteht eine sehr komplexe F&E-Umwelt mit der Einbindung aller drei Arten der nach Gerjets festgestellten Forschungstätigkeiten. Nach eigener Einschätzung besitzt die pharmazeutische Industrie die vielschichtigsten Forschungsallianzen mit externen Institutionen weltweit.[726] Dies erklärt auch das hohe Ausmaß der Investitionen in die externe Auftragsforschung.[727] Die Motivationen einzelner Unternehmen und Gründe für die Bildung der Forschungsallianzen sollen im folgenden für die pharmazeutische Industrie nicht weiter ausgeführt werden. Sie ergeben sich maßgeblich aus der angestrebten Reduktion

---

[723] Vgl. Köhler, R. / Tebbe, K. / Uebele, H. (1983) und Köhler, R. (1989), Sp. 1538f.

[724] Vgl. Köhler, R. / Tebbe, K. / Uebele, H. (1983).

[725] Vgl. Gerjets, J. (1982).

[726] Vgl. Drews, J. (1992), S. 3ff.

[727] Dies gilt für die pharmazeutische Industrie insbesondere bei der Wirkstoffsynthese in schwer therapierbaren Krankheitsfeldern mit hohem Forschungsrisiko und langen Entwicklungszeiten. Hier werden vorwiegend "F&E-Allianzen" und "Forschungskonsortien" zur Risikoreduktion gebildet. Vgl. Green, D. (1995a).

des Forschungsrisikos und der dezentralen Generierung von Wissen, was gerade in Bereichen neuer Technologien (Bio- und Gentechnologie)[728] von Vorteil ist.

5.1.2 Existierende Strukturierungsansätze in der F&E

Die in der Literatur existierenden Forschungsbeiträge sind für die einzelnen F&E-Lebenszyklusphasen z.T. unterschiedlich zu bewerten: Für den Bereich der "angewandten Forschung" ist festzustellen, daß zahlreiche Ansätze zur Bewertung und Steuerung der Forschungs- und Entwicklungsprozesse existieren.

In den ersten konzeptionellen Modellansätzen aus den frühen 70er Jahren standen dabei vorwiegend entscheidungstheoretische Ansätze im Vordergrund. Diese werden in der modernen Literatur für das F&E-Management mit Ausnahme der Netzplantechnik als nur z.t. verwendbar bezeichnet.[729] Auch auf die große Bedeutung verhaltenswissenschaftlicher Erkenntnisse bei der Einführung von Planverfahren in einzelnen Forschungsphasen wird von zahlreichen Autoren verwiesen. Dies ist wesentlich auf die große Identifikation der Forscher mit den eigenen Forschungsprojekten zurückzuführen. Eschenröder/Winkelhage bemerken in ihrer Gesamtbetrachtung dabei, daß sich aus diesen Gründen eine Schwerpunktbildung der betriebswirtschaftlichen Forschung im Bereich der "Anwendung von Methoden der Konsenserzeugung und -findung" vollzogen hat.[730] Begleitet werden diese Verfahren von "Kreativitätstechniken" und "Prognoseverfahren", um eine größtmögliche Informationsbasis zu generieren.[731]

Die betriebswirtschaftliche Literatur weist im umfassenden Maße auf die große Verwendbarkeit differenzierter Methodenansätze für den F&E-Prozeß hin. In Unternehmen mit partizipativen Planungsverfahren bestehen dabei deutlich geringere Akzeptanzbarrieren bei der Neubewertung und Korrektur der Forschungsaktivitäten.[732]

---

[728] Vgl. Moore, S.D. (1995a).

[729] In der "Netzplantechnik" werden einzelne Projekte als Teilschritte eines Gesamtprojektes beschrie-ben. Ihre zeitliche Abfolge bildet die Grundlage für die Vollendung des Gesamtprojektes. Ein Beispiel der Netzplantechnik ist das "Gozinto-Graph"-Verfahren. Zu verschiedenen Darstellungsformen des Projektmanagements vgl. Schwarze, J. (1989), S. 1233 und 1235f.

[730] Vgl. Eschenröder, G. / Winkelhage, F. (1989), S. 525.

[731] Zu den Kreativitätstechniken zählen Eschenröder/Winkelhage die "assoziativ-intuitiven" (Delphi-Methode, Synektik) und die "diskursiv-systematischen" Verfahren (morphologischer Kasten). Als Prognoseverfahren werden die Methoden des "Technological Forecasting" und des "Technological Assessment" genannt. Vgl. Eschenröder, G. / Winkelhage, F. (1989), S. 535 sowie zu den einzelnen Verfahren: Szyperski, N. / Winand, N. (1978), S. 195ff, Bendixen, P. / Kemmler, H.W. (1972), Kern, W. / Schröder, H.-H. (1977), Battelle Institut (1976), Zangemeister, C. (1981), Martino, J.P. (1980), S. 28ff und Helle, H.-J. (1981), S. 369ff.

[732] Eine detaillierte Analyse der Auswirkungen durch die Einführung von Planungsverfahren findet sich bei Köhler. Er unterteilt die Effekte von Planungstechniken in "personale Verhaltenswirkungen" und "organisationale Wirkungen". Im Bereich der "personalen Verhaltenswirkungen" bemerkt er, daß sich das Infor-

5.2 Forschungsprojekte

5.2.1 Aufgabe und Struktur

Die Aufgabe und inhaltliche Struktur der Forschungsleistungen einer pharmazeutischen Unternehmung wurde mit der "Generierung von Wissen" (Grundlagenforschung) und der "Synthese von Grundsubstanzen" (Angewandte Forschung) definiert.[733] Die Substanzen aus der pharmazeutischen "Forschung" werden dabei in der "Entwicklung" in den verschiedenen Testphasen auf ihre Wirksamkeit und Verträglichkeit geprüft und für die spätere Marktzulassung vorbereitet. Die Forschungsleistung bildet somit die inhaltliche Basis für die Struktur und das Ausmaß der zukünftigen F&E-Projekte.[734]

5.2.2 Einordnung

Die pharmazeutische Forschung sollte auch in der Grundlagenforschung bereits eine klare Ausrichtung an bestehenden und zukünftigen Marktbedürfnissen aufweisen.[735] Es gibt im wesentlichen zwei Gründe, weswegen die Konzentration auf zukünftige Markterfolge bereits in den frühen Forschungsphasen in der pharmazeutischen Industrie von großer Bedeutung ist:

1. Die Generierung von Wissen in einzelnen Forschungsgebieten und die Entwicklung von Grundsubstanzen determinieren bereits in einem frühen Stadium des F&E-Lebenszyklus die strategische Ausrichtung der Produktpalette für zukünftige Perioden.

2. Die hohen Forschungs- und Entwicklungskosten und die lange, mehrperiodische Lebenszyklusphase in der Entwicklung erhöhen die Bedeutung der frühen Auswahl und Selektion der F&E-Projekte.

Angesichts der strategisch zentralen Bedeutung der Forschung muß gefragt werden, ob diese durch eigene Verfahren im vorliegenden Modellansatz strukturiert werden, oder ob sich ihre inhaltliche Fokussierung an den Einschätzungen und Bewertungen der F&E-Führung in einem Unternehmen ausrichten sollte. Einen großen Einfluß hat dabei sicherlich die Gesamtstrategie eines pharmazeutischen Unternehmens. Sie bestimmt, in welchen Therapiefeldern das Unternehmen langfristig tätig sein möchte. Kritisch zu fragen ist daher, ob bereits in dieser frühen

---

mationsverhalten in der Unternehmung verändert und den "...zu deckenden Bedarf an problembezogenen Informationen ausdrücklich klar (macht)". Gleichzeitig verändert sich das "Risikobewußtsein", während sich die Zielformulierung und -orientierung erhöht. Vgl. Köhler, R. (1989), Sp. 1538f und Köhler, R. / Tebbe, K. / Uebele, H. (1983).

[733] Vgl. 1.1.2 in Kapitel III.

[734] Erfolgreiche Pharmaunternehmen erzielen ca. 45% ihres Umsatzes aus neuen Produkten. Vgl. McKinsey & Co. (1995), S. 67.

[735] Vgl. Drews, J. (1995), S. 1.

Phase Aussagen über den späteren Markterfolg gemacht werden können. Auch sind Projekte der Grundlagenforschung, die sich mit der Erarbeitung von Wissen in einzelnen Krankheitsfeldern beschäftigen, nicht direkt mit späteren Umsatzlebenszyklen zu verbinden. Es sollte daher für die methodische Entwicklung des Gesamtmodelles definiert werden, daß erst Grundsubstanzen, die sich in den späten Forschungsphasen befinden, mit Eintritt in die Entwicklungsphasen zu "Projekten" werden, die bewertet und bezüglich ihrer späteren Umsatzbeiträge analysiert werden. Dies bedeutet für die vorliegende Untersuchung, daß eine strategische Ausrichtung der Forschung weiterhin durch die strategische Unternehmensführung erfolgen muß.[736] Auch in der Literatur wird diese Vorgehensweise ausdrücklich gefordert. Erst mit dem Vorliegen einer Testsubstanz und dem Eintreten eines Projektes in die erste Entwicklungsphase sollte daher eine Bewertung späterer Umsatzbeiträge erfolgen.

5.3 Entwicklungsprojekte

Der zeitlich und inhaltlich zentrale Tätigkeitsbereich bei der Entwicklung pharmazeutischer Neuprodukte ist der Entwicklungslebenszyklus. Inhaltlich steht hier die Synthese der Wirkstoffe aus einzelnen Grundsubstanzen, die Analyse der Wirkungs- und Verträglichkeitszusammenhänge, die Bestimmung einer optimierten Therapieform, die Dokumentation im Zusammenhang mit der Registrierung und die Planung der Distribution in der ersten Marktlebenszyklusphase im Zentrum der Betrachtungen.[737]

Der Methodik der Untersuchung von Wicke soll im Rahmen der Analyse einzelner Entwicklungsprojekte in der vorliegenden Arbeit gefolgt werden.[738] Er definiert ein Phasenmodell,[739] um anhand definierter Teilschritte die Analysen und Bewertungen des F&E-Lebenszyklus durchzuführen. Für die vorliegende Untersuchung wird dabei eine Erweiterung seines Verfahrens durchgeführt, indem die methodischen Analyseschritte des Phasenmodelles den Arbeitsschritten der pharmazeutischen Forschung und Entwicklung gegenübergestellt werden. Die Beschreibung der pharmazeutischen Entwicklungsphasen wird zudem durch einen Forschungsbeitrag von Jakubcik belegt:[740]

---

[736] Vgl. Drews, J. (1995), S. 1.
[737] Vgl. 1.1.3 in Kapitel III.
[738] Vgl. Wicke, J.-M. (1995), S. 114ff.
[739] Vgl. ebenda und Tabelle 4/16.
[740] Vgl. Saynisch, M. (1989), S. 4 und Jakubcik, G.D. (1989), S. 99ff.

TEILSCHRITT IM PHASENMODELL	ERGEBNISSE	PHARMAZEUTISCHE ENTWICKLUNGS-PHASE	AKTIVITÄT
(Idee/Anstoß)			
Problemanalyse ↓	--> Zielkatalog, Anforderungskatalog, Aufgabenkatalog		(Marktanalysen)
(Freigabe)			
Konzeption ↓	--> Entwurfsanforderungen, altern. Gesamtkonzept, Durcführbarkeitsanalysen	Konzeptualisierung	Medizinische Zielsetzung
(Freigabe)			
Detaillierte Gestaltung ↓	--> Teilsystemspezifikation, Teilsystembezeichnungen, Detailplanung für Realisation	Screening	Auswahl potentieller Wirkstoffe
(Freigabe)			
Realisation ↓	--> Bauteile, Prototyp-Test, Produktionsunterlagen, Produktion und Abnahme	Präklinik, Klinische Testphasen I, I, III	Vorbereitung, Verträglichkeits- und Wirksamkeitsprüfung Am Menschen
(Freigabe)		Registrierung	
Nutzung ↓	--> Systemeinführung, Logistik, Wartung, laufender Betrieb	Markteinführung	Zulassung, Markteinführung
(Freigabe)			
Wiederverwertung			

Tab. 4/25   Phasenmodell zur Klassifizierung pharmazeutischer Entwicklungsstufen
Quellen: Eigene Darstellung, Inhalte aus Saynisch, M. (1989), S. 4 und Jakubcik, G.-D. (1989), S. 99ff.

Pfeiffer und Metze sowie Häusser bemerken zur Beobachtung und Analyse von Konkurrenzunternehmen, daß die umfassenden Auswertungsmöglichkeiten eingetragener Patentanmeldungen in Deutschland unzureichend genutzt werden.[741] Für den Bereich der pharmazeutischen Forschung und Entwicklung kommt dieser Feststellung eine zentrale Bedeutung zu. Auch für den eigentlichen F&E-Projektablauf werden in der betriebswirtschaftlichen Literatur Optimierungshinweise gegeben. Von zahlreichen Autoren wird angemerkt, daß verschiedene Ablaufstufen zeitgleich durchgeführt werden können und somit die Gesamtdurchlaufszeit reduziert wird.[742] Dies wird von einigen Autoren wie Simon oder Hayes sogar explizit gefor-

---

[741] Vgl. Pfeiffer, W. / Metze, G. (1989), S. 557 und Häusser, E. (1981).

[742] Vgl. Pümpin, C. (1990), S. 102ff.

dert.[743] Auf sie soll im Rahmen dieser Arbeit nur deskriptiv eingegangen werden, da die umfassenden rechtlichen Restriktionen eine simultane Durchführung unterschiedlicher F&E-Teilphasen in der pharmazeutischen Industrie behindern. Es ist zudem für die pharmazeutische F&E auf drei besondere Charakteristika hinzuweisen, die in der weiteren Analysesystematik zu berücksichtigen sind:

1. Die Summe der F&E-Projekte stellt eine Menge dar, deren Einzelelemente (Projekte) sich in unterschiedlichen Stadien der Entwicklung befinden (z.b. Präklinik, Klinische Testphase I oder Registrierung).

2. Die F&E-Projekte sollten inhaltlich mit ihren weiteren Testphasenverläufen bis zur Zulassung beschrieben werden. Es muß gefordert werden, daß auch für Projekte in frühen Stadien ein Sollzeitplan für die späteren Entwicklungsphasen erstellt wird.

3. Die einzelnen F&E-Projekte werden in Abhängigkeit von der jeweiligen Entwicklungsstufe mit unterschiedlichen Wahrscheinlichkeiten aus dem weiteren F&E-Prozeß ausscheiden.[744]

5.4 Strategisches Projektmanagement

Zur konkurrierenden Bewertung einzelner Projekte im Rahmen eines integrierten F&E-Managementprozesses und zur Implementierung unterschiedlicher Forschungs- und Entwicklungsstrategien sind in der Literatur zahlreiche Verfahren entwickelt worden, die im folgenden konkurrierend verglichen werden. Zu beachten ist, daß das "Risiko" eines F&E-Projektes in den meisten Ansätzen eine zentrale Bedeutung erfährt. Es werden im folgenden die wissenschaftlichen Grundlagen zur Projektbeurteilung und -planung im Forschungs- und Entwicklungsbereich gelegt, um darauf aufbauend ein geeignetes Steuerungsverfahren für die vorliegende Untersuchung zu entwickeln.

---

[743] In der betriebswirtschaftlichen Literatur wird diese Verfahrensweise als "Simultaneous Engineering" beschrieben. Verglichen mit dem "streng sequenziellen Phasendurchlauf" ergeben sich daraus signifikante Zeiteinsparungsvorteile. Vgl. Hayes, R.H. et al. (1988), S. 314 und Mattern, K. (1991), S. 112f sowie die graphische Gegenüberstellung in Wicke, J.-M. (1995), S. 117. Für die pharmazeutische Industrie vgl. Simon, H. (1989), S. 70ff.

[744] Dies gilt insbesondere in frühen Projektphasen. Nach einer statistischen Auswertung von F&E-Anstrengungen in der pharmazeutischen Industrie gelangt von insgesamt 10.000 Grundsubstanzen nur eine zur Produkt-, d.h. Marktreife. Vgl. den "F&E-Trichter" bei Perlitz, M. / Dreger, C. / Schrank, R. (1994), S. 32.

Brockhoff unterteilt im Rahmen der strategischen Technologieplanung das Risiko einer F&E-Leistung in zwei Hauptklassen: Er definiert das "technologische Risiko" und das "Marktrisiko".[745] Das "technologische Risiko" exakt zu quantifizieren, bleibt in der betriebswirtschaftlichen Literatur im Bereich der "Forschung und Entwicklung" weitgehend unberücksichtigt. Moderne Ansätze, finanzmathematische Methoden auf den Bereich der Forschung und Entwicklung zu übertragen, bestehen nur zum Teil. So wird von manchen Autoren etwa gefordert, die Methoden der Optionentheorie auf F&E-Projekte zu übertragen. Dies kann etwa durch die Anwendung des "Black-Scholes-Option-Pricing-Modells" erfolgen.[746] Diese Grundideen haben in der Literatur jedoch noch keinen konkreten Niederschlag in Form eines quantifizierenden Gesamtansatzes zur strategischen F&E-Steuerung gefunden. Es bestehen hingegen zahlreiche Portfolioverfahren und qualitative Bewertungsinstrumente für Technologien im Rahmen des strategischen Forschungs- und Entwicklungsmanagements.[747] Von ihnen werden die wichtigsten in der untenstehenden Abbildung dargestellt und im folgenden für die vorliegende Modellkonzeption zusammenfassend diskutiert:[748]

---

[745] Seine Ausführungen bezeichnen das "technologische Risiko" als Risiko des Erfolges der Entwicklungsleistungen, das "Marktrisiko" hingegen als das Risiko der fehlenden Akzeptanz (Absorption) der Märkte. Vgl. Brockhoff, K. (1994), S. 119.

[746] Vgl. McKinsey & Co. (1995), S. 73.

[747] Vgl. Brockhoff, K. (1994), S. 119.

[748] Vgl. ebenda, S. 119-125.

Modell	Autor	Inhalte
familiarity matrix[749]	Roberts / Berry	⇒ Erarbeitung von Normstrategien anhand einer Analyse des "Technologieneuigkeitsgrades" und "Marktfaktoren"
Opportunitätskosten- Entwicklungsrisiko- Matrix[750]	Krubasik	⇒ Generierung von Normstrategien anhand einer Gegenüberstellung von Risiko und Opportunitätskosten[751]
Vorhersehbarkeit des Ergebnisses / Zeitdruck Matrix[752]	Gordon	⇒ Betrachtung von Vorhersehbarkeit und Zeitdruck als multiattributive Dimensionen zur Generierung von Normstrategien
Transaktionskosten- Ansätze[753]	Pisano nach Coase / Willliamson	⇒ Betrachtung der optimalen Generierungsform von Wissen (extern/intern) anhand der Transaktionskosten-theorie

Tab. 4/26   Bestehende Analyseverfahren zur strategischen F&E-Projektbewertung

In der folgenden Tabelle erfolgt eine konkurrierende Bewertung der bestehenden Ansätze in der Literatur. Der tabellarischen Darstellung ist dabei das grundlegende Stärken- und Schwächenprofil der einzelnen Ansätze zu entnehmen. Es muß jedoch aufgrund der aggregierten Bewertungsergebnisse in Tabelle 4/18 festgestellt werden, daß kein methodischer Ansatz zum F&E-Management der Problematik der kontinuierlichen Neubewertung und strategischen Ausrichtung pharmazeutischer Forschungs- und Entwicklungsprojekte umfassend gerecht wird.

---

[749] Vgl. Roberts, E.B. / Berry, C.A. (1985), S. 8.

[750] Vgl. Krubasik, E.G. (1988), S. 4ff.

[751] Als "Opportunitätskosten" definiert Krubasik entgangene Erträge durch die zeitliche Verfehlung des optimalen Markteinführungszeitpunktes. Dieser Ansatz ist für den Bereich pharmazeutischer Produkte zu unspezifisch, da weniger die extern induzierte Nachfrage den kritischen Faktor im Maximierung der Erträge darstellt, sondern vielmehr durch die Vergabe von Patentlaufzeiten in einem konstanten Absatzmarktraum der "Zeitwettbewerb" als zentrale Determinante des Marktanteiles ausgewiesen wird. Gleichzeitig entscheiden die Risiken durch externe Entscheidungsträger (Zulassungsämter) über Erfolg oder Mißerfolg der eigenen Entwicklungsleistung. Vgl. Krubasik, E.G. (1988), S. 4.

[752] In der englischsprachigen Originalliteratur findet sich statt "Vorhersehbarkeit" der Begriff "predic-tability", der die Qualität der Information bzgl. zukünftiger Zustände stärker betont, als dies von der deutschsprachigen Übersetzung widergegeben wird. Vgl. Gordon, G. (1971), S. 37ff.

[753] Vgl. Pisano, G.P. (1990), S. 153ff sowie die Standardwerke zur Transaktionskostentheorie von Coase und Williamson in: Coase, R.H. (1937), S. 390ff und Williamson, O.E. (1975).

250

MODELL	BEWERTUNG / VERWENDUNGSGEBIETE
familiarity matrix	⇒ zur Strukturierung der Bewertung methodisch sinnvoll ⇒ keine quantifizierte Entscheidungsgrundlage
Opportunitätskosten- / Entwicklungsrisiko - Matrix	⇒ keine direkte Entscheidungsgrundlage für Einzelprojekte ⇒ Quantifizierung der "Opportunitätskosten"[754] ex-ante praktisch unmöglich
Vorhersehbarkeit des Ergebnisses / Zeitdruck - Matrix	⇒ nicht quantifizierter Ansatz zur Bewertung und Clusterung von Projekten ⇒ Darstellung der Vielschichtigkeit der Dimensionseinflußfaktoren beschreibt lediglich die Entscheidungskomplexität
Transaktionskosten - Ansätze	⇒ Strukturierung der Einflußfaktoren und qualitativ angeregte Effizienzbetrachtung, jedoch nicht quantifizierbar

Tab. 4/27   Bewertung der F&E-Analysemethoden in der Literatur

Die Untersuchung der in der Literatur bestehenden Ansätze zur strategischen Projektbewertung ergibt, daß in diesem noch jungen Themengebiet der Betriebswirtschaftslehre[755] bereits zahlreiche Ansätze zur Bewertung und kontinuierlichen strategischen Neuausrichtung der F&E-Leistungen existieren. Auch wird in der Literatur eine auf umweltorientierten Daten basierende Entscheidungsunterstützung gefordert, jedoch von keinem Autor methodisch umfassend erarbeitet.[756] Ein solches Verfahren muß im Rahmen der vorliegenden Untersuchung für die pharmazeutische Forschung und Entwicklung entwickelt werden, um eine rationale Projektbeurteilung und strategische Entscheidungsfindung im pharmazeutischen F&E-Bereich zu ermöglichen. Dennoch stellen die konzeptionellen Ansätze in der Literatur eine geeignete Basis zur Weiterentwicklung eines integrierten Verfahrens zum F&E-Projektmanagement dar. Es werden daher im folgenden die Elemente der strategischen und der taktischen Forschungs- und Entwicklungsplanung verbunden, um eine umfassende Entscheidungsgrundlage zum strategischen F&E-Management zu entwickeln.

---

[754] Zwei Faktoren sind praktisch unprognostizierbar: a) die Bestimmung des optimalen Markteintritts b) die Quantifizierung entgangener Erträge. Der Ansatz trägt zudem einem weiteren Gesichtspunkt keine Rechnung: Märkte werden durch die Penetrationsaktivitäten der Anbieter i.d.R. entwickelt und nachfragestimuliert. Somit ergibt sich ein komplexes Umfeld, das nicht länger als starres Annahmenkonstrukt zur Bestimmung eigener Marktchancen verstanden werden kann. Ansätze aus der Spieltheorie könnten diese Problematik lösen und mögliche Ertragssituationen für unterschiedliche Eintrittsstrategien und -zeitpunkte bestimmen.

[755] Vgl. Brockhoff, K. (1994), S. 10.

[756] Vgl. ebenda.

5.4.2 Entwicklung eines strategischen Bewertungsverfahrens

Neben der Analyse und Beurteilung einzelner F&E-Projekte muß bei der Entwicklung eines F&E-Managementprozesses auch eine unterschiedliche Priorisierung der Einzelprojekte ermöglicht werden. Dieser Bewertungsprozeß muß für die pharmazeutische Forschung und Entwicklung kontinuierlich erfolgen, da nur so veränderte Umweltfaktoren und neue Projektinformationen in den Ansatz eingebunden werden können. Es wird damit über verschiedene Perioden hinweg eine Neubewertung der Einzelprojekte möglich. Die F&E-Projektsituation in einer zukünftigen Periode ist somit das Ergebnis des iterativen strategischen Entscheidungsprozesses. Das Charakteristikum der Priorisierung zur Erstellung alternativer Zeitpläne für Einzelprodukte erfährt dabei eine zentrale Bedeutung, da sie sowohl die Selektion der Projekte als auch den Wettbewerb in der F&E-Pipeline fördert. Auch Brockhoff stellt die große Bedeutung einer "... effektiven und effizienten Steuerung des industriellen Forschungs- und Entwicklungsprozesses durch ein unternehmerisches Management ..." fest.[757] Er bemerkt für die Unternehmenspraxis dabei kritisch, daß diese nur zum Teil anerkennt, daß durch die "... Betriebswirtschaftslehre Anregungen zur Steuerung dieses Prozesses ..." erfolgen können.[758]

5.4.3 Relative Marktchancen- / Relatives Risiko - Matrix

Zur Entwicklung der Bewertungsmethodik für einzelne Entwicklungsprojekte ist die wissenschaftliche, methodische Einordnung des strategischen F&E-Managements notwendig. Das im folgenden zu erarbeitende Verfahren ist analog zur Gesamtmodellentwicklung im Bereich der präskriptiven Modelltheorie eingeordnet und besitzt seine methodische Herkunft im Bereich der Portfolioansätze. Der Ansatz sieht dabei die Entwicklung einer 9-Feld-Matrix vor, die in Anlehnung an die Marktanteils-/Marktwachstumsmatrix[759] für die Marktlebenszyklusphasen einzelne Forschungsprojekte unterschiedlichen Segmenten zuordnet. Ziel des Verfahrens der Portfolioanalyse ist auch hier die Ableitung von Normstrategien. Die Dimensionen zur Segmentierung sind in dem zu entwickelten Ansatz das "relative Risiko" und die "relativen Marktchancen".

---

[757] Vgl. Brockhoff, K. (1994), S. 10.
[758] Vgl. ebenda.
[759] Hedley, B. (1977), S. 12, derselbe (1983a), S. 117ff und derselbe (1983b), S. 132ff.

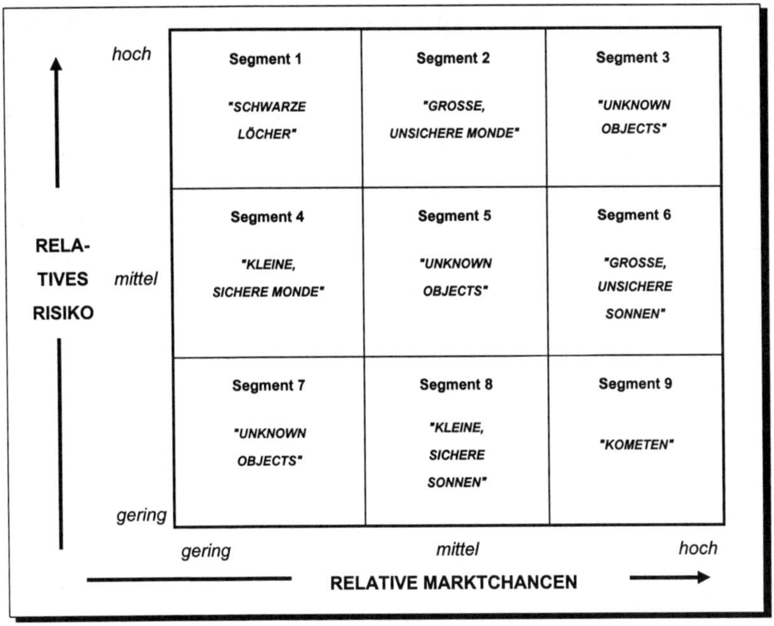

hoch	Segment 1	Segment 2	Segment 3
	"SCHWARZE LÖCHER"	"GROSSE, UNSICHERE MONDE"	"UNKNOWN OBJECTS"

RELA-TIVES RISIKO	mittel	Segment 4	Segment 5	Segment 6
		"KLEINE, SICHERE MONDE"	"UNKNOWN OBJECTS"	"GROSSE, UNSICHERE SONNEN"

	Segment 7	Segment 8	Segment 9
	"UNKNOWN OBJECTS"	"KLEINE, SICHERE SONNEN"	"KOMETEN"

gering

gering   mittel   hoch

RELATIVE MARKTCHANCEN ➝

Abb. 4/60   Die "Relative Marktchancen- / Relatives Risiko- Matrix" - MARIS

Neben der Beschreibung der Modellkonzeption muß auch eine inhaltliche Diskussion der Teilelemente des Verfahrens erfolgen. Die Dimensionen "relatives Risiko" und "relative Marktchancen" wurden gewählt, da sich ein optimiertes F&E-Management mit einer erfolgsorientierten, strategischen Ausrichtung an den Kenngrößen "Effizienz" und "Effektivität" orientieren muß.[760] Nur so ist eine wirtschaftliche Ressourcenallokation im F&E-Bereich eines Einzelunternehmens möglich.

Mit dem Begriff der "Effizienz" wird entsprechend der begrifflichen Definition aus der Mikroökonomik eine Minimierung der Inputressourcen bei gegebenem Output bzw. eine Maximierung des Outputs bei gegebenen Inputfaktoren beschrieben.[761] Stellen die Forschungsprojekte und die gebundenen Ressourcen den Input dar, den das Management zur Entwicklung neuer Produkte investiert, sind die Marktchancen der Projekte als prognostizierter "Output" des F&E-Gesamtprozesses aufzufassen. Die Dimension "relative Marktchancen" ist somit eine geeignete Meßdimension für die "Effizienz" eines F&E-Projektes, da ihre Bewertung eine Outputmaximierung bei gegebenen Inputfaktoren bedingt. Die große Bedeutung des Effi-

---

[760] Vgl. Altwegg, M. (1993), S. 201ff, Brockhoff, K. (1994), S. 10 und 1.2.2 in Kapitel II.

[761] Vgl. Samuelson, P.A. / Nordhaus, W.D. (1987), S. 66.

zienzkriteriums zur Bewertung der F&E-Projekte kommt auch in den alternativen Verfahren in der Literatur zum Ausdruck.[762]

Die "Effektivität"[763] innerhalb des F&E-Leistungsprozesses fordert hingegen die Allokation der Ressourcen in strategisch sinnvollen, d.h. wirtschaftlich erfolgsversprechenden Projekten. Dies leitet inhaltlich zur strategischen Ausrichtung der pharmazeutischen Forschung über,[764] findet aber auch einen Niederschlag im pharmazeutischen Entwicklungsprozeß. Die Steigerung der Effektivität bedeutet hier, daß die "richtigen" Projekte vorangetrieben werden sollten, also solche Projekte, deren Erfolg wahrscheinlicher ist als der anderer Projekte. Dies entspricht in der pharmazeutischen Entwicklung letztlich der Definition des "Risikos". Ressourcen in Projekte mit einer unvorteilhaften Risikostruktur zu investieren, wäre wirtschaftlich nicht sinnvoll und widerspricht der Definition der "Effektivität". Dies wird in der entwickelten Portfoliomethode durch die Bestimmung der Dimension des "relativen Risikos" erfaßt.[765]

Mit dem Begriff "relatives Risiko" wird in der Modellkonzeption des F&E-Portfolioansatzes somit das Risiko eines Einzelprojektes definiert, das sich relativ zum Durchschnittsrisiko aller F&E-Projekte ergibt. Mit der Dimension "relative Marktchancen" werden die relativen Ertragsaussichten eines F&E-Projektes nach einer erfolgreichen Marktzulassung definiert. Analog zur Definition des "relativen Risikos" bedeutet auch hier die Beschreibung "relativ", daß die Marktchancen eines Projektes ins Verhältnis zu den durchschnittlichen Marktchancen des Gesamtprojektportfolios gesetzt werden.

Aus der Anwendung der Portfolioanalyse in Abbildung 4/60 ergibt sich letztlich die unterschiedliche Priorisierung einzelner Projekte durch die Ableitung von Normstrategien und die abschließende Neuformulierung der Zeitpläne.[766] Die einzelnen Portfoliosegmente werden im folgenden zusammen mit den Auswirkungen auf die weitere Projektfortführung dargestellt (Normstrategien). Das Portfolio-Bewertungsverfahren bildet inhaltlich das zentrale Element des in der vorliegenden Untersuchung zu entwickelnden F&E-Managementprozesses:

---

762 Vgl. Roberts, E.B. / Berry, C.A. (1985), S. 8 und Krubasik, E.G. (1988), S. 4.
763 Vgl. Bohr, K. (1993), Sp. 855ff.
764 Vgl. 5.2 in diesem Kapitel.
765 Vgl. Abb. 4/60.
766 Vgl. Tabelle 4/18.

Matrix-Segment	Definition Rel. Risiko	Rel. M-Ch.	Beschreibung	Auswirkungen auf die Projektführung
Segment 9 (Kometen)	gering	hoch	F&E-Projekte mit geringem relativen Risiko und großen relativen Marktchancen	INTENSIVE FORCIERUNG
Segment 6 (Sonnen)	mittel	hoch	F&E-Projekte mit mittlerem relativen Risiko und großen relativen Marktchancen	FORCIERUNG
Segmente 5, 6, 7 (Unknown Objects)	gering, mittel, bzw. hoch	gering, mittel, bzw. hoch	F&E-Projekte mit relativem Risiko und relativen Marktchancen auf gleichem Niveau	SITUATIVE BEURTEILUNG
Segment 8 (Sonnen)	gering	mittel	F&E-Projekte mit geringem relativen Risiko und mittleren relativen Marktchancen	FORCIERUNG
Segment 2 (Monde)	hoch	mittel	F&E-Projekte mit großem relativen Risiko und mittleren relativen Marktchancen	HALBE KRAFT
Segment 4 (Monde)	mittel	gering	F&E-Projekte mit mittlerem relativen Risiko und geringen relativen Marktchancen	HALBE KRAFT
Segment 1 (Schwarze Löcher)	hoch	gering	F&E-Projekte mit hohem relativen Risiko und geringen relativen Marktchancen	AUSSTIEG

Tab. 4/28   Portfoliosegmente und Normstrategien für das Projektmanagement

5.4.4 Bestimmung der Portfolio-Projektparameter

Zur Berechnung der definierten Portfolioparameter[767] ist im folgenden eine Vorgehensweise zur schrittweisen Analyse der Einzelprojekte notwendig. Die "relative Risikoposition" ergibt sich aus dem Gesamtrisiko eines Einzelprojektes und seiner Stellung relativ zu den übrigen F&E-Projekten. Nach der Division durch das arithmetische Mittel aller F&E-Projektrisiken

---

[767] Vgl. die Matrixdimensionen "relative Marktchancen" und "relatives Risiko" in 5.4.3.

ergibt sich schließlich das Ergebnis für die Relativberechnungen. Dies wird zur Bestimmung der relativen Risikoposition eines Einzelprojektes verwendet. Die Berechnungen für die jeweiligen Gesamtprojektrisiken werden im folgenden detailliert erarbeitet.

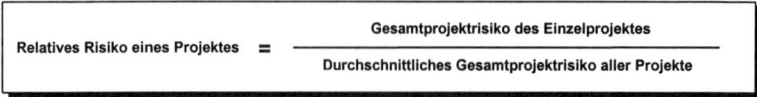

$$\text{Relatives Risiko eines Projektes} \ = \ \frac{\text{Gesamtprojektrisiko des Einzelprojektes}}{\text{Durchschnittliches Gesamtprojektrisiko aller Projekte}}$$

Abb. 4/61   Berechnung des "Relativen Risikos" - F&E-Projektportfolio-Methodik

Die Berechnung der "relativen Marktchancen-"position eines pharmazeutischen Entwicklungsprojektes bedingt die Verarbeitung und Aggregation einer größeren Informationsbasis für zukünftige Perioden. Auch hier müssen im folgenden Ausführungen zu ihrer genauen Berechnung erfolgen. Es ergeben sich dabei für unterschiedliche Szenarien alternative Umsatzreihen für zukünftige Perioden, die über die Erwartungswertmethode aggregiert werden können. Auch für die "relativen Marktchancen" läßt sich die Relativstellung eines Projektes durch die Division der "Marktchancen des Einzelprojektes" durch den "Durchschnitt der Marktchancen aller Projekte" bestimmen. Zentrale Bedeutung erfährt dabei die Diskontierung der Marktchancen einzelner Projekte auf eine einheitliche Bezugsperiode. Nur so ist eine Vergleichbarmachung verschiedener Entwicklungsprojekte möglich.

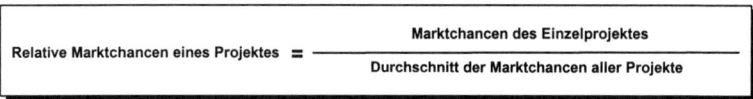

$$\text{Relative Marktchancen eines Projektes} \ = \ \frac{\text{Marktchancen des Einzelprojektes}}{\text{Durchschnitt der Marktchancen aller Projekte}}$$

Abb. 4/62   Berechnung der "Relativen Marktchancen" - F&E-Projektportfolio-Methodik

5.4.5 Operative Bestimmung der Marktchancen

Das Ziel dieses Abschnittes ist es, eine sukzessive Entwicklung der späteren Marktchancen eines F&E-Projektes in der pharmazeutischen Industrie zu erarbeiten. Da unterschiedliche Ansichten zu den zukünftigen Umfeldkonstellationen bestehen, und auch die einzelnen Projekte noch nicht den vollständigen Wissensstand über die später einzuführenden Wirksubstanzen besitzen, sollten unterschiedliche Bewertungen und Einschätzungen durch das Management in den Verfahren berücksichtigt werden. Die Szenariotechnik[768] kann dabei den Analyseprozeß maßgeblich strukturieren[769] und unterstützen.[770] Sie ordnet und verarbeitet in ihrer

---

[768] Sie geht auf die Arbeiten des Trendforschers Kahn zurück. Vgl. Becker, J. (1993), S. 401.

[769] In der Literatur unterscheidet man dabei die Phasen der Analyse, der Prognose und der Synthese der Teilinformationen. Vgl. Linneman, R. / Klein, H. (1979), S. 83.

klassischen Ausgestaltung alternative Umweltkonstellationen. Aus ihnen leitet die Szenario-analyse konkrete Maßnahmen für ein Unternehmen ab, nach denen es auf die neuen Umfeld-konstellationen reagieren kann.[771] Es werden in der Literatur dabei unterschiedliche Gliede-rungsmethoden der Szenariotechnik aufgeführt.[772] Die in den alternativen Ansätzen enthalte-nen Teilschritte sind aggregiert jedoch auf die drei Hauptinhalte der Analyse-, Prognose- und Synthesephase zurückzuführen.

In der Literatur wird zudem gefordert, daß alle "Basisdaten" über die bestehenden Zustände bereits in der Gegenwart aufgeführt werden. Dies bedeutet letztlich, daß die bestehenden Markt- und Projektinformationen, wie sie in einem pharmazeutischen Unternehmen bestehen, in den Szenarioprozeß einbezogen werden. Zum Beispiel können dies Angaben zu bestehen-den Marktgrößen oder erwarteten Zeitplänen sein, mit denen einzelne Projekte spätere Ent-wicklungsphasen durchlaufen und die Marktzulassungsphase erreichen. Die Szenarioanalyse wird dabei den qualitativen Prognosemethoden zugeordnet. Die "Analysephase" der Szena-riomethode fordert eine "präzise Abgrenzung und Definition des Problems".[773] Für die vor-liegende Problemstellung sollte versucht werden, aus diesen qualitativen Szenarien konkrete Auswirkungen auf den Marktraum und die Marktanteile späterer Produkte abzuleiten. Dies kann letztlich nur durch die Beurteilung des Managements erfolgen, sollte aber methodisch unterstützt werden. Übertragen auf die vorliegende Problemstellung ist dies die Ex-Ante Pro-gnose zukünftiger Marktanteile für pharmazeutische Produkte, die sich für ein F&E-Projekt bzw. eine neue Wirksubstanz nach der Marktzulassung ergeben.

Die "Prognosephase" fordert die Aufstellung sinnvoller, stimmiger Entwicklungen der Ein-flußbereiche. Für vorliegende Untersuchung kann dazu die Umweltanalyse aus Kapitel III verwendet werden. Dort wurden in einem semantischen Differential bereits Ansätze für die zukünftige Bedeutungseinschätzung unterschiedlicher Umweltdimensionen erarbeitet. Die In-formationen können dazu beitragen, alternative Zukunftsausprägungen für die Einflußfaktoren zu entwickeln. Gleichzeitig wird in der Literatur gefordert, daß in der Prognosephase bereits Störgrößen eingesetzt und getestet werden, um die Qualität der Szenarien zu überprüfen.[774] Übertragen auf die vorliegende Untersuchung könnte dies in den Umweltdimensionen durch eine nicht bekannte Gesundheitsreform erfolgen, die Auswirkungen auf die Höhe der Ver-schreibungen eines Produktes hat. Sind diese zusätzlichen Einzelereignisse in die Szenarien

---

770 Vgl. Nieschlag, R. / Dichtl, E. / Hörschgen, H. (1994), S. 858.

771 Vgl. die "Maßnahmenplanung" in Mißler-Behr, M. (1993), S. 18.

772 Vgl. Oberkampf, V. (1976), S. 12, Gomez, P. / Escher, F. (1980), S. 418, Götze, U. (1991), S. 90.

773 Vgl. Oberkampf, V. (1976), S. 9.

774 Vgl. ebenda und Gomez, P. / Escher, F. (1990), S. 418ff.

integrierbar, erscheinen die definierten Szenarien stabil. Diese Qualitätsüberprüfung sollte vom Management auf jeden Fall für die zu entwickelnden Szenarien durchgeführt werden.[775] In der "Synthesephase" werden schließlich die endgültigen Szenarien für das Problem definiert. Dies erfolgt i.d.R. durch die Wahl einer begrenzten Anzahl möglicher Alternativszenarien. In der Literatur wird dabei gefordert, daß bereits Überlegungen zur Umsetzung, d.h. der Reaktion auf die Szenarien, erfolgen sollten.

Für die "Prognosephase" sollte nach der Problemdefinition eine begrenzte Zahl unterschiedlicher Ausprägungsarten erarbeitet werden. Dabei wird in der Literatur auf die Unterscheidung unkritischer und kritischer Deskriptoren hingewiesen.[776] Deskriptoren sind Variablen, die Einfluß auf die unterschiedlichen Ausprägungen der Modellergebnisse haben. Es soll im folgenden für eine konkrete Fragestellung (Einproduktfall) der Prozeß der Szenarioentwicklung durchgeführt werden:

In Kapitel III wurden die Umwelteinflüsse in direkte Wettbewerbskräfte, die Makroumweltdimension I und die Makroumweltdimension II unterschieden. Auch für die Prognose der Marktchancen im F&E-Bereich soll eine Erfassungsmethodik gewählt werden, die einzelne Umweltdimensionen systematisch zum absoluten Marktanteil in späteren Marktphasen verdichtet. Die folgende Abbildung zeigt, wie die einzelnen Umweltdimensionen in die Prognose der späteren Umsatzlebenszyklen einfließen können. Im ethischen Produktbereich werden dabei die natürliche Umwelt und die Medien vernachlässigt:[777]

---

[775] Ähnlich wie im ethischen Bereich könnte eine Diskussion der Einflüsse veränderter Umweltinformationen Aussagen zu den neuen Ergebnissen liefern. Vgl. 3.10 in diesem Kapitel.

[776] Vgl. Mißler-Behr, M. (1993), S. 24.

[777] Vgl. die Umweltanalyse in 2.4.6 und 2.3.5 in Kapitel III.

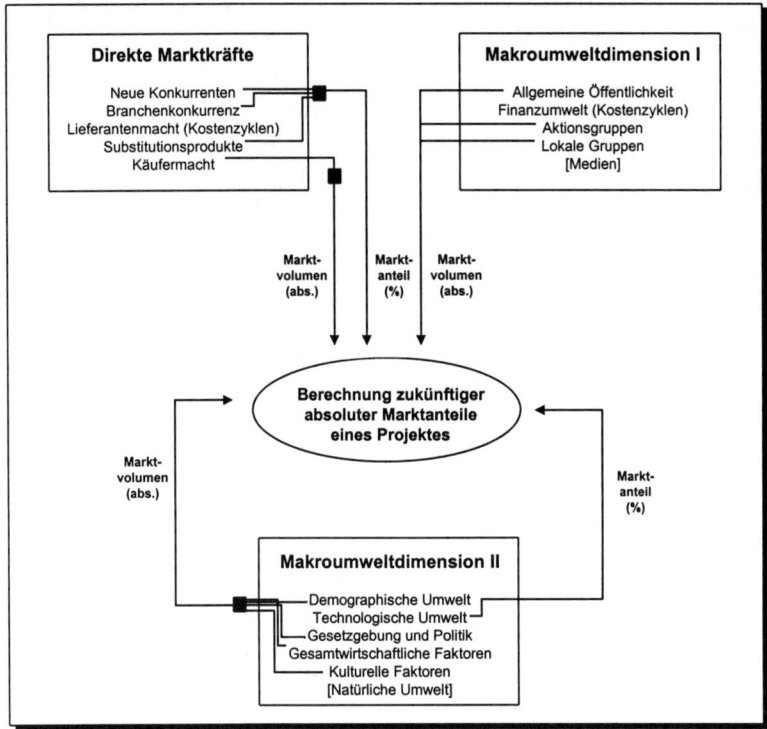

Abb. 4/63   Erfassung der Umwelteinflüsse im F&E-Projektbereich

Wir nehmen für den Beispielfall an, daß das zu untersuchende Projekt durch die Phasen der pharmazeutischen Entwicklung läuft (klinische Testphase III) und für fünf Marktperioden nach der Zulassung untersucht wird. Gleichzeitig wird die Zahl unterschiedlicher Szenarien auf drei begrenzt. Dabei soll sich für den Beispielfall auf einen nationalen Teilmarkt und ein Therapiefeld konzentriert werden. Es werden in der folgenden Tabelle die unterschiedlichen erwarteten Ausprägungen für die einzelnen Szenarien angegeben, die für die Perioden nach der Markteinführung erwartet werden:

Einflußfaktoren (Variablen)	Szenario I	Szenario II	Szenario III	Konsequenzen für:
	konstanter Wettbewerb	gesteigerter Wettbewerb	verschärfter Wettbewerb	
Branchenkonkurrenz	keine zusätzlichen Produkte	zwei weitere Produkte mit durchschnittlicher Produktleistung	drei neue Produkte, davon eines mit hoher Produktleistung	Relative Produktattraktivität
Käufermacht	Konkurrenz vertreibt mit eigenen Distributionssystemen	Kooperation zweier Konkurrenten im Vertrieb, Vertriebsleistung der Konkurrenzunter-nehmen steigt dadurch	Mehrere Kooperationen bei der Konkurrenz mit großen positiven Effekten	Relative Vertriebsleistung
Lieferantenmacht	Keine Veränderungen, störungsfreie Zulieferung	erhöhtes Zulieferrisiko	Kooperation der Zulieferer erhöht die Kosten und reduziert Qualität und Liefertreue	Produktattraktivität und Kostenzyklen
Substitutionswettbewerb	Keine zusätzliche Substitution durch alternative Therapieformen	Geringe Substitution durch alternative Behandlungsform, jedoch nicht bedeutend	Substitution durch öffentlichkeitswirksame Vermarktung eines alternativen Verfahrens	Marktvolumen
Allgemeine Öffentlichkeit	keine Veränderungen	keine Veränderungen	Protest wegen Tierversuchen steigt, jedoch nicht produktspezifische Auswirkungen	Marktvolumen
Finanzumwelt	keine Veränderungen	Risikokapital wird teurer	Risikokapital wird deutlich teurer	Kostenzyklen
Aktionsgruppen/ Lokale Gruppen/ Medien	keine Veränderungen	keine Veränderungen	keine Veränderungen	Marktvolumen
Demographische Umwelt	Konstante Entwicklung der Bevölkerung	Stärkerer Bevölkerungsrückgang als erwartet	Starker Rückgang durch Seuchen	Marktvolumen
Technologische Umwelt	Konstante Entwicklung	Durchbrüche lassen frühe Konkurrenzprodukte erwarten	Neue Technologien ersetzen nach kurzer Zeit bestehende Produkte vollständig	Marktanteil
Gesetzgebung und Politik	Konstantes Umfeld	Veränderungen zur Kostenreduktion	Deutliche Einsparungen und umfassende Kostenkontrolle	Marktvolumen
Kulturelle Faktoren	keine Veränderungen	bedingte, positive Veränderungen des Therapieverhaltens	Deutlich positive Veränderungen des Therapieverhaltens	Marktvolumen

Tab. 4/29   Szenarien und Umweltdimensionen im F&E-Beispielfall

Entsprechend den einzelnen Szenarien bestimmt das Management die Produktattraktivität und die Vertriebsleistung für die Perioden nach der Markteinführung. Das Preisniveau soll dabei auf einem durchschnittlichen Niveau festgesetzt werden, da es über seine Höhe auch den Marktanteil bestimmt. Würde hier eine Variation möglich sein, wäre ein neutraler Vergleich zwischen einzelnen Projekten nicht mehr möglich.[778] Entsprechend der Methodik im ethischen Lebenszyklusbereich listet das Unternehmen somit im folgenden die Konkurrenzprodukte in dem zu untersuchenden Therapiefeld auf und führt daraus mit der Beschreibung der Szenarien die Abschätzung absoluter Marktanteile für die Zukunftsperioden durch. Als Ergebnis dieses Prozesses ergeben sich z.b. folgende Ausprägungswerte für die drei Szenarien in den ersten fünf Perioden nach der Markteinführung:

(Angaben nach Perioden)	Szenario I	Szenario II	Szenario III
Produktattraktivität	75, 75, 75, 75, 75	60, 55, 55, 55, 50	55, 50, 50, 45, 45
Vertriebsleistung	80, 80, 80, 80, 80	60, 60, 55, 55, 50	40, 40, 35, 35, 35
Marktanteil (nach Abschätzung durch das Management):	5%, 7%, 9%, 12%, 14%	5%, 5%, 6%, 7%, 9%	2%, 2%, 3%, 4%, 5%

Tab. 4/30   Marktanteile aus der Szenarioanalyse

Die Einflüsse der Umweltdimensionen für die Bestimmung der Marktanteile sind bereits erfaßt worden. In welchem Maße jedoch die einzelnen Umweltkonstellationen das Marktvolumen, die zweite Determinante des absoluten Marktanteiles, beeinflussen, muß in einem weiteren Schritt der Erarbeitung untersucht werden. Erst im Anschluß kann dann der absolute Marktanteil bestimmt werden. Die in Tabelle 4/20 beschriebenen, exemplarischen Ereignisse müssen dazu für die drei entwickelten Szenarien hinsichtlich ihres Einflusses auf das Marktvolumen bewertet werden. Die einzelnen Dimensionen werden in der folgenden Tabelle abgebildet. Man erkennt, daß das Marktvolumen durch die drei Szenarien, denen verschiedene Annahmen aus den Umweltzuständen zugrundeliegen, unterschiedlich beeinflußt wird:

---

[778] Zwei identische Substanzen mit einem hohen und einem niedrigen Preis würden unterschiedliche Marktanteile erreichen. Eine Normierung muß daher zwingend erfolgen, um Projekte miteinander vergleichen zu können.

	Szenario I	Szenario II	Szenario III
Marktvolumen (z.B., in mio GE):	600	600	600
Veränderungen durch:			
Substitutionswettbewerb	0	-1%	-2%
Allgemeine Öffentlichkeit	0	0	-2%
Demographische Umwelt	0	-2%	-5%
Gesetzgebung und Politik	0	-2%	-5%
Kulturelle Faktoren	0	+1%	+3%
Marktvolumen nach Einbeziehung der Szenarioeinflüsse:	600	576	534

Tab. 4/31   Berechnung des Marktvolumens für ein F&E-Projekt

Verbindet man für die einzelnen Szenarien die durch das Management prozentual bestimmten Marktanteile mit den quantifizierten Marktvolumina,[779] ergeben sich für den Beispielfall und die drei Szenarien die drei folgenden Umsatzverläufe in den ersten fünf Perioden nach der Markteinführung:

	Szenario I	Szenario II	Szenario III
Marktvolumen (mio. GE):	600	576	534
Marktanteile (prozentual / absolut)			
Periode 1	5 % / 30	5 % / 28,8	2 % / 10,7
Periode 2	7 % / 42	5 % / 28,8	2 % / 10,7
Periode 3	9 % / 54	6 % / 34,6	3 % / 16
Periode 4	12 % / 72	7 % / 40,3	4 % / 16
Periode 5	14 % / 84	9 % / 51,8	5 % / 26,7

Tab. 4/32   Bestimmung der absoluten Marktanteile nach Szenarien

Es wurden im Beispielfall lediglich fünf Perioden nach der Markteinführung beschrieben. Um den vollständigen Umsatzlebenszyklus eines F&E-Projektes nach seiner Markteinführung zu bestimmen, sollten die Perioden bis zum Patentende und im Anschluß daran ein gleichförmig angenommener Umsatzrückgang durch Generika und Substitutsprodukte erfaßt werden. Dies ist für den sinnvollen Vergleich der Projekte zwingend zu fordern. Mit der Kapitalwertmetho-

---

[779] Vgl. Tabelle 4/31.

de sind die unterschiedlichen Periodenumsätze zudem auf eine gemeinsame Bezugsperiode zu diskontieren. Nur so können einzelne Projekte miteinander verglichen werden. Es ergibt sich damit statt einer Umsatzreihe für ein Projekt ein einzelner Gegenwartswert, der zwischen den Projekten verglichen werden kann. Damit können letztlich die relativen Marktchancen eines Projektes berechnet und in der dargestellten Portfoliomethodik als zweite Dimension verwendet werden. Die folgende Abbildung errechnet für den Beispielfall bei einem Kalkulationszinsfuß von 8% die absoluten Marktchancen des untersuchten Produktes für die ersten fünf Perioden nach der Marktzulassung:

Szenario I:

Zahlungsreihe:	Periode 1	Periode 2	Periode 3	Periode 4	Periode 5
Periodenumsatz (mio. GE):	30	42	54	72	84
Diskontierungsfaktor	1	1,08	$1,08^2$	$1,08^3$	$1,08^4$
Gegenwartswert / Periode 1:	30	38,8	46,3	57,16	61,7

Summe der Gegenwartswerte (mio. GE): 233,96

Szenario II:

Zahlungsreihe:	Periode 1	Periode 2	Periode 3	Periode 4	Periode 5
Periodenumsatz (mio. GE):	28,8	28,8	34,6	40,3	51,8
Diskontierungsfaktor	1	1,08	$1,08^2$	$1,08^3$	$1,08^4$
Gegenwartswert / Periode 1:	28,8	26,7	29,7	32	38,1

Summe der Gegenwartswerte (mio. GE): 155,3

Szenario III:

Zahlungsreihe:	Periode 1	Periode 2	Periode 3	Periode 4	Periode 5
Periodenumsatz (mio. GE):	10,7	10,7	16	21,4	26,7
Diskontierungsfaktor	1	1,08	$1,08^2$	$1,08^3$	$1,08^4$
Gegenwartswert / Periode 1:	10,7	9,9	13,7	17	19,6

Summe der Gegenwartswerte (mio. GE): 70,9

Tab. 4/33 Gegenwartswertberechnung für einzelne Szenarien

Als Ergebnis des skizzierten Beispielfalles erhält man für die unterschiedlichen Szenarien drei verschiedene Gegenwartswerte für die zugrundeliegenden Zahlungsreihen. Um ein einheitliches Maß zur Bestimmung der relativen Marktchancen anzugeben, sollten die drei Gegenwartswerte in einem weiteren Schritt aggregiert werden. Für die vorliegende Untersuchung empfiehlt sich dabei die Wahrscheinlichkeitsangabe für einzelne Szenarien durch das Management und die anschließende Berechnung eines Durchschnittswertes. So kann man durch wahrscheinlichkeitsgewichtete Addition der einzelnen Szenariowerte ein Gesamtmaß der erwarteten Marktchancen eines F&E-Projektes, abdiskontiert auf die Periode der Marktzulassung, berechnen:

	Szenario I	Szenario II	Szenario III
Gegenwartswert (mio. GE, Markteinführungsperiode)	233,96	155,3	70,9
Wahrscheinlichkeit des Eintritts (Angabe durch das Management)	50%	30%	20%
Ergebnisberechnung (Marktchance des Projektes als Erwartungswert):	50% · 233,96 + 30% · 155,3 + 20% · 70,9 = <u>177,75</u>		

Tab. 4/34 Berechnung der Marktchancen eines Projektes

Eine kritische Diskussion der gewählten Erwartungswertmethode soll an dieser Stelle erfolgen. Es ist festzustellen, daß zum einen der bestimmte Erwartungswert in der Realität auf Grundlage der drei gebildeten Szenarien nie erreicht wird. Wenn die einzelnen Szenarien sich deutlich voneinander unterscheiden, kann der risikogewichtete Mittelwert zudem eine große Abweichung von den Ergebniswerten der einzelnen Szenarien aufweisen. In der Statistik treten bei der Mittelwertbildung die gleichen Probleme auf.[780] Hier wird durch die Angabe weiterer Verteilungsmaße oder durch Analysen zur Streuung (z.B. Varianzanalysen) diese Schwierigkeiten zu lösen versucht. Für die Entscheidungstheorie bemerken Weber/Eisenführ, daß durch die Erwartungswertmethode z.T. unterschiedliche Ergebnisse berechnet werden, als sie sich aus der Untersuchung des tatsächlichen Entscheidungsverhaltens in der Praxis bestimmen lassen.[781] Sie führen zahlreiche Möglichkeiten auf, mit denen diese scheinbare Widersprüchlichkeit zu lösen versucht wird.[782] Dennoch distanzieren sie sich deutlich von den aufgeführten, alternativen Ansätzen und betonen die große Relevanz der Erwartungswertmethode für praktische Entscheidungssituationen.[783] Dieser Meinung soll sich auch in der vorliegenden Untersuchung angeschlossen werden. Die Erwartungswertmethode wird daher in der vorliegenden Untersuchung zur Bestimmung der zukünftigen Marktchancen verwendet.

---

[780] Vgl. Fahrmair, L. / Hamerle, A. (1984), S. 22ff.

[781] Als Beispiel nennen sie das "St. Petersburger-Spiel", das einen unendlich großen Erwartungswert besitzt. Vgl. Eisenführ, F. / Weber, M. (1993), S. 199.

[782] So z.B. logarithmische Wertfunktionen bei Bernoulli. Vgl. ebenda, S. 200.

[783] Vgl. Weber, M. / Eisenführ, F. (1993), S. 200ff.

Als Ergebnis für den gewählten Beispielfall erhält man für das untersuchte F&E-Projekt einen Gegenwartswert von 177,75 mio. GE in Periode 1.[784] Führt man diese Berechnungsmethodik für alle Projekte eines Unternehmens durch, ergibt sich nach der Divisionsformel aus 5.4.4[785] die relative Marktchancenposition für jedes Projekt. Die Ergebniswerte können danach in die entwickelte Portfoliomethodik übertragen werden.

5.4.6 Risikoanalyse

5.4.6.1 Bestehende Ansätze und Einordnung

Es existieren in der Literatur zur Risikoanalyse für Investitionen von Unternehmen differenzierte Ansätze. Eine grundlegende Arbeit findet sich bei Hertz, der Ende der 60er Jahre die Erkenntnisse der Risikoanalyse bei Finanzanlagen auf unternehmerische Investitionsentscheidungen übertrug.[786] Weitere Ansätze werden durch die Arbeiten von Lüder, Froot/Scharfstein/Stein und Ono/Wedemeyer gegeben.[787] Dabei beleuchten die Autoren unterschiedliche Aspekte eines unternehmerischen Risikomanagements für Investitionen. Ono/Wedemeyer untersuchen, inwieweit die Delphimethode um eine Risikoanalyse erweitert werden kann. Froot/Scharfstein/Stein untersuchen zur Reduktion von Investitionsrisiken das Hedging von Risiken durch derivative Finanzanlagen (z.B. Wechselkurssicherung).[788] Lüder schließlich verbindet die Risikoanalyse mit Wahrscheinlichkeitsverteilungen für einzelne erfolgsbeeinflussende Variablen der Investitionsrechnung, was dem Ansatz von Hertz sehr nahe kommt.[789] Allen Ansätzen gemein ist die große Abhängigkeit von den z.T. sehr vielschichtigen Informationen, die in die Berechnungen eingehen. Auch wird für die Unternehmenspraxis festgestellt, daß die komplexen Verfahren nur auf wenige "... Neu- und Erweiterungsinvestitionen" beschränkt bleiben sollten, da sie hohe Personalressourcen bei der Durchführung binden.[790]

Der Ansatz von Hertz mit der deutlich marktgerichteten Ausrichtung der Risikoanalyse auf die zukünftigen Erfolgsaussichten verschiedener F&E-Projekte stellt für die vorliegende Untersuchung den interessantesten Ansatz dar.[791] Er argumentiert über einzelne Marktparameter,

---

[784] Vgl. Tab. 4/34.

[785] Vgl. Abbildung 4/62 in 5.4.4.

[786] Vgl. Hertz, D.B. (1968), S. 96ff.

[787] Vgl. Ono, R. / Wedemeyer, D. (1994), S. 289-303, Froot, K. / Scharfstein, D. / Stein, J.C. (1994), S. 91-102 und Lüder, K. (1979), S. 224-233.

[788] Froot, K. / Scharfstein, D. / Stein, J.C. (1994), S. 91-102.

[789] Vgl. Lüder, K. (1979), S. 224-233.

[790] Vgl. ebenda, S. 232.

[791] Vgl. Hertz, D.B. (1968), S. 96ff.

die bereits mit Risiken verbunden sind, und verwendet eine Computersimulation, um damit angeben zu können, mit welchen Wahrscheinlichkeiten einzelne Ergebniswerte überschritten werden. Als Ergebnis erhält man nach dem Ansatz von Hertz unterschiedliche ROI-Kurvenverläufe für die Einzelprojekte nach unterschiedlichen Wahrscheinlichkeitsverteilungen. Sie geben die Höhe des Rückflusses aus den getätigten Finanzinvestitionen an. Anhand der Darstellung und Bewertung der Kurvenverläufe, die sich aus der Computersimulation ergeben, wird letztlich die Managementunterstützung für die Investitionsentscheidungen gegeben.[792]

Die Grundgedanken der Risikoanalyse sind für die vorliegende Untersuchung von großer Bedeutung. Es muß für die entwickelte Methodik der Projektbewertung, die durch einen eigenständigen Portfolioansatz beschrieben wurde, kritisch gefragt werden, welche Elemente der einzelnen Risikoanalysetechniken bereits im Grundansatz der vorliegenden Untersuchung integriert sind (z.B. relatives Risiko), und welche zur Bestimmung der Risikoprofile noch zu erarbeiten sind.

5.4.6.2 Risikoanalyse für pharmazeutische F&E-Projekte

In der vorliegenden Untersuchung wurde sich für die Entwicklung eines Portfolioverfahrens in Verbindung mit einem strategischen Managementprozeß entschieden. Aus diesem Grund sollte es Ziel der weiteren Risikoanalyse sein, vergleichbare Risikoparameter für den F&E-Prozeß unabhängig von den weiteren Marktchancen zu bestimmen.[793] Die verschiedenen Ausprägungen der Umweltparameter und die Unsicherheitsfaktoren, die Einfluß auf die späteren Markterfolge haben, wurden dabei bereits durch Szenarien bei der Bestimmung der Marktchancen erfaßt.

Das Risikoprofil eines Einzelprojektes in der pharmazeutischen Industrie setzt sich aus verschiedenen Teilrisiken zusammen, die vor ihrer inhaltlichen Erarbeitung zu definieren sind. Für die vorliegende Untersuchung in der pharmazeutischen Industrie sind diese:

1. Technische Erfolgsrisiken in einzelnen Entwicklungsphasen,
2. das Redundanzrisiko bis zur Zulassung (technische Überholung durch Konkurrenz),
3. das Marktzulassungsrisiko.

---

[792] Vgl. ebenda.
[793] Vgl. das Portfolioverfahren in 5.4.3.

Das "technische Risiko" gibt die Wahrscheinlichkeit an, mit der ein Projekt eine bestimmte Teilphase der Entwicklung[794] nicht erfolgreich abschließt. Das Projekt erfüllt damit die Leistungskriterien nicht, die zur Fortführung weiterer Entwicklungsstufen notwendig sind, und wird eingestellt. Die Quantifizierung der einzelnen Teilrisiken sollte dabei durch die Diskussion mit dem durchführenden und einem neutralen Forscherteam erfolgen. Die Controllingfunktion bei der Projektbewertung wird in der Literatur für die pharmazeutische Entwicklung explizit gefordert.[795] Das involvierte Forscherteam besitzt dabei detaillierte Informationen über die Leistungsfähigkeiten des Forschungsvorhabens aus den vorgelagerten Entwicklungsstufen. Das neutrale Entwicklungsteam stellt hingegen eine geeignete Referenzgruppe zur realistischen Bestimmung zukünftiger Teilrisiken dar.

Mit dem "Redundanzrisiko" wird die Möglichkeit angesprochen, daß Wirksubstanzen aufgrund neuer technologischer Erkenntnisse oder verbesserter Therapieformen in einem Krankheitsfeld ihren technologischen Fortschritt bis zur Markteinführung verlieren. Die Basis des zusätzlichen technologischen Nutzens der zu entwickelnden Wirksubstanz entfällt. Das erwartete Marktpotential kann aufgrund der fehlenden zusätzlichen Leistungsfähigkeit des Produktes nicht erreicht werden.

Als "Zulassungsrisiko" wird das Risiko der untersagten Registrierung durch nationale Zulassungsbehörden definiert. Dieses Risiko kann als Teilrisiko der letzten F&E-Phase bezeichnet werden. Es soll jedoch in der vorliegenden Arbeit singulär ausgewiesen werden, da hier wie in keiner anderen F&E-Phase die administrative Einflußnahme eine zeitliche und inhaltlich herausragende Rolle spielt. Die Entscheidung ist nach Einreichung der Zulassungsunterlagen durch das Unternehmen nicht mehr zu steuern. In der pharmazeutischen Industrie besteht eine große Bedeutung der Ergebnisse des Zulassungsverfahrens im ersten zu penetrierenden Arzneimittelmarkt für die Zulassungen in Folgemärkten.[796]

Nach der Definition muß im folgenden eine mathematische Form für die Aggregation der definierten Teilrisiken erarbeitet werden. Das "technische Risiko" kann mathematisch als Vektor mit zahlreichen Einzelausprägungen für den Bereich der Entwicklungsphasen angegeben werden. Jedes Einzelphasenrisiko stellt dabei die Wahrscheinlichkeit dar, daß das Projekt die nächste Phase aufgrund fehlender Leistungskriterien nicht erreicht. Als Einzelphasen werden für die vorliegende Untersuchung dabei die Präklinik, klinische Testphase I, klinische Testphase II und klinische Testphase III definiert.[797] Es ergibt sich für jede Entwicklungsphase

---

[794] Vgl. 1.1.3 in Kapitel III.

[795] Vgl. Drews, J. (1995a), S. 780ff.

[796] In der Regel orientieren sich Sekundär- und Tertiärmärkte an der Zulassung des Erstmarktes und den dortigen Erfahrungswerten. So kann eine Zulassung in der BRD beispielsweise als umfassende Referenz zur Penetration europäischer Pharmamärkte aufgefaßt werden.

[797] Vgl. Abb. 4/64.

dabei die Berechnung der technischen Erreichungschance durch Subtraktion des technischen Risikos vom Wert 1. Da die pharmazeutische Industrie durch einen festen Ablaufprozeß in der Forschung und Entwicklung gekennzeichnet ist, kann letztlich durch die Multiplikation der technischen Erreichungschancen einzelner Phasen (1 - Ausfallrisiko) die Wahrscheinlichkeit errechnet werden, mit der eine Substanz die Zulassungsphase (Registrierung) erreicht. Das "Redundanzrisiko" eines Entwicklungsprojektes ist dabei mathematisch weitaus einfacher zu bestimmen. Externe Informationsquellen können ausgewertet oder Patente und Verwendungsmuster konkurrierender Unternehmen analysiert werden. Das "Redundanzrisiko" sollte daher in Form eines Gesamtrisikomaßes angegeben werden. Dies besteht über die gesamten Entwicklungsphasen hinweg und kann nach bestimmten Zeitintervallen und Erkenntnisständen neu bestimmt werden.[798] Auch das "Marktzulassungsrisiko" ist auf Basis der bestehenden Erkenntnisse durch das Management gesamthaft abschätzbar. Die einzelnen Risikodimensionen werden in der folgenden Abbildung graphisch dargestellt und mit ihrer mathematischen Berechnungsformel angegeben:

---

[798] Vgl. Abb. 4/64.

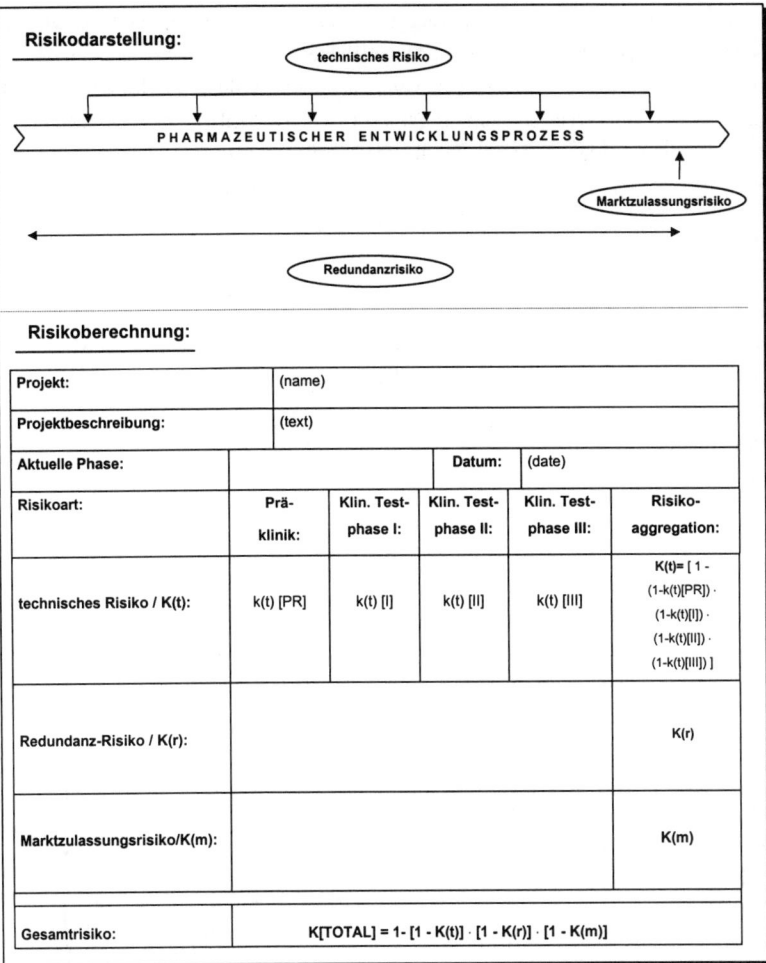

Abb. 4/64   Risikoprofil eines Entwicklungsprojektes - pharmazeutische F&E

Eine multiplikative Form der Aggregation des "technischen Risiko(s)", des "Redundanz-Risiko(s)" und des "Marktzulassungsrisikos" zu einem Gesamtrisiko[799] kann nur durchgeführt werden, wenn die Risiken unabhängig[800] voneinander sind. Dies kann auf Grundlage der getroffenen inhaltlichen Definition festgestellt werden. Erneut können die relativen Risiken der Projekte durch einfache Division durch den Risikodurchschnitt aller Projekte berech-

---

[799] Vgl. Abb. 4/64.

[800] Vgl. Eisenführ, P. /Weber, M. (1993), S. 201ff.

net werden. Damit wurde auch die zweite Dimension zur Durchführung der entwickelten Portfoliosystematik dieser Untersuchung vollständig erarbeitet.[801]

5.4.7 Beschreibung des strategischen F&E-Managementprozesses

Nach der methodischen Entwicklung einzelner Elemente zur Analyse, Bewertung und Steuerung der F&E-Prozesse in der pharmazeutischen Entwicklung muß im folgenden der integrierte F&E-Managementprozeß für den F&E-Lebenszyklusbereich untersucht werden. Als zentrales Bewertungsverfahren des strategischen Projektsteuerungs- und –bewertungsprozesses wurde die "Relative Marktchancen-/Relatives Risiko-" Matrix (MARIS) entwickelt.[802] Sie forderte die kontinuierliche Neubewertung der Entwicklungsprojekte über die Zeit, wie sie sich für veränderte Umweltbedingungen, interne Projektfortschritte und veränderte Erkenntnisstände ergeben. Der kontinuierliche Managementprozeß wird in Abbildung 4/65 dargestellt und im folgenden verbal beschrieben:

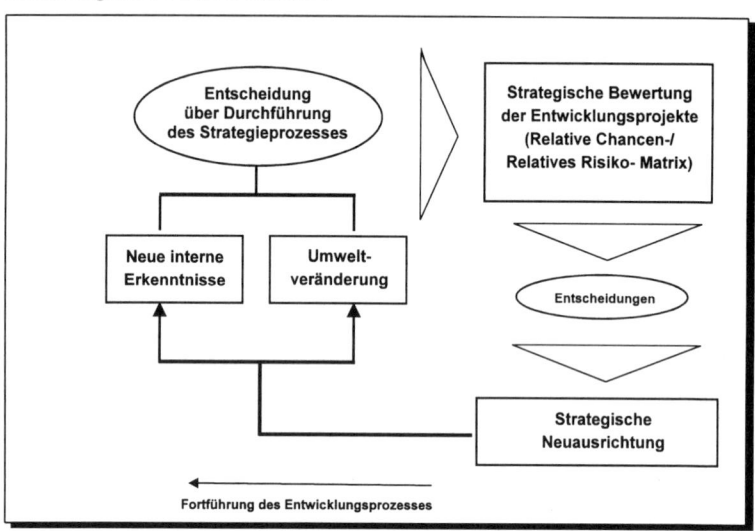

Abb. 4/65   Strategischer F&E-Managementprozeß der pharmazeutischen Entwicklung

Nach der Berechnung der quantifizierten Leistungsgrößen der "relativen Marktchancen" und des "relativen Risikos" einzelner Projekte werden die Projektdaten in die Bewertungsverfahren der strategischen Projektbewertung eingestellt.[803] Das Portfolioverfahren bestimmt daraus

---

[801] Vgl. Abb. 4/60 in 5.4.3.

[802] Vgl. 5.4.3.

[803] Relative Marktchancen- / Relatives Risiko-Matrix (MARIS), vgl. Abb. 4/60 in 5.4.3.

die Normstrategien für einzelne Projekte und leitet die strategische Neuausrichtung der F&E-Pipeline ein. Bei signifikanten Veränderungen der externen Umwelt ("Umweltveränderung")[804] oder neuen internen Erkenntnissen in der Forschung und Entwicklung ("neue interne Erkenntnisse")[805] wird in den Unternehmen die Entscheidung für die neuerliche Durchführung des strategischen Bewertungsprozesses fallen. Entscheidet sich das Management für eine neue strategische Ausrichtung der F&E-Projekte, werden die aktualisierten Projektdaten wiederum in die strategischen Bewertungsverfahren überführt, die eine erneute strategische Ausrichtung einzelner Projekte bewirken. Der strategische Managementprozeß bedingt damit die zweite Neuausrichtung der Entwicklungsprojekte nach der entwickelten Methodik und kann im folgenden nach der beschriebenen Ablaufmethodik flexibel oder nach definierten Zeitintervallen wiederholt werden. Es ergibt sich damit der in Kapitel II geforderte, kontinuierliche strategische F&E-Managementprozeß unter ständiger Einbeziehung neuer Informationsstände.[806]

5.4.8 Die Lebenszykluskostenrechnung in der Entwicklungsphase

Für den Bereich der Forschung und Entwicklung muß auch eine Projektkostenkalkulation auf Grundlage einer einheitlichen Datenstruktur für die Einzelprojekte entwickelt werden. In Abbildung 4/66 wird dazu eine mögliche Gesamtinformationsstruktur zur F&E-Projektkostenrechnung angegeben, die für zukünftige Projektperioden des pharmazeutischen Entwicklungsprozesses eine Ex-Ante-Berechnung ermöglicht. Sie bildet die methodische Grundlage zur Erstellung der Kostenlebenszyklen im F&E-Lebenszyklus. Auch die enge Verbindung der Kostenzuordnung zu detaillierten Zeitplänen[807] ist der Gesamtübersicht zu entnehmen ("Projektzeitplan")[808].

---

[804] Vgl. Abb. 4/65.

[805] Vgl. ebenda.

[806] Vgl. 2.5.1 bis 2.5.3 in Kapitel II.

[807] Vgl. die Ausführungen im OTC - Produktbereich in 4.3 dieses Kapitels.

[808] Vgl. Abb. 4/66.

Projekt- deklaration	(Projektname)	(Wirkstoff)	(Derzeitige Phase)	
Projektzeitplan	**Sollzeiten:**	**Risiko:**	**Projektbeschreibung:**	
Abschluß Präklinik:	(Periode x1)	(Risiko k1)	(Inhalt)	
Abschluß Klinische Testphase I:	(Periode x2)	(Risiko k2)	(Vorgehensplan)	
Abschluß Klinische Testphase II:	(Periode x3)	(Risiko k3)	(Projektorganisati- on)	
Abschluß Klinische Testphase III:	(Periode x4)	(Risiko k4)	(Projektleitung)	
Zulassung:	(Periode x5)	(Risiko K(m))	Redundanzrisiko: K(r)	
Beginn Marktpenetration:	(Periode x6)			

	Periode x	Periode x+1	Periode x+2	Periode x+3	Periode ...
Interne Projektkosten					
Lohneinzelkosten:	⌐ ...	⌐ ...	⌐ ...	⌐ ...	⌐ ...
Materialeinzelkosten:	⊢ ...	⊢ ...	⊢ ...	⊢ ...	⊢ ...
Sondereinzelkosten der Entwicklung:	⊢ ...	⊢ ...	⊢ ...	⊢ ...	⊢ ...
Lohngemeinkosten:	⊢ ...	⊢ ...	⊢ ...	⊢ ...	⊢ ...
Materialgemeinkosten:	⊢ ...	⊢ ...	⊢ ...	⊢ ...	⊢ ...
Sondergemeinkosten der Entwicklung:	⊢ ...	⊢ ...	⊢ ...	⊢ ...	⊢ ...
Externe Zusatzkosten					
Kosten für Aktivität 1:	⊢ ...	⊢ ...	⊢ ...	⊢ ...	⊢ ...
Kosten für Aktivität 2:	⊢	⊢	⊢	⊢	⊢
Kosten für Aktivität 3:	⊢	⊢	⊢	⊢	⊢
...... (analog)	⊢ ...	⊢ ...	⊢ ...	⊢ ...	⊢ ...
GESAMTAGGREGATION der Projektkosten pro Periode:	↓	↓	↓	↓	↓
	-Summe-	-Summe-	-Summe-	-Summe-	-Summe-

Abb. 4/66   Projektkostenkalkulation und Projektparameter - F&E-Lebenszyklus

5.4.9 Aggregation zum Gesamtlebenszyklus im F&E-Bereich

Aus den Ergebnissen der vorangehenden Gliederungspunkte ergibt sich die Erstellung des aggregierten Lebenszyklus für den Bereich der pharmazeutischen Forschung und Entwicklung.

Wie bereits ausgeführt wurde, lassen sich die Marktaussichten, Projektkosten und damit auch die Ertragsverläufe im pharmazeutischen F&E-Lebenszyklus zeitlich nach einzelnen Perioden bestimmen. Als Ergebnis wurden zudem umfassende F&E-Projektdaten entwickelt, die den erwarteten Umsatzverlauf einer neuen Wirksubstanz in Relation zur Risikostruktur setzen. Dabei beruhen die prognostizierten Umsatzverläufe auf der Definition und Analyse verschiedener Szenarien. Sie finden über die Erwartungswertmethode Eingang in die Berechnungen der Lebenszyklen. Es ist festzustellen, daß für spätere Auswertungen der Umsatz- und Gewinnchancen einzelner Produkte daher eine risikogewichtete Darstellung der Umsatzverläufe erfolgen muß.[809] Nur so läßt sich der realistische, zukünftige Erfolgsbeitrag der bestehenden F&E-Pipeline angeben. Als Ergebnis erhält man damit die Bestimmung der Erfolgsbeiträge für einzelne F&E-Projekte sowie gesamtaggregiert für die untersuchte F&E-Pipeline des Pharmaunternehmens. Diese Ergebnisse werden in der folgenden Abbildung dargestellt:

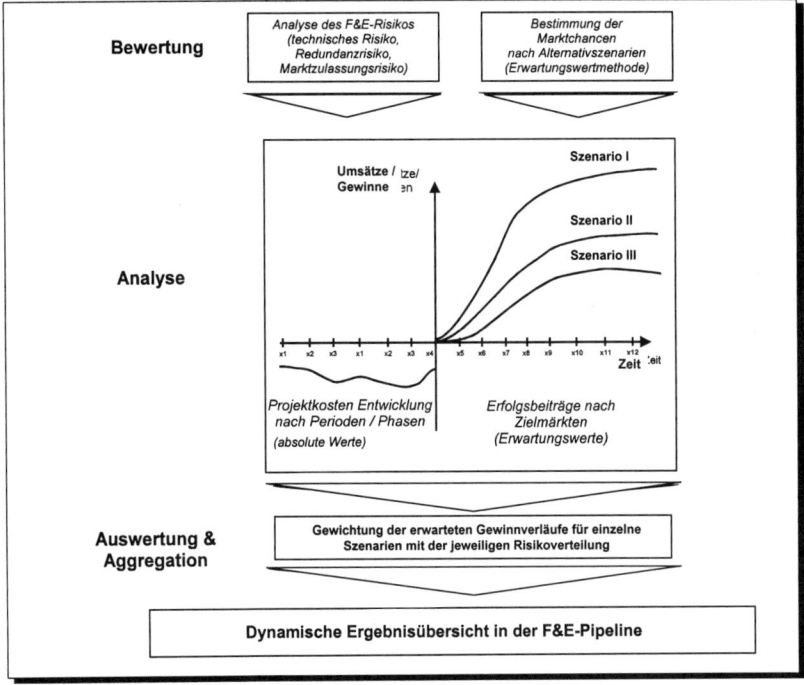

Abb. 4/67   Dynamische Ergebnisübersicht im F&E-Lebenszyklusbereich

---

809 "Auswertung und Aggregation", vgl. Abb. 4/67.

6 Der pharmazeutische Gesamtlebenszyklus

6.1 Verbindung der Informationsmodule zum Gesamtlebenszyklus

Eine Aggregation der einzelnen Informationsmodule zum pharmazeutischen Gesamtlebenszyklus aus den entwickelten Gewinn-, Umsatz- und Kostenlebenszyklen kann durch einfache vertikale Addition erreicht werden.[810] Es ergibt sich hieraus ein Gesamtlebenszyklus, der im Bereich des ethischen und des OTC-Lebenszyklus dynamische Absolutwerte abbildet. Die risikobehafteten Gewinn-, Umsatz- und Kostenzyklen der F&E-Projekte sollten hingegen als eigenständige Informationselemente bestehen bleiben. Sie werden wie in 5.4.9 beschrieben als Erwartungswerte ausgewiesen. Auch die strategischen Anpassungsprozesse, wie sie methodisch in 2.5 in Kapitel II entwickelt wurden, unterschieden sich für die drei Lebenszyklusabschnitte. Für die Marktlebenszyklusphasen[811] wurde die relative Wettbewerbspositions-/Marktlebenszyklusphase-Matrix gewählt[812], im F&E-Lebenszyklusbereich wurde bei der Erarbeitung des strategischen Projektbewertungs- und -steuerungsverfahrens hingegen ein eigenes Verfahren (Relative Marktchancen-/ Relatives Risiko-Matrix) entwickelt.[813]

Es wird in der folgenden Abbildung eine Übersicht der erarbeiteten Informationselemente nach der methodischen Modellentwicklung dieses Kapitels gegeben. Dabei sollen die risikogewichteten F&E-Projektbeiträge nach zwei unterschiedlichen Risikoklassen dargestellt: F&E-Projekte mit einem verbleibenden Gesamtrisiko von über 50 und unter 50 Prozent. Eine aggregierte Darstellung würde dem Management eine schwer zu bewertende Informationsstruktur bieten, da die Berechnungen durch die Erwartungswertmethode als Produkt aus Marktchancen und Risiken lediglich einen Gesamtwert ergibt.[814]

---

[810] Vgl. die einzelnen Elemente in den Abschnitten 3, 4 und 5.

[811] ethischer und OTC-Lebenszyklus.

[812] Vgl. 2.2.3 in Kapitel II.

[813] Vgl. 5.4.3.

[814] Vgl. die kritische Diskussion in 5.4.5.

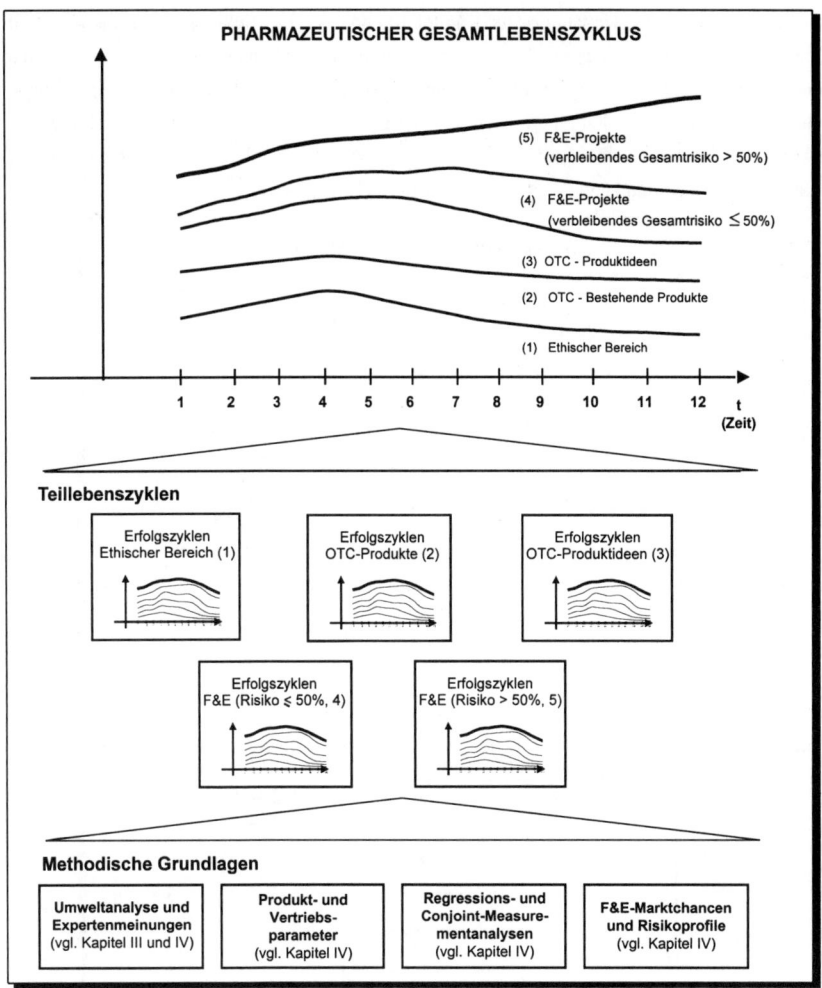

Abb. 4/68   Verbindung der Informationselemente zum Gesamtlebenszyklus

6.2 Zusammenfassung und Ausblick

Die Ergebnisse der Modellentwicklung in Kapitel IV haben neben der kontinuierlichen strategischen Produkt- und Projektführung eine prospektive, dynamische Unternehmensbetrachtung ermöglicht.[815] Grundlage der Modellentwicklung war dabei der konzeptionelle Grundansatz

---

[815] Vgl. Abbildung 4/68 in 6.1.

aus Kapitel II, die Umweltanalyse in Kapitel III, und die Entwicklung der Prognose- und Steuerungselemente aus Kapitel IV. Aus den erarbeiteten Informationsmodulen lassen sich aus der strategischen Führung der Produkte und Projekte aber auch zahlreiche Folgeplanungen ableiten. Von ihnen werden einige exemplarisch in der folgenden Abbildung abgebildet. Zu erkennen ist, daß ein verbindendes Informationssystem die einzelnen Systemelemente dabei erfassen und auswerten kann (Zentrale Datenbank, vgl. Abb. 4/69).

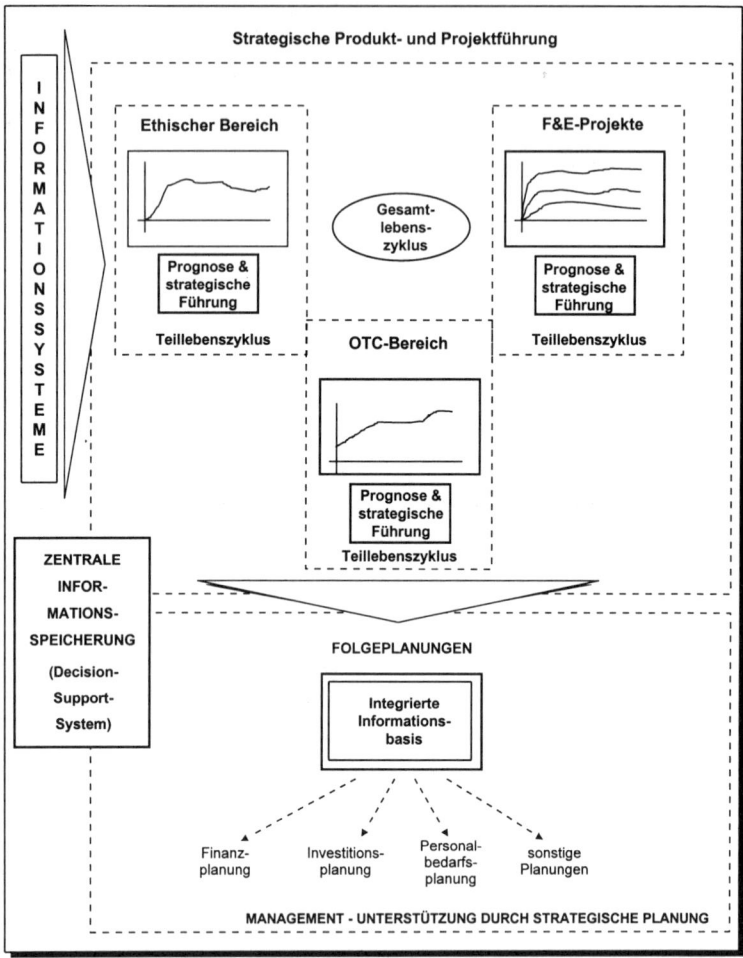

Abb. 4/69 Folgeplanungen auf Grundlage der erarbeiteten Modellkonzeption

Der graphischen Darstellung ist zu entnehmen, daß zahlreiche Teilplanungen direkt mit der dynamischen Gewinn-, Umsatz- und Kostensituation eines pharmazeutischen Unternehmens verbunden sind ("Folgeplanungen", vgl. Abb. 4/69). Aus den dynamischen Lebenszyklen läßt sich auch eine Ausweitung oder Reduktion der zu beschäftigenden Personalkapazitäten in einzelnen Bereichen ableiten. Zum anderen lassen sich strukturelle Veränderungen des Personalbedarfes feststellen, wie sie sich für neue Produkt- oder F&E-Felder ergeben.

Es bestehen zudem für die Unternehmenskultur signifikante Vorteile durch die Vermeidung diskontinuierlicher Veränderungen in der Personalstruktur. Auch für die Finanzplanung läßt sich auf Grundlage der langfristigen Umsatz- und Erfolgsentwicklungen eine Optimierung der Mittelzu- und -abflüsse erreichen. Die dynamischen produktstrategischen Entscheidungen führen zudem zu einer optimierten Investitionsplanung. Es wird dadurch möglich, eine kontinuierliche, langfristig ausgerichtete Unternehmensentwicklung zu betreiben.

7 EDV-Implementierung des Modellansatzes

Das strategische Produkt- und Projektmanagement hat in der bisherigen Modellkonzeption zu einer komplexen Informationsstruktur geführt. Um den methodischen Modellansatz in der vorliegenden Untersuchung für die Unternehmenspraxis zu einem implementierbaren Gesamtansatz zu erweitern, müssen die einzelnen Informationsstrukturen und -flüsse in einem EDV-System für die Modellkonzeption erarbeitet werden. Dies führt im folgenden zur Entwicklung eines Management-Informationssystems mit einer eigenständigen Systemarchitektur (Hierarchie) und einer für den Modellansatz erarbeiteten Ablaufstruktur (Informationsflußanalyse).

7.1 Theoretische Grundlagen

Vor der Diskussion alternativer Informationssystemsstrukturen sollen die notwendigen definitorischen Grundlagen gelegt werden. Unter dem Begriff "System" versteht Stahlknecht für die Wirtschaftsinformatik in Anlehnung an die Organisationstheorie "...eine Menge von Elementen, die in einem Wirkzusammenhang stehen".[816] Die Elemente eines EDV-Systems sind dabei "Hardwareeinheiten", "Daten", "Benutzer" und "Softwarekomponenten".[817] Zentraler Kern der "Systementwicklung" bei der Datenverarbeitung ist dabei nach den Ausführungen der betriebswirtschaftlichen Literatur die Entwicklung von DV-Anwendungssystemen.[818] Für den Bereich der Anwendungssysteme wird wiederum festgestellt, daß es sich um die Über-

---

[816] Vgl. Stahlknecht, P. (1993), S. 230.

[817] Vgl. ebenda.

[818] Auch Scheer stellt fest, daß die Hauptaufgabe der Wirtschaftsinformatik in der Betriebswirtschafts-lehre noch im Bereich der "EDV-bezogenen betriebswirtschaftlichen Anwendungen" liegt. Vgl. Scheer, A.W. (1990), S. 6.

nahme manueller Abläufe in eine EDV-Systemarchi-tektur handeln kann, die Umstellung (Migration) eines bestehenden Systems oder die generelle Neuentwicklung.[819]

Die zentralen Inhalte des vorliegenden Modellansatzes sind im Bereich der Systementwicklung angesiedelt. Für das Tätigkeitsfeld der Neuentwicklungen bei Informationssystemen nennt Stahlknecht als Beispiele "Vertriebsunterstützungssysteme" und "Führungsinformationssysteme".[820] Das vorliegende Kapitel setzt sich zur Aufgabe, ein "Unterstützungssystem" zum strategischen Produkt- und Projektmanagement zu entwickeln und zählt damit zu den "Führungsinformationssystemen". Es soll für diesen Bereich daher eine Analyse und Bewertung alternativer Systemtypen erfolgen und ein methodischer Bezugsrahmen für die weitere Erarbeitung gewählt werden.

7.1.1 Wahl einer Systemstruktur

In der Literatur bilden die Gruppe der "Expertensysteme" und die Gruppe der "Management-Informationssysteme" die Haupttypen unter den beschriebenen Systemarchitekturen. Im Bereich der "Management-Informationssysteme" stellen wiederum die "Decision-Support-Systeme" die am weitesten verbreitete Untergruppe dar. Eine inhaltliche Begriffsdefinition und die Erarbeitung der Stärken-/Schwächenprofile ermöglicht die Entscheidung über den geeigneten Systemtyp für die weitere Erarbeitung.

7.1.1.1 Expertensysteme

Als "Expertensystem" definiert Heinrich ein "wissensorientiertes System zur Lösung nicht oder nur schlecht strukturierbarer Aufgaben".[821] Er verweist auf die nicht eindeutige Begriffsfestlegung in der betriebswirtschaftlichen Literatur, sodaß die Zielbeschreibung eines Expertensystems einen wesentlichen Beitrag zum Gesamtverständnis leisten muß. Es wird daher im folgenden eine verwendungsorientierte Diskussion über die Einsatzgebiete der "Expertensysteme" durchgeführt. Ein "Expertensystem" hat dabei die übergeordnete Aufgabe, "... Routineaufgaben qualifizierter Fachleute (zu) übernehmen", indem es unter Verwendung einer breiten Datenbasis selbständig individuelle Lösungsverfahren anwendet.[822] Als Ergebnis entwickelt das System "Entscheidungen". Zilahi-Szabó bemerkt, daß sich das Einsatzfeld der Expertensysteme auf "... eng begrenzte Aufgabengebiete" konzentriert,[823] die er nach einzel-

---

[819] Vgl. Stahlknecht, P. (1993), S. 230.

[820] Vgl. ebenda.

[821] Vgl. Heinrich, L.J. (1995), S. 193.

[822] Vgl. ebenda.

[823] Vgl. Zilahi-Szabó, M.G. (1995), S. 193.

nen Aufgabentypen unterteilt.[824] Die folgende Übersicht gibt die unterschiedlichen Aufgabentypen und Verwendungsarten der Expertensysteme an.[825] Sie werden als Grundlage zur späteren Entscheidung für eine Systemarchitektur verwendet.

Aufgabentyp	Verwendung des ES
Interpretation	Datenauswertung in komplexen Informationsstrukturen
Prognose	Ereignisvorhersage durch heuristische Extrapolation
Diagnose	Ursachenermittlung durch Symptomanalyse
Design	Objektgestaltung durch Festlegung freier Modellparameter
Konfiguration	Systemgestaltung durch Verbindung von Komponenten
Selektion	Objektauswahl durch Vorgaben über Merkmalskombinationen
Planung	Ermittlung optimaler Kombinationen von Handlungsalternativen
Überwachung	Prozeßbegleitendes Controlling
Prozeßkontrolle	Systemregelung unter Echtzeitbedingungen
Unterricht	Fachwissensvermittlung durch das System an den Benutzer
Beratung	Auswertung eines Wissensbestandes bzgl. individueller Fragestellung

Tab. 4/35   Aufgabenprofil der Expertensysteme
Quelle: Zilahi-Szabó, M.G. (1995), S. 193f.

7.1.1.2 Decision-Support-Systeme

Das charakteristische Leistungsprofil der Entscheidungsunterstützungssysteme (Decision-Support-Systeme, DSS) ist verglichen mit Expertensystemen grundsätzlich verschieden. Durch die Angabe einer ersten Definition wird der Grundcharakter dieser Systemgruppe bereits sichtbar: Scheer definiert ein Decision-Support-System als ein "interaktives System, das einem Manager hilft, eine Entscheidung zu treffen".[826] Lutz definiert als Einsatzfelder und Aufgaben der DSS ebenfalls die "Unterstützung teilweise strukturierbarer Aufgaben, wie dies insbesondere Entscheidungen als Führungsaufgaben sind."[827] Neben der begrifflichen Definition muß auch eine konzeptionelle Einordnung der Systeme erfolgen. Eine erste Zuordnung von Decision-Support-Systemen (DSS) erfolgte bereits unter dem Oberbegriff der "Management-Support-Systeme" (MSS).[828] Scheer formuliert zu den Anwendungsgebieten, daß derartige Systeme gerade im Bereich "halbstrukturierter Entscheidungsprobleme" eingesetzt wer-

---

[824] Vgl. Zilahi-Szabó, M.G. (1995), S. 193.

[825] Vgl. ebenda.

[826] Vgl. Scheer, A.W. (1990), S. 71 und Awad, E.M. (1988), S. 37.

[827] Vgl. Heinrich, L.J. (1995), S. 193.

[828] Hoch/Schirra unterteilen Management-Support-Systeme (MSS) in "Entscheidungsunterstützungs-systeme" (Decision-Support-Systeme), "Gruppenentscheidungsunterstützungssysteme" (Group-Decision-Support-Systeme, GDSS) und "Executive-Support-Systeme" (ESS). Vgl. Hoch, D. / Schirra, W. (1993), S. 36.

den.[829] DS-Systeme dienen dabei der Verarbeitung und Aggregation komplexer Informationsstrukturen sowie der konkurrierenden Beurteilung alternativer Entscheidungen. Zilahi-Szabó faßt die Einsatzgebiete der Decision-Support-Systeme in der Praxis daher auch wie folgt zusammen: "DSS nutzen Daten und Modelle, um durch ihre Verknüpfung Entscheidungsprobleme zu analysieren, Planungen zu unterstützen und Berichte zu erstellen. Sie verbinden (dabei) den Einsatz von Modellen und analytischer Techniken mit traditionellen Methoden des Datenzugriffs und der Datenselektion."[830]

Es ergibt sich aus der Eigenschaftsbeschreibung der "Expertensysteme" (ES) und "Decision-Support-Systeme" (DSS) für die Modellentwicklung dieser Untersuchung eine große Übereinstimmung der Anforderungen der bisherigen Modellkonzeption mit dem Leistungsprofil der Decision-Support-Systeme.

7.1.2 Anforderungen an die Datenstruktur

Ziel des im folgenden zu entwickelnden EDV-Systems ist die datentechnische Operationalisierung der bisher entwickelten Systemmodule.[831] Zur Strukturierung der Datensätze und Informationselemente ist hierzu eine wissenschaftsfundierte Datenorganisation zur Bewältigung der Informationskomplexität notwendig. Diesen Gesichtspunkt berücksichtigt auch die betriebswirtschaftliche Literatur in ihren Ausführungen über komplexe Umfeldsituationen.[832] Zu den wesentlichen Eigenschaftsmerkmalen einer ausreichend detaillierten Datenstruktur bei Entscheidungsunterstützungssystemen wird dabei festgestellt, daß diese einen schnellen Zugriff gestatten, leicht zu aktualisieren, sich beliebig auswerten lassen und flexibel verknüpfbar sein muß. Gleichzeitig müssen die Grundanforderungen an eine wirtschaftliche Systemnutzung erfüllt sein.[833]

7.2 Erarbeitung der Systemarchitektur

Die Entwicklung der Gesamtarchitektur für den bisher entwickelten Modellansatz zum gesamtlebenszyklischen Produktmanagement muß unterschiedliche Systemnutzer mit verschiedenen Informationsansprüchen und unterschiedliche Systembetreiber mit verschiedenen Informationsbeiträgen in einer EDV-technischen Gesamtstruktur verbinden. Dies bedingt eine hierarchische und inhaltliche Differenzierung einzelner Bereiche des Gesamtsystems.

---

[829] Vgl. Scheer, A.W. (1990), S. 71.

[830] Vgl. Zilahi-Szabó, M.G. (1995), S. 177.

[831] Bestimmung des Marktes, ethische und OTC-Produkte und F&E-Projekte. Vgl. Abschnitte 2, 3, 4 und 5.

[832] Vgl. Scheer, A.W. (1990), S. 71ff.

[833] Vgl. Stahlknecht, P. (1993), S. 160.

Auch die Informationsflüsse zwischen einzelnen Elementen und Systembetreibern sind im Gesamtsystem sehr komplex. Das System muß unterschiedliche Entscheidungsträger mit verschiedenen Analyseverfahren und -methoden unterstützen, unterschiedliche Planungseinheiten mit verschiedenen Informationsgegenständen (Ergebnisdarstellungen) bedienen, verschiedene Informationslieferanten mit differenzierten Informationsdatenmasken (Analyse und Bewertung) ausstatten und unterschiedliche Systembetreiber mit verschiedenen Handlungsanweisungen anleiten (Systempflege, Gesamtcontrolling). Aufgrund der komplexen Anforderungsstruktur empfiehlt sich für das Gesamtsystem letztlich ein modularer Aufbau. Seine inhaltliche Struktur weist große Analogien zur entwickelten Methodik des Modellansatzes auf und skizziert bereits die Interaktion einzelner Systemelemente. Die Aufbaustruktur des Decision-Support-Systems für die vorliegende Modellkonzeption wird in der folgenden Abbildung 4/70 dargestellt:

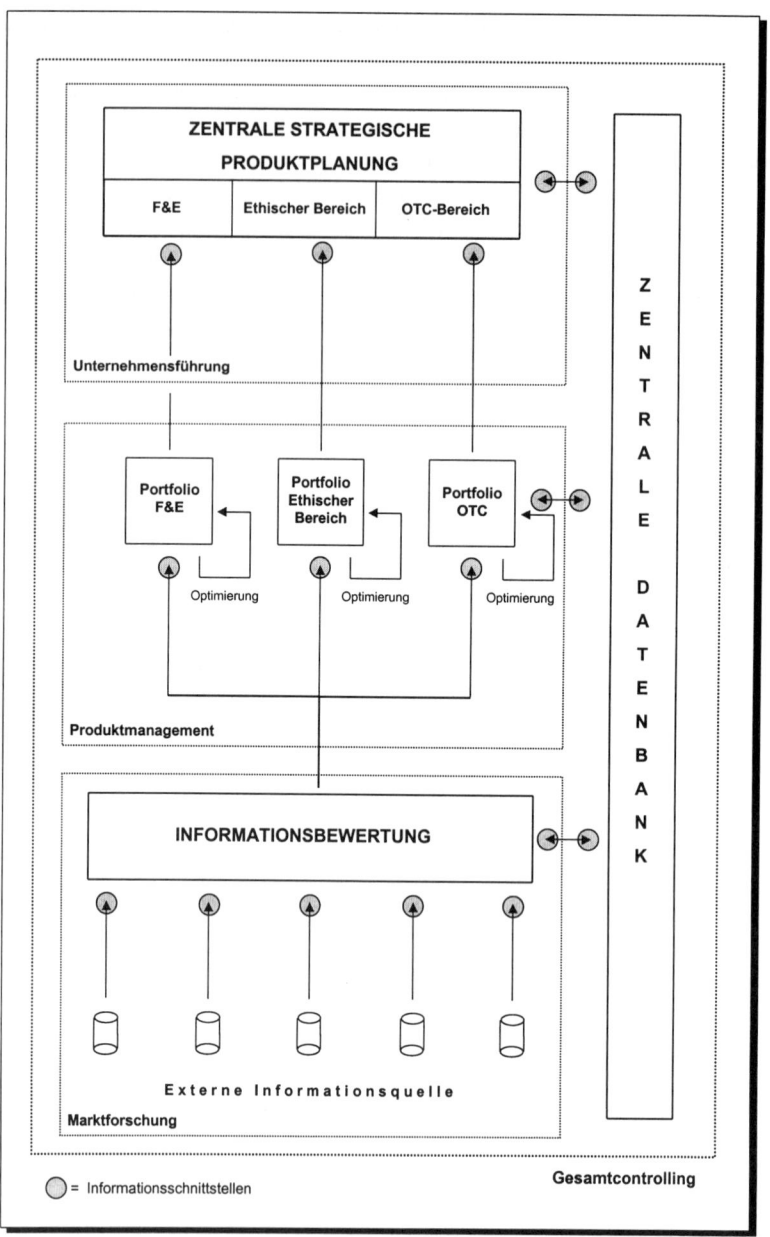

Abb. 4/70 Gesamtarchitektur des EDV-Systems zur Modellkonzeption

Eine methodische Unterstützung der dargestellten Systemstruktur wird in der Literatur durch die Definition und Auflistung einzelner Komponenten von DS-Systemen gegeben. Es wird dabei in "Interaktionskomponenten", "Datenbanksysteme" und "Methodenbanksysteme" unterschieden.[834] Diese Elemente finden sich in den Systemstrukturen in Abbildung 4/70.[835] Die Verbindung der einzelnen Systemkomponenten wird durch die dargestellte Architektur in Form der Informationsflüsse (extern/intern) abgebildet. Zudem unterstützt das Datenbanksystem die Verbindung aller Systeminformationen, da sie als zentraler Informationsspeicher die einzelnen Elemente verbindet.[836] Lediglich das Methodenbanksystem findet keinen visualisierten Niederschlag in der Gesamtarchitektur.[837]

Die Hierarchie der entwickelten Systemarchitektur umfaßt drei wesentliche Ebenen, die nach dem Grad der Entscheidungsverantwortung definiert werden. Auf höchster Hierarchieebene erfolgt dabei die zentrale strategische Produktplanung durch die Unternehmensführung.[838] Hier werden die relevanten Datenstrukturen zur unternehmensweiten strategischen Produktprogrammplanung aggregiert und in den strategischen Entscheidungsfindungsprozeß eingebunden. Die Systemnutzung auf dieser Hierarchieebene hat dabei den Charakter einer informationsverarbeitenden, richtungsweisenden Führungskompetenz und greift auf die bestehenden Datenstrukturen der zentralen Datenbank zu.[839] Als Systemnutzer fungiert das Topmanagement, wobei die Entscheidungen und Analyseergebnisse des Produktmanagements[840] berücksichtigt werden sollten.

Auf der zweiten Hierarchieebene sind die drei Informationsverarbeitungsbereiche der Teillebenszyklen angeordnet, wie sie in der Modellentwicklung methodisch durch die Module II bis IV erarbeitet wurden. Hierzu zählen der Bereich der F&E-Projekte,[841] der Bereich des ethischen Produktportfolios[842] und die OTC-Produkte[843]. Auf dieser Ebene der Systemhierarchie werden dabei die Informationen über Produkte und Projekte aggregiert, modifiziert und verarbeitet, um daraus autonome Entscheidungen des Produkt- bzw. des F&E-Projektmanagements zu ermöglichen. Als Systemnutzer der zweiten Hierarchieebene fungiert das Produktmanage-

---

[834] Vgl. Heinrich, L.J. (1995), S. 193.

[835] Vgl. 7.2.

[836] Vgl. die zentrale Datenbank in Abb. 4/70 in 7.2.

[837] Vgl. Abb. 4/70, ebenda.

[838] Vgl. ebenda.

[839] Vgl. ebenda.

[840] 2. Hierarchieebene, vgl. ebenda.

[841] Vgl. Abschnitt 5 in diesem Kapitel.

[842] Vgl. Abschnitt 4, ebenda.

[843] Vgl. Abschnitt 3, ebenda.

ment der einzelnen Lebenszyklusbereiche. Eine gesamtunternehmerische, richtungsweisende Entscheidungsbefugnis kommt dieser Ebene nicht zu, da langfristige Produktführungsentscheidungen nur durch eine integrierte Gesamtlebenszyklusbetrachtung erfolgen sollten.[844] Dennoch müssen produkt- und projektspezifische Optimierungen innerhalb der Teilportfolios durch die Entscheidungsträger dieser Systemebene kontinuierlich durchgeführt werden. Die Entscheidungsträger sollten dabei turnusmäßig an die gesamtintegrierende zentrale Produktplanung der ersten Hierarchieebene berichten.[845] Als entscheidende Personen der zweiten Systemhierarchie fungieren dabei die Leiter der einzelnen Produktdivisionen bzw. die verantwortlichen Projektmanager.

Die dritte Hierarchieebene der abgebildeten Systemarchitektur umfaßt schließlich zwei wesentliche Unterdimensionen: Dies sind die Informationsbeschaffung und die Informationsbewertung.[846] Dabei sind die Systemaufgaben inhaltlich und personell den einzelnen Organisationseinheiten zuzuordnen. Es müssen aber auch Systemelemente zur Korrektur, Analyse und Neubewertung für bestehende und neue Informationen entwickelt werden.[847]

Als zentrales "Überwachungs- und Integrationselement" muß schließlich auch ein Systemcontrolling entwickelt werden.[848] Dieses muß von den entscheidungsunabhängigen EDV-Spezialisten eingerichtet und betrieben werden. Aufgabe des Systemcontrollings ist dabei die aufbauorganisatorische Integration der Systemelemente und die reibungslose Funktionsweise des Systems. Als ein zentraler Leistungsanspruch muß das Controlling zudem eine hohe Datenqualität innerhalb des Gesamtsystems sicherstellen. Der Aufbau und die Strukturierung der zentralen Datenbank stellen eine weitere Aufgabe dar, die das Gesamtcontrolling erfüllen muß.

7.2.2 Definition der Aufgaben und Informationsflüsse

Die Bestimmung der internen Datenflüsse und Informationsverläufe bildet nach der entwikkelten Systemarchitektur den zweiten Baustein zur Beschreibung des Gesamtsystems. Es wird für die Erarbeitung der informatorischen Ablaufstrukturen dabei zuerst eine graphische Darstellung der Informationsinhalte und -prozesse gewählt, an die sich die verbale Beschreibung anschließt.

---

[844] Vgl. die "Strategische Unternehmensführung" in Abb. 4/70 in 7.2.

[845] Vgl. Abb. 4/70, ebenda.

[846] Vgl. ebenda.

[847] Vgl. die Verfahren zur Einbindung neuer Informationen (Kurvendiskussion) in 3.11.ff.

[848] Vgl. das "Gesamtcontrolling" in Abb. 4/70 in 7.2.

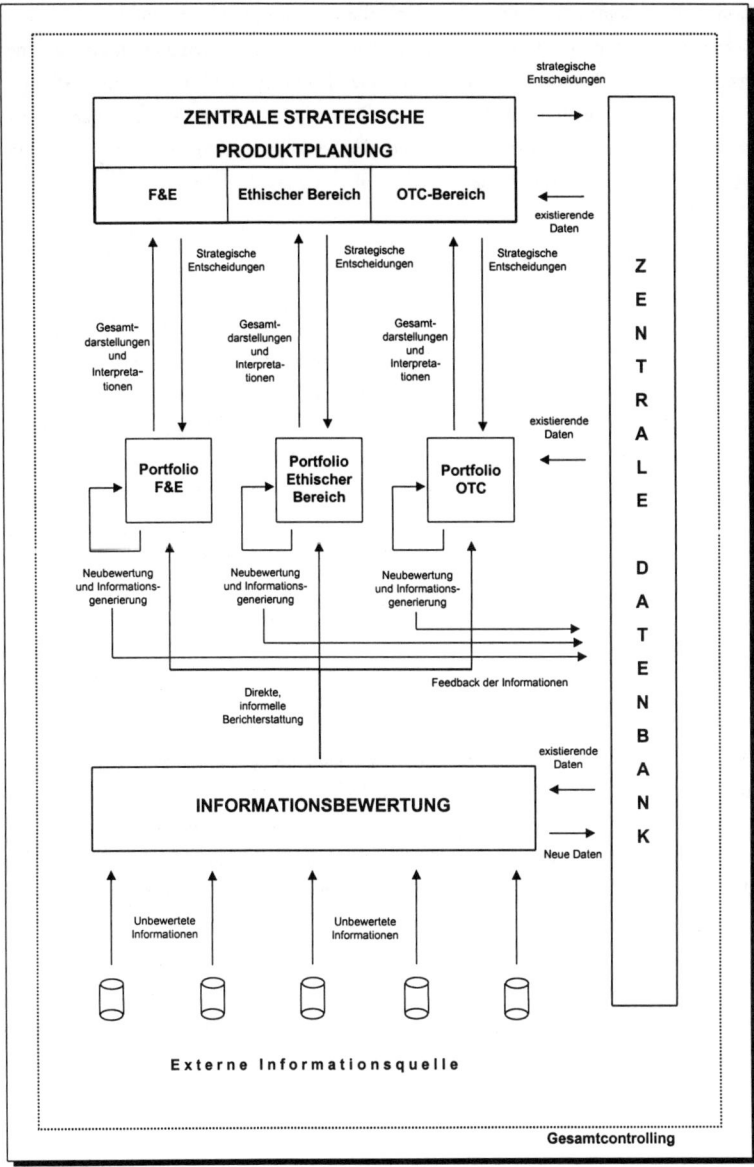

Abb. 4/71   Beschreibung der Informationsflüsse im EDV - Decision-Support-System

Der Darstellung der Informationsflüsse innerhalb des Gesamtsystems ist der hohe Grad der Informationsvernetzung zu entnehmen (vgl. Abb. 4/71). Zu bemerken ist, daß unterschiedliche Informationselemente ("unbewertete Informationen", "Neubewertungen" und "strategische Entscheidungen") in den informatorischen Regelkreisen der verschiedenen Hierarchieebenen zirkulieren und sich kontinuierlich bis zur ersten Hierarchieebene der zentralen strategischen Produktplanung weiter verdichten. Alle Informationen und Entscheidungen fließen kontinuierlich in die zentrale Datenbank ein, die das Gesamtintegrationselement für die verschiedenen Informationskreisläufe bildet.

7.2.3 Systemelemente der DSS - Architektur

Es sollen für die vorliegende Untersuchung abschließend die einzelnen Systemelemente des EDV-Systems mit ihren informatorischen Verbindungen, ihren Aufgabenfeldern und den sie betreibenden Systemakteuren beschrieben werden. Es wird dabei zur verbalen Beschreibung eine Bottom-Up-Vorgehensweise gewählt, mit deren Unterstützung der sukzessive Konkretisierungsprozeß einer unbewerteten, externen Information bis zur Verdichtung in Form eines Bausteines zur strategischen Produktführung aufgezeigt wird. Die Methodik zur hierarchischen Analyse der Informationsflüsse steht dabei nicht im Widerspruch zum Gegenstromcharakter des Gesamtsystems.[849] Der Leser erhält hierdurch einen perspektivischen Eindruck der sukzessiven Informationsverarbeitungskompetenz des entwickelten Systems.

7.2.3.1 Externe Informationsquellen

Die externen Informationsquellen sind die eigentlichen Informationsgeneratoren für die aktualisierte Darstellung gegenwärtiger und zukünftiger Umwelt- und Marktkonstellationen. Zu den Elementen der externen Informationsquellen zählen dabei externe Institutionen, Datenlieferanten oder allgemeine Informationseinrichtungen, die relevante Informationen über die Veränderungen einzelner Umweltdimensionen liefern. Festzustellen ist aufgrund der großen Umweltkomplexität auch die hohe Anzahl der Informationsquellen, die durch netzwerkartige Verflechtungen zwischen dem Unternehmen und seiner externen Umwelt aufgebaut werden müssen. Die große Bedeutung der externen Informationsquellen ergibt sich dabei auch aus der geforderten, engen Informationseinbindung der strategischen Produkt- und Projektführung in dieser Arbeit.[850] Die informationsgenerierenden Personen können dabei sowohl Angehörige der Unternehmen als auch externe Institutionen sein, die von internen Organisationsmitgliedern betreut werden. Die abschließende Bewertung der Informationen sollte jedoch ausschließlich durch unternehmensinterne Experten erfolgen.

---

849 Vgl. Abb. 4/71 in 7.2.2.
850 Vgl. 2.5 in Kapitel II.

7.2.3.2 Informationsbewertung

Das EDV-Systemelement der Informationsbewertung beschreibt die Aufbereitung, Analyse und Bewertung der Daten aus der externen Unternehmensumwelt. Hier werden für die einzelnen Umweltdimensionen die Informationen nach einer umfassenden Eingangsprüfung auf ihren quantifizierten Einfluß auf die einzelnen Prognoseelemente bewertet. Entsprechend der Zugehörigkeit zu unterschiedlichen Umweltdimensionen muß dabei auch die Bestimmung des quantitativen Einflusses durch die verschiedenen Bewertungsverfahren erfolgen (z.b. Kurvendiskussionen, Umweltanalyse, Parameterbestimmung). So kann eine Information beispielsweise die "relative Produktattraktivität" eines Arzneimittels beeinflussen und gleichzeitig die Korrektur einer Teilfunktion bedingen. Die hohe Komplexität der Aufgaben und die notwendige Hinzuziehung von Branchenexperten wird aus den beiden genannten Informationsbeispielen bereits ersichtlich. Als ausführende Personengruppen sollten daher Bewertungs- und Analysegruppen mit Angehörigen aus der Marktforschung, dem F&E- und dem Produktmanagement gebildet werden. Die Einbindung des Elementes der Informationsbewertung in die Gesamtarchitektur besitzt damit enge Verbindungen zum F&E-Projektportfolio und zum ethischen und OTC-Lebenszyklus. Gleichzeitig existieren Schnittstellen zu den externen Informationsquellen und zur zentralen Datenbank.[851]

7.2.3.3 Produktgruppenbereiche

Die Informationselemente des F&E-Projektbereiches, des ethischen und des OTC-Produktbereiches spielen auf der zweiten Hierarchieebene des Gesamtsystems eine Mittlerrolle zwischen der Analyse und Bewertung neuer Informationen der dritten Hierarchieebene und der strategischen Produktführung der ersten Hierarchieebene.[852] Hier werden die Informationen einzelner Produktlebenszyklen in Form einer entscheidungsunterstützenden Struktur dem betreuenden Management aggregiert vorgelegt. Die Produktgruppenbereiche haben dabei die Entscheidungsbefugnis, aus den neuen Informationen innerhalb ihrer Portfolios kurz- und mittelfristige Veränderungen zu beschließen,[853] die einen direkten Einfluß auf die Lebenszyklusverläufe einzelner Produkte und Projekte haben. Wichtig ist dabei, daß sie lediglich zu einer Optimierung innerhalb ihrer Portfoliobereiche führen und keine gesamtstrategische Produktplanung konkurrierend zur zentralen strategischen Produktplanung auf höchster Hierarchieebene durchführen. Das Produkt- und Projektmanagement muß mit der strategischen Unternehmensführung abgestimmt sein.

---

[851] Vgl. Abb. 4/71 in 7.2.2.

[852] Vgl. ebenda.

[853] Vgl. ebenda.

7.2.3.4 Zentrale Strategische Produktplanung

Die "zentrale strategische Produktplanung" integriert schließlich die Datenelemente der einzelnen Portfolios zur langfristigen strategischen Produkt- und Projektführung der ersten Hierarchieebene.[854] Durch sie werden die langfristig wirksamen Entscheidungen für die Produkte und Projekte getroffen.[855] Als Informationsbasis dient dabei die aufbereitete Form der aktualisierten Gewinn-, Umsatz- und Kostenverläufe, die aus der zentralen Datenbank und dem Produkt- und Projektmanagement der zweiten Hierarchieebene gewonnen werden. Sie gehen auf die Modellmethodik aus den Abschnitten 3, 4 und 5 zurück. Die Entscheidungen der zentralen strategischen Produktplanung müssen nach Abschluß des strategischen Neubewertungsprozesses schließlich in der zentralen Datenbank abgelegt werden. Hier schließt sich nach der Methodik des Systems[856] die Neuberechnung der Ergebnisverläufe für einzelne Produkte und Projekte an. Ein umfassendes Monitoringsystem, das die Entscheidungen aufzeichnet, kann hier zur internen Lernfähigkeit der Systemnutzer beitragen.[857] Unter Zugrundelegung der dokumentierten Entscheidungen lassen sich hieraus Analysen zur Richtigkeit einzelner Entscheidungen und zur Wirksamkeit einzelner Maßnahmen und damit zur Qualität der strategischen Führung ableiten. Die in der strategischen Produkt- und Projektplanung einbezogenen Personen sind dabei den langfristigen Zielen der Unternehmensführung (z.B. Wertsteigerung) verpflichtet.

7.2.3.5 Zentrale Datenbank

Dem Systemelement der "zentralen Datenbank" kommt die entscheidende informatorische Integrationsfunktion im Gesamtsystem zu. Sie besitzt zahlreiche Schnittstellen zu den informationsgenerierenden und -verarbeitenden Elementen des Gesamtsystems.[858] Sie muß die einzelnen Informationen aus der externen Umwelt und der strategischen Entscheidungsfindung aufzeichnen und den jeweiligen Systembenutzern in der jeweiligen Form zur Verfügung stellen. Gleichzeitig kann sie die beschriebenen Monitoringaufgaben der einzelnen Entscheidungen übernehmen. Die Pflege der zentralen Datenbank sollte dabei durch das Gesamtcontrolling erfolgen.

---

[854] Vgl. Abb. 4/70 in 7.2.
[855] Vgl. ebenda.
[856] Vgl. ebenda.
[857] Dies kann z.B. vom Gesamtcontrolling eingerichtet und betrieben werden. Vgl. Abb. 4/71 in 7.2.2.
[858] Vgl. ebenda.

7.2.3.6 Gesamtcontrolling

Das "Gesamtcontrolling" hat im Rahmen der EDV-technisch gestützten Modellentwicklung die Aufgabe, die inhaltliche Qualität des Systems und die ablauforganisatorische Sicherheit der Informationsverarbeitungsprozesse sicherzustellen. Die Aufgaben des Gesamtcontrollings können dabei EDV-Experten wahrnehmen, die als interne Dienstleister in spezialisierten Einheiten des Informationsbereiches arbeiten. Für den Fall der notwendigen Systemerweiterung durch die Anpassung bestehender oder die Hinzunahme neuer Elemente hat das Gesamtcontrolling aber auch die Weiterentwicklung der Systemarchitektur zu betreiben. Sie sollte auf dem methodischen Rahmen der vorliegenden Untersuchung (Module I bis IV) und den systemarchitektonischen Grundprinzipien aufbauen. Gleichzeitig sollte das Gesamtcontrolling eine kontinuierliche Kosten-/Nutzenanalyse für das Gesamtsystem unter Zugrundelegung interner Verrechnungssätze für die beteiligten Systemnutzer durchführen. Dies ist zur effizienten Betreibung des Gesamtsystems und zur Vermeidung nicht zuordnungsfähiger Gemeinkosten zwingend notwendig.[859] Nur so kann langfristig die Wirtschaftlichkeit des Gesamtsystems sichergestellt werden.

8 Darstellung eines Beispielfalles

8.1 Entwicklung von Grunddaten

Es wird im folgenden ein Beispielfall für ein Pharmaunternehmen mit drei Produkten im ethischen Bereich, drei Produkten im OTC-Lebenszyklus und einer F&E-Pipeline mit drei Projekten dargestellt, die durch das Management exemplarisch bewertet und anschließend konkurrierend mit und ohne Verwendung des entwickelten Modellansatzes strategisch geführt werden. Ziel ist es, die Berechnung der Lebenszyklen nach der entwickelten Prognosemethodik darzustellen und die positiven Effekte der strategischen Anpassungsprozesse anhand eines gewählten Zahlenbeispieles nachzuzeichnen. Der Zeithorizont der Betrachtung soll dabei auf fünf Perioden festgelegt werden. Auf eine differenzierte Darstellung einzelner Teilfunktionen, die bereits im ethischen und OTC-Produktbereich der vorliegenden Arbeit ausführlich beschrieben wurden,[860] soll verzichtet werden. Vielmehr erfolgt eine Konzentration auf die strategischen Entscheidungsprozesse durch das Management. Es werden im folgenden die Ergebnisse der Teiloptimierungen systematisch beschrieben und die strategische Ausrichtung der Produkte und Projekte durch einzelne Reaktionsannahmen fundiert.

Die notwendigen Ausgangswerte werden im folgenden zuerst für die ethischen Produkte, danach für die OTC-Produkte und schließlich für die F&E-Projekte angegeben. Dabei wird da-

---

[859] Vgl. Stahlknecht, P. (1993), S. 160.

[860] Vgl. 3.7 bis 3.9 sowie die Kurvendiskussion bei Umweltveränderungen in 3.11.ff.

von ausgegangen, daß das Unternehmen eine strategische Ausrichtung der Produkte und Projekte zu Beginn der srsten Periode durchgeführt hat. Die Grundinformationen zum ethischen Produktbereich werden in der folgenden Tabelle (4/27) abgebildet:

Ethische Produkte:	Produkt A	Produkt B	Produkt C
Periode 1			
Therapiefeld	VI	VII	VIII
Marktvolumen (mio GE)	200	300	150
Optimaler Preis	15	25	44
Marktanteil (in %)	20	15	10
Marktanteil (absolut, mio GE)	40	45	15
Kosten der optimalen Menge (")	32	41	13
Periode 2			
Therapiefeld	VI	VII	VIII
Marktvolumen (mio GE)	200	300	150
Optimaler Preis	16	27	42
Marktanteil (in %)	18	12	8
Marktanteil	36	36	12
Kosten der optimalen Menge (")	32	29	8
Periode 3			
Therapiefeld	VI	VII	VIII
Marktvolumen (mio GE)	200	300	150
Optimaler Preis	16	28	40
Marktanteil (in %)	18	11	6
Marktanteil	36	33	9
Kosten der optimalen Menge (")	27	25	4
Periode 4			
Therapiefeld	VI	VII	VIII
Marktvolumen (mio GE)	200	300	150
Optimaler Preis	16,5	29	40
Marktanteil (in %)	15	8	5
Marktanteil	30	24	7,5
Kosten der optimalen Menge (")	24	19	4
Periode 5			
Therapiefeld	VI	VII	VIII
Marktvolumen (mio GE)	200	300	150
Optimaler Preis	14	28	40
Marktanteil (in %)	12	6	4
Marktanteil	24	18	6
Kosten der optimalen Menge (")	21	14	4

Tab. 4/36   Umsatz- und Kostendaten nach Gewinnoptimierungen - Ethischer Lebenszyklus

Auch für den OTC-Lebenszyklusbereich werden die zentralen Informationen zur weiteren Produktentwicklung für den Beginn der Periode 1 angegeben. Sie werden in Tabelle 4/28 aufgeführt. Nach den methodischen Ausführungen werden unterschiedlich zum ethischen Lebenszyklusbereich nur die aggregierten Umsatz-, Kosten- und Gewinngrößen abgebildet. Sie ergeben sich nach der Methodik der vorliegenden Untersuchung aus der Bestimmung der Teilfunktionen, die analog zum Vorgehen im ethischen Lebenszyklusbereich durch das Management abgeschätzt wurden.[861] Wie im ethischen Lebenszyklusbereich wurden dabei dem Management neben den Umwelt- und Regressionsanalysen auch die Ergebnisse zu den Produkt- und Vertriebsparametern vorgelegt. Zudem ergänzen im OTC-Bereich Labortestverfahren und experimentelle Konsumentenstudien die Ergebnisse.[862]

OTC-Produkte:	Produkt D	Produkt E	Produkt F
Ergebnisse der Gewinnoptimierung - Periode 1:			
Gewinn (mio GE) / Preis (GE)	5 / 15	2 / 10,5	2 / 19
Umsatz (mio GE)	25,5	10,5	35,5
Kosten (mio GE)	20,5	8,5	33,5
Ergebnisse der Gewinnoptimierung - Periode 2:			
Gewinn (mio GE) / Preis (GE)	2 / 16	2 / 10	1 / 20
Umsatz (mio GE)	27,5	12	30,5
Kosten (mio GE)	25,5	10	29,5
Ergebnisse der Gewinnoptimierung - Periode 3:			
Gewinn (mio GE) / Preis (GE)	2,5 / 16	3 / 10	2 / 20
Umsatz (mio GE)	29,5	14,5	26,5
Kosten (mio GE)	27	11,5	24,5
Ergebnisse der Gewinnoptimierung - Periode 4:			
Gewinn (mio GE) / Preis (GE)	5 / 16	2 / 10	2 / 21
Umsatz (mio GE)	29,5	15,5	22,5
Kosten (mio GE)	26,5	12,5	21,5
Ergebnisse der Gewinnoptimierung - Periode 5:			
Gewinn (mio GE) / Preis (GE)	2,5 / 17	3 / 10	1,5 / 21
Umsatz (mio GE)	27,5	17,5	19,5
Kosten (mio GE)	25	14,5	18

Tab. 4/37   Umsatz- und Kostendaten zum Beispielfall - OTC-Lebenszyklus

---

[861] Vgl. für den OTC-Bereich 4.3.3.
[862] Vgl. 4.3.2.

Wie bei der methodischen Erarbeitung werden auch im skizzierten Beispielfall die komplexesten Datenstrukturen im F&E-Lebenszyklusbereich verarbeitet. Hier müssen Angaben zu den Risikoprofilen und den späteren Marktchancen der Projekte gemacht werden. Insbesondere die Teilrisiken einzelner Projekte müssen detailliert beschrieben und danach berechnet werden.[863] Für die Marktchancen werden dazu die Zielmärkte der in der Entwicklung befindlichen Substanzen mit ihren jeweiligen Marktvolumina angegeben. In Verbindung mit den erwarteten prozentualen Marktanteilen ergeben sich letztlich die absoluten Marktanteile in den Perioden nach der Marktzulassung. Auch die erwarteten Entwicklungskosten bis zur Marktzulassung für die F&E-Projekte werden angegeben.[864] Sie bilden die Grundlage für die Bestimmung des Kostenlebenszyklus im F&E-Bereich vor der Marktzulassung und ermöglichen damit die gesamtlebenszyklische Erfolgsdarstellung eines Projektes.

	Projekt G	Projekt H	Projekt I
Projektrisiken:			
technisches Risiko:	10%	35%	30%
Redundanzrisiko:	20%	25%	25%
Marktzulassungsrisiko:	5%	20%	20%
Einsatzgebiete:			
Therapiegebiete:	I, III	II	IV, V
Marktvolumen der Therapiegebiete (mio GE):	I: 300 ; III: 500	II: 250	IV: 350 ; V: 400
Projektkosten:			
Erwartete Zulassungsperiode:	2	4	3
Periode 1 (mio GE):	2	5	4
Periode 2:		4	5
Periode 3:		3	
Erwartete Marktanteile in Zielmärkten (bei Zulassung):			
Periode 2:	5%		
Periode 3:	10%		5%
Periode 4:	15%	5%	8%
Periode 5:	20%	7%	12%

Tab. 4/38   Verschiedene Projektdaten im F&E-Lebenszyklus für den Beispielfall

---

863 Vgl. die methodische Erarbeitung des Gesamtrisikos eines Projektes über Teilrisiken in 5.4.6.2.

864 Vgl. die Verfahren zur dynamischen Projektkostenkalkulation in 5.4.8.

8.1.1 Vorgehensmethodik

Nach der Angabe der Grunddaten für die ethischen und OTC-Produkte und die drei F&E-Projekte muß nun die weitere Vorgehensweise beschrieben werden, mit der die Modellkonzeption der vorliegenden Untersuchung auf ihre Leistungsfähigkeit zur Verbesserung der Erfolgslebenszyklen anhand des Beispielfalles getestet wird.

Im ersten Schritt erfolgt zu Beginn der Periode 1 eine Berechnung der Umsatz-, Kosten- und Erfolgslebenszyklen für die drei Lebenszyklusbereiche[865] der ethischen und der OTC-Produkte sowie für die F&E-Projekte. Daran anschließend müssen Umweltveränderungen generiert werden, die zu einer veränderten Umsatz-, Kosten- und Erfolgssituation führen. In einem dritten Schritt erfolgt dann die Fallunterscheidung und damit die eigentliche Bewertung des entwickelten Modellansatzes: In einem ersten Fall (Referenzgröße) werden die Gewinn-, Umsatz- und Kostenzyklen nach der Einbeziehung der neuen Informationen berechnet, ohne daß die Methodik und Prozesse der vorliegenden Untersuchung die Umsatz-, Kosten- und Erfolgslebenszyklen angewendet werden.[866] Danach werden die Verfahren und Prozesse der vorliegenden Untersuchung angewendet, um eine neue strategische Ausrichtung der F&E-Projekte, der ethischen Produkte und der OTC-Produkte zu erreichen. Auch hier werden konkurrierend zum ersten Fall die Umsatz-, Kosten und Erfolgslebenszyklen berechnet.

Nach der vollständig durchgeführten Fallunterscheidung muß danach eine kritische Gegenüberstellung der beiden aufgezeigten Fälle erfolgen, um die Unterschiede durch die erarbeitete Modellkonzeption auf die Umsatz-, Kosten- und Erfolgslebenszyklen zu bestimmen. Die beschriebenen Elemente und Teilschritte der weiteren Erarbeitung sind der folgenden Abbildung 4/72 zu entnehmen:

---

[865] Ethischer, OTC- und F&E-Projektlebenszyklus, vgl. die Abschnitte 3, 4 und 5 dieses Kapitels.
[866] Vgl. Abb. 4/72.

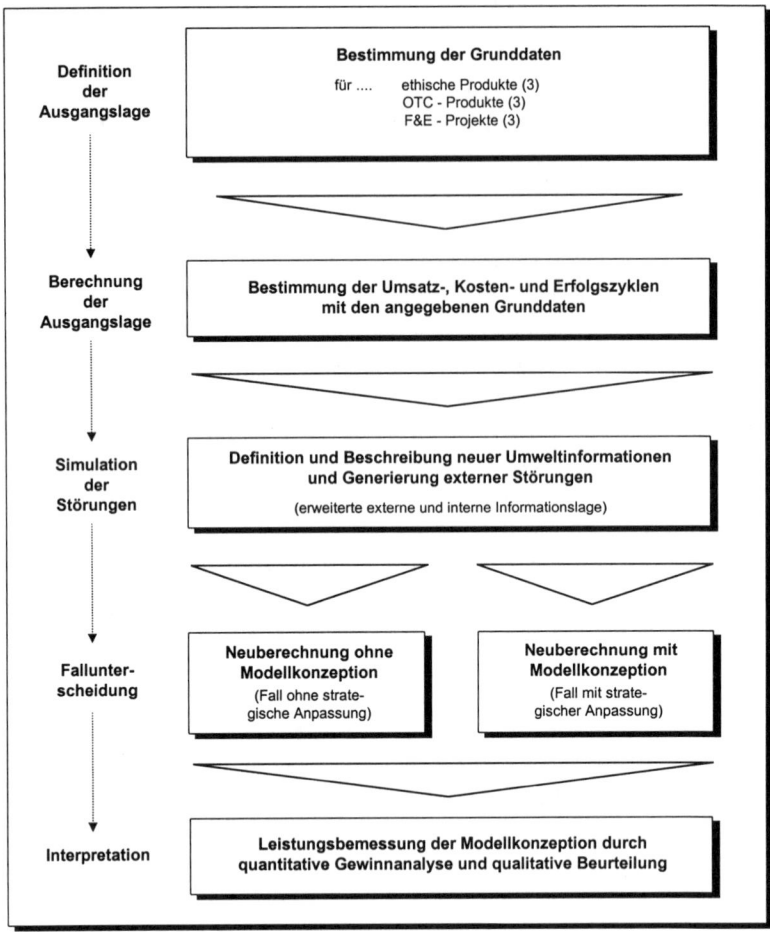

Abb. 4/72   Vorgehensweise zur Leistungsbeurteilung der Modellkonzeption

8.1.2 Berechnung der Ausgangslage

Im ersten Schritt müssen zur Bestimmung der Ausgangssituation die Umsatz-, Kosten- und Gewinnzyklen für die bestehenden ethischen und OTC-Produkte sowie für die F&E-Projekte für die folgenden 5 Perioden berechnet werden. Dies stellt den Ausgangsfall konstanter Informationen dar, auf dem danach Störungen durch neue Informationen und die Fallunterscheidung mit und ohne Verwendung der entwickelten Modellkonzeption aufbauen. Die dynamische Bestimmung der Gewinn-, Umsatz- und Kostenpositionen vollzieht sich für ethische und OTC-Produkte im skizzierten Beispielfall dabei durch einzelne Teilfunktionen, die danach einen gewinnoptimalen Preis für eine Periode ausweisen, der abschließend durch die strategische Ausrichtung des Produktes an der dynamischen Preisentwicklung ausgerichtet werden muß.[867] Für die F&E-Projekte müssen jedoch noch weitere Berechnungen zu den Risiko- und Marktchancenparametern durchgeführt werden. Erst danach können die absoluten Marktanteile für einzelne zukünftige Perioden angegeben werden.[868] Die folgende Bestimmung und Berechnung der Risiken eines Projektes orientiert sich dabei an der Methodik der vorliegenden Untersuchung:[869]

Risikoberechnungen:	Projekt G	Projekt H	Projekt I
technisches Risiko	10 %	35 %	30 %
Redundanzrisiko	20 %	25 %	25 %
Marktzulassungsrisiko	5 %	20 %	20 %
Berechnung des Gesamtrisikos = (1 - (1-technisches Risiko) · (1-Redundanzrisiko) · (1-Marktzulassungsrisiko))			
Berechnungsformel	1 - (0,9 · 0,8 · 0,95)	1-(0,65 · 0,75 · 0,8)	1-(0,7 · 0,75 · 0,8)
Gesamtrisiko des Projektes	31,6 %	61 %	58 %

Tab. 4/39   Risikoberechnung der F&E-Projekte für den Beispielfall

Der zweite Berechnungsschritt im F&E-Projektbereich muß die erwarteten zukünftigen Umsätze erarbeiten, wie sie sich als Erwartungswerte aus den absoluten Marktanteilen und den korrespondierenden Risiken ergeben. In den Grunddaten wurden dabei bereits die Zieltherapiegebiete mit ihren absoluten Marktvolumina angegeben. Nach der Bestimmung der Marktanteile können somit weitere Berechnungen zu den Marktchancen für einzelne F&E-Projekte erfolgen (Projekte G, H und I). Die Marktchancen sind dabei die Ergebnisse der wahrscheinlichkeitsgewichteten Szenarioergebnisse, die zuvor in diesem Kapitel methodisch erarbeitet wurden:[870]

---

[867] Vgl. die Erarbeitung in 3.8.
[868] Vgl. die Methodik in 5.4.5.
[869] Vgl. die Ausführungen in 5.4.
[870] Vgl. die Erarbeitung in 5.4.5.

Umsatzberechnung (absolut)

	Projekt G	Projekt H	Projekt I
Therapiegebiete	I, III	II	IV, V
Marktvolumen (mio GE)	300, 500	250	350, 400

Marktanteil (prozentual):

Periode 1	0	0	0
Periode 2	5%	0	0
Periode 3	10%	0	5%
Periode 4	15%	5%	8%
Periode 5	20%	7%	12%

Marktanteile (absolut):

Periode 1	--	--	--
Periode 2	40	--	--
Periode 3	80	--	37,5
Periode 4	120	12,5	60
Periode 5	160	17,5	90

Gesamtrisiko:	31,6%	61%	58%

Erwartungswerte des Umsatzes (Absoluter Marktanteil · (1 - Gesamtrisiko)):

Periode 1	--	--	--
Periode 2	27,36		
Periode 3	54,72		25,75
Periode 4	82,08	4,875	25,2
Periode 5	109,44	6,83	37,8

Kostenangaben:

Projektkosten:

Periode 1	2	5	4
Periode 2		4	5
Periode 3		3	

Kosten der abgesetzten Menge:	Im Beispiel: 70% des Umsatzwertes (pauschal)

Tab. 4/40 F&E-Projektdaten und Berechnungen für die Projekte G, H und I

Es wird nach der definierten Vorgehensweise davon ausgegangen, daß zu Beginn der ersten Periode noch keine externen Umweltveränderungen bestehen, die zu einer Aktualisierung der einzelnen Teilfunktionen und damit zu einer veränderten Berechnung der Produkte und F&E-Projekte führen. Dies könnten z.b. Aktionen der allgemeinen Öffentlichkeit oder Veränderungen der Umweltdimension "Politik und Gesetzgebung" sein, wie sie bereits mit ihrem Einfluß auf die einzelnen Funktionen und die Parameter der F&E- Projekte diskutiert wurden. Auch wird davon ausgegangen, daß noch keine neuen strategischen Entscheidungen des Managements zur Neuausrichtung der Produkte und Projekte getroffen wurden. Das bedeutet, daß alle Produkte und Projekte zu Beginn der ersten Periode nach der bestehenden Datenstruktur strategisch ausgerichtet sind - auf Grundlage der einzelnen Vorarbeiten und Optimierung der Periodengewinne. Es ergibt sich damit zu Beginn der ersten Periode die folgende Gesamtberechnung für die erwarteten Gewinn-, Umsatz- und Kostenverläufe.[871]

	Produkt A	Produkt B	Produkt C	Produkt D	Produkt E	Produkt F	Projekt G	Projekt H	Projekt I
Periode 1									
Umsatz (mio GE)	40	45	15	25,5	10,5	35,5	-	-	-
Kosten (mio GE)	32	41	13	20,5	8,5	33,5	2	5	4
Gewinn (mio. GE)	8	4	2	5	2	2	-2	-5	-4
Periode 2									
Umsatz	36	36	12	27,5	12	30,5	27,36	-	-
Kosten	32	29	8	25,5	10	29,5	19,152	4	5
Gewinn	4	7	4	2	2	1	8,208	-4	-5
Periode 3									
Umsatz	36	33	9	29,5	14,5	26,5	54,72	-	25,75
Kosten	32	29	8	27	11,5	24,5	38,304	3	18,025
Gewinn	4	4	1	2,5	3	2	16,416	-3	7,725
Periode 4									
Umsatz	30	24	7,5	29,5	15,5	22,5	82,08	4,875	25,2
Kosten	24	19	4	26,5	12,5	21,5	57,456	3,4125	17,64
Gewinn	6	5	3,5	3	3	1	24,624	1,4625	7,56
Periode 5									
Umsatz	24	18	6	27,5	17,5	19,5	109,44	6,83	37,8
Kosten	21	14	4	25	14,5	18	76,608	4,781	26,46
Gewinn	3	4	2	2,5	3	1,5	32,832	2,049	11,34

Tab. 4/41 Berechnung der Gewinn-, Umsatz- und Kostenpositionen für einzelne Perioden

---

[871] Die Kostenlebenszyklen in den Marktphasen werden im F&E-Bereich ausgehend von den berechneten Umsatzverläufen abgeleitet (70 % des Umsatzwertes - pauschal), vgl. Tab. 4/41.

Zur graphischen Abbildung der errechneten Umsatz-, Kosten- und Gewinnlebenszyklen werden im folgenden die errechneten Periodenergebnisse in absoluten Größen abgebildet. Es erfolgt dabei eine Unterteilung in ethische Produkte, OTC-Produkte und F&E-Projekte. Die jeweiligen Verläufe im F&E-Projektbereich werden dabei auf Grundlage risikogewichteter Erwartungswerte dargestellt. Die weiteren Projektkosten bis zur Zulassung werden hingegen in absoluter Höhe angegeben, da sie in voller Höhe anfallen werden, solange das Management nicht die Einstellung eines Projektes beschließt.

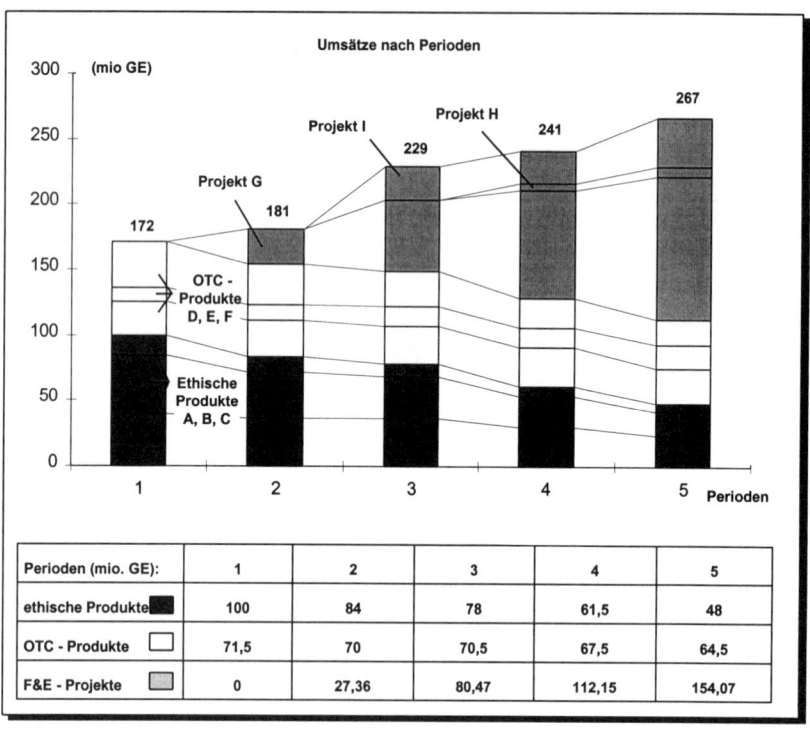

Abb. 4/73   Periodenumsätze nach Produkten und Projekten - Ausgangsfall

Perioden (mio. GE):	1	2	3	4	5
ethische Produkte	100	84	78	61,5	48
OTC - Produkte	71,5	70	70,5	67,5	64,5
F&E - Projekte	0	27,36	80,47	112,15	154,07

Die drei ethischen Produkte mit ihren Umsatzbeiträgen nach einzelnen Perioden wurden in Abbildung 4/73 dunkelgrau hervorgehoben. Es handelt sich dabei um die Ergebnisse nach der Gewinnoptimierung über den Preis, wie sie in der vorliegenden Untersuchung entwickelt wurden.[872] Die OTC-Produkte wurden hingegen mit ihrem Verlauf für die Perioden 1 bis 5 weiß dargestellt. Sie ergeben sich aus den Optimierungsergebnissen, die auf den durch das Management abgeschätzten Teilfunktionen des OTC-Produktbereiches aufbauen.[873] Die

---

[872] Vgl. 3.6 in diesem Kapitel.
[873] Vgl. 4.3 in diesem Kapitel.

F&E-Projekte schließlich wurden mit ihren risikogewichteten Erwartungswerten in den Marktphasen 1 bis 5 hellgrau dargestellt. Es ist dabei zu erkennen, daß das Projekt G in Periode 3 in den Markt eintritt, die Projekte H und I hingegen erst in den Perioden 4 bzw. 5 Umsätze erzielen. Ein Unterschied ist hingegen für den Kostenverlauf der F&E-Projekte festzustellen: Hier fallen Projektkosten bereits in den ersten Perioden vor der eigentlichen Marktzulassung in beträchtlicher Höhe an. Dies ist auch der folgenden Abbildung zu entnehmen. Sie stellt die jeweiligen Kostenverläufe dar:

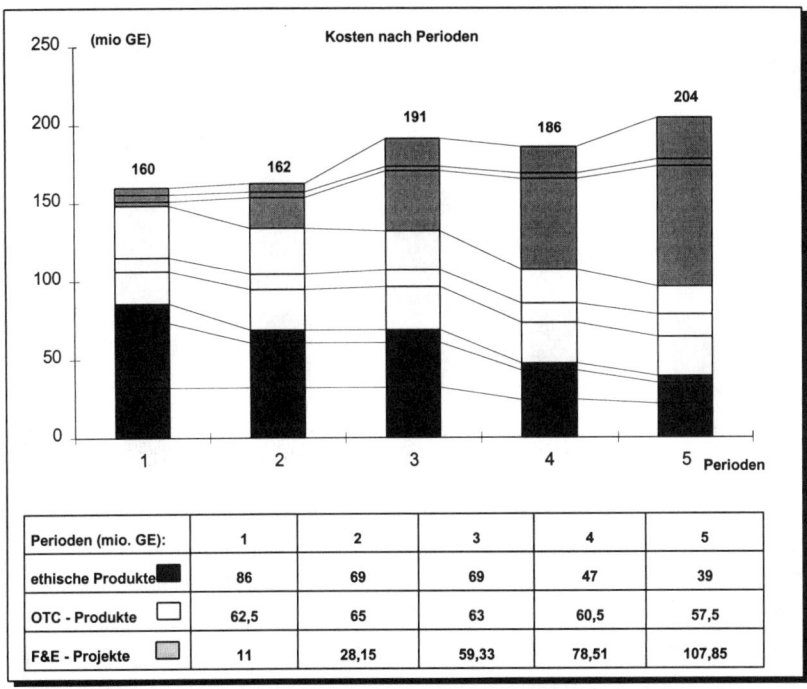

Perioden (mio. GE):	1	2	3	4	5
ethische Produkte	86	69	69	47	39
OTC - Produkte	62,5	65	63	60,5	57,5
F&E - Projekte	11	28,15	59,33	78,51	107,85

Abb. 4/74   Periodenkosten nach Produkten und Projekten - Ausgangsfall

Der Kostenübersicht ist zu entnehmen, daß die Projektkosten der Projekte G, H und I in den Perioden vor der Markteinführung bereits erhebliche Volumina erreichen, diesen Kosten jedoch noch keine Umsätze gegenüberstehen. Nach dem Markteintritt werden die F&E-Projektkosten hingegen von den Kosten der abgesetzten Mengen der neuen Produkte in den zusätzlichen Therapiefeldern ersetzt.[874]

Es werden im folgenden die dynamischen Gewinnverläufe für die einzelnen Umsatzträger angegeben. Sie dokumentieren den Ausgangszustand für den skizzierten Beispielfall, in den im

---

[874] Vgl. Abb. 4/74.

Anschluß neue Informationen eingebunden werden, bevor die strategische Produkt- und Projektführung nach der entwickelten Methodik eingesetzt und hinsichtlich ihrer Leistungsfähigkeit bewertet wird. Der Periodengewinn war dabei die zentrale Zielgröße bei der Optimierung der einzelnen Periodenergebnisse im ethischen und OTC-Produktbereich durch den Preis. Im F&E-Lebenszyklus standen hingegen die Marktchancen im Vordergrund, die sich jedoch bei einer zum Umsatzvolumen deutlich niedrigeren Kostenstruktur ebenfalls in eine Gewinnfunktion überführen läßt:[875]

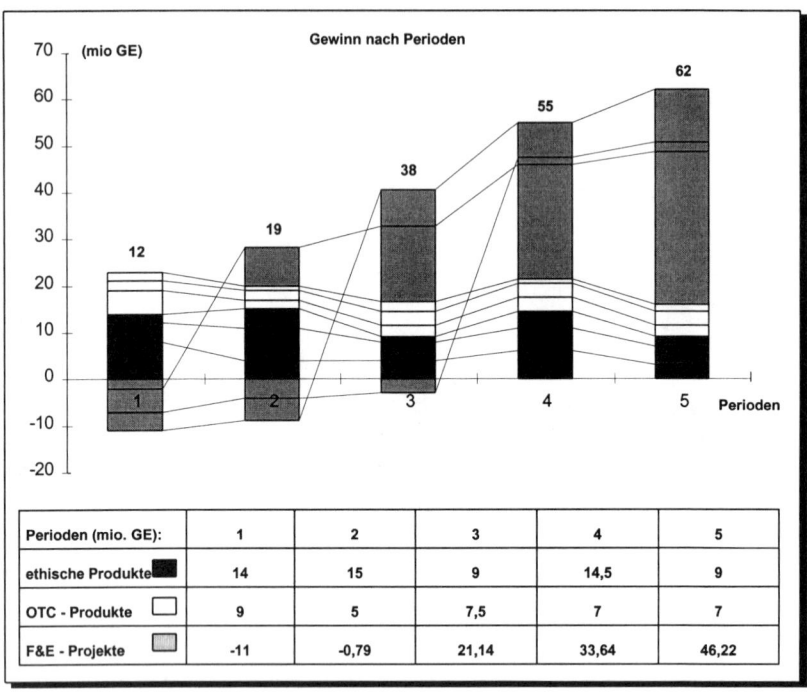

Perioden (mio. GE):	1	2	3	4	5
ethische Produkte	14	15	9	14,5	9
OTC - Produkte	9	5	7,5	7	7
F&E - Projekte	-11	-0,79	21,14	33,64	46,22

Abb. 4/75 Periodengewinne nach Produkten und Projekten - Ausgangsfall

Man erkennt für die F&E-Projekte, daß die negativen Erfolgsbeiträge in den Entwicklungsphasen im Moment der Markteinführung in positive Erfolgsbeiträge umgewandelt werden. Gleichzeitig wird in den weiteren Marktlebenszyklusphasen die exponentielle Gewinnsteigerung der F&E-Projekte erkennbar, die sich aus dem pharmazeutischen Diffusionsprozeß für innovative Substanzen[876] und den Patentschutz in den ersten Perioden nach der Zulassung ergibt. Zudem ist der abgebildeten Optimierung der Periodengewinn für bestehende Produkte zu entnehmen. Er weist bei ethischen Produkten bis zur fünften Periode deutliche Substitutions-

---

[875] Vgl. Abb. 4/75.
[876] Vgl. 1.2.2 in Kapitel III.

effekte auf. Für die OTC-Produkte (D, E und F) sind in den durch das Marketing getriebenen Produktmärkte hingegen geringere Degenerationseffekte festzustellen.

Die gewählten Beispieldaten stellen im Ausgangszustand eine sehr positive Entwicklung für die F&E-Pipeline in den zukünftigen Marktphasen dar. Dennoch muß darauf hingewiesen werden, daß die risikogewichteten Erwartungswerte der F&E-Projekte keine sicheren Umsatz- und Erfolgsbeiträge darstellen, wie es bereits in der theoretischen Modellentwicklung mehrfach erörtert und kritisch untersucht wurde. Es handelt sich inhaltlich um risikogewichtete Erwartungswerte, die vollständig ausfallen, wenn ein F&E- Projekt die spätere Marktzulassung nicht erreicht.[877] Auch verändern sich die Umsatz- und Gewinnpositionen über das Risiko entsprechend der Anpassung einzelner Projektteilrisiken an die neuen Informationen im F&E-Bereich.

8.2 Neue Informationen und externe Störungen

Um die Anpassungsfähigkeit an veränderte Umweltzustände und die strategische Neuausrichtung der Produkte und Projekte mit der entwickelten Modellkonzeption zu dokumentieren, werden in der folgenden Tabelle mehrere Veränderungen der Umweltdimensionen angegeben. Sie beeinflussen die einzelnen Teilfunktionen, die wiederum zu veränderten Gewinn-, Umsatz- und Kostenzyklen nach der Optimierung über den Preis führen. Im F&E-Bereich werden zusätzlich interne Erkenntnisstände geschaffen, die Einfluß auf die jeweiligen Parameter der einzelnen Projekte haben. Die neuen Informationen treten dabei für die untersuchten neun Umsatzträger im Verlauf der ersten Periode auf und beeinflussen im dargestellten Untersuchungsfall die Perioden 2 bis 5.

---

[877] Vgl. die Risikoanalyse im F&E-Projektbereich in 5.4.6.2.

Veränderungen der externen Umwelt (in Periode 1):	
Neue Informationen zum ethischen Produktbereich:	
Produkt A	Großer Protest wegen der möglichen Suchtwirkungen, die bisher für die Produkte wie Produkt A nicht bekannt waren. Das Produkt wird in der öffentlichen Diskussion nicht genannt.
Einschätzung durch das Management:[878]	Das Marktvolumen reduziert sich um 25% über die nächsten 2 Jahre,[879] danach nimmt es wieder das alte Niveau an. Die Kosten der umgesetzten Mengen fallen anteilig proportional.

Neue Informationen zum OTC- Produktbereich (z.B.):

Produkt D	Die gewählte Marketingstrategie bei Produkt D hat großen Erfolg.
Einschätzung durch das Management:	Die Umsatzerwartungen werden um 10% für die Perioden 2 bis 4 erhöht, für Periode 5 bleiben sie konstant.[880]

Neue F&E- Projektinformationen (z.B.):

Projekt G	Die zu entwickelnde Wirksubstanz weist in einer späten Testphase bisher nicht bekannte Nebenwirkungen auf. Das Zulassungsrisiko steigt auf 20%.[881]
Projekt I	Neue Erkenntnisse reduzieren das Zulassungsrisiko auf 10%. Die Wirksubstanz kann zudem in einem weiteren Therapiegebiet eingesetzt werden (Gebiet XI).[882]

Tab. 4/42   Neue Informationen in Periode 1 für den Beispielfall

Anhand des skizzierten Beispielfalles muß nun gezeigt werden, wie die neuen Informationen der externen Umwelt nach der Methodik der vorliegenden Untersuchung in die Berechnungen einbezogen werden. Es ergeben sich dabei deutliche Veränderungen für die Marktanteile und -volumina bei den bestehenden Produkten, im F&E-Bereich vollziehen sich neben den neuen externen Umweltveränderungen auch intern bedingte Korrekturen der einzelnen Projektparameter.

Die Veränderungen für einzelne Produkte und Projekte werden in der folgenden Tabelle abgebildet. Auch werden bereits die Konsequenzen für einzelne Produktmärkte und Projektdaten dargestellt. Die Diskussion einzelner Teilfunktionen, die letztlich die angegebenen Verände-

---

[878] Vgl. die Kurvendiskussionsverfahren in 3.11.

[879] Parallelverschiebung der Marktwachstumsfunktion nach unten, vgl. 3.11.2.3.

[880] Vgl. die Marktanteilsfunktion für OTC-Produkte in 4.3.3.1.

[881] Vgl. die Berechnungsverfahren zum Projektrisiko in 5.4.6.

[882] Vgl. ebenda und 5.4.5.

rungen erst mathematisch beschreibbar machen, soll nicht erneut nach den ausführlichen Bemerkungen in der Modellentwicklung zur Einbindung neuer Informationen[883] erarbeitet werden. Vielmehr werden die Ergebnisse aggregiert aufgeführt, um eine straffe und schlüssige Argumentation zu ermöglichen, die im folgenden konsequent die Fallunterscheidung mit und ohne Anwendung der strategischen Managementprozesse ermöglicht.

Auswertungen der neuen Informationen:

ETHISCHE PRODUKTE:

	BESTEHENDE INFORMATIONEN:	AKTUALISIERTE INFORMATIONEN:
Produkt A	Altes Marktvolumen Periode 2, 3, 4, 5 (mio. GE) 200, 200, 200, 200	Neuberechnung des Marktvolumens (mio. GE): 150, 150, 200, 200

OTC - PRODUKTE:

Produkt D	Alte Umsätze Perioden 2, 3, 4 (mio. GE): 29,5; 29,5; 27,5	Neuberechnung der Umsätze (mio. GE): 32,5; 32,5; 27,5
	Alte Kosten Perioden 2, 3, 4 (mio. GE): 27; 26,5; 25	Neue Kosten 2, 3, 4 (mio. GE): 29; 28; 27

F&E - PROJEKTE:

Projekt G	Altes Zulassungsrisiko: 5%	Neues Zulassungsrisiko: 20%
	Altes Gesamtrisiko: 31,6%	Neues Gesamtrisiko: 42,4%
Projekt I	Altes Zulassungsrisiko: 20%	Neues Zulassungsrisiko: 10%
	Altes Gesamtrisiko: 58%	Neues Gesamtrisiko: 52,75%
	Neue Umsätze aus Therapiegebiet XI (Perioden 3, 4, 5 in mio. GE, in Klammern bereits die Erwartungswerte mit neuem Gesamtrisiko): 10; 25; 40 (4,7; 12; 19)	Neue Kosten aus Therapiegebiet XI (Perioden 3, 4, 5 in mio. GE): 7; 17,5; 28 (3,3; 8,4; 14,7)

Tab. 4/43   Bewertungen und Veränderungen durch neue Informationen

---

[883] Vgl. 3.10 in diesem Kapitel.

8.3 Kritische Prüfung und Bewertung der Modellkonzeption

8.3.1 Fall ohne strategische Anpassung

Die Veränderungen der externen Umwelt führen zu zahlreichen Korrekturen der Periodenausprägungen einzelner Gewinn-, Umsatz- und Kostengrößen bei ethischen und OTC-Produkten. Neben den externen Veränderungen beeinflussen auch die neuen internen Erkenntnisse zu den F&E-Aktivitäten die zukünftigen Umsatz- und Gewinnerwartungen der Projekte. Besonders vielschichtig sind dabei die Veränderungen im F&E-Projektbereich, in dem sich neben den korrigierten Markterwartungesn auch die Risikostrukturen verändern.[884] Für Projekt I ergeben sich zum einen deutliche Veränderungen der Erwartungswerte durch die neue Risikostruktur. Zum anderen werden aber auch bedeutende zusätzliche Umsatzgrößen durch das neu identifizierte Therapiegebiet ermöglicht, in denen die entwickelte Wirksubstanz eingesetzt werden kann. Die Neuberechnungen aufgrund der veränderten Informationsstruktur sind der folgenden Tabelle 4/35 zu entnehmen. Ihr liegen noch keine strategischen Anpassungen mit der entwickelten Modellkonzeption zugrunde.

	Produkt A	Produkt D	Projekt G	Projekt I		
				Veränderung durch neues Risiko	Veränderung durch neues Einsatzgebiet	Aggregierte Gesamtveränderung
Periode 2						
Umsatz (mio GE)	30	30,2	16,96			
Kosten (mio GE)	24	27	11,87			
Periode 3						
Umsatz (mio GE)	27	32,5	33,92	17,71	4,7	22,41
Kosten (mio GE)	24	29	23,74	12,4	3,3	15,7
Periode 4						
Umsatz (mio GE)	30	32,5	50,88	28,35	12	40,35
Kosten (mio GE)	24	28	35,62	19,8	8,4	28,2
Periode 5						
Umsatz (mio GE)	24	27,5	67,84	42, 525	19	61,525
Kosten (mio GE)	21	27	47,49	29,77	14,7	44,47

Tab. 4/44   Auswirkungen der neuen Informationen auf die Lebenszyklen

---

[884] Vgl. Tab. 4/43 und 4/44 in 8.2.

Für den Fall ohne strategische Anpassung an die neuen Informationen führen die Veränderungen der externen Umwelt auch langfristig zu deutlichen Veränderungen der Umsatz-, Kosten- und Erfolgslebenszyklen. Bei der Übersicht der Absatzhöhen sind bei Produkt A deutlich die reduzierten Umsatzhöhen in den Perioden 2 und 3 zu erkennen, die damit auch die Erfolgs- größen der einzelnen Perioden deutlich reduzieren. Zu erkennen sind ebenfalls bereits die enormen positiven Umsatzbeiträge des Projektes I, die sich aus dem neuen Therapiegebiet und der veränderten Risikostruktur ergeben.

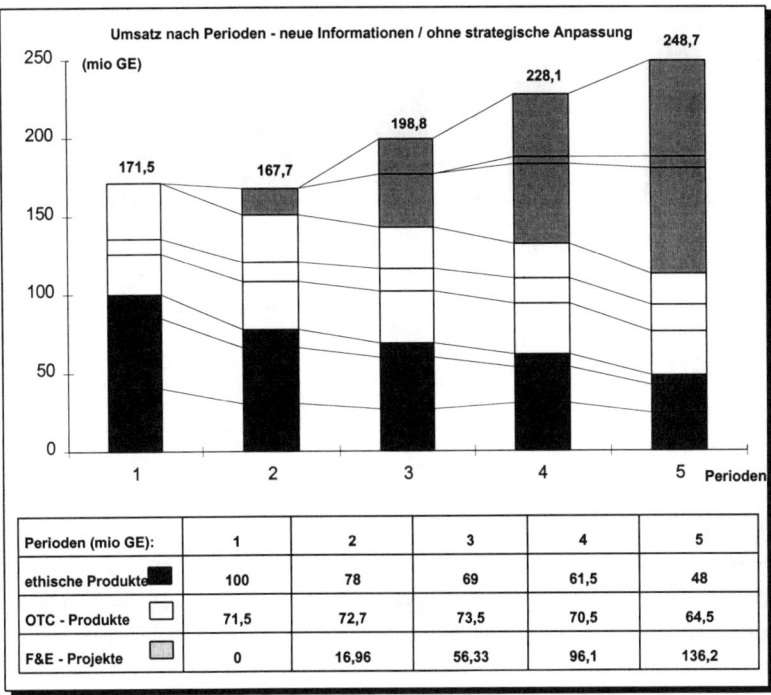

Perioden (mio GE):	1	2	3	4	5
ethische Produkte	100	78	69	61,5	48
OTC - Produkte	71,5	72,7	73,5	70,5	64,5
F&E - Projekte	0	16,96	56,33	96,1	136,2

Abb. 4/76   Umsatzverläufe mit neuen Informationen - ohne strategische Anpassung

Die dynamischen Kostenzyklen auf Grundlage der neuen Informationen für den Fall ohne die strategische Anpassung der Produkte und Projekte mit der entwickelten Modellkonzeption sind der folgenden Abbildung 4/77 zu entnehmen:

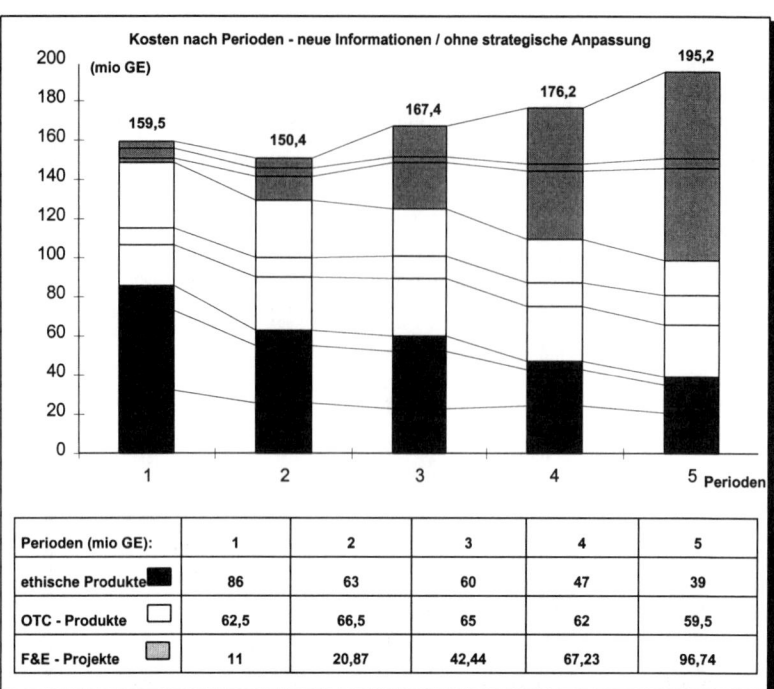

Abb. 4/77   Kostenverläufe mit neuen Informationen - ohne strategische Anpassung

Neben den reduzierten Umsatzpositionen[885] ist letztlich auch für die Kostenlebenszyklen ein geringerer absoluter Verlauf für die pharmazeutischen Produkte und Projekte in den Perioden 2 bis 5 feststellbar. Zur Erzielung der gesteigerten Umsätze bei Projekt I ergeben sich hingegen deutlich erhöhte Kosten für die Marktperioden 3, 4 und 5. Sie sind durch den neuen Umsatzlebenszyklus mit dem Einsatz der Wirksubstanz aus Projekt I in einem neuen Therapiegebiet angestiegen.

Die abgebildeten Veränderungen der Umsatz- und Kostenverläufe führen nach Einbindung der neuen Informationen[886] folglich auch zu deutlich veränderten Erfolgslebenszyklen. Sie sind nach der Definition der Optimierungsgröße[887] in der vorliegenden Untersuchung die zentrale Zielgröße für die drei Lebenszyklusbereiche:

---

[885] Vgl. Abb. 4/76.

[886] Vgl. die externe Umweltveränderungen und die internen, neuen Erkenntnisse in Tab. 4/33 in 8.2.

[887] Vgl. 3.7.9.

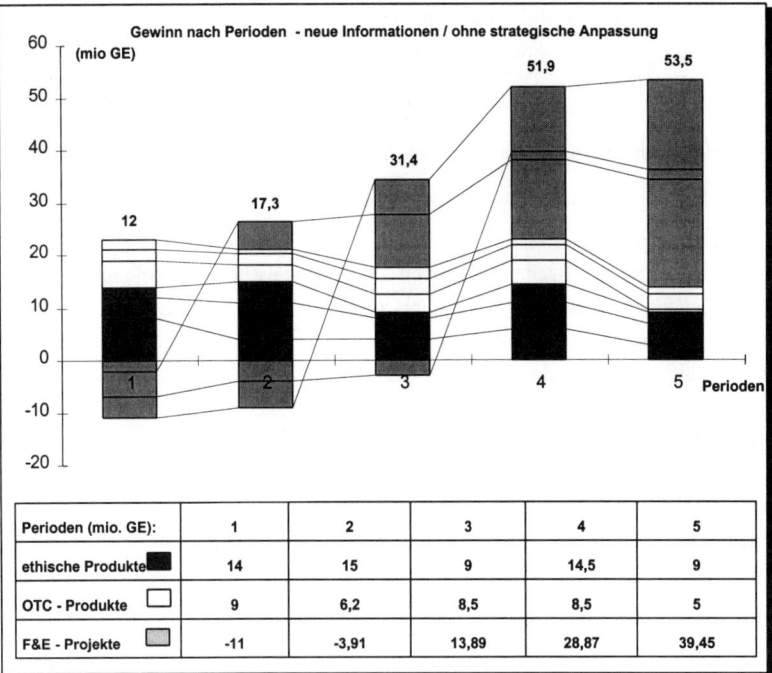

Perioden (mio. GE):	1	2	3	4	5
ethische Produkte	14	15	9	14,5	9
OTC - Produkte	9	6,2	8,5	8,5	5
F&E - Projekte	-11	-3,91	13,89	28,87	39,45

Abb. 4/78   Gewinnverlauf mit neuen Informationen - ohne strategische Anpassung

Eine Auswertung des neuen Gewinnverlaufes verdeutlicht, daß in den späten Perioden 4 und 5 das Projekt I bedeutende zusätzliche Gewinne erwirtschaftet. Zu erklären ist dies wesentlich durch den Einsatz der Wirksubstanz im neuen Therapiegebiet XI.[888] Auch für das Produkt D im OTC-Lebenszyklusbereich ergeben sich durch die neuen Umweltinformationen positive Veränderungen gegenüber der Ausgangssituation.

Gleichzeitig reduzieren sich aber auch die Erfolgsbeiträge des Produktes A, das durch die neuen Informationen eine reduzierte Gewinnverlaufskurve in den Perioden 2 bis 5 aufweist. Die dargestellten Umsatz-, Kosten- und Ergebnisverläufe haben damit eine geeignete Referenzgrundlage gebildet, auf der im folgenden der Fall der strategischen Anpassung der Produkte und Projekte mit der entwickelten Modellkonzeption beurteilt werden kann. An diesem Ausgangsfall ("Base-Case") muß sich im folgenden der Fall mit dem Einsatz der entwickelten Modellkonzeption messen.[889] Die zentrale Bewertungsgröße zur quantitativen Analyse wird dabei wie in den einzelnen Erarbeitungsschritten zur Modellkonzeption der Gewinn sein.

---

[888] Vgl. Tabelle 4/33 und 4/44 in 8.2.
[889] Vgl. das definierte Vorgehen in Abb. 4/72 in 8.1.1.

Gleichzeitig muß sich eine qualitative Diskussion über die Umsatzstruktur der Produkte und Projekte anschließen, ohne die eine vollständige Beurteilung der entwickelten Modellkonzeption unvollständig wäre.

8.3.2 Fall mit strategischer Anpassung durch die Modellkonzeption

8.3.2.1 Strategische Entscheidungen des Managements

Wenn das Unternehmen zu Beginn der Periode 2 eine strategische Anpassung der Produkte und eine Neuorientierung der F&E-Projekte beschließt, ergeben sich nach der strategischen Analyse und Bewertung letztlich die aus der Modellkonzeption abgeleiteten Entscheidungen zur weiteren Führung der Umsatzträger. Dies kann zu deutlich unterschiedlichen Ergebnissen verglichen mit dem Fall ohne Anpassung[890] führen. Die Veränderung der Gewinnpositionen für einzelne Perioden wird der Maßstab zur anschließenden Modellbewertung sein.

Das Management beschließt im Beispielfall aufgrund der veränderten Informationslage eine gesamthafte strategische Neubewertung und Ausrichtung der Produkte und Projekte. Die Verfahren werden dabei getrennt nach den drei Objektbereichen (Module II bis IV)[891] des entwickelten Modelles durchgeführt: Im Bereich der F&E-Projekte hat sich aufgrund der neuen Informationen das Gesamtrisiko des Projektes G deutlich erhöht (42,4% gegenüber 31,6%). Gleichzeitig sind die Marktchancen des Projektes I durch das zusätzliche Therapiegebiet XI deutlich gestiegen, während das Projektrisiko geringfügig gesunken ist. Für das Projekt H haben sich keine Veränderungen der erwarteten Projektaussichten ergeben. Dennoch haben sich die relativen Verhältnisse innerhalb der F&E-Pipeline nach der Einbindung der externen Informationen durch die Projekte G und I verändert, sodaß auch das Projekt H eine neue relative Position in der F&E-Pipeline des Unternehmens einnimmt. Die folgende Tabelle stellt den Status-Quo vor der strategischen Neubewertung dar und zeigt, wie die einzelnen Projekte mit den noch alten Informationen im Vorfeld der strategischen Analyse und Neuausrichtung bewertet wurden:

	Relative Marktchancen	Relatives Risiko	Klassifizierung:	F&E-Strategie
Projekt G	hoch	gering	Komet	Massive Forcierung
Projekt H	mittel	hoch	Mond	Status-Quo-Ante
Projekt I	mittel	hoch	Mond	Status-Quo-Ante

Tab. 4/45   Bisherige Bewertung der F&E-Projekte mit alten Informationen

---

[890] Vgl. 8.3.1.
[891] Vgl. die Abschnitte 3, 4 und 5 in diesem Kapitel.

Nach der Einbindung der neuen Informationen haben sich die Erfolgsaussichten der F&E-Projekte nun deutlich verändert. In absoluten Ausprägungen betreffen die Veränderungen dabei die Projekte G und I, während sich Projekt H lediglich mit seiner relativen Stellung verändert.[892] Das Management führt im folgenden eine strategische Neuausrichtung der Projekte durch und gelangt schließlich zur folgenden neuen Klassifikation der drei Projekte mit der entsprechenden Ableitung von Normstrategien:

	Relative Marktchancen	Relatives Risiko	Klassifizierung:	F&E-Normstrategie
Projekt G	hoch	gering	Komet	Massive Forcierung
Projekt H	gering	hoch	Schwarzes Loch	Ausstieg
Projekt I	hoch	mittel	Sonne	Forcierung

Tab. 4/46   Projektbewertung und Definition der Normstrategien mit neuen Informationen

Man erkennt, daß für Projekt H der Ausstieg aufgrund der verschlechterten relativen Stellung gegenüber den Konkurrenzprojekten beschlossen wurde (schwarzes Loch, vgl. Tab. 4/46). Dazu haben maßgeblich die positiven neuen Informationen für Projekt I beigetragen. Das Projekt I erfährt aufgrund der neuen Informationen[893] eine Forcierung. Es werden aus den neudefinierten Strategien für die einzelnen Projekte daher die folgenden Maßnahmen für die weitere Projektfortführung im F&E-Lebenszyklusbereich abgeleitet (Strategieimplementierung):[894]

---

[892] Vgl. die Neuberechnung der Projektparameter in Abb. 4/34 in 8.2.

[893] Reduziertes Projektrisiko und neues Einsatzgebiet der Substanz, vgl. Tab. 4/35 in 8.3.1.

[894] Vgl. den strategischen Managementprozeß in Abb. 4/65 in 5.4.7.

Projekt G	
Maßnahmen:	Keine Veränderungen. Das Projekt wurde bisher "massiv forciert" und wird mit den gleichen Aktivitätenplänen fortgesetzt.
Projekt H	
Maßnahmen:	Das Projekt wird aufgegeben. Zukünftige Kosten- und Umsatzpositionen entfallen.
Projekt I	
Maßnahmen:	Die Entwicklungsaufwendungen für die letzte Phase und die Dokumentation werden um 15 mio. GE in der Periode 2 erhöht. Dadurch soll erreicht werden, daß der Wirkstoff bereits in der 2. Jahreshälfte der zweiten Periode auf den Markt gelangt.
Konsequenzen:	In Periode 2 werden bereits geringe Umsätze mit dem neuen Wirkstoff aus Projekt I erwartet. Durch die frühere Markteinführung steigen aber auch die Umsatzbeiträge in den Perioden 3, 4 und 5. Die Ergebnisse der Szenarioanalyse werden im folgenden durch eine neue Umsatz- und Kostenverlaufskurve (auf Erwartungswertbasis) dargestellt:

	Umsatz (mio GE)	Kosten (mio GE)	
Periode 2	5	$5 + 15 + 5 \cdot 0{,}7$ $= 23{,}5$	← (Projektkosten + F&E-Zusatzbudget + Kosten des Umsatzes)
Periode 3	30	21	
Periode 4	55	38,5	
Periode 5	70	49	

Tab. 4/47   F&E-Projektmaßnahmen nach strategischer Anpassung

Nach dem F&E-Lebenszyklusbereich werden nun für den ethischen und den OTC-Produktlebenszyklus die strategischen Anpassungsprozesse durchlaufen. Dazu werden die Produkte mit dem in dieser Untersuchung für die Marktphasen gewählten Portfolioansatz der Wettbewerbspositions-/Marktlebenszyklusmatrix[895] bewertet, die dynamischen Verläufe in der Matrix dargestellt und dadurch letztlich für zukünftige Perioden einzelne Normstrategien abgeleitet.[896] Das Management beschließt nach der Neuberechnung der Teilfunktionen und Optimierung der Periodengewinne für die ethischen Produkte A, B und C und für den OTC-Lebenszyklusbereich (Produkte D, E und F) folgende strategische Neuausrichtungen der Umsatzträger für den Beispielfall:

---

[895] Vgl. 2.2.5 in Kapitel II.

[896] Vgl. zudem Abb. 4/47 in 3.12.

Ethische Produkte: (Wettbewerbspositions- / Marktlebenszyklusportfolio)

	Position in Wettbewerbspositions-/ Marktlebenszyklusphase-Matrix	Ableitung einer Normstrategie:	Maßnahmen:
Produkt A	Starke Position / Reifephase	Abschöpfung, Marktanteil verteidigen	Status-Quo-Ante
Produkt B	Mittlere Position / Degenerationsphase	Abschöpfung, keine Investitionen	geplante Investitionen kürzen
Produkt C	Mittlere Position / Degenerationsphase	Abschöpfung, keine Investitionen	geplante Investitionen kürzen

OTC-Produkte: (Wettbewerbspositions-/ Marktlebenszyklusportfolio)

Produkt D	Dominante Stellung / Reifephase	Marktanteile behaupten	keine Veränderungen
Produkt E	Schwache Position / Wachstumsphase	Investieren, Marktanteile gewinnen	zusätzliche Investitionen
Produkt F	Mittlere Stellung / Degenerationsphase	Abschöpfen	Investitionen reduzieren

Tab. 4/48   Strategische Ausrichtung der Produkte mit der Modellkonzeption

Nach der Definition der strategischen Neuausrichtungen müssen im folgenden die veränderten Gewinn-, Umsatz- und Kostenverläufe aus den bestimmten Maßnahmen abgeleitet werden. Erst in einem Folgeschritt können dann die neuen dynamischen Gewinn-, Umsatz- und Kostenlebenszyklen berechnet werden, wie sie sich durch die Anwendung der Modellkonzeption aus den veränderten Produkt- und Projektparameter ergeben.

8.3.2.2 Reaktionen auf die Veränderungen und Elastizitäten

Die Reaktionen einzelner Parameter auf die neue strategische Ausrichtung der Produkte und Projekte muß in allen Bereichen nachvollziehbar abgebildet werden. Erst nach der Beschreibung der Reaktionen dürfen die jeweiligen Umsatz- und Kostenrechengrößen zur Neuberechnung der Gewinnpositionen verbunden werden. Diese Neuberechnungen werden im folgenden für die sechs Produkte und drei F&E-Projekte im Beispielfall durchgeführt. Es muß zum Beispiel neben der Maßnahme der "Reduktion der Investitionen" in ein Produkt neben der Kostenkorrektur auch die deutlich sinkende Nachfrage mit einer realistischen Elastizität angege-

311

ben werden. Es werden im folgenden zur Vergleichbarmachung die bisherigen Werte den neuen Parametern und Daten in Klammern angefügt. Dies erleichtert die Nachvollziehbarkeit einzelner Konsequenzen und die Interpretation der Auswirkungen einzelner Veränderungen auf die Datenstruktur, wie sie sich aus der strategischen Anpassung ergeben:[897]

	Produkt A	Produkt B	Produkt C	Produkt D	Produkt E	Produkt F	Projekt G	Projekt H	Projekt I
Periode 2									
Umsatz (mio GE)	30	34 (36)	11 (12)	30,2	20 (12)	28 (30,5)	16,96	0 (-)	(-)
Kosten (mio GE)	26	26 (29)	5 (8)	27	14 (10)	21 (29,5)	11,87	0 (4)	(5)
Periode 3									
Umsatz	27	31 (33)	8 (9)	32,5	21 (14,5)	24 (26,5)	33,92	0 (-)	(22,41)
Kosten	23	25 (29)	5 (8)	29	14 (11,5)	18 (24,5)	23,74	0 (3)	(15,7)
Periode 4									
Umsatz	30	22 (24)	6 (7,5)	32,5	22 (15,5)	20 (22,5)	50,88	0 (4,875)	(40,35)
Kosten	24	14 (19)	2 (4)	28	16 (12,5)	13 (21,5)	35,62	0 (3,4125)	(28,2)
Periode 5									
Umsatz	24	14 (18)	5 (6)	27,5	24 (17,5)	18 (19,5)	67,84	0 (6,83)	(61,525)
Kosten	21	9 (14)	2 (4)	27	17 (14,5)	11 (18)	47,49	0 (4,781)	(44,47)

Tab. 4/49   Reaktionen der Umsatz- und Kostenpositionen auf strategische Entscheidungen

Es werden im folgenden nun die Umsatz-, Kosten- und Erfolgslebenszyklen für den Fall der strategischen Neuausrichtung angegeben. Sie resultierten im Beispielfall aus der strategischen Analyse, der Formulierung neuer Normstrategien, der Umsetzung durch einzelne Maßnahmen und nach Bestimmung der Reaktionen einzelner Parameter für den Fall mit Verwendung der Modellkonzeption:

---

[897] Vgl. die strategischen Entscheidungen in Abb. 4/38 und 4/39 in 8.3.2.1.

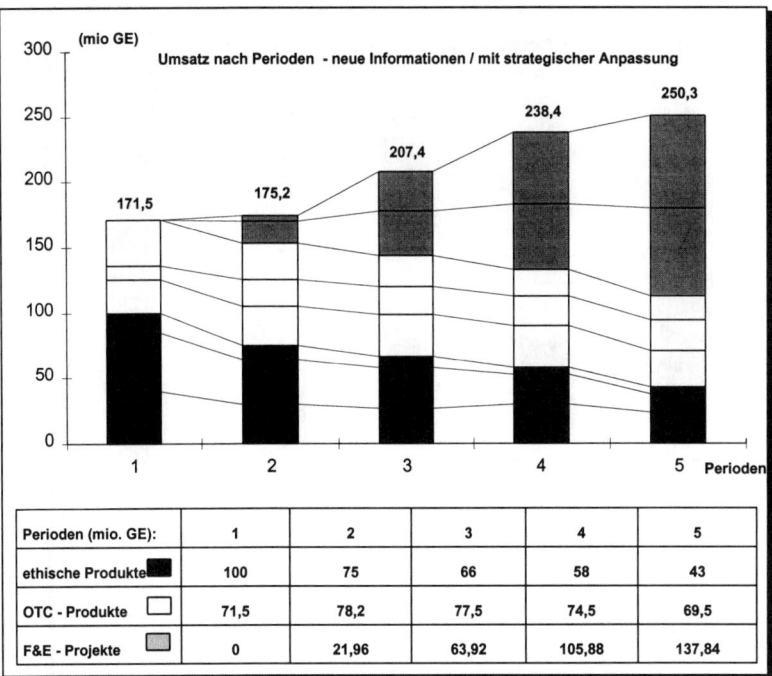

Perioden (mio. GE):	1	2	3	4	5
ethische Produkte ■	100	75	66	58	43
OTC - Produkte ☐	71,5	78,2	77,5	74,5	69,5
F&E - Projekte ▨	0	21,96	63,92	105,88	137,84

Abb. 4/79   Umsatzverlauf mit neuen Informationen und strategischer Anpassung

Dem dynamischen Umsatzverlauf ist zu entnehmen, daß die massiven Desinvestitionen bei den ethischen Produkten (dunkle Schattierung) zu einem beschleunigten Verfall der Umsatzpositionen führen. Auch die Umsatzbeiträge der OTC-Produkte reduzieren sich durch die verminderten Marketinginvestitionen bei Produkt F. Sie werden jedoch durch die positiven Veränderungen bei Produkt E teilweise wieder aufgefangen.[898]

Positive Umsatzeffekte ergeben sich zudem als Reaktionen auf die verstärkten Investitionen in die F&E-Projekte G und I. Hier konnte das Projekt I nach dem skizzierten Beispielfall bereits am Ende der Periode 2 zugelassen werden und geringe Umsätze erzielen. Auch dadurch ergibt sich für die Folgeperioden eine deutlich positivere Verlaufskurve als im Fall ohne diese strategische Anpassung.[899] Zudem fällt die vollständige Aufgabe des Projektes H in der Umsatzdarstellung auf. Neben den dadurch entfallenden Umsatzbeiträgen wird man in der Kostenverlaufskurve auch erkennen, daß die Kosten im Bereich der F&E-Investitionen für Projekt H entfallen sind. Dies ist der folgenden Abbildung 4/80 zu entnehmen:

---

[898] Vgl. Abb. 4/79.

[899] Vgl. den beschriebenen, exponentiellen Diffusionsprozeß einer innovativen Wirksubstanz in 1.2.2 in Kapitel III.

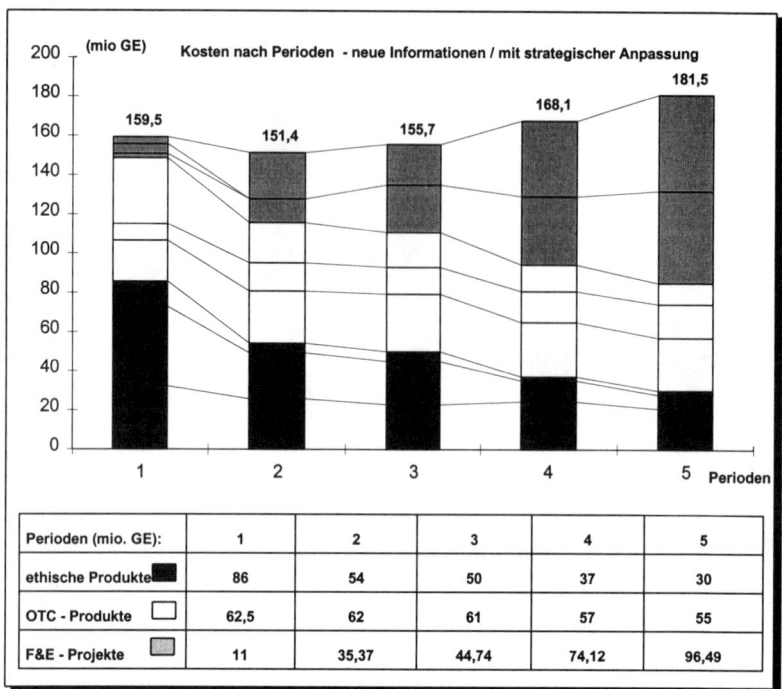

Perioden (mio. GE):	1	2	3	4	5
ethische Produkte	86	54	50	37	30
OTC - Produkte	62,5	62	61	57	55
F&E - Projekte	11	35,37	44,74	74,12	96,49

Abb. 4/80   Kostenverlauf mit neuen Informationen und strategischer Anpassung

Auch für die Kostenlebenszyklen ergibt sich eine deutlich veränderte Struktur nach der strategischen Anpassung der Produkte und Projekte durch das Management. Zu erkennen sind die enormen zusätzlichen F&E-Projektkosten in Periode 2 für das Projekt I, die sich aus der Strategie der "massiven Forcierung" ergeben. Gleichzeitig fallen die nicht mehr bestehenden Entwicklungskosten des Projektes H auf. Auch für die ethischen Produkte (A, B und C) sind leicht verbesserte Kostenpositionen feststellbar. Sie resultieren aus den reduzierten Investitionen, die auf die defensiven Normstrategien für die Produkte A, B und C zurückzuführen sind.

Durch die Subtraktion der Kosten- von den Umsatzzyklen ergibt sich mit der Gewinnfunktion das aus Unternehmenssicht interessanteste Ergebnis. Nach der Einbeziehung der neuen Informationen, der strategischen Neuausrichtung und der Ableitung neuer Umsatz- und Kostengrößen aus der Preisoptimierung läßt sich für die entwickelte Modellkonzeption auf dieser Grundlage der Vergleichsfall zur unterlassenen strategischen Reaktion auf die neuen Informationen mit der entwickelten Modellkonzeption berechnen.

314

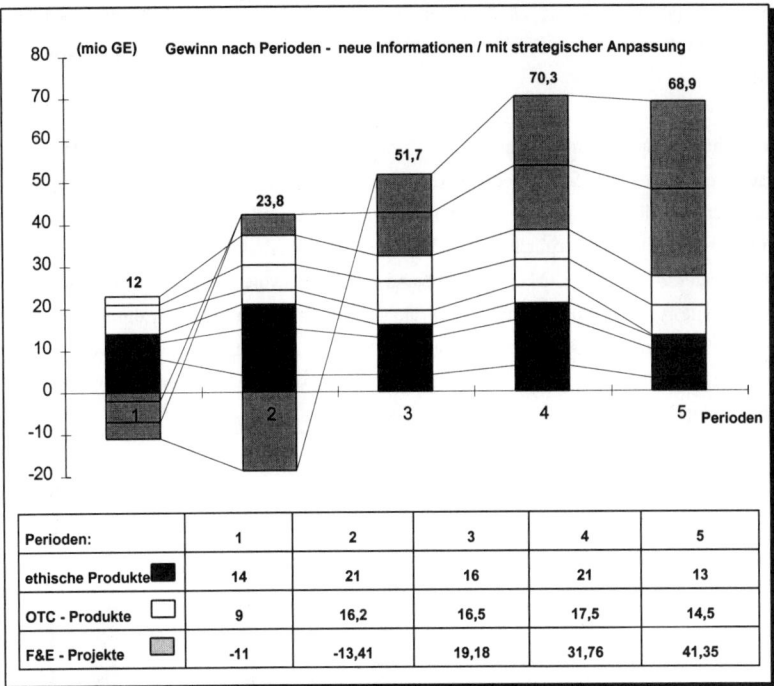

Perioden:	1	2	3	4	5
ethische Produkte	14	21	16	21	13
OTC - Produkte	9	16,2	16,5	17,5	14,5
F&E - Projekte	-11	-13,41	19,18	31,76	41,35

Abb. 4/81   Gewinnverlauf mit neuen Informationen und strategischer Anpassung

Die positiven Veränderungen der dynamischen Gewinnverläufe beruhen wesentlich auf den reduzierten Kostenpositionen bei älteren Produkten und der zusätzlichen Umsatzsteigerung durch die massive Investition in potentialstarke Umsatzträger (z.B. Projekt I).[900] Die nicht mehr anfallenden F&E-Kosten für Projekt H sind dabei ebenso erfolgswirksam wie die zusätzlichen Erfolgsbeiträge des Projektes I in den Perioden 3, 4 und 5,[901] die sich aus der Strategie der "massiven Forcierung" ergaben.

8.4 Leistungsbeurteilung der Modellkonzeption

Der Vergleich der Gewinnfunktionen mit Einsatz der Modellkonzeption in Abbildung 4/81 mit dem Fall ohne die Verwendung des Ansatzes verdeutlicht bereits optisch, daß die strategische Neuausrichtung der Umsatzträger über den Gesamtlebenszyklus zu einer bereits nach wenigen Perioden deutlich veränderten Erfolgsposition des Unternehmens nach Struktur und

---

[900] Vgl. die strategischen Entscheidungen für Projekt I in Tab. 4/38 in 8.3.2.1.
[901] Vgl. Abb. 4/81.

absolutem Ausmaß führt. Neben der absoluten Gegenüberstellung der beiden Gewinnverläufe über die Zeit muß aber auch eine qualitative Diskussion der einzelnen Erfolgsveränderungen stattfinden.[902]

Es werden bei der quantitativen Analyse im folgenden für die einzelnen Gruppen der Umsatzträger die veränderten Erfolgsbeiträge (Differenzbildung) zwischen dem Fall mit neuen Informationen und der strategischen Neuanpassung und dem Fall ohne Verwendung der entwickelten Modellmethodik verglichen. Es wird dabei eine Darstellungsform gewählt, die den ethischen Produktbereich, die OTC-Produkte und den F&E-Projektbereich einzeln ausweist und danach eine Aggregation der drei Teilbereiche nach einzelnen Perioden durchführt. Die Gesamtergebnisse für einzelne Perioden (schwarze Balken) geben an, wie sich der Gesamterfolg des Unternehmens durch die Anwendung der entwickelten Modellkonzeption im Beispielfall verändert hat:

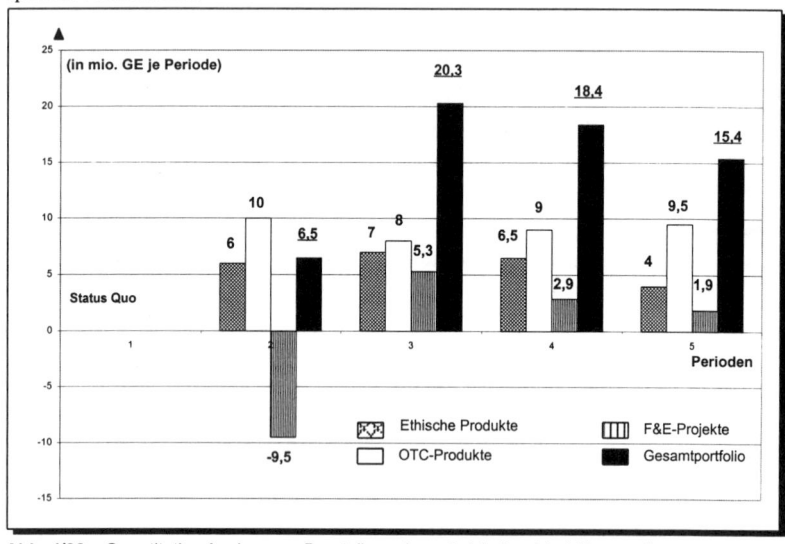

Abb. 4/82 Quantitative Analyse zur Beurteilung der entwickelten Modellkonzeption

Der Vergleich der unterschiedlichen Erfolgsbeiträge für den Fall der strategischen Neuausrichtung der Produkte und Anpassung an externe Umweltveränderungen mit dem Fall der statischen Produkt- und Projektfortführung verdeutlicht, daß sich in den Objektbereichen der ethischen und der OTC-Produkte über die betrachteten fünf Perioden bereits deutliche absolute Erfolgsverbesserungen ergeben. Besonders interessant ist jedoch auch der Bereich der F&E-Projekte: Hier wurde zur beschleunigten Entwicklung des Projektes I eine massive zu-

---

902 Vgl. den geforderten Grundansatz zur dynamischen, strategischen Produkt- und Projektführung mit quantitativen und qualitativen Elementen in Kapitel II.

sätzliche Investition in der letzten F&E-Lebenszyklusphase getätigt. In Periode 2 wurde damit ein deutlich schlechteres Ergebnis für den Gesamtbereich der F&E-Projekte provoziert.[903] Die Differenz zum Fall ohne strategische Anpassung ist in dieser Periode damit deutlich negativ. Dennoch ergibt sich für die Investitionen bereits eine mittelfristige, positive Wirkung bis zur Periode 5 durch die zusätzlichen Erfolgsbeiträge in den Marktlebensphasen. Sie beruhen maßgeblich auf den zusätzlichen Investitionen in Periode 2.[904] Dieser zusätzliche Gewinnbeitrag aus den späteren Perioden wird die getätigte Investition deutlich überkompensieren. Für den F&E-Bereich ist zudem festzustellen, daß kurzfristig deutlich schlechtere Erfolgsverläufe in Kauf genommen werden, um langfristig durch die überlegene strategische Ausrichtung zu einer gesamthaft positiven Erfolgsveränderung zu gelangen.

Die geforderte, qualitative Diskussion der Umsatz- und Gewinnstruktur des Unternehmens fällt ebenfalls positiv aus. Für die Unternehmenszukunft ist eine deutlich verbesserte Umsatzstruktur mit einem Großteil neuer Produkte festzustellen, die sich ohne die konsequente Desinvestition bei alten Produkten und Investition in erfolgsversprechende Produkte und Neuentwicklungen (Projekte G und I)[905] nicht ergeben hätte. Mit den strategischen Entscheidungen zur Aufgabe einzelner Projekte konnte letztlich die Forcierung neuer Produkte aus F&E-Projekten im Beispielfall ohne zusätzliche Mittelzuflüsse finanziert werden.

Eine qualitative Beurteilung sollte auch die dynamischen Veränderungen durch die angewandte Modellkonzeption beurteilen. Zu erkennen ist, daß in der Periode der erfolgten strategischen Ausrichtung der deutlich geringste positive monetäre Effekt (Gewinnzunahme um 6,5 mio. GE) durch die strategische Anpassung erzielt wurde. Insbesondere der F&E-Lebenszyklusbereich belastet dieses Periodenergebnis deutlich.[906] In den Folgeperioden haben sich jedoch auf Grundlage der angegebenen Marktreaktionen die positiven Effekte aus der strategischen Neuausrichtung umfassend eingestellt (Perioden 3 bis 5).[907] Dabei fällt über die Zeit hinweg der leichte Rückgang der verbesserten Gewinnposition gegenüber dem Fall ohne Verwendung der Modellkonzeption auf. Es könnte für den Beispielfall daher sehr vorsichtig argumentiert werden, daß der durchgeführte strategische Managementprozeß und die Neuanpassung der Umsatzträger mit der Zeit an Wirkung verlieren und daher die strategische Bewertung und Ausrichtung in einer späteren Periode mit dann wiederum aktualisierten Informationen erneut durchgeführt werden sollte. Auch die qualitative Analyse der Ergebnisse kommt für die entwickelte Modellkonzeption im skizzierten Beispielfall letztlich zu einem positiven Ergebnis.

---

[903] Vgl. Abb. 4/82.

[904] Vgl. ebenda.

[905] Vgl. 8.3.2.1.

[906] Vgl. Abb. 4/82.

[907] Vgl. ebenda.

Es wurde somit für den Beispielfall gezeigt, daß durch die Anwendung der entwickelten Modellkonzeption der Gesamterfolg eines Unternehmens bereits deutlich innerhalb der ersten fünf Perioden nach der strategischen Anpassung gesteigert werden kann. Gleichzeitig profitierte das Unternehmen im Beispielfall von der überlegenen, internen Umsatzstruktur, die sich aus der konsequenten Förderung junger, potentialstarker Produkte und aussichtsreicher Projekte ergab sowie aus der beschleunigten Aufgabe solcher Umsatzträger, die sich bereits deutlich in der Degenerationsphase befinden oder in der F&E-Pipeline unterdurchschnittliche Leistungsparameter (z.B. Risiko)[908] besaßen. Die Ergebnisse des Beispielfalles können damit als ein deutlicher Hinweis für die positive Leistungsfähigkeit der entwickelten Modellkonzeption dieses Kapitels aufgefaßt werden.

---

[908] Vgl. 8.3.2.1.

KAPITEL V   ZUSAMMENFASSUNG UND AUSBLICK

1 Zusammenfassende Bemerkungen

1.1 Ziel und Vorgehensweise

Ziel der vorliegenden Untersuchung war die am Gesamtlebenszyklus ausgerichtete Entwicklung eines strategischen Produkt- und Projektplanungs- und –führungsinstrumentes für die pharmazeutische Industrie. Dabei sollte aufbauend auf den bestehenden Ansätzen in der Literatur ein kontinuierlicher Prognose- und Bewertungsprozeß entwickelt werden, der die quantitative Berechnung zukünftiger Erfolgsparameter (Prognose) der pharmazeutischen Produkte und Projekte mit der dynamischen strategischen Ausrichtung einzelner Umsatzträger verbindet (Steuerung). Dabei nahm die korrekte Erfassung und Einbeziehung externer Umweltinformationen eine zentrale Stellung ein. Zudem sollte gezeigt werden, wie durch die entwickelte Modellkonzeption ein Unternehmen innerhalb weniger Perioden bereits Vorteile aus der quantitativ gestützten, strategischen Führung seiner Produkte und Projekte erzielen kann.

Das Vorgehen der vorliegenden Arbeit war dabei wie folgt: Nach der Legung der betriebswirtschaftlichen Grundlagen zu den existierenden Ansätzen der strategischen Produktführung wurde aufbauend auf einer Beschreibung der pharmazeutischen Lebenszyklusphasen (F&E-Lebenszyklus, ethischer und OTC-Lebenszyklus) eine erweiterte Umweltanalyse durchgeführt, mit der die relevanten Umweltdimensionen für den pharmazeutischen Lebenszyklus definiert, untersucht und mit ihren Ausprägungen in Gegenwart und Zukunft beschrieben wurden.

Für die anschließende Modellentwicklung wurde ein präskriptiver Bezugsrahmen gewählt. Er erfährt in der Literatur bei komplexen Entscheidungssituationen die größte Wertschätzung. Im Anschluß wurden die vier Grundmodule des Gesamtmodelles entwickelt: Die umfassende Marktraumanalyse zur Definition einzelner Marktsegmente, das Bewertungs- und Steuerungselement des ethischen Lebenszyklus, das des OTC-Produktbereiches und schließlich die Modellkonzeption für F&E-Projekte.

Die Marktraumanalyse hatte die Aufgabe, die weltweiten Aktivitäten eines Pharmaunternehmens zu strukturieren, Felder der eigenen Produkte und Tätigkeiten abzubilden und eine Struktur für die zukünftig zu besetzenden Marktpositionen zu entwickeln. In den drei anschließenden Modulen des pharmazeutischen Gesamtlebenszyklus nahm die quantitative Prognose zukünftiger Gewinn- und Umsatzgrößen eine zentrale Stellung ein. Dabei wurde im ethischen und im OTC-Produktbereich über die Definition einzelner Teilfunktionen vorgegangen, die Beziehungen zwischen den Produkten, den Nachfragern/Entscheidern und den

Konkurrenzprodukten beschrieben. Anschließend wurden die Teilfunktionen verbunden und dynamische Produktstrategien entwickelt, die zu einer Korrektur des gewinnoptimalen Preisniveaus für einzelne Perioden führten. Auch wurde gezeigt, wie die Umweltdimensionen der pharmazeutischen Industrie bei Veränderungen auf die Teilfunktionen einwirken und diese verändern. Zur genauen Quantifizierung der Einflüsse wurde dazu eine Kurvendiskussion durchgeführt. Im OTC-Lebenszyklus wurde weitgehend identisch vorgegangen. Hier wurden jedoch leicht unterschiedliche Teilfunktionen verwendet. An die dynamische Optimierung einzelner Perioden schloß sich in beiden Teilbereichen der Prozeß der strategischen Ausrichtung und Neuberechnung der veränderten Gewinnverläufe mit den dynamischen Produktstrategien an.

Im F&E-Projektbereich mußten die komplexesten Inhalte erarbeitet werden. Neben der Prognose der Marktaussichten für einzelne Projekte durch die Verwendung der Szenariotechnik wurden Risikoanalysen durchgeführt, um die Wahrscheinlichkeit der Marktzulassung für neue Wirksubstanzen zu bestimmen. Zur strategischen Steuerung der F&E-Pipeline wurde dazu eine Portfoliomethodik entwickelt, die auf den Leistungsgrößen späterer Marktchancen und relativer Risiken eines Projektes aufbaut. Auch hier wurde abschließend ein strategischer Bewertungs- und Ausrichtungsprozeß dargestellt, der die Reaktion des Managements auf veränderte externe und interne Informationsstände beschrieb.

Die Ergebnisse der drei Teilbereiche der strategischen Produkt- und Projektplanung wurden im Anschluß zum pharmazeutischen Gesamtlebenszyklus zusammengeführt. Mit ihm ergab sich die Prognose und Darstellung zukünftiger Gewinn-, Umsatz- und Kostenverläufe für das untersuchte Unternehmen. Es wurden dabei zahlreiche positive Auswirkungen auf die Folgeplanungen der Finanz-, Investitions- und Personalbedarfsplanung festgestellt. Anschließend wurde durch die Entwicklung eines Decision-Support-Systemes gezeigt, wie die Unternehmen die entwickelte Modellkonzeption informationstechnisch umsetzen können. Ein ausführlicher Beispielfall erörterte abschließend die Anwendung der Modellkonzeption.

1.2 Wissenschaftliche Betrachtung und grundlegende Ergebnisse

Ausgangspunkt der vorliegenden Arbeit war die Feststellung, daß in der betriebswirtschaftlichen Literatur neben den strategischen Portfolioansätzen und dem zugrundeliegenden Produktlebenszykluskonzept keine integrierten strategischen Managementprozesse existieren, die auf einer fundierten Umweltanalyse aufbauen, die flexible Reaktion auf Veränderungen einzelner Dimensionen ermöglichen und eine integrierte Produktführung von der ersten F&E- bis zur letzten Marktlebenszyklusphase beschreiben.

Die entwickelte Modellkonzeption konnte aufzeigen, daß in der pharmazeutischen Industrie inhaltlich von einer beinahe idealtypischen Verlaufsform der Teillebenszyklen auszugehen ist und auf dieser Grundlage ein integriertes, strategisches Produkt- und Projektführungssystem entwickelt werden kann. Dieses verbindet das Lebenszykluskonzept mit den Portfolioverfahren und erfaßt die verschiedenen Umwelteinflüsse auf die Lebenszyklen quantitativ, diskutiert danach die qualitativen Auswirkungen und strategischen Implikationen und verarbeitet letztlich die neuen Informationen zur Neuberechnung zukünftiger Erfolgsausrichtungen für einzelne Umsatzträger.

Die geforderte Kombination unterschiedlicher Prognoseverfahren zur Bestimmung pharmazeutischer Preis-Absatzfunktionen wurde aufbauend auf den Arbeiten von Simon, Kucher und Hilleke erarbeitet. Es konnte gezeigt werden, wie einzelne Teilfunktionen systematisch abgeschätzt und die komplexen Zusammenhänge zu einer abschließenden Gewinnmaximierung verdichtet werden können. Im ethischen Produktbereich wurde zur Einbindung der Konkurrenzreaktionen mit Elastizitäten gearbeitet, während die Einflüsse der Marktreaktionen über prozentuale Korrekturen erfaßt wurden. Im OTC-Lebenszyklus wurden die Teilfunktionen entsprechend den besonderen Marktcharakteristika dieser Märkte verändert. Hier trat der prozentuale Marktanteil in den Mittelpunkt der Betrachtung. Gleichzeitig wurde eine dynamische Preistrendfunktion erarbeitet. Die Vorgehensweise zur Gewinnoptimierung für einzelne Perioden erfolgte wie die anschließende strategische Analyse, Bewertung und Neuausrichtung der Produkte simultan zum ethischen Produktbereich.

Als Ergebnis konnte somit für den Marktlebenszyklus gezeigt werden, wie eine komplexe Informationsstruktur nach der Verdichtung über einzelne Teilfunktionen zu einer Zielfunktion des Gewinnes verbunden werden kann, die nach dem Preis zu optimieren ist. Damit wurde die in der Literatur beschriebene, strategische Produktführung mit ihrem statischen Charakter zu einem dynamischen Managementprozeß über mehrere Perioden ausgeweitet, der die Ergebnisse eng mit der Unternehmensumwelt verbindet und neue Informationen konsequent durch Kurvendiskussionen einbindet. Die Entwicklung der mehrperiodischen, strategischen Steuerung der Produkte und die Funktionsweise des entwickelten Systems bei unerwarteten Informationsveränderungen ist das zentrale Ergebnis der vorliegenden Erarbeitung im Marktlebenszyklus.

Im F&E-Projektbereich wurden die Umweltdimensionen zur Entwicklung unterschiedlicher Szenarien genutzt. Mit ihnen wurden die zukünftigen Marktchancen eines Projektes nach der Erwartungswertmethode bestimmt. Die Risikoanalysen bauten wesentlich auf den Ansätzen von Hertz und Ono/Wedemeyer auf und wurden für die pharmazeutische Entwicklung weiter spezifiziert. Schließlich wurde im F&E-Projektbereich eine neue Bewertungsmatrix mit den Dimensionen der relativen Marktchancen und relativen Risiken eines Projektes entwickelt, mit der einzelne Normstrategien abgeleitet wurden. Das entwickelte Verfahren wurde zudem mit einem strategischen Managementprozeß verbunden, der über die Zeit hinweg zu einer wiederholten Bewertung einzelner Projekte führt. In die strategische Neubewertung der Projekte flossen dabei sowohl neue externe Informationen als auch neue interne Erkenntnisse ein. Durch die Wahl relativer Leistungsgrößen für die Projekte (Risiko, Marktchancen) wurde in der pharmazeutischen F&E-Pipeline zudem ein intensivierter Wettbewerb unter den Projekten erzeugt. Auch dies kann als eine ergänzende Entwicklung des strategischen Produkt- und Projektmanagements in der Literatur verstanden werden.

Mit der Verbindung einzelner Module wurde schließlich gezeigt, wie durch die strategische Führungsmethodik eine gesamtlebenszyklische Betrachtung der Unternehmenstätigkeit ermöglicht wird. Aus wissenschaftlicher Sicht wurde damit auch die enge Verbindung des strategischen Marketings mit anderen Teilfunktionen dokumentiert.

Die Modellentwicklung wurde schließlich durch die Erarbeitung eines Informationssystems abgerundet. Als wesentliche Elemente wurden dessen Architektur und die zugrundeliegenden Informationsflüsse abgebildet. In Verbindung mit der präskriptiven Modellmethodik wurde ein Decision-Support-System gewählt, das neben den drei Teilbereichen der ethischen .., der OTC-Produkte und der F&E-Projekte eine Verbindung der Informationen zu einer gesamtlebenszyklischen Produkt- und Projektführung ermöglichte. Damit wurden die Grundlagen der betrieblichen Informationswissenschaften mit der strategischen Produkt- und Projektführung aus dem Marketing- und dem F&E-Managementbereich verbunden. Es ergab sich damit der geforderte, integrierte Gesamtansatz zur strategischen Produkt- und Projektführung in der pharmazeutischen Industrie, wie er in Kapitel I als Ziel der vorliegenden Untersuchung definiert wurde.

2 Implikationen für die Unternehmenspraxis

Für die Unternehmenspraxis konnte mit der entwickelten Modellkonzeption ein Verfahren erarbeitet werden, das gesamthaft oder nur für einzelne Teilelemente zur dynamischen, umweltintegrierenden Produkt- und Projektführung in einem Pharmaunternehmen eingesetzt werden kann.

Es wurde gezeigt, daß ohne die umfassende Einbeziehung externer Umweltinformationen eine Produkt- und Projektplanung langfristig nicht zu den strategisch korrekten Ergebnissen führen kann. Auch wurde verdeutlicht, daß die strategische Ausrichtung der Umsatzträger nur nach einer quantitativen Prognose sinnvoll ist, auf der die qualitative, strategische Bewertung aufbauen muß. Für die Unternehmenspraxis wird es damit möglich, die einzelnen Produkte und

Projekte mit der entwickelten Modellmethodik zu bewerten, strategisch auszurichten und so zu einer langfristig verbesserten Gewinnstruktur zu gelangen. Die Ausführungen zur Entwicklung eines Informationssystems ermöglichen es den Unternehmen zudem, die Verfahren und Prozesse des Gesamtmodelles durch die Entwicklung eigener EDV-Strukturen in der Unternehmenspraxis umzusetzen.

Anhand eines Beispielfalles konnte gezeigt werden, daß sich für ein Unternehmen durch die Anwendung der Modellkonzeption positive Gewinnauswirkungen ergeben. Dies konnte trotz der Beschränkung auf lediglich fünf Untersuchungsperioden erreicht werden. Die Reaktionen des Marktes und der Wettbewerber wurden dabei durch Reaktionsannahmen explizit angegeben, um die Reliabilität der Beispieldaten zu erhöhen und die Relevanz der Modellkonzeption für die Unternehmenspraxis zu dokumentieren.

Kritisch muß für die vorliegende Arbeit angemerkt werden, daß sich bei der Modellentwicklung lediglich auf die pharmazeutische Industrie konzentriert wurde, in der die Konstellationen für die entwickelten Verfahren und Prozesse eine ideale Ausgangsbasis boten. Aus diesem Grund profitiert die pharmazeutische Industrie am stärksten von den Ergebnissen der vorliegenden Arbeit. Auch auf andere forschungsintensive Industrien sind jedoch die Ergebnisse dieser Untersuchung zu übertragen. Hier müssen jedoch zuvor die gleichen Vorarbeiten wie für die pharmazeutische Industrie durchgeführt werden.

3 Ausblick

Die vorliegende Untersuchung hat am Beispiel der pharmazeutischen Industrie verdeutlicht, daß in innovationsgetriebenen Industrien langfristig nur Unternehmen bestehen können, die einen kontinuierlichen Fluß neu entwickelter Produkte erzeugen und ihre bestehenden und zukünftigen Produkte erfolgsoptimal über den Gesamtlebenszyklus führen.

Dies führt nicht nur für die pharmazeutische Industrie zu einer konsequenten gesamtlebenszyklischen Bewertung, Prognose und strategischen Führung der Produkte und F&E-Projekte, sondern kann auf praktisch alle forschungsintensiven Produkt- und Dienstleistungsmärkte übertragen werden. Weiterführende Forschungsarbeiten sollten daher erarbeiten, welche Bereiche der vorgestellten Modellkonzeption in andere Industrien überführt werden können, welche Elemente dabei angepaßt werden müssen, und in welchen Industrien die zentralen Erfolgsfaktoren gegen die Anwendung der entwickelten Konzeption sprechen. Es sollte dabei schrittweise von forschungsintensiven Industrien zu weniger innovationsabhängigen Branchen übergegangen werden, da die Kongruenz in klassischen Innovationsbranchen mit den Anforderungen der pharmazeutischen Industrie am größten ist.

Da die Modell- und Systementwicklung der vorliegenden Untersuchung methodisch entwickelt wurde, wäre es zudem vorteilhaft, wenn sich weiterführende Forschungsarbeiten mit den konkreten Implementierungsschwierigkeiten des Modellansatzes in der Unternehmenspraxis beschäftigten. Wird die beschriebene Modellkonzeption von einem Unternehmen gesamthaft implementiert, wäre es sehr interessant, eine Langzeitstudie mit den bestehenden Produkten und Projekten des Unternehmens durchzuführen, um die Leistungsfähigkeit des Ansatzes in der Realität über mehrere Perioden hinweg zu untersuchen. Eine entsprechende Vorgehensweise ist auch für einzelne Teilbereiche des Gesamtmodells vorstellbar.

LITERATURVERZEICHNIS

Abell, D.F. / Hammond, J.S. (1979): Strategic Marketing Planning - Problems and Analytical Approaches, Englewood Cliffs, New Jersey, 1979.

Abshagen, U. / Eckel, R. / Stöcker, P. (1991): Die Stellung der forschenden Pharmaindustrie heute und in der Zukunft, in: Die Pharmazeutische Industrie, Nr. 5, 53. Jg., Aulendorf, 1991, S. 431-435.

Achoff, R. (1970): A Concept of Corporate Planning, New York, 1970.

Aguilar, F.J. (1967): Scanning the Business Environment, New York, London, 1967.

Albach, H. (1978): Strategische Unternehmensplanung bei erhöhter Unsicherheit, ZfB, 48. Jg., S. 702-715.

Albach, H. / Pay de, D. / Rojas, R. (1991): Quellen, Zeiten und Kosten von Innovationen, in: ZfB, 61. Jg., Heft 3, 1991, S. 309-324.

Albers, S. (1992): Ursachenanalyse von marketingbedingten Ist-Soll-Deckungsbeitragsabweichungen, in: ZfB, 62. Jg. (1992), S. 199-223.

Albert, H. (1967): Wertfreiheit als methodisches Prinzip, in: Topitsch, E. (Hrsg.) (1967): Logik der Sozialwissenschaften, Köln - Berlin, 1967.

Allaire, P. (1992): The CEO as organizational architect, in: Harvard Business Review, Heft 5, Vol. 70, September/Oktober 1992, Boston, MA, S. 107-121.

Altwegg, M. (1993): Neue Herausforderungen für die europäische Pharmaindustrie, in: Die Pharmazeutische Industrie, 55. Jg., Nr. 3, 1993, S. 201-204.

Ansoff, I.H. (1965): Corporate Strategy, New York, 1965.

Ansoff, I.H. (1966): Management Strategie, Augsburg, 1966.

Awad, E.M. (1988): Management Information Systems - Concepts, Structure, and Applications, California, 1988.

Back-Hock, A. (1988): Lebenszyklusorientiertes Produktcontrolling: Ansätze zur computergestützten Realisierung mit einer Rechnungswesens-, Daten- und Methodenbank, Dissertation, Erlangen-Nürnberg, 1988.

Back-Hock, A. (1992): Computergestütztes Produktlebenszyklus-Controlling, in: Hermanns, A. / Flegel, V. (Hrsg): Handbuch des Electronic Marketing: Funktionen und Anwendungen der Informations- und Kommunikationstechnik im Marketing, München, 1992.

Back-Hock, A. (1994): Aspekte zur Implementierung und Nutzung einer Prozeßkostenrechnung, in: Männel, W. (Hrsg.): Prozeßkostenrechnung: Methodik - Anwendung und Softwaresysteme, Sonderheft Kostenrechnungspraxis 1/94, Wiesbaden, 1994, S. 12-14.

Bahrami, H. /Evans, S. (1987): Stratocracy in High-Technology Firms, in: California Management Review, Heft 1, Vol. 30, Herbst 1987, S. 51-66.

Ballance, R. / Pogany, J. / Forstner, H. (1992): The world's pharmaceutical industries: an international perspective on innovation, competition and policy, Aldershot / Elgar, 1992.

Bamberg, G. / Coenenberg, A.G. (1994): Betriebswirtschaftliche Entscheidungslehre, 8. Auflage, München, 1994.

Barr, N. (1990): Economic Theory and the Welfare State: A Survey and Reinterpretation, Welfare State Programme, Discussion Paper Nr. 54, London School of Economics, London, 1990.

Bartlett, C. / Ghoshal, S. (1987): Managing across borders: New Organizational Responses, in: Sloan Management Review, Heft 1, Vol. 29, Herbst 1987, S. 43 - 54.

Bartlett, C. / Ghoshal, S. (1988): Creation, adoption and diffusion of innovations by subsidiaries of multinational corporations, in: Journal of International Business Studies, Nr. 3, Vol. 19, Columbia, SC, Herbst 1988, S. 365-388.

Bartlett, C. / Ghoshal, S. (1988): Organizing for Worldwide Efectiveness: The Transnational Solution, in: California Management Review, Heft 1, Vol. 31, Herbst 1988, S. 54-74.

Bartlett, C. / Ghoshal, S. (1990): "Internationale Unternehmensführung: Innovation, globale Effizienz, differenziertes Marketing, aus dem Engl. von Dürr, K. H. und Pfleiderer, R., Frankfurt/Main, New York, 1990.

Bartscher, S. / Martin, A. (1995): Grundlagen zur Normativen Entscheidungstheorie, in: Bartscher, S. / Bomke, P. (Hrsg.): Unternehmenspolitik, 2. überarb. und erw. Auflage, Stuttgart, 1995, S. 54 - 94.

BASF Pharma / Knoll AG (1996): Product Evaluation Package: Introducing Value Based Management to BASF Pharma, Ludwigshafen, 1996.

Battelle Institut (1976): Technology Assessment: Methoden, internatinale Entwicklungen, Auswirkungen auf die unternehmerische und staatliche Planung. Projektbericht BF-V-31 0000-1, Frankfurt, 1976.

Bäuerle, P. (1989): Zur Problematik der Konstruktion praktikabler Entscheidungsmodelle. In: Zeitschrift für Betriebswirtschaft, 59. Jg., 1989, Heft 2, S. 175-192.

Bea, F.X. / Dichtl, E. / Schweitzer, M. (1994): Allgemeine Betriebswirtschaftslehre, Band 3: Leistungsprozeß, 6. Auflage, Stuttgart, Jena, 1994.

Bea, F.X. / Haas, J. (1995): Strategisches Management, Stuttgart, Jena, 1995.

Bea, F.X. (1988): Diversifikation durch Kooperation, in: Der Betrieb, Heft 5, 41. Jg., 1988, S. 2521-2526.

Becker, J. (1993): Marketing Konzeption: Grundlagen des strategischen Marketing-Managements, 5. verb. u. erg. Aufl., München, 1993.

Becker, J. (1995): Strategisches Marketing, in: Tietz, B. / Köhler, R. / Zentes, J. (Hrsg): Handwörterbuch des Marketing, Bd. 4, 2. völlig neu gestaltete Auflage, Stuttgart, 1995, Sp. 2425-2436.

Bendixen, P. / Kemmler, H.W. (1972): Planung, Organisation und Methodik innovativer Entscheidungsprozesse, Berlin, New York, 1972.

Berger, R. (1992): Local Hero, in: Manager Magazin, 22. Jg., Heft 12/1992, S. 202-209.

Berger, R. / Thiess, M. (1991): European M&A's in der Pharmaindustrie, in: Pharmazeutische Industrie, Nr. 10, 53. Jg., Aulendorf, 1991, S. 877-883.

Berliner, C. / Brimson, J.A. (1988): Cost Management for Today's Advanced Manufacturing: The CAM-I Conceptual Design, Boston, 1988.

Berthel, J. (1995): Personal-Management - Grundzüge für Konzeptionen betrieblicher Personalarbeit, 4. überarbeitete und erweiterte Auflage, Stuttgart, 1995.

Bircher, B. (1976): Langfristige Unternehmensplanung, Bern, 1976.

Bischof, P. (1976): Produktlebenszyklus im Investitionsgüterbereich. Produktplanung unter Berücksichtigung von Widerständen bei der Markteinführung, Göttingen, 1976.

Bleicher, K. (1991): Organisation, Strategien - Strukturen - Kulturen, 2. Auflage, Wiesbaden, 1991.

Bleicher, K. (1991a): Organisation, in: Bea, F.X. / Dichtl, E. / Schweitzer, M. (Hrsg.): Allgemeine Betriebswirtschaftslehre, Führung, 5. Auflage, München, u.a., 1991, S. 73-152.

Blohm, H. / Danert, G. (1983): Forschungs- und Entwicklungsmanagement, Stuttgart, 1983.

Bohr, K. (1993): Effizienz und Effektivität, in: Wittmann, W. et al. (Hrsg.): Handwörterbuch der Betriebswirtschaft, 5. Auflage, Teilband 1, Stuttgart, 1993.

Booz, Allen & Hamilton (1991) (Hrsg.): Integriertes Technologie- und Innovationsmanagement: Konzepte zur Stärkung der Wettbewerbskraft von High-Tech-Unternehmen, Berlin, 1991.

Bovasso, G. (1992): A Structural Analysis of the Formation of a Network Organization, in: Group and Organization Management, Vol. 17, Nr. 1, März 1992, S. 86-106.

Bowman, E. (1980): A Risk/Return Paradox for Strategic Managemet, in: Sloan Management Review, Vol. 21, Frühjahr 1980, S. 17 - 31.

Bowman, E. (1982): Risk seeking by troubled firms, in: Sloan Management Review, Vol. 23, Sommer 1982, S. 33 - 42.

Boynton, A.C. / Victor, B. (1991): Beyond Flexibility: Building and Managing the Dynamically Stable Organization, in: California Management Review, Heft 1, Vol. 34, Herbst 1991, S. 53-66.

Braun, G.E. / Beckert, J. (1992): Funktionalorganisation, in: Frese, E. (Hrsg.): Handwörterbuch der Organisation, 3. völlig neu gest. Aufl., Enzyklopädia der Betriebswirtschaftslehre, Band 2, Stuttgart, 1992, Sp. 640-655.

Brockhoff, K. (1973): Forschungsprojekte und Forschungsprograme, Ihre Bewertung und Auswahl, Wiesbaden, 1973.

Brockhoff, K. (1987): Wettbewerbsfähigkeit und Innovation, in: Dichtl, E. et al. (Hrsg.): Innovation und Wettbewerbsfähigkeit, Tagungsband, Wiesbaden, 1987, S. 53-74.

Brockhoff, K. (1994): Forschung und Entwicklung - Planung und Kontrolle, 4. erg. Auflage, München, Wien, 1994.

Bühner, R. (1987): Gestaltungsmöglichkeiten und rechtliche Aspekte einer Management-Holding, in: Die Betriebswirtschaft, 47. Jg., Heft 1/1987, S. 40 - 49.

Bühner, R. (1988): Gefährliche Versuchung High-Tech, in: Harvard Manager, Nr. 3, 1988, S. 92-96.

Bullinger, H.J. / Kornwachs, K. (1990): Expertensysteme: Anwendungen und Auswirkungen im Produktionsbetrieb - eine Studie aus dem Frauenhofer-Institut für Arbeitswissenschaft und Organisation, Stuttgart, 1990.

Bundesverband der pharmazeutischen Industrie (1979) (Hrsg.): Arzneimittelindustrie und Arzneimittelmärkte: Daten - Fakten - Strukturen, Frankfurt, 1979.

Bundesverband der pharmazeutischen Industrie (1985) (Hrsg.): Arzneimittelforschung in Deutschland - Erfolge der Vergangenheit - Stand - zukünftige Entwicklung, Frankfurt am Main, S. 4.

Bundesverband der pharmazeutischen Industrie (1988) (Hrsg.): Pharmadaten 87, Frankfurt am Main, 1988.

Bundesverband der pharmazeutischen Industrie (1993) (Hrsg.): Pharma-Jahresbericht 1992-93, Frankfurt a.M., 1993.

Bundesverband der pharmazeutischen Industrie (1993a) (Hrsg.): Pharmaceutical Data 1993, Frankfurt a.M., 1993.

Bundesärztekammer (1995) (Hrsg.): Deutscher Ärztetag - Tätigkeitsbericht 1995 dem 98. Deutschen Ärztetag 1995 in Stuttgart vorgelegt, vom Vorstand und der Geschäftsführung, Stuttgart, 1995.

Bylinsky, G. (1988): Bringing Biotech down to Earth, in: Fortune, 7. November 1988, S. 101-104.

Chmielewicz, K. / Schweitzer, M. (1993) (Hrsg.): Handwörterbuch des Rechnungswesens, Stuttgart, 1993.

CIBA AG (1993) (Hrsg.): Geschäftsbericht 1992, Basel, 1993.

Coase, R.H. (1937): The Nature of the Firm, Economica, 1937, Vol. 4, S. 386-405.

Coenenberg, A.G. (1993): Kostenrechnung und Kostenanalyse, 2. durchgesehene Auflage, Landsberg/Lech, 1993.

Colbe, W.B. von / Hamann, P. / Laßmann, G. (1990): Betriebswirtschaftstheorie, Bd. 2: Absatztheorie, 3. Auflage, Berlin et al., 1990.

Cookson, C. (1992): A tighter lid on the pillbox, in: Financial Times, 17. 11.1992, S. 5.

Cooper, R. / Kaplan, R.S. (1988a): Measure costs right: Make the right decisions, in: Harvard Business Review, 5/1988, S. 96-103.

Cooper, R. / Kaplan, R.S. (1988b): How Cost Accounting Distorts Product Costs, in: Management Accounting, Vol. 69, 1988, April, 20-27.

Cooper, R. / Kaplan, R.S. (1991): Activity Based Costing: Ressourcenmanagement at ist best, in: Harvard Manager, o. Jg. (1991), Heft 4, S. 87-94.

Copeland, T. / Koller, T. / Murrin, J. (1993): Unternehmenswert - Methoden und Strategien für eine wertorientierte Unternehmensführung, Frankfurt, New York, 1993.

Corstjens, M. (1991): Marketing Strategy in the pharmaceutical industry, London, 1991.

Cox, W. (1967): Product Life Cycles as Marketing Models, in: Journal of Business, Oktober 1967, S. 375-384.

Czinkota, M.R. / Ronkainen, I.A. (1990): International Marketing, 2. Auflage, Chicago, London, 1990.

Dale, E. (1967): Organization, New York, 1967.

Demmler, H. (1995): Grundlagen der Mikroökonomie, 2. durchges. Aufl., München, Wien, 1995.

Demski, J. (1980): Information Analysis, Reading, Massachusetts.

Deutsch, C. (1992): Aufbruch ohne Grenzen, in: Management Wissen, 4/1992, S. 10-13.

DGOR - Deutsche Gesellschaft für Operations Research e.V. (Hrsg.): Modellgestützte Planung im Unternehmen, Henstwedt-Ulzburg, 1981-82.

Dichtl, E. / Raffée, H. / Thiess, M. (1989) (Hrsg.): Innovatives Pharma-Marketing: Marktorientierung als Erfolgsstrategie der 90´er Jahre, Wiesbaden, 1989.

Dichtl, E. et al. (1987) (Hrsg.): Innovation und Wettbewerbsfähigkeit, Tagungsband, Wiesbaden, 1987.

Diedenhofen, H.J. (1991): "Imageanalysen: Aussagefähige Grundlage für Strategien pharmazeutischer Unternehmungen", Dissertation, Bamberg, 1991.

DiMasi, J.A. (1991): Cost of Innovation in the pharmaceutical industry, in: Journal of Health Economics, 10. Jg., Nr. 3, 1991, S. 107-142.

Doppelfeld, V. (1987): Flexible Organisationsformen in einem funktional gegliederten Großunternehmen, in: Zeitschrift für betriebswirtschaftliche Forschung, 39. Jg., Heft Nr. 7, 1987, S. 577-584.

Dreger, C. (1994): "Die Übertragbarkeit des transnationalen Organisationsmodells nach Bartlett/Ghoshal auf Unternehmen der Pharmabranche vor dem Hintergrund einer sich wirtschaftlich, politisch und technologisch komplexer gestaltenden Umweltsituation", unveröffentlichte Arbeit, Lehrstuhl für ABWL und Internationales Management, Prof. Dr. M. Perlitz, Universität Mannheim, 1994.

Dreger, C. (1996): Europäische Produktpolitik: Weniger Innovation und mehr Akquisition gegenüber den USA, in: Pharma-Marketing-Journal, Juli 1996, S. 91-100.

Drews, J. (1986): "Warum und wie entstehen neue Arzneimittel?", in: Dölle, W. (Hrsg.) (1986): "Grundlagen der Arzneimitteltherapie", Mannheim, 1986, S. 1-8.

Drews, J. (1992): Überlebt diese Pharmabranche, in: Finanz und Wirtschaft, Zürich, 17. Oktober 1992, S. 3ff.

Drews, J. (1995): Innovationsmanagement in der Pharmaindustrie - Mangel an neuen Präparaten / Weniger Bürokratie - mehr Motivation, in: Frankfurter Allgemeine Zeitung, Natur und Wissenschaft, Nr. 201, 30. August 1995.

Drews, J. (1995a): Innovationsmanagement in der pharmazeutischen Industrie, in: Lonsert, M. / Preuß, K.J. / Kucher, E. (Hrsg.): Handbuch Pharma-Management, Band 1, Wiesbaden, 1995.

Duelli, J. / Walgenbach, E. / Wittek, B. (1991): Das Dilemma der Pharma-Forschung: Pharma-Firmen müssen viel mehr für Innovation tun, in: Harvard-Manager, Heft 1, 13. Jg., Hamburg, 1991, S. 88-98.

Dülfer, E. (1991): Internationales Management in unterschiedlichen Kulturbereichen, München/Wien, 1991.

Dullien, M. (1975): Perspektiven des Matrix-Projekt-Management, in: Zeitschrift für Organisation, 44. Jg., 1975.

Dunst, K.H. (1979): Portfolio-Management, Konzeption für die strategische Unternehmensplanung, Berlin, New York 1979.

Düttmann, B. (1989): Forschungs- un Entwicklungskooperationen und ihre Auswirkungen auf den internationalen Wettbewerb, Bergisch-Gladbach, Köln, 1989.

Ebbinghaus, H.-D./ Flum, J. / Thomas, W. (1986): Einführung in die mathematische Logik, 2. überarbeitete Auflage, Darmstadt, 1986.

Ebert, G. (1989): Kosten- und Leistungsrechnung, Wiesbaden, 1989.

Erickson, E. (1987): Pharmaceuticals, in: A.D. Little (Hrsg.): Spectrum, Februar 1987, S. 1-13.

Ernst & Young (1995): 9th Annual Report on the Biotechnology Industry, in: Goodwin, C.: "An investment culture in need of therapy", in: Accountancy, August 1995, S. 40 - 42.

Eschenröder, G. / Winkelhage, F. (1989): Forschungsplanung, in: Szyperski, N. (Hrsg.): Handwörterbuch der Planung, Bd. 9, Stuttgart, 1989, S. 520-528.

Fahrmeir, L. / Hamerle, A. (1984): Multivariate statistische Verfahren, Berlin, New York, 1984.

Fischbach, R. (1992): Volkswirtschaftslehre, 7. überarb. und erw. Aufl., München, Wien, 1992.

Fog, B. (1960): Industrial Pricing Policies, Amsterdam, 1960.

Forster, M. (1987): Betriebswirtschaftliche Modelle als Antwort auf Probleme der betrieblichen Praxis", in: Schmidt, R.H. / Schor, G. (Hrsg.): Modelle in der Betriebswirtschaftslehre, Wiesbaden, 1987, S. 243-254.

Frambach, H. A. (1993): Die Evolution moderner ökonomischer Kategorien: Entstehung und Wandel zentraler Begriffe der neoklassischen ökonomischen Theorie, Berlin, 1993.

Freimann, J. (1987): Zum Problem der Interessenorientierung im betriebswirtschaftlichen Denken, in: Schmidt, R.H. / Schor, G. (Hrsg.): Modelle in der Betriebswirtschaftslehre, Wiesbaden, 1987, S. 57-102.

Froot, K.A. / Scharfstein, D.S. / Stein, J.C. (1994): A Framework for Risk Management, in: Harvard Business Review, November/Dezember 1994, S. 91-102.

Fröhling, O. (1990b): Marktforschung und Controlling - Durch Integration zu besserer Informationsqualität, in: CM, 15. Jg., (1990), S. 193-198.

Fröhling, O. (1994): Dynamisches Kostenmanagement: konzeptionelle Grundlagen und praktische Umsetzung im Rahmen eines strategischen Kosten- und Erfolgs-Controlling, München, 1990.

Fülgraff, G. (1992): Prüfung und Bewertung von Arzneimitteln, in Füllgraff, G. / Palm, D. (Hrsg.): Pharmakologie - ein Lehrbuch für Studierende und ein Ratgeber für Ärzte, Stuttgart et al., 1992, S. 11-19.

GABLER (1988) (Hrsg.): GABLER's Wirtschaftslexikon, 12. vollst. neu bearb. u. erw. Auflage, Wiesbaden, 1988.

Gaitanides, M. (1992): Ablauforganisation, in: Frese, E. (Hrsg.): Handwörterbuch der Organisation, 3. völlig neu gest. Aufl., Enzyklopädia der Betriebswirtschaftslehre, Band 2, Stuttgart, 1992, Sp. 1-18.

Galbraith, J. / Nathanson, P. (1978): Strategy Implementation: The role of structure and process, West, St Paul, Minnesota, 1978.

Gälweiler, A. (1974): Unternehmensplanung, Grundlagen und Praxis, Frankfurt/New York, 1974.

Gälweiler, A. (1976): Unternehmenssicherung und strategische Planung, in: ZfbF 1976, S. 362-379.

Gälweiler, A. (1981): Portfolio-Analyse, in: DBW, 1/1981, S. 132-133.

Garnier, J.P. (1994): SB Market Aligned Planning: A Global Approach to New Product Development, in: SmithKline Beecham (1994): Market Aligned Planning - A Global Approach to New Product Development, Philadelphia, 1994, S. 3.

Garvin, D.A. (1993): Building a Learning Organization, in: Harvard Business Review, Vol. 71, Heft 4, Juli-August 1993, S. 78-91.

Gehrig, W. (1992): Pharma-Marketing: Instrumente, Organisation und Methoden: national und international, 2. Aufl., Zürich, 1992.

Geist, M.N. / Köhler, R. (1981) (Hrsg.): Die Führung des Betriebes, Festschrift für C. Sandig, Stuttgart, 1981.

Gerjets, J. (1982): Forschungspolitik in der Bundesrepublik Deutschland, Dissertation, Köln, 1982.

Gespräch mit Herrn Salinas (1995), Interpharma, Petersgraben 35, Basel, 7.11.1995.

Gespräch mit Herrn Bernd Kögel (1995), CIBA AG, Basel, vom 15.11.1995 in Basel, 1995.

Gespräch mit Herrn Dr. M. Dreger (1996), Strategic Planning SmithKline Beecham, vom 13.7.1996, Baden-Baden, 1996.

Gespräch mit Herrn L. Mergel, (1995), Marketingleiter der Firma FINK, Herrenberg, 23.6.1995, Herrenberg, 1995.

Gespräch mit Herrn Dr. T. Spickschen, BASF Pharma / Knoll AG, Ludwigshafen, vom 6.12.1996, Ludwigshafen, 1996.

Gespräch mit Herrn Dr. Ch. Schröder (1996), BASF Pharma / Knoll AG, Ludwigshafen, vom 9.12.1996, Ludwigshafen, 1996.

Ghoshal, S. / Nohria, N. (1991): Distributed Innovation in the Differentiated network multinational, INSEAD Working Papers, Nr. 91/44/SM, Fontainbleau, 1991.

Ghoshal, S. / Nohria, N. (1989): Internal differentiation within multinational corporations, in: Strategic Management Journal, Vol. 10, Nr. 4, Juli/August 1989, S. 323-337.

Goodwin, C. (1995): "An investment culture in need of therapy", in: Accountancy, August 1995.

Gordon, G. (1971): Preconceptions and Reconceptions in the Administration of Science, R&D Management, Vol. 2, 1971, S. 37-40.

Granitza, A. (1987): Der internationale Arzneimittelmarkt, in: Pharmazeutische Industrie, 49. Jg., Nr. 11, Aulendorf, 1987, S. 1118-1123.

Green, D. (1995): Biotech move to be revived, in: Financial Times, 14. Dezember, 1995.

Green, D. (1995a): Biotech and Glaxo sign licensing deal, in: Financial Times, 28. September 1995.

Green, P.E. / Krieger, A.M. / Bansal, P. (1988): Completely unacceptable levels in Conjoint Analysis: A cautionary note, Journal of Marketing Research 25, August 1988, S. 293-300.

Greipel, P. (1993): Einheit in Vielfalt, in: Gablers Magazin, 7. Jg., Nr. 2, Wiesbaden, 1993, S. 17-22.

Gruyter de / Walter (1994) (Hrsg.): Klinisches Wörterbuch. Berlin/New York 1994, S. 1182.

Gussek, F. / Tomczak, T. (1988): Decision-Support-Systeme für Marketing-Entscheidungen, in: Thexis, Heft 5/1988, St. Gallen, S. 38-43.

Gussek, F. (1991): Erfolg in der strategischen Markenführung, Berlin, 1991.

Gutenberg, E. (1973): Grundlagen der Betriebswirtschaftslehre, Bd. II: Der Absatz, 14. Auflage, Berlin - Heidelberg - New York, 1973.

Gutenberg, E. (1975): Grundlagen der Betriebswirtschaftslehre, Bd. I, Die Produktion, 21. Aufl., Berlin, Heidelberg, New York, 1975.

Gutenberg, E. (1984): Grundlagen der Betriebswirtschaftslehre, Band I: Die Produktion, 24. Auflage, Berlin, 1984.

Haberfellner, R. (1992): Projektmanagement, in: Frese, E. (Hrsg): Handwörterbuch der Organisation, 2. Band, 3. Auflage, Stuttgart, 1992.

Haberstock, L. (1977): Grundzüge der Kosten- und Erfolgsrechnung I, München, 1977.

Hahn, D. (1982): Zweck und Standort des Portfolio-Konzeptes in der strategischen Unternehmensführung, in: agplan - Gesellschaft für Planung e.V. (Hrsg.), Kennzahl 4832, 1982.

Hahn, D. / Arbeitskreis "Langfristige Unternehmensplanung" der Schmalenbach-Gesellschaft (1980): Strategische Planung, in: Hahn, D. / Taylor, B. (Hrsg.): Strategische Unternehmensplanung: Stand u. Entwicklungstendenzen, Würzburg, Wien, 1980, S. 17-38.

Hahn, D. / Taylor, B. (1983) (Hrsg.): Strategische Unternehmensplanung: Stand und Entwicklungstendenzen, 2. erw. Aufl., Würzburg, Wien, Zürich, 1983.

Hahn, D. et al. (1979): Betriebliche und überbetriebliche Frühwarnsysteme für die Industrie, in: ZfB, Jg. 49, 1979, S. 76-88.

Hahn, D. / Klausmann, W. (1989): Entwicklung der betriebswirtschaftlichen Planung, in: Szyperski, N. (Hrsg.): Handwörterbuch der Planung, Stuttgart, 1989, S. 406-420.

Hahn, D. / Lassmann, G. (1990): Produktionswirtschaft - Controlling industrieller Produktion, Band 1: Grundlagen, Führung und Organisation, Produkte und Produktionsprogramm, Material und Dienstleistungen, 2. vollst. überarb. Auflage, Heidelberg, 1990.

Hammer, R. (1985): Unternehmensplanung, 2. Aufl., München, 1985.

Hammer, R. (1988): Strategische Planung und Frühaufklärung, München et al., 1988.

336

Hansmann, F. (1985): Was versteht die GSP unter strategischer Planung?, SP, 1, S. 151-157.

Hauser, J.R. / Shapan, S.M. (1983): Defensive Marketing Strategies, Marketing Science, Herbst 1983, S. 319-360.

Hauschildt, J. (1989): Informationsverhalten bei innovativen Problemstellungen, in: Zeitschrift für Betriebswirtschaft 59. Jg. (1989), Heft 9, S. 377-397.

Hauschildt, J. / Petersen, K. (1987): Phasen-Theorem und Organisation komplexer Entscheidungsverläufe, in: Zeitschrift für betriebswirtschaftliche Forschung, Heft 12/1987, S. 1043-1062.

Häusser, E. (1981): Das Deutsche Patentamt als Informationshilfe einer Überlebensstrategie der Unternehmung bei schnellem Wandel von Technik und Markt. Vortrag im Rahmen des Kontaktseminars "Wissenschaft-Praxis" des Lehrstuhles für Industriebetriebslehre (Prof. D. W. Pfeiffer) der Friedrich-Alexander Universität Nürnberg, Nürnberg, 16.12.1981.

Hax, A.C. / Majluf, N.S. (1981): Organizational Design: A Survey and an Approach, in: Operations Research, Vol 29, Nr. 3, Mai-Juni 1981.

Hedley, B. (1977): Strategy and the Business Portfolio, in: Long Range Planning, 10. Jg., Nr. 1, Februar 1977, S. 12ff.

Hedley, B. (1983a): A fundamental approach to Strategy Development, in: Hahn, D. / Taylor, B. (Hrsg.): Strategische Unternehmensplanung: Stand und Entwicklungstendenzen, 2. erw. Aufl., Würzburg, Wien, Zürich, 1983, S. 117-131.

Hedley, B. (1983b): Strategy and the Business Portfolio, in: Hahn, D. / Taylor, B. (Hrsg.): Strategische Unternehmensplanung: Stand und Entwicklungstendenzen, 2. erw. Aufl., Würzburg, Wien, Zürich, 1983, S. 132-143.

Heenan, D. / Perlmutter, H. (1978): Multinational Organization Development: A Social Architecture Perspective, Boston, MA, 1978.

Heinrich, L.J. (1995): Wirtschaftsinformatik - Lexikon, 5. Auflage, München, 1995.

Helle, H.-J. (1981): Technology Assessment - Ein Instrument der Technologiepolitik, in: Zeitschrift für Politik, Jg. 28, 1981, H. 4, S. 369-423.

Henderson, B.D. / Clarkeson, J.S. / Miles, A.W. / Lewis, T.G. / Lehmann, S. (1993): Vom Portfolio zum Wertmanagement, in: Oetinger, B. von (Hrsg.): Das Boston Consulting Strategie Buch: Die wichtigsten Managementkonzepte für den Praktiker, Düsseldorf, Wien, New York, Moskau, 1993, S. 281-347.

Henderson, J.M. / Quandt, R.E. (1977): Mikroökonomische Theorie: Eine mathematische Darstellung, 4. durchges. Aufl., München, 1977.

Hertz, D.B. (1968): Investment policies that pay off: Computer simulation to assess the risk effects of various policies provides a means to make effective investment for growth, in: Harvard Business Review, Januar/Februar 1968, S. 96-108.

Hesse, G. (1991): Strukturwandel der Pharma Industrie im Gemeinsamen Markt, in: Die pharmazeutische Industrie, 53. Jg., Nr. 12, 1991, S. 1088-1093.

Heusler, K. (1988): Gesundheit durch Forschung: Krankheit als Herausforderung für die pharmazeutische Industrie, Basel, 1988.

Hill, W. / Rieser, I. (1993): Marketing-Management, 2. Aufl., Bern, Stuttgart, Wien, 1993.

Hilleke, K. (1995): Decision Support Systeme bei der Preisbestimmung von Produkten, in: Lonsert, M. / Preuß, K.J. / Kucher, E. (Hrsg.): Handbuch Pharma-Management, Band 2, Wiesbaden, 1995, S. 649-666.

Hinterhuber, H.-H. (1977): Strategische Unternehmensführung, Berlin, New York, 1977.

Hinterhuber, H.-H. (1982): Wettbewerbsstrategie, Berlin, New York, 1982.

Hinterhuber, H.-H. (1984): Strategische Unternhemensführung, 3. verb. u. erw. Aufl., Berlin, New York, 1984.

Hinterhuber, H.-H. (1989): Strategische Unternehmensführung, Bd. I: Strategisches Denken und Bd. II: Strategisches Handeln, 4. Auflage, Berlin, New York, 1989.

Hinterhuber, H.-H. (1992): Strategische Unternehmensführung, Band 1 - Strategisches Denken, 5. Auflage, Berlin, 1992.

Hinterhuber, H.-H. / Krauthammer, E. (1992): Die Fähigkeiten aller optimal einsetzen, in: Gablers Magazin, 6. Jg., Nr. 8, 1992, Wiesbaden, S. 23-25.

Hoch, D. / Schirra, W. (1993): Entwicklung der Informationstechnologie - Management des Wandels in einer Zeit des Paradigmenwechsels, in: Scheer, A.W. (Hrsg.): Handbuch Informationsmanagement: Aufgaben - Konzepte - Praxislösungen, Wiesbaden, 1993, S. 3 - 48.

Höfner, K. / Winterling, K. (1982): Strategisch planen mit Portfolios, Teil I und II, in: Marketing Journal, S. 45-48 und 248-255, 1982.

Hoechst AG (1993) (Hrsg.): Geschäftsbericht 1992, Frankfurt, 1993.

Horvath, P. / Mayer, R. (1989): Prozeßkostenrechnung - Der neue Weg zu mehr Kostentransparenz und wirkungsvolleren Unternehmensstrategien, in: Controlling, 1. Jg. 1989, S. 214-219.

Horvath, P. / Mayer, R. (1993): Prozeßkostenrechnung - Konzeption und Entwicklungen, in: Männel, W. (Hrsg.): Prozeßkostenrechnung: Methodik, Anwendung und Softwaresysteme, Sonderheft Kostenrechnungspraxis 2/93, 1993, S. 15-28.

Hüttel, K. (1988): Produktpolitik, Reihe: Modernes Marketing für Studium und Praxis, Ludwigshafen am Rhein, 1988.

IMS (Hrsg.) (1994): Datenmonitor, 1994 World Pharmaceutical Markets, 1994.

IMS (Hrsg.) (1995): Datenbank - Sektor Pharma: Lehman Brothers expect ...., New York, 1995.

Jaeger, H. (1991): Reduction of Drug Development Time, in: Drugs made in Germany, 34. Jg., Nr. 2/91, S. 42-47.

Jakubcik, G.-D. (1989): Phasenorientiertes Projektmanagement im Entwicklungsprozeß von Arzneimitteln, in: Schelle, H. (Hrsg): Symposium phasenorientiertes Projektmanageent, Arbeitstexte der Gesellschaft für Projektmanagement, Köln, 1989, S. 99-115.

Jaspersen, T. (1994): Computergestütztes Marketing: controllingorientierte DV-Verfahren für Absatz und Vertrieb, München, Wien, 1994.

Johnson, H.T. / Kaplan, R.S. (1987): The Importance of long-term product costs, in: The McKinsey Quarterly, 1987, Autumn, S. 36-48.

Johnson, H.T. (1988): Activity-based-Information: A blueprint for World-Class-Management Accounting, in: Management Accounting, 6/1988, S. 23-30.

Johnson, T.H. (1989): Managing Costs: An Outmoded Philosophy, in: Manufacturing Engineering, 5/1989, S. 42-46.

Kadushin, C. / Brimm, M. (1990): Why Networking Fails: Double Binds and the limitations of shadow Networks", INSEAD Working Papers, Nr. 26/OB/BP, Fontainbleau, 1990.

Kaplan, R.S. (1988): One Cost System isn't Enough, in: Harvard Business Review, Vol. 6, 1, 1988, S. 61-66.

Kappler, E. (1983): Praktische Folgen einer Rekonstruktion der Betriebswirtschaftslehre, in: Kappler, E. (Hrsg.) (1983): Rekonstruktion, Wiesbaden, S. 379-394.

Katz, R. (1970): Cases and Concepts in Corporate Strategy, Englewood, 1970.

Katzenbach, J.R. / Smith, D.K. (1993): Teams, Frankfurt, 1993.

Kaufman, R.J. (1970): Life Cycle Costing: A Decision Making Tool for Capital Equipment Acquisition, in: CAM, Vol. 44 (1970), 2, S. 21-28.

Keen, P.G. / Morton, M.S. (1978): Decision Support Systems: An Organizational Perspective, Reading, Massachussets, 1978.

Keen, P.G. (1977): The evolving concept of optimality. TIMS Studies in the Management Sciences, 6, S. 31-57, 1977.

Kennedy, C. (1993): Changing the Company Culture at Ciba Geigy, in: Long Range Planning, Vol. 26, Nr. 1, Februar 1993, S. 18-27.

Kern, W. / Schröder, H.-H. (1977): Forschung und Entwicklung in der Unternehmung, Reinbek bei Hamburg, 1977.

Kieser, A. (1985): Die innovative Unternehmung als Voraussetzung der internationalen Wettbewerbsfähigkeit, in: Wirtschaftswissenschaftliches Studium, 14. Jg., 7/1985, S. 354-358.

Kieser, A. / Reber, G. / Wunderer, R. (1995) (Hrsg.): Handwörterbuch der Führung, Bd. 10, 2. neu gestaltete und ergänzteAuflage, Stuttgart, 1995.

Kilger, W. (1962): Die quantitative Ableitung polypolistischer Preisabsatzfunktionen aus den Heterogenitätsbedingungen atomistischer Märkte, in: Koch, H. (Hrsg.): Zur Theorie der Unternehmung, Wiesbaden, 1962.

Kilger, W. (1976): Einführung in die Kostenrechnung, Opladen, 1976.

Kilger, W. (1986): Die Kostenträgerrechnung als leistungs- und kostenwirtschaftliches Spiegelbild des Produktions- und Absatzprogrammes, in: 7. Saarbrücker Arbeitstagung Rechnungswesen und EDV, hrsg. von W. Kilger und A.-W. Scheer, Heidelberg, 1986, S. 3-53.

Kilger, W. (1988): Flexible Plankostenrechnung und Deckungsbeitragsrechnung, 9., verb. Auflage, Wiesbaden, 1988.

Kilger, W. (1993): Flexible Plankostenrechnung und Deckungsbeitragsrechnung, 10. vollst. überarb. und erw. Auflage, Wiesbaden, 1993.

Kirsch, W. (1971): Entscheidungsprozesse, Bd. II: Informationsverarbeitungstheorie des Entscheidungsverhaltens, Wiesbaden, 1971.

Kirsch, W. / Esser, W.-M. / Gabele, E. (1979) (Hrsg): Das Management des geplanten Wandels von Organisationen, Stuttgart, 1979.

Kirsch, W. / Roventa, P. (1983) (Hrsg.): Bausteine eines strategischen Managements: Dialoge zwischen Wissenschaft und Praxis, Berlin, New York, 1983.

Kirsch, W. / Trux, W. (1983): Vom Marketing zum strategischen Management, in: Kirsch, W. / Roventa, P. (1983), S. 43-64.

Klein, H. (1971): Heuristische Entscheidungsmodelle, Wiesbaden, 1971.

Klein, H.K. / Hirschheim, R. (1985): "Consequentialist Perspective of Decision Support Systems", Decision Support Systems, Vol. 1, no. 1, 1985.

Kloos, J. / Sieben, G. / Schildbach, T. (1987): Kosten- und Leistungsrechnung, 4. Auflage, Düsseldorf, 1987.

Kluge, J. et a. (1994): Wachstum durch Verzicht: Schneller Wandel zur Weltspitze, McKinsey & Co., Stuttgart, 1994.

Klümper, P. (1990): Grundlagen der Kostenrechnung, 3. Auflage, Herne/Berlin, 1990.

Knapp, H.G. (1987): Prognosemodelle in langfristiger Absicht - sein Realitätsbezug, in: Schmidt, R.H. / Schor, G. (Hrsg.): Modelle in der Betriebswirtschaftslehre, Wiesbaden, 1987, S. 135-157.

Koch, H. (1972): Die zentrale Globalplanung als Kernstück der integrierten Unternhemens-planung, ZfbF, 1972, S. 222-252.

Koch, H. (1974): Die betriebswirtschaftliche Planung, in: Grochla, E. / Wittmann, W. (Hrsg.): Handwörterbuch der Betriebswirtschaftslehre, 2. Band, 4. Auflage, Stuttgart, 1974, Sp. 3001-3016.

Köhler, R. (1974): Modelle, in: Grochla, E. / Wittmann, W. (Hrsg.): Handwörterbuch der Betriebswirtschaftslehre, 2. Band, 4. Auflage, Stuttgart, 1974, Sp. 2701-2715.

Köhler, R. (1981): Grundprobleme der strategischen Marketingplanung, in: Geist, M.N. / Köhler, R. (Hrsg.): Die Führung des Betriebes, Festschrift für C. Sandig, Stuttgart, 1981, S. 261-291.

Köhler, R. (1989): Planungstechniken: Einsatzbedingungen von, in: Szyperski, N. (Hrsg): Handwörterbuch der Planung, Stuttgart, 1989, Sp. 1528-1541.

Köhler, R. / Tebbe, K. / Uebele, H. (1983): Der Einfluß objektorientierter Organisationsfor-men auf die Gestaltung absatzpolitischer Entscheidungsprozesse, Köln, 1983, DBW-Depot 84-1-3.

Kosiol, E. (1961): Modellanalyse als Grundlage unternehmerischer Entscheidungen, in: Zeit-schrift für betriebswirtschaftliche Forschung, 13. Jg., 1961, S. 318-334.

Kosiol, E. (1962): Organisation der Unternehmung, München, 1962.

Kotler, P. (1982): Marketing-Management, 4. Auflage, Stuttgart, 1982.

Kotler, P. / Bliemel, F. (1995): Marketing-Management, 8. Auflage, Stuttgart, 1992.

Krackhardt, D. / Hanson, J.R. (1993): Informal Networks: The Company behind the Chart, in: Harvard Business Review, Vol. 71, Heft 4, Juli-August 1993, S. 104-111.

Kreikebaum, H. (1995): Strategische Führung, in: Kieser, A. / Reber, G. / Wunderer, R. (Hrsg.): Handwörterbuch der Führung, Bd. 10, 2. neu gestaltete und ergänzteAuflage, Stuttgart, 1995, Sp. 2006-2014.

Kreutzer R. / Raffée, H. (1990): Organisatorische Verankerung als Erfolgsbedingung eines Global-Marketing, Thexis, 3. Jg., Heft 2, S. 10-21.

Krikler, P. (1995): Drug Fever, in: The Investor, S. 8-9, November 1995.

Kroeber-Riel, W. (1992): Konsmentenverhalten, 5. überarbeitete und ergänzte Auflage, München, 1992.

Krubasik, E.G. (1988): Customize your Product Development, in: Harvard Business Review, Band 66, 1988, November/Dezember 1988, S. 4-8.

Krüger, W. (1972): Konflikthandhabung: Grundlagen, Probleme und Instrumente der Konflikthandhabung in der Unternehmung, Berlin, 1972.

Krüger, W. (1984): Organisation der Unternehmung, Stuttgart, u.a., 1984.

Kucher, E. (1985): Scannerdaten und Preissensitivität bei Konsumgütern, Wiesbaden, 1985.

Kuhn, K. (1987): Führungsstrukturen von Großunternehmen, in: Zeitschrift für Betriebswirtschaft, 57. Jg., Heft 5, Wiesbaden, 1987, S. 457-464.

Küttner, M. (1987): Deskriptive Modelle und Handlungsempfehlungen in der Betriebswirtschaftslehre, in: Schmidt, R.H. / Schor, G. (Hrsg.): Modelle in der Betriebswirtschaftslehre, Wiesbaden, 1987, S. 255-272.

Langle, L. / Occelli, R. (1983): Le cout d'un nouveau médicament, in: Journal d'Economie Médicale, Nr. 2, 1983, S. 77-106.

Lehmann, E. (1988a): Wissensverarbeitung und Softwareentwicklung. In: Lauber, R. (Hrsg.): Prozeßrechensysteme '88: Automatisierungstechnik, Leittechnik, Informations- und Kommunikationstechnik, Berlin, Heidelberg, New York, 1988, S. 21-38.

Lehmann, E. (1988b): Problemaspekte der Wissensrepräsentation, in: Siemens Forschungs- und Entwicklungsberichte 17, München, 1988, S. 45-51.

Lenz, H. (1986): Urteil und Urteilsbildung bei betriebswirtschaftlichen Prüfungen, Dissertation, Berlin, 1986.

Leschly, J. (1995): Wertorientierte Unternehmensführung in der pharmazeutischen Industrie, in: Finanz & Wirtschaft, 68. Jahrgang, S. 27 und 32, 8. November 1995, Zürich.

Levitt, T. (1965): Exploit the Product Life Cycle, in: Harvard Business Review, S. 81-94, 1965.

Levitt, T. (1980): Marketing Success through differentiation of anything, in: Harvard Business Review, Jan.-Feb. 1980, S. 83-90.

Lewis, T.G. (1994): Steigerung des Unternehmenswertes - Total Value Management, Landsberg / Lech, 1994.

Longman, R. (1993): Alliances, in: Scrip Magazine, Dezember / Januar 1993.

Loos, G. (1990): Betriebsabrechnung und Kalkulation, 3. Auflage, Herne/Berlin, 1990.

Lorange, P. (1980): Corporate Planning - An Executive Viewpoint, Englewood, 1980.

Lüder, K. (1979): Risikoanalyse bei Investitionsentscheidungen, in: Angewandte Planung, Band 3, 1979, S. 224-233.

Lüst, R. (1981): Forschung und Innovation, in: IBM Nachrichten, Jg. 31, 1981, Heft 256, S. 7-13.

Lutz, T. (1972): Formale Aspekte des Informationssystems und Schlußfolgerungen für ein MIS, in: IBM-Nachrichten, Heft 209/1972, S. 54-59.

Männel, W. (1992): Handbuch Kostenrechnung, Wiesbaden, 1992.

March, J.G. (1990): Mehrdeutigkeit und Rechnungswesen: Die unbestimmte Verbindung zwischen Information und Entscheidungsprozeß, in: March, J.G. (Hrsg.): Entscheidung und Organisation: kritische und konstruktive Beiträge, Entwicklungen und Perspektiven, Wiesbaden, 1990.

Martin, A. / Bartscher, S. (1995): Ergebnisse der Deskriptiven Entscheidungsforschung, in: Bartscher, S. / Bomke, P. (Hrsg.): Unternehmenspolitik, 2. überarb. und erw. Auflage, Stuttgart, 1995, S. 96 - 142.

Martin, T.A. (1992): Operatives Forschungs- und Entwicklungscontrolling in Industriebetrieben: eine betriebswirtschaftliche Untersuchung unter besonderer Berücksichtigung der Kosten- und Leistungsrechnung sowie anderer ausgewählter operativer Planungs- und Kontrollinstrumente, Pfaffenweiler, 1992.

Martino, J.P. (1980): Technological Forecasting - An Overview, in: Management Sccience, Vol. 26, No. 1, Januar 1980, S. 28-32.

McKinsey & Co. (1994): Research and Development in the pharmaceutical industry, Internal Paper, New York, 1994.

McKinsey & Co. (1995): Zusammenhänge - Management des Unternehmenswertes, Düsseldorf, 1995.

McLean, E.R. / Sol, H.G. (1986): Decision Support Systeme, IFIP-Working Conference of Decision Support Systems, Amsterdam, 1986.

Meffert, H. (1985): Größere Flexibilität als Unternehmungskonzept, in: Zeitschrift Betriebswirtschaftliche Forschung, Jg. 37, 2/1985, S. 121-137.

Meffert, H. (1986): Marketing, 7. Auflage, Wiesbaden, 1986.

Meffert, H. (1988): Strategische Unternehmensführung und Marketing, Wiesbaden, 1988.

Meffert, H. (1989): Marketingstrategien in unterschiedlichen Marktsituationen, in: Bruhn, M. (1989): Handbuch des Marketing, München, 1989, S. 277-306.

Meffert, H. (1989a): Marktanalyse, in: Szyperski, N. (Hrsg.): Handwörterbuch der Planung, Stuttgart, 1989, S. 1020-1030.

Meffert, H. (1991): Marketing: Grundlage der Absatzpolitik, 7. überarbeitete und erweiterte Auflage, Wiesbaden, 1991.

Meffert, H. (1994): Marktorientierte Unternehmensführung im Umbruch - Entwicklungsperspektiven des Marketing in Wissenschaft und Praxis, in: Meffert, H. / Bruhn, M. / Wehrle, F. (Hrsg.): Marktorientierte Unternehmensführung im Umbruch: Effizienz und Flexibilität als Herausforderungen des Marketing, Stuttgart, 1994, S. 3 - 40.

Meffert, H. / Lamnek, S. (1991): High-Tech-Marketing, Branchenspezifische Trends und Strategien für die 90'er Jahre, Düsseldorf, 1991.

Meinig, W. (1995): Lebenszyklen, in: Tietz, B. / Köhler, R. / Zentes, J. (Hrsg): Handwörterbuch des Marketing, Bd. 4, 2. völlig neu gestaltete Auflage, Stuttgart, 1995, Sp. 1392-1405.

Mellerowicz, K. (1961): Planung und Plankostenrechnung, Band 1, Betriebliche Planung, Freiburg, 1961.

Michel, R. / Torspecken, H.D. (1980): Grundlagen der Kostenrechnung, Kostenrechnung I, München/Wien, 1980.

Mickwitz, G. (1959): Marketing and Competition. The various Forms of Competition at the successive Stages of Production and Distribution, Helsingfors, 1959.

Mintrop, R. (1987): Pillen helfen - einem immer, Berlin, 1987.

Mintzberg, H. / Ghoshal, S. (1992): Diversification and Diversifact, INSEAD Working Papers, Nr. 75, Fontainebleau, 1992.

Moll, H.-H. von / Warnecke, H. J. (1981): RKW-Handbuch Forschung, Entwicklung, Konstruktion (FuE), 11. Lieferung 1981, Kennzahl 4080.

Moore, S.D. (1995): Testing Ground - Glaxo Lab initiates a High-Speed Chase in the Drugs Industry, in: IMS Journal Europe, 6.12.1995.

Moore, S.D. (1995a): Breathing Spell: Pharmaceutical giants plan for next round in consolidation fray, in: The Wall Street Journal Europe, 14. August 1995, London, 1995.

Moore, S.D. (1995b): Ciba Leads Drug Arsenal with anticancer weapons, in: Wall Street Journal, 30. November 1995.

Morris, D. / Brandon, J. (1994): Revolution im Unternehmen: Reengineering für die Zukunft, Landsberg/Lech, 1994.

Nebendahl, D. (1987): Expertensysteme: Einführung in Technik und Anwendung, Berlin, München, 1987.

Neumann, M. (1991): Theoretische Volkswirtschaftslehre II: Produktion, Nachfrage und Allokation, 3. überarb. Aufl., München, 1991.

Nicholas Hall & Co. (1993): The European OTC-Market, Präsentationsunterlagen, Vortrag vom 26. Juli 1993, Brentford, UK.

Nieschlag, R. / Dichtl, E. / Hörschgen, H. (1994): Marketing, 17. neu bearb. Aufl., Berlin, 1994.

Nord, D. (1982): Die soziale Steuerung der Arzneimittelversorgung, Stuttgart, 1982.

Ono, R. / Wedemeyer, D.J. (1994): Assessing the validity of the Delphi technique, in: Futures, April 1994, S. 289-304.

o.V. (1987): Middle-aged malaise, in: Pharmaceuticals, The Economist, Survey, 7. Februar 1987, S. 4-9.

o.V. (1992): Der kleine LaRoche, F. Hoffmann La Roche AG (Hrsg.), Basel, 1992.

o.V. (1993): (ohne Titel), in: IMS progress International, Ausgabe 1, Juni 1993, S. 2-4.

o.V. (1993a): Holding-Organisation, in: Gabler's Magazin, 7. Jg., Heft Nr. 2, 1993, S. 12-28.

o.V. (1993b): (ohne Titel), in: IMS Progress International, Ausgabe 1, Juni 1993, S. 2-4.

o.V. (1993c): Pharma-Forum, Wood Mackenzie, Edinburgh, Mai 1993.

o.V. (1995): - ohne Titel-, in: Daily Telegraph, 9. November 1995, London, 1995.

o.V. (1995a): 20 largest acquisitions in the health sector, in: Wall Street Journal Europe, 31. October 1995.

o.V. (1995b): Tagamet key to SmithKline profits boost, in: Manchester Evening News, 23. Oktober 1995.

o.V. (1995c): Reshuffle in world pharma rankings, in: Scrip, 8. November 1995.

o.V. (1996): Reform gescheitert, in: DM, Dezember 1996, 36. Jahrgang, S. 12-13.

O'Reilly, B. (1991): Drugmakers under Attack, in: Fortune, Vol. 124, Heft 3, 29. Juli 1991, S. 108-117.

OECD (1984) (Hrsg.): Measuring Health Care, Paris, 1984.

OECD (1987) (Hrsg.): Financing and Delivering Health Care, Paris, 1987.

OECD (1992) (Hrsg.): Reform of Health Care Systems, Paris, 1992.

Oliver, S. (1995): "Make a good product", in: Forbes, 14. August 1995.

Olschowy, W. (1990): Externe Einflußfaktoren im strategischen Innovationsmanagement, Reihe: Technological economics, Berlin, 1990.

Pearson, A.W. (1990): Innovation Strategy, Technovation, Band 10, 1990, S. 185-192.

Peavey, D.E. (1990): Battle at the GAAP? It's Time for a Change, in: MA, Vol. 71 (1990), 8, S. 31-35.

Peckham, J.O. (1973): The Wheel of Marketing, Chicago, 1973.

Pepels, W. (1995): Käuferverhalten und Marktforschung, Stuttgart, 1995.

Perillieux, R. (1991): Strategisches Timing von F&E und Markteintritt bei innovativen Produkten, in: Booz, Allen & Hamilton (Hrsg.): Integriertes Technologie- und Innovationsmanagement: Konzepte zur Stärkung der Wettbewerbskraft von High-Tech-Unternehmen, Berlin, 1991, S. 23-50.

Perlitz, M. (1978): Absatzorientierte Internationalisierungsstrategien, Habilitationsschrift, Bochum, 1978.

Perlitz, M. (1985): Country-Portfolio Analysis - Assessing Country Risk and Opportunity, in: Long Range Planning, No. 4, pp. 11-26, 1985.

Perlitz, M. (1985a): Innovationsmanagement - Die Krise üben, in: Wirtschaftswoche Nr. 50, 6.12.1985.

Perlitz, M. (1993): Internationales Management, Stuttgart/Jena, 1993.

Perlitz, M. (1995): Internationales Management, 2. neu bearb. und erw. Auflage, Stuttgart, Jena, 1995.

Perlitz, M. (1995a): Strategische Unternehmensführung, in: Bartscher, S. / Bomke, P. (Hrsg.): Unternehmenspolitik, 2. überarb. und erw. Auflage, Stuttgart, 1995, S. 251 - 302.

Perlitz, M. / Bösenberg, D. (1988): Innovationspotentiale und Marktveränderungen aufgrund der demographischen Entwicklung in der Bundesrepublik Deutschland, Marketingsymposium 1988 der Druckhaus Haberbeck GmbH, 1988, S. 1 - 17.

Perlitz, M. / Dreger, C. /Schrank, R. (1994): Pharmaindustrie: Turbulenter Strukturwandel (1), in EU-Magazin, 12/1994, S. 31-33.

Perlitz, M. / Dreger, C. /Schrank, R. (1995): Pharmaindustrie: Turbulenter Strukturwandel (2), in EU-Magazin, 1/1995, S. 36-38.

Perlitz, M. / Dreger, C. /Schrank, R. (1996): Die Übertragbarkeit des Transnationalen Unternehmensmodells auf die pharmazeutische Industrie: Ergebnisse einer Befragung von Führungskräften, in: zfo - Zeitschrift Führung und Organisation, 5/1996, S. 275-281.

Perlitz, M. / Löbler, H. (1985): Brauchen Unternehmen zum Innovieren Krisen?, in: Zeitschrift für Betriebswirtschaft, 55. Jg., Heft 5, 1985, S. 424-450.

Pfeiffer, W. / Bischof, P. (1974): Produktlebenszyklen als Basis der Unternehmensplanung, in: Zeitschrift für Betriebswirtschaft, 1974, Nr. 10, S. 635-666.

Pfeiffer, W. / Bischof, P. (1981): Produktlebenszyklen - Instrumente jeder strategischen Planung, in: Steinmann, H. (Hrsg.): Unternehmensführung I, Planung und Kontrolle, München, 1981.

Pfeiffer, W. / Dörnie, U. / Gerhard, A. / v. Goetze, S. (1992): Variantenkostenrechnung, in: Männel, W. (Hrsg.): Handbuch Kostenrechnung, Wiesbaden, 1992, S. 861-878.

Pfohl, H. / Rürup, B. (1978) (Hrsg.): Anwendungstechniken, Königstein im Taunus, 1978.

Picot, A. (1981): Strukturwandel und Unternehmensstrategie, Teil I und II, in: Wirtschaftswissenschaftliches Studium, 11/1981 und 12/1981, S. 527-532 und S. 563-571.

Pierdzioch, B. (1983): Werbeerfolgskontrolle auf der Grundlage von Imageanalysen, Berlin, 1983.

Pisano, G.P. (1990): The R&D Boundaries of the Firm: An Empirical Analysis, Administrative Science Quarterly, Vol. 35, 1990, S. 153-176.

PMS (1991): Datenbank-System, S. "M-1-W-91/19/49".

PMS - Datenbank (1994): Lehman Brothers: in wenigen Jahren setzen sich HMOs auch in Europa durch - Positive Prognose für Schering und Hoechst I, II, III, London, 1994.

Polli, E. / Cook, V. (1969): Validity of the Product Life Cycle, in: Journal of Business, 1969, S. 385-400.

Porter, M.E. (1985): Competitive Advantage: Creating ans Sustaining Superior Performance, New York, 1985.

Porter, M.E. (1988): Wettbewerbsstrategie, 5. Aufl., Frankfurt a. M., 1988.

Powell, W.W. (1987): Hybrid Organizational Arrangements: New Form or Transitional Development? in: California Management Review, Vol. 30, Heft 1, Herbst 1987, S. 67-87.

Prahlad, C.K. / Doz, Y. (1987): The multinational mission, New York, 1987.

Preuß, K.-J. (1995): Informations- und Kommunikationstechnologien als strategischer Schlüssel für den Erfolg von Pharmaunternehmen, in: Lonsert, M. / Preuß, K.J. / Kucher, E. (Hrsg.): Handbuch Pharma-Management, Band 1, Wiesbaden, 1995, S. 529-600.

Pümpin, C. (1990): Das Dynamik Prinzip: Zukunftsorientierungen für Unternehmer und Manager, 2. Auflage, Düsseldorf, 1990.

Raffée, H. (1979): Marketing und Umwelt, Stuttgart, 1979.

Raffée, H. / Segler, K., (1984): Marketingstrategien im Export, in: Dichtl, E. / Issing, O. (Hrsg.): Exporte als Herausforderung für die deutsche Wirtschaft, Köln, 1984, S. 277-307.

Raffée, H. / Wiedmann, K. (1989): Strategisches Marketing, 2. Auflage, München, 1989.

Randolph, R. (1979): Pragmatische Theorie der Indikatoren. Grundlagen einer methodischen Neuorientierung, Göttingen, 1979

Rappaport, A. (1995): Shareholder Value - Wertsteigerung als Maßstab für die Unternehmensführung, Stuttgart, 1994.

Redwood, H. (1991): Pharmaceuticals: The Price/Research Spiral, in: Long Range Planning, Vol. 24, Nr. 2, 1991, S. 16 - 27.

Rehkugler, H. / Schindel, V. (1990): Entscheidungstheorie: Klärung und Gestaltung betrieblicher Entscheidungen, 5. Auflage, München, 1990.

Reichmann, T. (1993): Zuschlagskalkulation, in: Chmielewicz, K. / Schweitzer, M. (Hrsg.) (1993), Sp. 2262-2272.

Reichmann, T. (1990): Controlling mit Kennzahlen. Grundlagen einer controllinggestützten Controllingkonzeption, 2. Aufl., München, 1990.

Reiß, M. (1992): Mehr Kompetenz für die Fitneß-Ära, in: Gablers Magazin, 6. Jg., Nr. 8/1992, Wiesbaden, 1992, S. 16-20.

Reiß, W. (1992): Mikroökonomische Theorie, 2. überarb. und erg. Aufl., München, Wien, 1992.

Riebel, P. (1985): Relative Einzelkostenrechnung und Deckungsbeitragsrechnung, Wiesbaden, 1985.

Riedlinger, P. (1989): Activity Accounting - Kostenrechnung für die moderne Fabrik, in: Wildemann, H. (Hrsg.): Die modulare Fabrik - Kundennahe Produktion durch Fertigungssegmentierung, 2. Aufl., München, 1989, S. 49-67.

Roberts, E.B. / Berry, C.A. (1985): Entering New Business: Selecting Strategies for Success, Sloan Management Review, 1985, Spring, S. 3-17.

Roever, M. (1992): Überkomplexität IV: Weg mit dem Wasserkopf, in: Manager-Magazin, 1/1992, S. 126-135.

Rogers, E.M. (1962): Diffusion of Innovations, New York, 1962.

Rogers, E.M. (1983): Diffusion of Innovations, 3. Auflage, New York et al., 1983.

Röglin, H.C. / Von Grebner, K. (1988): Pharma-Industrie und Öffentlichkeit, Basel, 1988.

Roth, E. (1995): Generika - Boom ohne Ende oder bald an der Grenze des Wachstums? in: Lonsert, M. / Preuß, K.J. / Kucher, E. (Hrsg.): Handbuch Pharma-Management, Band 1, Wiesbaden, 1995, S. 387-397.

Rudolph, B. (1993): Pill Power, in: TIME Magazine, 9. August 1993, S. 38.

Rupp, M. (1988): Produkt-/Markt-Strategien: Handbuch zur marktsicheren Produkt- und Sortimentsplanung für kleine und mittlere Unternehmungen der Investitionsgüterindustrie, 3. erw. Aufl., Zürich, 1988.

Rüßmann, K.H. (1986), S. 176. Quelle: Rüßmann, K.H.: Überdosis für die Pillenmacher, in: manager-magazin, Heft 9/1986, S. 164-176.

Rüttinger, R. (1986): Unternehmenskultur: Erfolge durch Vision und Wandel, Düsseldorf/Wien, 1986.

Sachverständigenrat für die konzertierte Aktion im Gesundheitswesen (1991a) (Hrsg.): Herausforderungen und Perspektiven der Gesundheitsversorgung, Jahresgutachten 1991, Baden-Baden, 1991.

Sachverständigenrat für die konzertierte Aktion im Gesundheitswesen (1991b) (Hrsg.): Das Gesundheitssystem im vereinten Deutschland, Jahresgutachten 1991, Baden-Baden, 1991.

Salinas, L.A. (1993): Die pharmazeutische Industrie in Zahlen 1992, Basel, Pharma Information, 1993.

Samuelson, P.A. / Nordhaus, W.D. (1987): Volkswirtschaftslehre: Grundlagen der Makro- und Mikroökonomie, Band 1, Köln, 1987.

Samuelson, P.A. / Nordhaus, W.D. (1987a): Volkswirtschaftslehre: Grundlagen der Makro- und Mikroökonomie, Band 2, Köln, 1987.

Sandoz AG (1993) (Hrsg.): Geschäftsbericht 1992, Basel, 1993.

Saynisch, M. (1989): Grundlagen des phasenorientierten Projektmanagements, in: Schelle, H. (Hrsg): Symposium phasenorientiertes Projektmanageent, Arbeitstexte der Gesellschaft für Projektmanagement, Köln, 1989, S. 1-28.

Scharf, A. / Schubert, B. (1994): Marketing: Einführung in Theorie und Praxis, Stuttgart, 1994.

Scheer, A.W. (1990): EDV-orientierte Betriebswirtschaftslehre - Grundlagen für ein effizientes Informationsmanagement, 4. völlig neu bearb. Auflage, Berlin, Heidelberg, New York, Tokyo, 1990.

Scheer, A.W. (1993): Handbuch Informationsmanagement: Aufgaben - Konzepte - Praxislösungen, Wiesbaden, 1993.

Schelle, H. (1989) (Hrsg): Symposium phasenorientiertes Projektmanageent, Arbeitstexte der Gesellschaft für Projektmanagement, Köln, 1989.

Schertler, W. (1995): Unternehmensorganisation - Lehrbuch der Organisation und strategischen Unternehmensführung, 6., durchges. Auflage, München, Wien, 1995.

Schicht, R. (1993): Leistungssysteme in High-Tech-Märkten: Problemlösungen für Anbieter und Kunden, Dissertation, Aachen, 1993.

Schmeisser, W. / Noebels, T. (1986): Die Rolle der Kostenrechnung zur Planung und Kontrolle der Forschung und Entwicklung, in: Staudt, E. (Hrsg): Das Management von Innovationen, Frankfurt, 1986, S. 514-523.

Schneider, M. (1991): BASYS: Finanzierung der Gesundheitskosten in der EG, in Österreich, Schweden, Schweiz, Japan und den USA - Daten 1989, Augsburg, 1991.

Scholz, C. / Zentes, J. (Hrsg.) (1995): Strategisches Euro-Management, Stuttgart, 1995.

Schröder, H.-H. (1989): Technologische Analyse, in: Szyperski, N. (Hrsg.): Handwörterbuch der Planung, Stuttgart, 1989, S. 2002 - 2026.

Schülin, P. (1995): Strategisches Innovationsmanagement - Ein konzeptioneller Ansatz zur strategischen Steuerung der betrieblichen Innovationstätigkeit - dargestellt am Beispiel pharmazeutischer Unternehmen, Dissertation, Hallstadt, 1995.

Schulte-Zurhausen, M. (1995): Organisation, München, 1995.

Schwartau, C. (1977): Phasenkonzepte. Unternehmensverhalten. Wettbewerb, Berlin, 1977.

Schwarze, J. (1989): Netztechniken, in: Szyperski, N. (Hrsg.): Handwörterbuch der Planung, Bd. 9, Stuttgart, 1989, S. 1231-1251.

Schwellnuß, A.G. (1991): Investitions-Controlling. Erfolgspotentiale auf der Basis systematischer Investitionsnachrechnungen sichtbar machen, München, 1991.

Servatius, H.-G. (1987): Internationales Technologiemanagement zur Koordination von strategischen Allianzen und F&E-Netzwerken, in: Strategische Planung, Nr. 4, 1987, S. 217-243.

Siegwart, H. / Senti, R. (1995): Product Life Cycle Management - Die Gestaltung eines integrierten Produktlebenszyklus, Stuttgart, 1995.

Simon, H. (1989): Die Zeit als strategischer Erfolgsfaktor, in: ZfB, 59. Jg., 1989, H. 1, S. 70-93.

Simon, H. (1992): Preismanagement: Analyse, Strategien, Umsetzung, 2. vollst. neu bearb. und erw. Auflage, Wiesbaden, 1992.

Simon, H. / Kucher, E. (1988): Die Bestimmung empirischer Preisabsatzfunktionen, ZfB, 58. Jg., 1988, S. 171-183.

SmithKline Beecham (1996): Strategic Summary10/1 - strategic management of SB - ethical products, - Analysis, Executive Summaries and Core Findings, New Horizon Court, London, 1996.

SmithKline Beecham (1996a): Strategic Summary 10/1 - strategic management of SB - OTC - products, - Analysis, Executive Summaries and Core Findings, New Horizon Court, London, 1996.

Spickschen, T. (1989): Wandel im Pharmamarkt - Strategische Neuausrichtung der forschenden Pharmaunternehmen, in: Dichtl, E. / Raffée, H. / Thiess, M. (Hrsg.): Innovatives Pharma-Marketing: Marktorientierung als Erfolgsstrategie der 90'er Jahre, Wiesbaden, 1989, S. 19-39.

Speck, J. (1980): Handbuch wissenschaftstheoretischer Begriffe, Band 2, Göttingen, 1980.

Sprague, R.H. / Carlson, E. (1982): Building Effective Decision Support Systems, New Jersey, 1982.

Stählin, W. (1973): Theoretische und technologische Forschung in der Betriebswirtschaftslehre, Stuttgart, 1973.

Stahlknecht, P. (1993): Einführung in die Wirtschaftsinformatik, 6. völlig überarb. und erw. Auflage, Berlin, Heidelberg, New York, Tokyo, 1993.

Steck, R. (1979): Ablaufplanung für die Forschung und Entwicklung, in: Kern, W. (Hrsg.): Handwörterbuch Produktion, Stuttgart, 1979, Sp. 642-652.

Stegmüller, W. (1983): Erklärung, Begründung, Kausalität, Berlin-Heidelberg-New York (1983).

Steiner, G. (1971): Top Management Planung, München, 1971.

Stigler, G.J. (1947): Notes on the History of the Giffen Paradox, in: Journal of Political Economy, Vol. 55, S. 152-156.

Stobbe, A. (1983): Volkswirtschaftslehre, Berlin, Heidelberg, New York, Tokyo, 1983.

Strebel, H. (1975): Forschungsplanung mit Scoring Modellen, Baden-Baden, 1975.

Summers, D. (1996): Module pupils - on a worldwide training cure for ills in SmithKline Beecham's consumer healthcare division, in: Financial Times, 6. Juni 1996, S. 5.

Swan, J.E. / Rink, D.R. (1982): Fitting Market Strategy to Varying Product Life Cycles, in: Business Horizons, Januar Februar 1982, S. 72-76.

Szyperski, N. / Winand, U. (1978): Zur Bewertung von Planungs- und Entscheidungstechniken im Rahmen einer betriebswirtschaftlichen Unternehmensplanung, in: Pfohl, H. / Rürup, B. (Hrsg.): Anwendungstechniken, Königstein im Taunus, 1978, S. 195-218.

Tacke, G. (1989): Nichtlineare Preisbildung: Theorie, Messung und Auswertung, Wiesbaden, 1989.

Tanouye, E. (1995): Merck's Chief says Medco Unit is Meeting Goals, in: Wall Street Journal Europe, 14. Dezember 1995.

Tanski, J. (1984): Kostenplanung und Kostenkontrolle im Forschungs- und Entwicklungsbereich industrieller Unternehmungen, Bern u.a, 1984.

Taylor, B. / Willis, G. (1969): Pricing Strategy, Princeton, USA, 1969.

Tellis, G.J. / Crawford, C.M. (1981): An Evolutionary Approach to Product Growth Theory, in: Journal of Marketing, Herbst 1981, S. 125-134.

Thanheiser, H. / Patel, D. (1977): Eine empirische Studie der strategischen Planung in diversifizierten Unternehmen, Wiesbaden, 1977.

Tietz, B. (1995): Europäisierung des Einzelhandels, in: Scholz, C. / Zentes, J. (Hrsg.): Strategisches Euro-Management, Stuttgart, 1995, S. 87-115.

Timmermann, M. (1979): Alternative Modelle universitärer Forschungsplanung, in: Angewandte Planung, Bd. 3, 1979, S. 74-86.

Trux, W. / Müller, G. / Kirsch, W. (1984): Das Management strategischer Programme, 1. und 2. Halbbände, München, 1984.

Umzeitig, E. / Köthner, D. (1995): Shareholder Value Analyse: Entwicklung zur unternehmerischen Nachhaltigkeit, Stuttgart, 1995.

Utterback, I.M. et al. (1975): Identifikation of Technological Threats and Opportunities by Firms, in: Tech. F.S.C., Jg. 8, 1975, S. 7-21.

Verband forschender Arzneimittelhersteller e.V. (1995) (Hrsg.): Forschung für das Leben: Qualität - Innovation - Verantwortung, Frankfurt a. M. , 1995.

Versteegen, U. / Brennecke, B. (1995): Der Stellenwert des Arzneimittels in der Gesundheitsversorgung des 21. Jahrhunderts, in: Lonsert, M. / Preuß, K.-J. / Kucher, E. (Hrsg.): Handbuch Pharma-Management, Band 1, Entscheidungs- und Marktstrukturen, Pressure Group Management, Marketing Management, Wiesbaden, 1995.

Vikas, K. (1991): Neue Konzepte für das Kostenmanagement: controllingorientierte Modelle für Industrie- und Dienstleistungsunternehmen, Wiesbaden, 1991.

Voigt, K.-I. (1992): Strategische Planung und Unsicherheit, Wiesbaden, 1992.

Wenzel, A.F. (1993): Vom Wirkstoff zum Arzneimittel, F&E-Projetmanagement in der pharmazeutischen Industrie, in: Projekt-Management, o. Jg., Nr. 3/93, S. 4-12.

Wenzel, G. / Baier, M. (1995): Kompetenzbasierte Innovation in der Pharmaindustrie, in: Lonsert, M. / Preuß, K.J. / Kucher, E. (Hrsg.): Handbuch Pharma-Management, Band 2, Wiesbaden, 1995, S. 785 - 802.

Widmer, A. (1996): "Losec" steigt zum Weltmarktführer auf, in: Chemische Rundschau, 23. Februar 1996, S. 6.

Wiedmann, K.P. (1989): Gesellschaftsorientierte Marketing als Konzept strategischer Unternehmensführung in der Pharmazeutischen Industrie, in: Dichtl, E. / Raffée, H. / Thiess, M. (Hrsg.): Innovatives Pharma-Marketing: Marktorientierung als Erfolgsstrategie der 90′er Jahre, Wiesbaden, 1989.

Wiersema, F.D. (1982): Strategic Marketing and the Product Life Cycle, Report No. 82-103, Marketing Science Institute, Cambridge, 1982.

Wille, M. (1995): Nicorette Nearing O.K., FDA Approval expected for pioneer OTC-therapy, in: Advertising Age, 23. Oktober 1995.

Williamson, O.E. (1975): Markets and Hierarchies: Analysis and Antitrust Implications, New York, London, 1975.

Witte, E. (1968): Phasen-Theorem und Organisation komplexer Entscheidungsverläufe. In: Zeitschrift für betriebswirtschaftliche Forschung, 20. Jg., S. 625-647, 1968.

Wittek, B. (1980): Strategische Unternehmensführung bei Diversifikation, Berlin, 1980.

Yoshikawa, A. (1986): The Japanese Challenge in Biotechnology; Industrial Policy, BRIE Working Paper, Nr. 21, University of California, Los Angeles, 1986.

Yoshikawa, A. (1989): The other drug War: US-Japan Trade in Pharmaceuticals, in California Management Review, Vol. 31, Heft 2, Winter 1989, S. 76-91.

Zahn, E. (1989): Strategische Planung, in: Szyperski, N. (Hrsg.): Handwörterbuch der Planung, Stuttgart, 1989, Sp. 1903-1916.

Zangemeister, C. (1981): Methoden der Technologiebewertung - Technology Assessment (TA) - in: Moll, H.-H. von / Warnecke, H. J. (1981), Kennzahl 4080.

Zentes, J. (1995): Wettbewerbsstrategien auf europäischen Märkten, in Scholz, C. / Zentes, J. (Hrsg.): Strategisches Euro-Management, Stuttgart, 1995, S. 3-31.

Zilahi-Szabó, H. (1995): Kleines Lexikon der Informatik und Wirtschaftsinformatik, München, Wien, 1995.

Zimmermann, W. / Fries, H.P. (1995): Betriebliches Rechnungswesen, Bilanz und Erfolgsrechnung, Kundenleistungsrechnung, Wirtschaftlichkeits- und Investitionsrechnung, 6. Auflage, München, Wien, Oldenburg, 1993, Sp. 855-869.